比較政治学の
フロンティア

21世紀の政策課題と新しいリーダーシップ

岡澤憲芙[編著]

ミネルヴァ書房

はじめに

　旅が好き。胃が強靭。好奇心旺盛。歩くのが苦にならない。地図と時刻表を眺める時間が多い。知らない土地でも・知らない人でもすぐ慣れる。メモ帳とカメラがポケットに常駐している。これだけ備われば，専攻は比較政治学しかない。

　2014年9月。キルナにいた。スウェーデン選挙の取材である。この年は《スーパー選挙年》で，EU議会選挙，国会議員選挙，ランスティング議会選挙，コミューン議会選挙が集中した。この数年，急上昇している政党はスウェーデン民主党。移民受け入れに批判的なナショナリスト政党である。

　スウェーデンのような小規模国家が，加盟国28，総人口約5億の巨大組織に入れば，存在感は低下し，有効な発言権など到底期待できない。埋没感は募る。国会は，欧州議会の決定に国内法を整備・調整するだけの機能しかない。無力感は増大する。それに，名にし負う寛大な福祉国家である。難民は押し寄せる，福祉ツーリズムの流れは途絶えない。イライラは年を経る毎に蓄積される。

　総選挙は1対7の政党対決の様相を呈していた。スウェーデン民主党の躍進はかなりの確度で予想できた。15％前後の票を集め，社民党，穏健党に次ぐ第3党になるだろう。テレビ討論では，どの党もがこの極右政党からの距離を強調した。連合パートナーとして指名する政党はゼロ。孤立無援の中で単騎突破。これは右端にある極右政党には願っても無い展開であった。党首ジミー・オーケソンは弁舌爽やかな31歳の青年。なかなかのイケメンで，ファッションセンスも悪くない。「膨大な移民受け入れにかかる費用を福祉に回せ，高齢者福祉を充実できる」。単純なレトリックだが，この8年の福祉後退を目の当たりに見ている有権者には確実に届く。アリアンセンと呼ばれる保守・中道4党連合政権を倒した。政権政党は軒並み後退した。結果として，政権復帰した社民党も横ばいで，党勢回復とはいかなかった。ただ一つスウェーデン民主党だけが勝利した。最も多くの票が流れたのは保守政党である穏健党から。

　赤いゾーンと呼ばれるキルナのあるノルボッテン県でも，社民党の票が大流出した。ここではまだ隙間風。だが，新しい時代の風を感じた。選挙政治の色調が変化している。動脈硬化した既成政党への失望が，右の風に乗って登場した新し

i

い選択肢に向かわせた。

　次の週，南のマルメにいた。ここスコーネ県では33のコミューンのうち，19のコミューンで民主党SDの得票率が20％を上回った。最多票をとったのはシェーボ・コミューンで30％。第1党であった。「時代の風はスコーネから」。伝統的景色である。フィールドに立ち，人と交わる。中央統計局の情報も重要だが，フィールドに立つことはもっと重要。

　地球儀を俯瞰するのが好きな研究仲間や友人，先輩が原稿を寄せて下さった。心から感謝いたします。地球社会に平和を。その思いは一つです。

　なお本書の編集にあたっては，固有名詞の表記を統一するようにしたが，基本的には著者の意向を尊重して掲載している。

　2014年10月

岡澤憲芙

比較政治学のフロンティア
―― 21世紀の政策課題と新しいリーダーシップ ――

目　次

はじめに

序　章　比較政治学の発展 …………………………………… 岡澤憲芙　1

1　比較政治学などない ……………………………………………… 1
（1）分析ツールとしての比較——比較は自己確認作業である　1
（2）ライフステージと比較技法——比較技法は日常生活の知恵　1

2　情報過程の貢献 …………………………………………………… 2
（1）情報の生産・収集過程　2
（2）情報の分類過程　3
（3）分類学の発展　3
（4）情報の貯蔵・保管・蓄積過程　4
（5）情報の収集・生産・分析過程　4
（6）情報の加工・流通過程　5

3　デモクラシーと平和——比較政治学発展の最大要因 ………… 5
（1）民主主義の発展と平和の維持・継続　5
（2）政治学人材育成機関の発展　6

4　情報市場の拡大 …………………………………………………… 6

5　旺盛な好奇心がバネ ……………………………………………… 7

6　本書の構成と狙い ………………………………………………… 8

7　足蹤を追う・フィールドに立つ ………………………………… 8

第1部　デモクラシーの現在・未来

第1章　グローバル化時代の民主主義 …………………… 猪口　孝　12

1　グローバル化時代の民主主義 …………………………………… 12

2　代表制民主主義の百家争鳴時代 ………………………………… 13
（1）代表制民主主義　14
（2）直接民主主義　16
（3）共同体制民主主義　17
（4）手続き的民主主義　18
（5）熟慮型民主主義　19

　　　　（6）監視制民主主義　19
　　　　（7）地球市民制民主主義　20
　　3　満身創痍の「代表制民主主義」に対する不満…………………………21

第2章　新しい福祉政治と対立軸………………………宮本太郎　24
　　1　瓦解する社会と福祉政治……………………………………………24
　　　　（1）瓦解する社会　24
　　　　（2）社会保障改革のグローバルスタンダード　25
　　　　（3）「二重のバックラッシュ」　26
　　　　（4）政策接近とポピュリズム　27
　　2　新しい福祉政治の条件………………………………………………29
　　　　（1）新しい福祉政治とは何か　29
　　　　（2）リスク構造の転換　30
　　　　（3）トリレンマと負のスパイラル構造　32
　　3　新しい対立軸と政治過程……………………………………………34
　　　　（1）社会的包摂をめぐる対抗　34
　　　　（2）いかなる家族支援か　35
　　　　（3）「新しい公共」の2つの道　36
　　　　（4）対立軸と政治勢力　38

第3章　民主主義の計量分析………………………………小林良彰　40
　　1　代議制民主主義の「質」……………………………………………40
　　2　分析データ……………………………………………………………41
　　3　代議制民主主義の「民意負託機能」の検証………………………42
　　4　代議制民主主義の「代議的機能」の検証…………………………47
　　5　代議制民主主義の「事後評価機能」の検証………………………49
　　6　代議制民主主義の機能不全…………………………………………54

第4章　エリート理論とデモクラシー………………………池谷知明　57
　　　　──グイード・ドルソの政治階級論
　　1　デモクラティック・エリーティスト………………………………57

2　モスカの政治階級論とデモクラシー……………………………………58
　　　　（1）モスカとファシズム　58
　　　　（2）デモクラシー理論とエリート理論　59
　　3　ドルソの政治階級論……………………………………………………61
　　　　（1）政治階級論とデモクラシーの接合　61
　　　　（2）政治階級と指導階級　61
　　　　（3）指導階級の開放性と被指導階級　62
　　　　（4）指導階級・政治階級の多元性　63
　　　　（5）政治闘争と政治定式　64
　　　　（6）政党の機能　64
　　　　（7）政党とデモクラシー　65
　　4　ドルソとイタリア政治・政治学………………………………………66

第2部　デモクラシーと議会政治

第5章　憲法と近代政治制度……………………………………小林幸夫　70
　　　　――憲法規範と憲法現実の絡み合い

　　1　政体書，すなわち憲法…………………………………………………70
　　2　20世紀憲法への展開に乗り遅れたフランス憲法……………………71
　　3　成文憲法絶対視の法実証主義自滅の戦間期…………………………72
　　4　西欧近代の精神風土，科学技術発展という条件的特殊への注目……73
　　5　フランス憲法学へのアメリカ政治学の影響はきわめて限定的………75
　　6　フランス憲法史は，憲法展示流転の憲法見本帳か…………………76

第6章　比較議会政治学…………………………………………大山礼子　78
　　　　――議会の「強さ」を決定する条件とは？

　　1　議会を比較する…………………………………………………………78
　　　　（1）普遍的制度としての議会　78
　　　　（2）議会の「強さ」　79
　　2　執政府との関係…………………………………………………………80
　　　　（1）議院内閣制・大統領制　80

　　　　（2）議院内閣制下の議会の多様性　84

　　3　両院関係……………………………………………………………86

　　4　比較の視点から見た日本の国会…………………………………87

第7章　大統領制・首相制の比較政治学……………大谷博愛　90

　　1　統治システムを比較する…………………………………………90

　　2　元首の地位と機能…………………………………………………90

　　3　統治形態の4類型…………………………………………………91

　　4　大統領の選出とその地位…………………………………………92

　　5　首相の選出とその権限……………………………………………94

　　6　立法府と行政府の関係……………………………………………95

　　　　（1）議院内閣制――イギリスを事例として　96
　　　　（2）象徴大統領制――ドイツを事例として　97
　　　　（3）半大統領制――フランスを事例として　97
　　　　（4）一頭型大統領制――アメリカを事例として　98

　　7　日本の議院内閣制…………………………………………………99

第8章　マス・メディアの政治的効果……………岩渕美克　103

　　1　メディア政治の時代………………………………………………103

　　2　メディアの政治的効果に関する研究……………………………106

　　　　（1）マス・コミュニケーションの効果研究　106
　　　　（2）アナウンスメント効果　109

　　3　現代におけるメディア・キーワードの政治的効果……………110

　　　　（1）2005年総選挙　111
　　　　（2）2009年総選挙　111
　　　　（3）2012年総選挙　112
　　　　（4）2013年参院選挙　113

　　4　メディア政治の課題と展望………………………………………114

第9章　比較の中の地域民主主義とローカル・ガバナンス
………………………………………………………………… 新川達郎　119

1. ローカル・ガバナンスに関する比較研究の可能性 ………………… 119
2. 発展途上国のローカル・ガバナンスの比較研究 ………………… 121
    - （1）国連開発計画（UNDP）のミレニアム開発目標とローカル・ガバナンス　121
    - （2）米国国際開発庁（USAID）の民主的ローカル・ガバナンス　123
    - （3）OECDの参加型開発とグッド・ガバナンス　124
3. 先進工業諸国とローカル・ガバナンスの比較研究 ………………… 125
    - （1）民主主義とローカル・ガバナンスに関する研究　125
    - （2）ヨーロッパ行政学会（EGPA）研究グループ　126
    - （3）先進工業諸国の比較可能性　127
4. ローカル・ガバナンスの国際比較の視点 ………………………… 128
    - （1）ローカル・ガバナンスの世界的な傾向と地方自治制度　128
    - （2）「民主主義とローカル・ガバナンス」に関する仮説　130
5. 比較の中の日本の地方自治 ………………………………………… 132
    - （1）日本のローカル・ガバナンスの比較可能性　132
    - （2）日本の地方自治における地域民主主義とローカル・ガバナンス　132
    - （3）ローカル・ガバナンスの現状と構造問題　133
    - （4）地域民主主義と民主的リーダー　134
    - （5）ローカル・ガバナンスの民主主義　135
6. ローカル・ガバナンスの行方 ……………………………………… 137

第10章　政権交代と社会保障政策 ……………………… 山井和則　141

1. スウェーデンとの出会い――福祉の充実に政治が不可欠 ………… 141
2. 政権交代で社会保障予算が16％増 ………………………………… 142
3. 消費税増税の決断 …………………………………………………… 145
4. 消費税の増収分は子育て支援の充実に …………………………… 146

第11章　政権交代の史的分析 ……………………………… 小西德應　148
　　　　――戦前期における首相選出過程

　1　分析対象と課題 ………………………………………………………… 148
　2　通史と時代区分 ………………………………………………………… 148
　　（1）太政官制期から第1次松方正義内閣（1871年7月29日〜1892年7月30日）　148
　　（2）第2次伊藤博文内閣から第4次伊藤内閣（1892年8月8日〜1896年8月30日）　150
　　（3）第1次桂太郎内閣から第3次桂内閣（1901年6月2日〜1913年2月11日）　151
　　（4）第1次山本権兵衛内閣から清浦圭吾内閣（1913年2月20日〜1924年6月7日）　152
　　（5）第1次加藤高明内閣から犬養毅内閣（1924年6月11日〜1932年5月16日）　154
　　（6）斎藤実内閣から米内光政内閣（1932年5月26日〜1940年4月16日）　155
　3　政権交代のアクター …………………………………………………… 156
　　（1）首相を選ぶ元老・重臣　156
　　（2）選ばれる首相　158
　4　得られた知見とそれによって見る現状 ……………………………… 159

第3部　デモクラシーと市民社会

第12章　市民参加とガバナンス ……………………………… 坪郷　實　164
　　　　――市民のエンパワーメント

　1　参加ガバナンスの視点 ………………………………………………… 164
　　（1）市民参加をめぐって　164
　　（2）参加ガバナンスの視点　164
　2　エンパワーメントする参加ガバナンス ……………………………… 167
　　（1）参加イノベーションとその評価の枠組み　167
　　（2）「エンパワーメントする参加ガバナンス」　170
　3　市民参加のレパートリー ……………………………………………… 172

第13章　少子高齢社会を踏まえた比較福祉の方法……… 久塚純一　176
　　　　　——日仏比較研究を手掛かりに

　1　比較福祉の留意点…………………………………………………………176
　2　「比較の妥当性」と「概念・翻訳・抽象化」……………………………176
　　　（1）「高齢化」という題材　176
　　　（2）「比較の妥当性」について　177
　　　（3）「高齢者介護の制度」について　177
　　　（4）「概念・翻訳・抽象化」について　178
　3　「比較のための時間軸」と「比較の着眼点と論じ方」…………………179
　　　（1）「少子化」という題材　179
　　　（2）「比較のための時間軸」について　180
　　　（3）制度としての「婚姻」について　182
　　　（4）「比較の着眼点と論じ方」について　183
　4　比較における「歴史的経緯」……………………………………………184
　　　（1）「社会保障・社会福祉と民間団体との関係」という題材　184
　　　（2）「歴史的経緯」について　185
　　　（3）「Association（アソシアシオン）」について　187
　　　（4）比較における「歴史的経緯」　187
　5　比較福祉のための圏域 - 国境……………………………………………188

第14章　現代コミュニタリアニズムの政治学…………… 菊池理夫　192
　1　現代コミュニタリアニズムとは…………………………………………192
　2　現代コミュニタリアニズムに対する「常識」…………………………193
　3　実践哲学としての「共通善の政治学」…………………………………196
　4　「応答するコミュニタリアン綱領」とコミュニタリアン憲政論………199
　5　市場主義批判のために……………………………………………………201

第15章　現代労働政治研究の外延……………………………篠田　徹　204
　1　メシア的労働運動…………………………………………………………204
　2　労働政治研究のグローバル化……………………………………………204

	3	古くて新しい労働政治のエージェント……………………………206
	4	さまざまな労働運動……………………………………………207
	5	Food Studies……………………………………………………208

第16章 少子高齢社会と市町村福祉行政のあり方……長倉真寿美 213

1 高齢者保健福祉の在宅化・地域化………………………………213

2 介護保険サービスの利用状況と地域格差………………………214
  - （1）サービス利用の拡大と地域包括ケアシステムへの流れ 214
  - （2）サービス利用指数の推移からみた地域格差 215

3 市町村をめぐる変化………………………………………………218

4 地域包括ケアシステムの実現に向けて…………………………220

第4部 グローバル化時代の行政学

第17章 グローバル化時代の統治機構のあり方………佐々木信夫 224
―――日本型「州構想」をめぐって

1 グローバル化時代と集権体制……………………………………224

2 中央集権から地域主権へ…………………………………………225

3 道州制の経緯と構想………………………………………………226

4 道州制をめぐる論点………………………………………………228
  - （1）道州制の性格をどうするか 228
  - （2）道州の所掌事務をどうするか 228
  - （3）道州の区割りをどうするか 229
  - （4）制度の柔軟性，移行方式をどうするか 230
  - （5）市町村と道州の関係をどうするか 231
  - （6）道州の組織設計をどうするか 232
  - （7）税財政格差をどう調整するか 232
  - （8）国政改革をどうするか 233

5 道州制の導入――阻む高い壁……………………………………233

第18章　日米安保体制と沖縄 …………………………… 江上能義　235

1　米軍再編の動向 …………………………………………………… 235
2　冷戦終結後の沖縄 ………………………………………………… 237
　　（1）湾岸戦争と大田革新知事の誕生　237
　　（2）米兵による少女暴行事件と10・21県民総決起大会（1995年）　238
　　（3）普天間飛行場返還合意（1996年4月12日）　239
3　稲嶺保守県知事の誕生と海上基地容認 ………………………… 241
4　仲井真県知事再選と辺野古移設反対の稲嶺名護市長の登場 …… 244
5　2014年前後の転換期の動向 ……………………………………… 245

第19章　日本スポーツ行政のフロンティア ……………… 中村祐司　248
　　　　――2020年東京五輪・復興五輪事業に注目して

1　スポーツ事業におけるスポーツ行政の役割 …………………… 248
2　スポーツ事業におけるステージと機能的特質 ………………… 249
3　東京五輪事業における共生社会の萌芽 ………………………… 250
4　復興五輪事業をめぐる協働社会の萌芽 ………………………… 252
5　スポーツ行政フロンティアの実践を …………………………… 255

第20章　2050年に向けた観光政策 ………………………… 藤本祐司　258

1　人口減少が観光に及ぼす影響 …………………………………… 258
　　（1）観光を構成する要素　258
　　（2）観光政策の焦点となる「人」　258
　　（3）今後の観光消費の推移　259
2　訪日外客の観光需要の拡大 ……………………………………… 260
　　（1）わが国の外客誘致機関および国際観光政策の変遷　260
　　（2）外客誘致政策の基本的な考え方　261
　　（3）訪日外客誘致に向けた課題　261
3　高齢者の観光需要の拡大 ………………………………………… 262
　　（1）高齢者の観光需要の前提　262
　　（2）高齢者の観光需要拡大の可能性　263

4　若年・中堅層の観光需要の拡大 …………………………………263
　　　　（1）観光の容易化　263
　　　　（2）休暇時季の平準化のメリット　264
　　　　（3）若年・中堅層の観光需要拡大に向けた課題　265
　　5　観光需要拡大への展望 ……………………………………………265

第21章　民主的な都市ガバナンスの可能性 …………… 岡本三彦　269
　　　　――住民参加の都市間比較

　　1　都市ガバナンスと住民参加 ………………………………………269
　　2　ローカル・デモクラシーと都市の政治機構 ……………………269
　　　　（1）ローカル・デモクラシーと民主的な都市ガバナンス　269
　　　　（2）都市デモクラシーと政治参加　270
　　3　自治体議会議員の住民参加に対する意識 ………………………272
　　　　（1）議員意識調査　272
　　　　（2）参加に対する議員の意識　272
　　4　都市における住民参加と都市ガバナンス ………………………275
　　　　（1）住民参加をめぐる問題　275
　　　　（2）民主的な都市ガバナンスに向けて　276
　　5　参加の範囲とさらなる課題 ………………………………………277

第22章　ドイツにおける住民投票 ……………………… 野口暢子　280
　　　　――「もっと民主主義を！」

　　1　1990年代以降のドイツにおける住民投票 ………………………280
　　2　州民発議・州民投票，住民発議・住民投票制度の導入 ………280
　　3　直接民主的制度の拡充と「ランキング」の存在 ………………281
　　4　「もっと民主主義を！」…………………………………………286

第5部　グローバル化時代の国際政治

第23章　グローバリゼーション下の中国とアフリカ …… 青木一能　292

1　冷戦後の新たな状況　292
2　グローバリゼーションと中国　293
　（1）中国の改革開放と経済的躍進　293
　（2）経済成長と海外依存　295
3　中国・アフリカ関係の継続と変化　296
　（1）改革開放前の中国・アフリカ関係　296
　（2）改革開放後の中国・アフリカ関係　297
　（3）「ウィン・ウィン」経済協力の成立　299
4　ワシントン・コンセンサスと北京コンセンサスの乖離　301

第24章　グローバリゼーションと日本の外交戦略 …… 片岡貞治　305

1　国際社会と外交　305
2　国際社会の秩序の変遷　305
3　グローバリゼーションと情報革命　309
4　新興国の台頭と国際秩序　311
5　日本が取るべき外交戦略　315

第25章　「安全保障共同体」としてのEU …… 中村英俊　318
　　　　──2012年ノーベル平和賞受賞の意義

1　EUと平和・安全保障　318
2　ノーベル平和賞の歴史　318
　（1）政治家への授与　318
　（2）国際機構への授与　319
3　EU受賞の意義　320
　（1）授与式でEUを代表した3人　320
　（2）EUだけが「ヨーロッパ統合」を促進してきたのか　321

4　「安全保障共同体」概念と1950年代の「ヨーロッパ統合」……………322
　　　　（1）ドイッチュの概念　322
　　　　（2）1950年代の仏独関係　324
　　　　（3）「安全保障共同体」の類型——合成と統合　325
　　　　（4）「多元型安全保障共同体」としてのスウェーデン・ノルウェー　326
　　5　「ヨーロッパ統合」の歴史・現状と今後の課題………………………328
　　　　（1）統合戦略——北欧型と西欧型　328
　　　　（2）西欧の「安全保障共同体」　330
　　　　（3）EUの拡大・深化と「安全保障共同体」　331
　　6　ノルウェー・ノーベル委員会による決定の意義……………………332

第26章　グローバル化時代の安全保障………………金子　譲　336
　　1　冷戦の終焉と安全保障の新たな課題………………………………336
　　2　グローバル化世界と安全保障の新たな課題………………………340
　　3　リスク社会の安全保障………………………………………………343

第27章　日欧交流史……………………………………松園　伸　346
　　1　明治近代化以前の日欧交流…………………………………………346
　　2　現代における日欧交流史の課題……………………………………348

おわりに——地球儀を抱いてフィールドへ
人名索引
事項索引

序　章	比較政治学の発展

岡澤憲芙

1　比較政治学などない

　「比較政治学こそ政治学のすべてである。その意味で比較政治学など存在しない」。この小気味好いG. K. ロバーツのリード文で始まる『比較政治学』（岡沢憲芙・川野秀之・福岡政行訳，早稲田大学出版部，1974年）に出会ったのは1972年。《比較政治機構》《比較政治》《比較分析》《比較分析方法》という隣接概念の比較から作業を進めていく姿勢に，丁寧さを感じたものである。

（1）分析ツールとしての比較――比較は自己確認作業である

　アダムとイブの時代以来，認識技法・分析技法としての比較は，意識的であれ無意識的であれ，日常生活でごく普通に行われている行為である。《自分を知りたい》《知らない世界を知りたい》という自然な欲望こそ，比較への衝動である。私たちは，社会の中で，他人とのかかわりの中で存在するという意味で，社会的動物である。生まれた瞬間から《家族》という社会集団に属し，他の人との関係を結び始める。他人との関係性は《自分》《私》と《他人》《あなた》との類似点・相違点を絶え間なく認識していく過程で，次第に形成されていく。比較は基本的に「何が違うか」という問いから始まる。この基本的問いへの答えが出発点となる。そして，比較分析アプローチは，すべての分析技法に内在している。

（2）ライフステージと比較技法――比較技法は日常生活の知恵

　人生は，自己選択・自己決定・自己投資・自己責任の途絶なきトンネルをくぐり続けること。ライフスタイルを決めるのは，生まれる・育てられる・学ぶ・卒業する・進学する・働く・恋する・別れる・結婚する・同棲・妊娠する・生む・育児する・転機を経験する・子どもの自立・退職する・パートナーと別れる・死ぬ・墓に入る，などのステージで構成される。程度の差こそあれ，選択・決定を伴う。比較は人生そのものにかかわる技法である。

比較技法の強さの源泉は，何よりもまず，意見・理論の納得基盤を広げ，説得力を強化すること。特に，実験による検証作業が出来ない社会科学では，過去の事例と他システムの事例が発想のヒントを提供してくれるだけでなく，仮説構築・検証作業の不可欠の素材となる。納得基盤を広げ，説得力を強化するには，現象間の規則性を発見することが必要である。この点についても，二つの次元で比較技法を本能的に学習している。一つの次元は，考察対象の《時系列比較》である。同じ定点（場所）で，過去の経験・事例を記録・記憶しながら，時間を移動させて，変化を認識・理解する技法である。第二の次元は，考察対象の《空間比較》である。同じ定点（時）で，余所で起こった経験・事例を記録しながら，空間を移動させて，変化を認識・理解する技法である。社会科学では，この二つの比較分析は，欠かせない。《時系列比較》《空間比較》という二つの比較軸を持つことで，日常生活でも，研究生活でも，視野が広がる分だけ，観察機会が多くなり，情報量が増え，一般的動向を推論できる可能性が大きくなる。

　ただし，これも日常生活で何度も経験することであるが，政府や巨大組織はそして，個人は，機密を隠している。情報は程度の差こそあれ制限されているし，隠匿されている。曲解・誤解を誘導したがるし，歪曲・乱反射は頻繁である。データの完全収集は不可能と諦めることから出発した方が良いかもしれない。完全度は遠い未来が判定することになる。兵馬俑ですら発見されたのは最近である。しかも偶然のキッカケで。

2　情報過程の貢献

　岡澤和世の『生きる意味——探究のプロセス——情報探索行動研究』（敬文堂，2009年）は，情報探索過程についての基本書となった。情報の生産⇔収集⇔蓄積（貯蔵・保管）⇔分析⇔分類⇔加工⇔検索⇔利用⇔生産という一連の過程を情報過程と呼ぶ。ここでは，情報過程に沿って比較政治学発展の原因を列挙・整理しておきたい。

（1）情報の生産・収集過程
　移動・輸送・運輸技術の飛躍的発展。情報の収集・生産にあたる者は，何よりも，収集・生産のために可能な限り活動範囲を広げ，収集した情報を確実に輸送することを期待する。確率の低さを覚悟して海を渡った遣隋使や遣唐使の苦労が

偲ばれる。人生を賭して膨大な情報を収集しても，運び帰れず，海の藻屑となってしまった情報。より確実に，情報活動範囲を広げる技術の飛躍的発展が比較研究技法の前進に大いに貢献した。移動・輸送・運輸技術の中では，とりわけ，船・鉄道・自動車・飛行機が重要な役割を演じた。

情報活動の範囲を飛躍的に広げてくれたのは，船舶とその大型化・機械化。大型帆船は「不可知の世界」へのドアを開けてくれた。喜望峰をターンしたバスコダガマ。マゼランは，最初の地球周航者で，地球球体説を実証した。そして，コロンブスは新大陸を発見した。遥か以前にヴァイキングがアメリカ大陸に到達していたようであるが，先取権登録はコロンブスになっている。また，アメリゴベスプッチは，新大陸探査で情報空間をさらに広げた。

国内レベルで情報探査・発見・収集活動の範域を広げたのは鉄道と鉄道網の発達であった。地理的距離の縮小は情報空間を拡大し，情報への接近を容易化した。フィールドへの距離も，短縮された。自動車の技術革新は，情報活動をさらに推進した。国境線を超えた情報収集活動の範囲を広げたのは，飛行機の発達である。

(2) 情報の分類過程

分類標準化基盤の飛躍的発展が研究者の位置・測定情報に関する共通基準を促進した。特に，時と場所の共通軸が定着したことは比較研究を広げるうえで大きな役割を演じた。太陽暦の普及，西洋年号の定着，温度測定基準の定着，時刻表示基準の定着（グリニッジ標準時），そして，位置情報標準化（特に，メルカトール図法）。また，度量衡標準化の普及も重要な意味を持った。広さ・長さ・高さ・重さの単位共有は国際比較を促進した。

(3) 分類学の発展

政党および政党システムの誕生・生育・発展・衰退・（合併）・消滅・再生の過程を比較政治の技法で解明すること。若い頃そんな希望を持ったので，分類学の発展に心ひかれた。世界水準となるような分類を開発した分類学者の名を上げないわけにはいかない。一人は，カール・フォン・リンネ。植物分類学の父である。生まれたのはスウェーデン南部のスモーランドの小さな村。初等教育はヴェクショーの大聖堂の隣にある学校。大学はルンド大学。そしてウプサラ大学。ウプサラ大学教授の時代，教え子たちを世界に派遣した。地球規模の壮大な科学ネットワークの構築である。分類学で忘れてはならないのは，メルヴィル・デューイ。

図書の十進分類法をつくり上げた。多くの国で，生産された情報が共通ルールで分類されることになった。研究者の情報交換・情報探索活動を加速度的に容易化した。

（4）情報の貯蔵・保管・蓄積過程

情報の貯蔵過程では，図書館・シンクタンク・アーカイブ・データベースの飛躍的発展と，コンピュータの発達がある。トルコのエフィソスに聳える巨大な図書館跡を訪れると，図書館が，古代から，人類の英知の貯蔵庫であったことを知る。新しいアレキサンドリア図書館の規模と斬新な設計には驚かされるが，より感動的なのは，古い時代に情報貯蔵の重要性を認識し図書館を建設しようとした古代エジプト人の情熱である。

（5）情報の収集・生産・分析過程

比較政治分析の情報を収集・生産する過程で，共通の用語・共通の分析枠組みの重要性を強調したのは，20世紀前半期からのアメリカにおいてであった。

科学的研究技法の繁茂と定着を比較研究発展の要因として指摘しておきたい。その場凌ぎの推測を可能な限り排除して，より正確・精緻化された（共通の）概念を使って，科学的検証に可能な限り接近する努力が，比較研究の土壌を肥沃にし，説得力を増大させるという信念が研究者の間にあった。特に，1960年代以後に大学院で訓練を受けた研究者はどこの国で講義をしても，ほぼ同じ共通語で意思疎通していることを発見した。国境線を超えた共同研究が加速された。

一般システム論についてはルドィグ・フォン・ベルタランフィとペンシルバニア大学のジョン・モークリーとジョン・エッカートの名は大きい。ENIAC 1 号は新しい時代を開いた。機能構造論や行動科学，それに政治システム論は，法学的分析・歴史学的分析・哲学的分析に支配されていた伝統的政治学に大きな衝撃を与えた。重苦しい規範学を超えようという意欲が横溢していた。二つの世界大戦への反省からも，《あるべき姿》よりも《あるがまま》を描き切ろうとする意欲が奨励された。研究者の，世代と国籍を縦断する共通語・共通枠組みの発見が希求された。ロバート・マートンやタルコット・パーソンズ。ガブリエル・アーモンドやルシアン・パイ，デイヴィッド・イーストン，ノバート・ウイナーなどの業績は共通語を定着させるうえで大きな役割を演じた。

（6）情報の加工・流通過程

　生産された情報を高速度に加工・普及させる技術の進展は，比較技法の発達に大きな貢献をした。経典を書き写すために，命がけで，海を渡り，砂漠を横断し，険しい山岳地帯を踏破した先人たちの苦労が想い起こされる。加工・流通過程で大きな貢献をしたのは，電話・電信・郵便制度の発展，印刷技術・コピー技術・ファクス技術の発展である。

　J. グーテンベルグの貢献は紙の発明者とともに，どんなに高く評価してもしきれない。ライン川とモーゼル川の合流点にあるコブレンツの街が好きで，というよりも《ドイツの角》が好きで，先端に建てられた皇帝ヴィルヘルム一世の像が撤去されたままの頃から，何度も散歩している。そのたびに訪れるのがマインツ。グーテンベルグの活版印刷機を見るためである。活版印刷が開発されるまでは，知識や情報は，一握りのエリートだけが接近できる貴重品であった。また，コピー技術の発展が比較分析技法の進展に与えた貢献の大きさは言うまでもない。コピー技術とファクス技術のおかげで，比較研究は研究効率をアップした。

3　デモクラシーと平和——比較政治学発展の最大要因

（1）民主主義の発展と平和の維持・継続

　比較分析技法は，情報探査者にとっていくつかの自由が，（限りなくとは到底言えそうもないが），可能な限り幅広く，確保されていないと，発酵し難い。例えば，移動の自由・表現の自由・言論の自由・出版の自由・公文書へのアクセス権（情報公開制度）などである。ほとんどの国で・多くの比較研究者が，悔しさと絶望感を感じながら，その日が来る日を待ちわびている。恐らくそんな日は来ないであろうけど。

　1766年に世界に先駆けて出版の自由法を制定し，今も憲法典の重要な構成要素と位置付けているスウェーデンは，同時に，約190年に渡って戦争を回避してきた平和国家でもある。「開け・開け・もっと開け」とばかりに政治過程や社会過程を大きく開いてきた。中立・平和国家の研究者やジャーナリストの，地球社会全体を睨んだ，傍若無人ともいえる情報取集行動には，驚かされることが多い。「平和は貴重な情報力」を実感できる。

(2) 政治学人材育成機関の発展

　高等教育機関で，最初に設置された政治学講義はウプサラ大学。ルンド大学と並び，スウェーデンの伝統校であるこの大学で政治学講義が開始されたのが1622年。ヨハン・ヒュッテ（Johan Skytte）が担当した。政治学教授としては，現在までも存続している世界最古のポストの一つであると言われている。その歴史的な名前を冠してヨハン・ヒュッテ政治学賞（Skytteanska priset）が創設され世界の研究者の中から受賞者が選考されている。高等教育機関で，最初に設置された政治学部はコロンビア大学。創設されたのは1880年。以後，多くの国で，時には法学部の分科学科として，時には独立した政治学部として，政治学が高等教育システムの一部として創設・定着していくことになる。学会について言えば，1998年に日本をベースに活動する比較政治研究者が集まり日本比較政治学会が創設された。

4　情報市場の拡大

　情報要求の増大が情報の市場価値を増大させ，比較政治学を飛躍的に発展させる理由の一つとなった。例えば，世界大戦の勃発と戦後処理が情報の市場価値を増大させた。第二次世界大戦後は民族自決主義と新国家の増殖が進展したが，時には，そしてそれは今でもそうであるが，地図上の位置はおろか，名前ですら定かでない国ぐにが国際ゲームの参加者として登場した。そして，冷戦構造の定着。それぞれの国が，浸透性の低い分厚い壁を構築した。鉄のカーテンもあった。比較政治専門家への出動要請は高まった。緊張感が現場を支配した。

　そして歴史的なベルリンの壁崩壊。いまや国家の数すら正確にわからない時代である。1989年は，比較政治学が新しい発展段階に踏み込む跳躍台であった。東西冷戦構造の終焉とグローバリゼーションの本格化。再び国家の増殖時代を迎えた。国際的相互依存の時代といいつつも，基本となる国家がいくつあるか誰も知らない。すべての国や地方が国連に加盟しているわけではない。比較政治情報への需要はまだまだ増大する。

　グローバル化の進展で，人間行動・企業行動は地球規模で展開されることになる。だが，情報の備えは依然として十全とは言えない。意思決定過程では，時には，「常識を疑え」が有効な知恵となる。「昨日の常識・今日の非常識」「日本の常識・世界の非常識」。比較政治学にはこの教訓を例証する力が期待される。高

精度地球規模情報の必要性が増大していくことだけは確実のようである。

5　旺盛な好奇心がバネ

　最後に，そして何よりもこれが重要だと思われるが，人間に備わっている自然な好奇心とそれを実現できる環境，それに，壁を突破する勇気。《自分を知りたい》《知らない世界を知りたい》《彼岸に行ってみたい》。異空間の存在を何かを犠牲にしても確認したいという勇気。

　好奇心と冒険心と偶然をパートナーにして海を渡った先駆者は日本にも，数多くいた。7〜9世紀の遣隋使・遣唐使が先行者の役割を演じた。成功頻度は高くなかった。16世紀末の1582年には天正少年使節が海を渡った。17世紀には支倉常長が，太平洋と大西洋を越えてローマに赴き，往復した。18世紀には大黒屋光太夫が，19世紀にはジョン万次郎が，運命に身を任せて脱日本し，その後の対外交渉に一定の役割を演じた。

　19世紀は，脱日本組が噴出する。幕命により，藩命により，脱日本を果たしたものが多いが，敢えて，御法度の密航挑戦者も少なからずいた。玄奘三蔵が国禁を破って天竺を目指して，長安の鐘楼をくぐり，西域を目指したのと同じ。禁じられているとは知りながら，好奇心を抑えきれずに此岸と彼岸の比較解明のために，三蔵が旅立ったように，幕末時代の若者の中には未だ見ぬ国への出立願望を抑えきれなかった者がいた。若き日の伊藤俊輔はその一人。何度か密航を試みている。

　1860（万延元）年には遣米使節が横浜を出帆。この使節団の随伴船が咸臨丸で中浜万次郎は通弁方として，福沢諭吉は提督の従者として乗船した。艦長は勝安房守（海舟）であった。1862（文久元）年には，第1回遣欧使節，1864（文久3）年には第2回遣欧使節が結成された。1862（文久2）年には幕府がオランダに16名の留学生を派遣した。有名なスフィンクス前の集合写真はこの使節団である。興味深いのは，1865（慶応元）年の薩摩藩英国留学生である。薩英戦争で非力を思い知らされた薩摩藩は19名の藩士を密出国させた。学習派に転換したのである。密出国までさせての決断が見事である。ロシアにも出ている。1865（慶応元）年に，遣露留学生と使節団が日本を出た。

　1871（明治4）年12月23日に横浜港象の鼻をスタートしたのが岩倉使節団。留学生を含めて107名が出帆。全100巻の詳細な記録が残されており，比較政治学の

記録として，貴重。富国強兵・殖産興業のシナリオ策定でこの経験が重要な情報源となっている。岩倉使節団は，不平等条約の改革が主要目的であったが，「まず学べ！ 世界を」も狙いであった。前者は目的達成とはいかなかったが，後者は，成果を残した。近代化への跳躍台となった。この企画は，フルベッキの助言を受け，最初に上奏したのは大隈重信であった。

6　本書の構成と狙い

比較政治学のテーマと方法論，選定する地域，選択する変数，時代と焦点は多様である。研究者の数と同じ数の比較政治学がある。地球社会と同じスケールの多様性を許容し，包摂し，相互作用し合うミクロコスモス，それが比較政治学の宇宙である。

多様性を特徴とする学界メンバーの中で，今回執筆して下さった研究者には，それでも，いくつかの共通点がある。一つは，常に地球儀を心に抱きながら，日本社会の未来と地球社会のあり方を思念・構想されていること。第二に，あまり遠くない未来に射程距離を定め建設的な提言を提示されようとしていること。未来を展望する望遠鏡の焦点距離があまり長すぎると，綺麗に整序されたユートピアではあっても，現実分析力が低下してしまう。第三に，創造的提言に繋げるために，現状分析にクールなヘッドで望まれていること。顕微鏡のレンズ倍率が近未来の政策提言に必要な範囲に設定されていることが肝要である。

それぞれの研究分野で未来指向の政策提言に繋がる成果で構成されている。比較政治の世界が政策科学の色調の強い学問分野であることが理解されよう。統合と抗争，包摂と排除，連合と単独，同調と競合，政治の世界は相対立する二つの表情を併せ持っているヤヌスの顔である。時代の挑戦を受けて，柔軟に対応するバランス感覚が何よりも要請される。本書の狙いは，広角度ズームレンズを駆使してその実像に迫ることにある。いくつかの提言は近未来の日本政治を確実に捉えるであろう。

7　足蹟を追う・フィールドに立つ

比較分析の先人たちの足蹟を辿ろうとして，若い時から世界を歩いてきた。ヴェガ号でユーラシア大陸を周回したニルス・アドルフ・エリク・ノルデンショ

ド，シルクロードを探査したスヴェン・アンダシュ・ヘディン，喜望峰経由で長崎出島に来たカール・ペッテル・ツインベリィ，カムチャッカの島々を探査したステン・ベルイマン。彼らは綿密な記録を残してくれている。想定外の事態に直面した時に，どう対処するか。フィールドに立つこと，事実を重視することの大切さを教えてくれた。特にスヴェン・ヘディンの足跡を追うと，鳩摩羅什や玄奘三蔵，それにマルコ・ポーロや大谷光瑞の名に出会うことになる。交通・輸送・通信技術が未発達の時代。何よりも，満足のいく地図がなかった時代。海図なき航海に敢えて漕ぎ出した先人たちの苦労と勇気に感動する。先行者の懸命な努力がなければ情報過程はこれほど繁栄しなかった。比較政治学を志す者には，これからも，継承と発展の精神を襷として受け継ぐことが要求されよう。

第 1 部　デモクラシーの現在・未来

第1章　グローバル化時代の民主主義

猪口　孝

1　グローバル化時代の民主主義

　民主主義では集合的な決定が必要な時に，集合の関係者が公平に発言機会が与えられ，決定に必要な情報が与えられ，十分な討論がなされ，公正に手続きがなされる必要がある。集合の関係者は時代によって大きく変わる。アリストテレスの考えでは，王制，貴族制，民主制などは，同じ政治文化を共有する王制や貴族制では決定が予測しやすいが，民主制ではあらゆるデモスが混在し，共通の政治文化がないとされるために，或る意味で最悪の政治体制とされる（アリストテレス 1961）。古代ギリシャの直接民主主義は一定の属性を備える少数の男性市民の集会制民主主義であった。その少数市民は奴隷をかかえ，生産活動に大きな直接関与なしで政治集会に参加できた（Raaflaub et al. 2008）。一定の属性が政治体制の性格を規定するというアリストテレスの理論はその後も有力でありつづけた。近代の政治理論家，フランスのモンテスキューの政治理論もその尾びれを引き継いでいた（モンテスキュー 1989）。

　しかし，集合の関係者の定義が次第に広まっていった。欧州のキリスト教神学の展開が中世から近代に移るなかで大きく変身したことがその大きなきっかけとなる。神が物理的にも存在すると言い張る学派と心のなかで存在するという学派は後者の勝利となり，神学と科学がある程度切り離される。同時に神学と政治が切り離されるなかで，集合の関係者が次第に拡大していった。中世から近代への移行期に英国のジョン・ウィクリフは，聖書の教えは，「人民の，人民のための，人民による政治」を意味していると言う。これはその後，人民の意味と範囲が次第に拡大していくなかで，重要な転機となっていく（猪口 2010；McFarlane 1966）。19世紀初期米国の指導者，トーマス・ジェファソンなども人民に代わって政府を運営するという考えを表明しているが，エリートの指導者が政治を担うということには大きな代わりがなかった。アブラハム・リンカーンがゲティスバーグ演説

で,「人民の,人民のための,人民による政府」と高らかに奴隷解放戦争勝利に向けて鼓舞したのも大きな転機であった。しかし,奴隷解放が実質化するのはその一世紀後,リンドン・ジョンソンの1964年である。しかし,半世紀後2014年においても,黒人と白人の雇用や教育にみられる格差はあまり変わっていない(The Economist 2014:30)。開明的神学者による中世神学の解放後,集合の関係者は次第に拡大していったことは欧州の歴史が示すところである。

しかし,ここで重要なことはケンブリッジ大学のジョン・ダン教授(Dunn 1994)などによって「代表制民主主義」の概念で一括りにされている民主主義が次第に綻びを現出していることである。古代民主主義がギリシャに栄えた後2000年の睡眠の後に,近代欧州に代表制民主主義が着実に根づき,今日まで続いているというのがジョン・ダンの民主主義の歴史であるが,それに疑義を挟む論者が増加し,代表制民主主義の欠陥とそれを補正する方法を唱える学者が増加している(Alonso, Keane & Merkel 2011)。この民主主義理論の百家争鳴時代において,学者が代表制民主主義のどこの側面に焦点を当てて,代表制民主主義の起死回生を狙っているのか,そして世論はどのような方向への代表制民主主義の起死回生を選好しているのか。この二つを次に扱おう。

2 代表制民主主義の百家争鳴時代

百家争鳴とは多くの学派が自分の学説を優越を説教して賑やかな競争になることを指す。実際,21世紀初頭,代表制民主主義についての学説は多く,枚挙しきれない。ここではいくつかの代表的な体系的分析をほどこそうとしている研究プロジェクトを要約しよう。「民主主義の質についての欧州人の理解と評価」と題する欧州社会調査(European Social Survey 2012)による研究,ヨテボリ大学の「民主主義の種類」(Varieties of Democracy)と題する民主主義の329指標の体系的・歴史的分析的研究とシドニー大学の「選挙民主主義」と題する選挙を中心にした民主主義の公正・公平を確認する研究を簡単に要約しよう。欧州社会調査は10数個にわたる民主主義を規定する概念を軸にした質問をなげかけることによって欧州市民がどのように民主主義をとらえているかを検討したものである。取り上げられている概念には,代表性,公正な選挙,公平な政策,分配の平等性,人権などである。欧州市民がどのように民主主義をみているかについての最大の世論調査である。中央大学・新潟県立大学の「アジア・ヨーロッパ世論調査」は猪

口孝が主導したグローバル化時代の民主主義をアジア9カ国，ヨーロッパ9カ国で世論調査を実施，Blondel/Inoguchi（2006），Inoguchi/Blondel（2008），Inoguchi/Marsh（2008）などを刊行している。

　ヨテボリ大学の「民主主義の種類」プロジェクトはその指標の広範性に驚く。指標については The Economist Intelligence Unit（2012），Polity Ⅳ（2012）など既往の指標プロジェクトとくらべてその範囲の広さが大きな特徴であるが，民主主義が岐路に立っている時の特徴を捉えるのにどこまで役立つか。新潟県立大学は窪田悠一氏が参加している。

　シドニー大学の「選挙民主主義」はピッパ・ノリスが主導するもので，世界で120近く存在する民主主義国における選挙をつぶさに調べ上げるプロジェクトである（Norris 2014）。猪口孝もこのプロジェクトの質問表で最も最近あった日本の国政選挙についてのアンケートに答えている。

　政党マニフェスト研究は欧州世界研究連合グループが1980年代から行っているが，Inoguchi（1987）はその第一期研究の成果に一年としてかいている。この研究は今まで続いており，2014年5月，第3期の会議が開催された。これらの民主主義研究に比較して本研究計画の特徴は明らかである。民主主義が多様化・複雑化しているなかで，どこを民主主義の重要な特徴とするかで，諸学説が増加している。百家争鳴の民主主義理論の最も枢要な特徴を質問に転換してそれに対する市民の選好を浮きだたせる方法を取っていることである。

　ここでは次の学説を取り上げ，その焦点，強調点を整理し，それらが市民にどのようなアピールをもつか，市民の選好にどこまで浸透しているかをしらべる世論調査の質問票を作成した。この世論調査は2014年5月に日本全国で行われた。本章では結果分析にはいかないが，どのような質問票をもって世論調査を実施したかを説明しよう（表1-1）。

（1）代表制民主主義

　代表的定式化は Lipset（1960）による。統治正当性と政策実効性で代表性民主主義をみる。ジョン・ロックにはじまるとされる古典的代表性民主主義である。その後も政治学ではこの2本の柱で民主主義を扱う視点が圧倒的に多かった。代表制民主主義について正当性（正統性）と実効性をあげた影響力のある定式化は近年批判の標的となっている。正当性（正統性）は代表が民主的に選ばれたことが重要なはずであるが，民主的はどのように判定できるかが大きな問題になって

第 1 章　グローバル化時代の民主主義

表 1-1　『グローバル化時代の民主主義』の世論調査

代表制民主主義
①政府は，一般人や普通の国民には耳を貸さない。 ②政府は，国の統治の仕事をそっちのけで，ただ生きながらえているだけだ。
直接民主主義
①政治家は選挙が終わると，国民には関心を示さない。 ②官僚や役人は，私たち国民に耳を傾けるような様子を見せるが，実は私たちの意見を機械的に処理してゴミ箱行きにしている。
共同体制民主主義
①全体的にみて，人は信頼できる。 ②私たちは，他人に対して用心しすぎるということはない。
手続き的民主主義
①公共サービスを得るために官僚や役人に対して賄賂（わいろ）を使うことは，ある種の状況では許される。 ②政府は何をするにも，秘密にすることが多く，私たち国民にしっかりと説明しようともしない。
熟慮型民主主義
①投票で賛否を数えるだけでは，よい政策決定はできない。 ②政治家や国民に懸案の議題についての知識がなく，ほとんど議論をしなければ，良い政治は生まれない。
監視制民主主義
①政府も国民も，お互いや自分自身を監視することに忙しくしているために，民主主義でありながら誰も政治に関与しなくなっている。 ②未来があまりにも不確定なので，国民は現在の事を考えるだけで精一杯である。
地球市民制民主主義
①米国は，国境を越えて世界に巨大な影響を与えているから，米国以外の国民も，米国大統領選挙の参政権を保有すべきである。 ②専門家や有識者が，国境にとらわれずにチームをつくり，世界的な基準や価値観をつくりあげ，国をまたいだ問題を処理する国際機関を運営すべきである。

出所：民主主義についての主要著作から猪口が構築したもの。

いる。実効性についても同じで，政府の政策がどこまで実効性があったかの判定は結局は世論調査による政策支持や市民の満足度によって見ることが多いが，どこまで信頼できるかが問題になる。政策実効性の指標として，経済政策などの成果として失業減少とかインフレ低下とか一人当たりの所得の増加などが指標として使われる。もう一つの指標としては戦死者数が使われることが多い。米国政治経済の動きをこの二つの指標の力学から出そうとしているダグラス・ヒッブズ（Hibbs 1986）と国際政治のシミュレーション・ゲームの定式化でハロルド・ゲッツコウら（Guetzkow, Alger, Brody 2012）などが使っている指標はやはりこれらの

2つの指標である。選挙で選ばれた代表が市民の選好をどこまでどのように政策化できるかどうかは非常に複雑な過程を通るために，実効性についても語るのは容易，測定するのは難儀である。

　これらを世論調査でどのように質問したら，市民の選好が浮き彫りになるのだろうか。

　①　政府は，一般人や普通の国民には耳を貸さない。
　質問①は代表制民主主義のエリート性についての不信を質問するものである。そもそも代表制民主主義といって，特権エリート階級が代表とされて，普通の人々は軽視されているという不信である。

次のなかからあなたの気持ちに一番ピッタリするものを1つ選んでください（賛成，やや賛成，賛成でも反対でもない，やや反対，反対，知らない）。

　②　政府は，国の統治の仕事をそっちのけで，ただ生きながらえているだけだ。
　質問②は政治の本質のひとつである政治家は自分の生き残りのためには必死になるが，よき統治のためには大したことはしないというやはり普通の人々の不信を表現したものである。"Surviving without governing"（Palma 1977）でイタリア・キリスト教民主同盟の統治スタイルがこのように表現されているところが原点である。多少シニカルな見方とはいえ，根強い見方である。1970年代末，イタリア・キリスト教民主同盟本部にインタビューを行ったことがあるが，その時，イタリア系米国人学者になるこの本に言及したら，被面接者は顔を真っ赤にして「この非愛国者！」っと言ってわめいた。

（2）直接民主主義

　代表制民主主義への不満は代表制ということで，普通の市民を置いてきぼりにしているのではないかという感情として表明される。代表的論者は無数にあるが，雄弁なのは直接参加を説くBenjamin Barber（2004）ではないだろうか。スイスの小さな共同体での直接民主主義（Barber 1974），さらには国家を通さない都市間の直接民主主義（Barber 2013）など，議論を展開している。次の質問で，市民の選好を浮きだたせたい。

① 政治家は選挙が終わると，国民には関心を示さない。

質問①は政治家への不信を如実に示すものである。代表者を選挙時には助けたのに，その後は全く音沙汰もないという認識で不満を表している。実際，当選回数を重ねるごとに選挙区への奉仕の時間が少なくなり，行政府の長になると，さらに極端になり，選挙区はペンペン草で荒れ放題になるという。選挙区内の競争が激しかったり，議員全体の競争が厳しかったりすると，族議員現象が1960-1980年代のように出現する（猪口・岩井 1987）。

② 官僚や役人は，私たち国民に耳を傾けるような様子は見せるが，実は私たちの意見を機械的に処理してゴミ箱行きにしている。

質問②は官僚組織に対する普通の人々の不信を示すものである。とりわけ官僚組織がイデオロギーで制限的であったり，階級や宗教や所得階層などで限定され，閉鎖的であったりすると，普通の人々の直接行動が伴うこともある。たとえば，ロシアの大統領府には直接陳情の制度があるが，陳情が終わった後，ガソリンで自死する場合が年に数十件あるとのことである（中村 2005）。中国でも直接陳情は1,000人以上の単位の集団で年に10万回以上，抗議行動が頻発している。組織の壁を打ち破ると考えても，懐柔されてしまうのがウーカン村（広東省陸豊市ウーカン村）の例が示すようである。親近感が感じられる共同体のなかで直接参加していく場合を想像したり，理想化したりする場合もある（毛里・松戸 2012）。主権国家をふりまわし，問題を大きくし，複雑にするのではなく，このグローバル化時代には都市が連携して，いろいろ直接参加で活発化しているという報告もある（Barber 2013）。

（3）共同体制民主主義

代表制民主主義への不満は，ひとりひとりの市民がバラバラに孤立化して，一緒に共通の問題を考えよう，対処しようという共同体意識を軽視して民主主義を考えている所にあるとする。最も雄弁な議論は Robert Putnam (2001) ではないだろうか。中部イタリアの地方自治体の公共政策（Putnam, Leonardi, Nanetti 1994）から，共同体重視の議論の始まりとなった。先進工学国の民主主義政治は社会関係資本を信頼の視点から比較したもの Putnam (2002) には猪口 (2002) も寄稿している。次の質問で，市民の選好を浮きださせたい。

① 全体的にみて，人は信頼できる。

② 私たちは，他人に対して用心しすぎるということはない。

　共同体制民主主義は価値や規範を共有することで代表制民主主義への不満を軽減できるのかということである。質問①は他人をどこまで信頼できるかどうかの質問である。人間性善説か性悪説の質問である。ただし，質問②は性悪説というわけではなく，中間的な質問である。①と②の二つの質問は「世界価値観調査」などでも頻繁に使われているが，対極的な質問ではないことに注意しなければならない。さらに他人というカテゴリーにどのようなる人間をいれているかが，人によってかなり大きく違うことも留意しなければならない（猪口 2014）。例えば，中国では宗族，拡大家族に入る人は人間であるがその他は人間として考えないくらい大きな区別をするようである。したがって他人は，人間であるから信頼する。ところが，日本では宗族といわれるものは弱く，拡大家族も弱く，だいたい核家族が主流であるので，他人というと核家族以外ということになりかねない，したがって他人だから気を付けるに越したことはないのである。

（4）手続き的民主主義

　民主主義の実施単位が大きく，しかも国境を越えていくに従い，組織の規則や地球的規範に従うことを全面にあげる代表制民主主義批判が出てくる。なかでも，Richard Rose et al.（2011）は雄弁である。次の質問で，市民の選好を浮きだたせたい。

① 公共サービスを得るために官僚や役人に対して賄賂を使うことは，ある種の状況では許される。

　手続き的民主主義は代議制民主主義がその実施単位が大きく，しかも国境を越えていくに従い，組織の規則や地球的規範に従うことを全面的に従うことは容易でなくなる。手続きさえしっかりと守られるようにするには手続きについて厳重にコンプライするようにすることを重視する。質問①は公共サービスを得るためには賄賂の使用も時には許されるという不満も社会によっては強い。たとえば，ロシア，中国，インドなどである（猪口 2014）。注意しなければならないのは，米国やオーストラリアや日本はあまりないかというとそうではない。別な形でもっと"ソフェィスティケート"な形がつくれるのではないか。

② 政府は何をするにも，秘密にすることが多く，私たち国民にしっかりと説明しようともしない。

質問②は手続き的に厳しく政府がすればするほど、政府自身はみずからはその拘束から自由にする衝動が強くなる。そのような不信が質問②で示されている。

(5) 熟慮型民主主義

代表制民主主義は人民の名によって、一握りのエリートが実権を握っていたのは残念であるが、かれらが知識、経験、影響力を通して権力を握っていることがそれを可能にしている。多数の市民が知識や経験を討論しながら、熟慮する市民が集合としての賢察に基づいて、影響力行使ができればそれに越したことはない。代表的論者は James Fishkin（2011）である。次の質問で、市民の選好を浮きだたせたい。

①　投票で賛否を数えるだけではよい政策決定はできない。

質問①は民主的決定で形式的な数の確保にはなってもどうしようもないという不満がでてくる。たとえば、台湾立法院を中国台湾のサービス貿易の自由化に関する協定を批准することに対して議席数ないしは与党、国民党の選出した馬英丸大統領支持が強いようであるが、世論調査では大統領支持は12％ぐらい、中台サービス貿易自由協定批准については60％が反対という。難しい。

②　政治家や国民に懸案の議題についての知識がなく、ほとんど議論をしなければ、良い政治は生まれない。

質問②代表制民主主義の名によって、よくしらべないで、よくかんがえないで、決定しがちになってきた。論語のおしえに反するのではなく、よく熟議しようと説く学説が出現した。熟議型民主主義である。たとえば、原発推進か原発ゼロかについて、熟慮型民主主義でやるとどうなるか？　多くの人を1カ所に集めて、原発の物理的科学的メカニズムの説明、第二次世界大戦後の日本原発解説の経緯、米国スリーマイル島原発事故以来の日米原子力協定の締結の経緯、世界と日本のエネルギー需要と供給のトレンド、原発廃棄物処理のブレイクスルー、技術開発の歴史と展望、代替エネルギーの見通し、等々。しっかりとした議論についてエキスパートなどからの講義を何回もいれて熟議をいれてどこにたどりつくか難しい。ブレーンウォッシング気味の操作にしないようにできるか。

(6) 監視制民主主義

人民の、人民のための、人民による政府はどこまで達成されているのか。代表

制民主主義は市民社会の拡大と影響力増大とともに，これに対する不満が大きくなっている。とりわけ，技術進歩による政府と市民社会の相互監視の活発化，国境を跨ぐ影響行使の頻繁化で地球的規模で，複合的な民主主義を考えざるをえない状況が現出している。歴史的な多様性と複雑性を雄弁に論ずる John Keane (2009) が代表的な論者である。次の質問で，市民の選好を浮きだたせたい。

① 政府も国民も，お互いや自分自身を監視することに忙しくしているために，民主主義でありながら誰も政治に関与しなくなっている。

代表制民主主義は主権国家の枠組みを死守しようとしているうちに，技術は進歩し，国境をこえたコミュニケーションは拡大し，市民社会は拡大し，代表などと考えるよりは自分が行動することが増大してしまっている。そこで監視制民主主義の到来を説く学説がでてくる（Keane 2009）。質問①は監視社会はそれだけで，忙しくなり，誰が民主主義を実現するという意識も低くなっているという不信が増大する。"democracy by no one" とさえいわれる。質問①はその不信を直截に表現する。

② 未来があまりにも不確定なので，国民は現在の事を考えるだけで精一杯である。

監視制民主主義のもう一つの特徴はアクターが爆発的に増え，インタラクションが天文学的に増え，将来が極端に不確定になる。そうなると，先を考えるよりは，今のこの一瞬に比重を大きくかけやすくなる。そのような民主主義では困るという不満がでる。それが質問②である。

（7）地球市民制民主主義

主権国家の枠を越えて民主主義が拡散している時，主権国家を念頭に置いた代表制民主主義は時代錯誤的である。代表的論者は David Held (2004) である。

次の質問で市民の選好を浮きだたせたい。

① 米国は，国境を越えて世界に巨大な影響を与えているから，米国以外の国民も，米国大統領選挙の参政権を保有すべきである。

主権国家の枠組みを拡大し，すんなりと地球的規則や規範が地球市民によって支持される民主主義ができないかという不満がでてくる。地球市民制民主主義である。質問①はその理想を実現するためには国境を超えた民主主義つまり，市民

権，参政権というものが実現されるべきという不満である。それも具体的には覇権国は民主主義を自国民に限っているのに地球市民に対する影響力行使は大きく，しかも参政権を非米国市民には与えてくれない。それが質問①である。この質問は，2011年のGallup Internationalの50数カ国で行われた世論調査の1問である。

② 専門家や有識者が，国境にとらわれずにチームをつくり，世界的な基準や価値観をつくりあげ，国をまたいだ問題を処理する国際機関を運営すべきである。

地球市民はグローバル・ガバナンス維持のために，専門国際機関のエンジンにならなければならないと不満を表出する。それは主権国家の代表というよりは地球市民がその利益や方法をしっかりと創造しようという不満である。

3 満身創痍の「代表制民主主義」に対する不満

民主主義理論は百家争鳴の時代に入った。それぞれの学派は鮮明にその旗織を風にひるがせている。本章はそれぞれの理論的な問題点をさらに探るというよりは，それぞれの学派が市民にどこまでアピールしているかを世論調査で調べる下作業のひとつとしている。2014年5月には実施された。日本国内で世論調査で調べる作業と同時に，学者研究者による有識者サンプルでも近々調査を実施する予定である。

地球市民制民主主義ではcosmopolitanであるが，postmodern global democracy（Scholte 2014）という新しいカテゴリーもあるがここでは取り上げなかったが監視制民主主義をフルに地球上に移し，主権国家の尾びれを全面的に廃棄した民主主義といえようか。

参考文献

アリストテレス／山本光雄訳（1961）『政治学』岩波書店。

猪口孝・エドワード・ニューマン，ジョン・キーン編（1999）『現代民主主義の変容』有斐閣。

猪口孝（2010）「付録 政治理論における宗教の位置」『日本政治の謎・徳川モデル捨てきれない日本人』西村書店，175-183頁。

猪口孝（2013）「解説 日本の科挙官僚制」アレキサンダー・ウッドサイド『ロスト・モダニティーズ――中国，ベトナム，韓国の科挙官僚制と現代世論』NTT出版，239-264頁。

第 1 部　デモクラシーの現在・未来

猪口孝（2013）「『デモクラシーの生と死』を読むために」ジョン・キーン（2009）『デモクラシーの生と死』みすず書房，vi-xvi 頁。

猪口孝（2014）『データから読むアジアの幸福度——生活の質の国際比較』岩波書店。

猪口孝・岩井奉信（1987）『「族議員」の研究——自民党政権を牛耳る主役たち』日本経済新聞社。

中村逸郎（2005）『帝政民主主義国家ロシア——プーチンの時代』岩波書店，233頁。

毛里和子・松戸庸子（2012）『陳情——中国社会の底辺から』東方書店。

モンテスキュー／野田良之ほか訳（1989）『法の精神』上，中，下，岩波文庫。

Alonso, S., Keane, J., Merkel, W. (eds.) (2011) *The Future of Representative Democracy. Cambridge.* Cambridge University Press.

Barber, R. B. (1974) *The Death of Communal Liberty: A History of Freedom in a Swiss Mountain Canton,* Princeton University Press.

Barber, R. B. (2004) *Strong Democracy: Participatory Politics for a New Age,* University of California Press.

Barber, R. B. (2013) *If Mayors Ruled the World: Dysfunctional Nations, Rising Cities,* Yale University Press.

Dallek, R. (2005) *Lyndon B. Johnson: Portrait of a President,* Oxford University Press.

De, P. G. (1977) *Surviving Without Governing: The Italian Parties in Parliament,* University of California Press.

Dunn, J. (1994) *Democracy: The Unfinished Journey 508BC-1993 AD,* Oxford University Press.

Fishkin, S. J. (2011) *When the People Speak: Deliberative Democracy and Public Consultation,* Oxford University Press.

Forner, E. (2008) *Our Lincoln: New Perspectives and His World,* W. W. Norton.

Guetzkow, S. H., Alger, C. F., Brody, R. A. (2012) *Simulation In Ingernational Relations: Developments For Research And Teaching.* Literary licensing, LLC.

Held, D. (2004) *Global Covenant: The Social Democratic Alternative to the Washington Consensus,* Polity Press.

Hibbs, D. (1986) *The American Political Economy: Macroeconomics and Electoral Politics in the United States.* Harvard University Press.

Inoguchi, T. (1987) "Japan 1960-1980: Party Election Pledges," Ian Budge et al., eds. *Ideology, Strategy and Party Change,* Cambridge University Press. pp. 369-387.

Inoguchi, T. (2002) "Broadening the Basis of Social Capital in Japan," Robert Putnam ed. *Democracies in Flux: The Evolution of Social Capital in Contemporary Society.* Oxford University Press. pp. 189-202.

Inoguchi, T. (2011) "Political Theory," in Bertrand Badie, Dirk Berk-Schlosser, and

Leonardo Morlino, eds., *International Encyclopedia of Political Science*, Vol. 6, Sage publications, pp. 2050-2063.

Inoguchi, T., Blonel, J. (2006) *Political Cultures in Asia and Europe Citizens states and societal values*, Routledge.

Inoguchi, T., Blondel, J. (2008) *Citizens and the State : Attitudes in Western Europe and East and Southeast Asia*, Routledge.

Inoguchi, T., Marsh, I (2008) Gllobalization, *Public Opinion and the State : Western Europe and East and Southeast Asia*, Routledge.

Inoguchi, T., Edward Newman, and John Keane. (eds.) (1998) *The Changing Nature of Democracy*, United Nations University Press.

Keane, J. (2009) *The Life and Death of Democracy*, Simon and Schuster.

Lipset, S. M. (1960) *Political Man : The Social Bases of Politics*, Doubleday Publishing.

McFarlane, K. B. (1966) *The Origins of Religious Dissent in England*, Collier Books.

Norris, P. (2014) *Advancing Electoral Integrity*. Oxford University Press.

Onuf, P. (2012) *The Mind of Thomas Jefferson, Virginia:*, University of Virginia Press.

Putnam, R. D., Leonardi, R., Nanetti, R. (1994) *Making Democracy Work : Civic Traditions in Modern Italy*. Princeton University Press.

Putnam, R. D. (2001) *Bowling Alone : The Collapse and Revival of American Community*, Simon & Schuster.

Putnam, R. D. (2002) *Democracies in Flux : The Evolution of Social Capital in Contemporary Society*, Oxford University Press.

Raaflaub, K. A., J. Ober and R. W. Wallance. (2008) *Origins of Democracy in Ancient Greece*, University of California Press.

Rose, Richard. Et. al. (2011) *Popular Support for an Undemocratic Regime : The Changing Views of Russians*, Cambridge University Press.

Scholte, J. A. (2014) "Reinventing Global Democracy" *European Journal of International Relations*, Vol. 20, No. 1.

The Economist. (2014) "The Civil Rights Act: Fifty Years On, " *The Economist*, April 12th, p. 30.

第2章　新しい福祉政治と対立軸

宮本太郎

1　瓦解する社会と福祉政治

(1) 瓦解する社会

　グローバル化や脱工業化を契機とする経済と社会の変化のなかで，これまでの生活保障（雇用と社会保障）の枠外にいる人々が急増した。非正規労働者や片親世帯，単身高齢世帯など，従来の制度がカヴァーしきれていない人々の間で貧困と孤立が広がった。

　社会保障・人口問題研究所の調査では，20歳から64歳までの単身女性の32％が，そして19歳以下の子どものいる母子世帯の48％が相対的貧困に陥っている。生活保護の受給世帯は2012年6月には150万世帯を大きく超えたが，国民生活基礎調査のデータに基づく推計では，所得で生活保護基準を下回る世帯が597万世帯，資産基準を加えても227万世帯と現実に受給している世帯を大きく上回っている。

　今現在は安定して見える仕事に就いていても，いつ何をきっかけに家族もろとも周辺部に押し出されるか分からない。多くの人々が，その不安とプレッシャーのなかで長時間労働を余儀なくされている。

　2004年のILOの統計によれば，非正規の短時間労働者が増大する一方で，週50時間以上働く労働者の割合は日本では28.1％にのぼり，また処遇の面で見ても，20代の男性正社員で年収300万円以下の層がこの10年間で41％から49％まで増えている。

　生活保障の揺らぎは，人々の経済力が減退したことからばかりではなく，人々の間の結びつきが弱まることで進行していく。かねてから言われてきた地域コミュニティの衰退に加えて，若年層の所得減少などから未婚率が上昇している。高齢世帯に占める単独世帯の割合も今後いっそう増大することが予想され，2030年には東京の60代の男性世帯主世帯の35％が単独世帯になると予測されている。

(2) 社会保障改革のグローバルスタンダード

　雇用と家族の揺らぎに起因する生活不安や孤立は，日本であれ欧米であれ，遍く広がりつつある。20世紀型福祉国家は，程度の差はあれ安定した雇用と家族を制度設計の与件としてきた。先進工業国の重工業が安定した成長を続け，一国のケインズ主義的な需要喚起策が実効性を維持している限りにおいて，このような与件は維持できた。ところが，こうした条件を支えてきた国際政治経済体制（IMF・GATT体制）が解体し，併せて経済のサービス化が進行し，さらに女性の労働力率が上昇したことで，男性稼ぎ主の安定雇用と家族のかたちは大きく変貌することになった。

　とくに若い世代の雇用不安は深刻なものとなり，女性の就労と出産・子育ての両立をいかに実現するかも重要な課題となった。こうした状況に対処できなければ，税収の確保すら危うくなること，他方で就労を支援する社会保障を強化すれば，経済成長を支えることになることなどが共通の認識となった。「積極的福祉」や「社会的投資」を共通のキーワードとし，似通った処方箋に基づく社会保障改革が各国ですすめられることになった。

　アメリカ，イギリスなどアングロサクソン諸国では，いったんは福祉国家を解体する新自由主義的な改革路線が追求された。だが，とくに雇用の危機が露呈するなか，社会保障をやみくもに削減するよりその機能刷新を目指すという方向に転換する。イタリア，スペイン，ギリシャなど南欧諸国は，家族への依存度が高い一方で雇用を支える社会保障は弱く，事態への対応がもっとも遅れていた。それゆえに財政危機がデフォルト危機に転化し，まったなしの改革を迫られることになった。

　同じく社会保障が老齢年金に集中する傾向があったドイツやフランスなどでは，雇用や子育て支援の領域で現役世代支援の改革が重ねられてきた。ドイツで2005年から給付されている「失業給付Ⅱ」やフランスで2009年から導入された「積極的連帯所得RSA」などは長期失業者などの就労を促進するための新しいセーフティネットの例である。また子育て支援について言えば，フランスはもともとこの領域で多様な選択肢を提供して高い出生率を実現してきたが，ドイツでも2013年には3歳未満児の保育率を35％とする目標で施設整備がすすめられてきた。

　スウェーデン，デンマークなど北欧諸国は，現役世代支援の社会保障という点で先行してきたが，その特質を新しい環境のもとでいかに維持し強化するかが問われている。とくにこれまでの公共職業訓練を核とした積極的労働市場政策だけ

では雇用を維持しきれなくなり，雇用と社会保障を連携させる新しい方法が模索されている。

　雇用と家族の揺らぎに対応する社会保障改革は，このように各国の社会と経済の持続可能性を維持する上で不可避のものとなっているが，その必要性は日本において最も切迫している。なぜならば，日本は今日もっとも脆弱となっている男性稼ぎ主の安定雇用と家族に，もっとも強く依存してきたからである。

（3）「二重のバックラッシュ」

　にもかかわらず現状に関する限り，各国の社会保障改革は道半ばであり，若い世代の生活危機はいっそう進行している。いうまでもなく政治の現実は，改革目標を掲げれば自動的にその実現に向かうというものではない。財政危機が政策対応の選択肢を制約するという事情もあるが，加えて重大なのは，新たな社会保障改革を迫るその同じ社会変容が，政策を具体化し実行する政治の機能を大幅に低下させているということである。

　各国にはそれまでの生活保障の制度に見合った，様々な団体の影響力行使と政策決定の制度があったが，このかたちが維持できなくなっている。そして，改革目標の達成を妨げているのみならず，政治そのものを不安定化させている。

　たとえば多くのヨーロッパ諸国では，男性稼ぎ主を中心的構成員とした労働組合と経営者団体が賃金や社会保障制度をめぐって政府との協議を重ねる「ネオ・コーポラティズム」のかたちが出来上がり，その合意の上に福祉国家が発展してきた。日本でこれに相当したのは，業界団体と官庁の担当部局（原局）を族議員がつなげる「日本型利益政治」のネットワークであった。ネオ・コーポラティズムにおいては，当面の賃金抑制の見返りとして経済成長の果実を社会保障給付として分配することが政治過程の課題であった。これに対して日本型利益政治においては，社会保障給付よりも，労使共同体たる企業のコミュニティ＝業界が庇護されることで男性稼ぎ主の雇用を維持されることが，福祉政治の焦点であった。

　このような相違にもかかわらず，ヨーロッパでも日本でも，たしかに政権党や官僚制と融合した既存の受益者集団が強い影響力を行使してきた。そして北欧などを除けば，長期失業者や非正規労働者，あるいは一人親世帯の利益などは積極的に顧みられることは稀であった。したがって，政治改革論議がこうした秩序の解体を最優先課題として掲げる傾向があったことは，それ自体としてまったく的外れであるわけではない。

しかし，ネオ・コーポラティズムであれ日本型利益政治であれ，既成秩序が依然として盤石の基盤を持ち，その解体がそれ自体として福祉政治の進捗につながるかの言説は，控えめに言ってもミスリーディングである。業界団体や労組などは，産業構造の変化のなかで組織率を低下させ，かつてのように広範な利益を集約していく能力を失いつつある。たとえば日本の参議院選挙の比例代表のリストは，民主党であれ自民党であれこうした団体の代表である場合が多いが，近年その得票の落ち込みが顕著である。

ところがその一方で，新しい社会的リスクにさらされている人々の利益を集約する回路も形成されていない。従来の制度がそのリスクをカヴァーせず，生活の困難が深まっている人々は，実に多様な層から成る。たとえば，低学歴と技能不足で正規社員として就労できない若い男性と，子育てと仕事の両立が困難になっている高学歴女性は，所属する文化空間も異なっている。「高学歴女性の進出が男性の就労機会を脅かす」といった言説が広がれば，両者は対立関係に陥りかねない。こうした人々を組織化して政治過程に組み入れていくのは簡単ではない。

政権政党は，既存の支持基盤が縮小していくなかで，新しい支持層も安定的に獲得できない。これはケーマンらの表現を借りれば「二重のバックラッシュ」に遭遇していることになる（Keman, Kersbergen and Vis 2006）。

（4）政策接近とポピュリズム

政策対立軸の揺らぎと「二重のバックラッシュ」の帰結として，政治は社会と繋がりながら利益対立を調整するという機能を大きく低下させ，流動的な基盤の上で浮遊化していく。

一方では，二大政党あるいは対立する政治ブロックの間で，政策上の「収斂」現象が進行する。ドイツでは，まず1998年に誕生した社民党のゲアハルト・シュレーダー政権が，「新しい中道」を掲げて，従来の支持基盤であった労組の抵抗に遭いながらも年金の削減や就労インセンティブ重視の失業保険改革をおこなった。その後の2005年からの大連立政権では，今度は保守のキリスト教民主同盟が家族政策で女性の就労支援の方向に転換し，保育所増設などのイニシアティブをとった。

スウェーデンでも，保守党（穏健党）が新党首フレドリク・ラインフェルトのもとで新自由主義路線から転換し，2006年に保守中道連立政権を実現した。スウェーデンは前述のとおり雇用と家族を支援する社会保障では先行していたが，近

年の社民党を中心とした政権のもとで，失業率が増大するなどそのパフォーマンスに影がさしていた。ラインフェルトは，就労インセンティブを強める社会保障改革によって社民党政権が維持できなくなった福祉国家を継承するとして政権に就いたのである。

　ドイツであれスウェーデンであれ，ネオ・コーポラティズムが弱体化し主要政党は安定した支持基盤を失っている。他方で財政的な制約が強いなかで雇用や家族の揺らぎに対処する必要が高まる。結果としていわゆる中位投票者を念頭に置いたかたちで主要政党の政策の接近がおこり，先に述べたような社会保障改革が取り組まれているのである。

　主要政党間の政策距離が近づくなか，社会保障改革が生活不安の解消に繋がらず，むしろ負担増，給付減，就労義務強化ばかりが目立つならば，とくに労組などの周辺からの反発は強まり，若年層などの失望も広がる。主要政党から離れた支持層や移民問題などグローバル化に伴う新しい社会問題に反応した若年層などを基盤に，ポピュリズム的傾向を孕んだ新興政党の台頭が起きる。ポピュリズムとは一般に大衆迎合の政治を指すが，ここでは対立的利益の調整よりスケープゴートの設定などで国民の一体化を装う政治を意味する。

　ドイツではもともとはインターネット上の規制に反対することから出発した「海賊党」が地方政治に進出，2011年9月にベルリン特別市で15議席を得たのを皮切りに，各州議会に進出を開始した。同党は，国政選挙に際してはベーシックインカムを綱領に掲げることを決めている。スウェーデンでは，2014年の総選挙で「スウェーデン民主党」が第三党に進出した。同党は，社会保障の強化を唱えつつもその対象から外国人を排除していくことを求める。こうした潮流は，「福祉ショービニズム」と呼ばれ，他の北欧諸国でも「デンマーク国民党」「真のフィンランド人党」などが勢力を拡大しキャスティングボートを握りつつある。

　つまり各国で，主要政党間での政策接近がすすみ，それへの反発をテコに新興政党が台頭している。新興政党の進出それ自体は，民主主義の活力にむすびつく場合もあろう。問題なのは，今日の政治的文脈のなかでは，多党化が政治の遠心力を高め，責任の所在を曖昧にし，政治の流動化を液状化にまで推し進める可能性があることである。

2　新しい福祉政治の条件

（1）新しい福祉政治とは何か

　社会構造の変化が福祉政治の新たな課題を浮上させ対立軸の転換を促す一方で，政党とその社会的基盤を乖離させ政治が流動的かつ機会主義的になる。その結果，新たな政策課題への対応がますます困難になる。このような悪循環を含んだ福祉政治の構造転換が，日本のみならず各国ですすんでいる。

　この新しい課題と困難を抱えた福祉政治のあり方を，「新しい福祉政治」と呼びたい。

　「新しい福祉政治」とはどのようなもので，「旧い福祉政治」といかに違うのか。政治学の分野でこの言葉がしばしば言及されるようになったのは，政治学者のポール・ピアソンが，『新しい福祉国家の政治（The New Politics of Welfare State）』（2001年）という編著を公にしてからであろう。ピアソンによれば，今日の福祉政治は，戦後の福祉国家体制が労働組合などの影響力に支えられて発展した時代と比べて，大きく異なってしまった。

　新しい福祉政治は，まず「恒久的財源不足（permanent austerity）」，すなわち先進工業国における財政危機の常態化のなかですすまざるを得ない。その一方で，すでに福祉国家の制度は「制度膠着（institutional stickiness）」を生み出している。つまり，既存の社会保障制度の恩恵に与る固定的な受給層を生んでいて，その政治的抵抗は根強い。政治の前面に出るのは，かつてのように新しい制度形成を掲げる労働組合や宗派組織ではなく，制度改革に反対する受益者団体なのである。にもかかわらず，社会の持続可能性を確保する上でも新しい政策課題が無視しえないものとなり，その結果として，「制度再編（recalibration）」をいかにすすめるかが新しい福祉政治の主題となるのである。

　以下本章ではピアソンのこの3つのキーワードに注目しつつ，新しい福祉政治の条件を考えていくが，とくにポイントとなるのが，制度再編の方向である。新しい政治的条件のもとで，この制度再編の中身はどうなるのか。ピアソンの議論に先だって，社会政策学者のビル・ジョーダンは，『新しい福祉政治（the New Politics of Welfare）』（1997年）という著作のなかでこの点を論じていた。

　ジョーダンは，イギリスのブレア首相，アメリカのクリントン大統領のもとですすんだワークフェア型の社会保障改革を批判的に分析し，こうした改革は，グ

ローバル経済のもとで制度を効率化していこうとする点で，新しい福祉政治における主流派を形成するものととらえた。だがジョーダンによれば，新しい福祉政治で焦点となっている機会の平等や雇用の拡大は，むしろベーシックインカムを基礎にしたアプローチによってこそ達成可能なのである（Jordan 1997）。

このように，「新しい福祉政治」が取り組むのは社会と生活の転換をめぐる問題群であると言っても過言ではない。いずれにせよ，ここで重要なことは，これまでの再分配政策が維持困難になった後の，新しい政治対立軸が現れつつある，ということである。

（2）リスク構造の転換

新しい福祉政治における制度再編の方向を考える上で，もう一つ大事な言葉が，「新しい社会的リスク（New Social Risk）」である。この言葉もまた，近年の政治学や社会学で多用されているものである。スイスの政治学者ジュリアノ・ボノーリらによれば，これは具体的には低熟練や技能の陳腐化などによる就労困難，子育てと就労の両立困難，高齢者介護，単身世帯などにおける子どもの育ちなどにかかわるリスクを指す。要するに，雇用と家族の揺らぎに起因するリスク群のことである（Bonoli 2006）。

男性稼ぎ主の安定雇用と家族の凝集力が与件とされている限りにおいて，これまでの社会保障制度はこうしたリスクに正面から取り組んでこなかった。これまで主に問題とされてきたのは，男性稼ぎ主の雇用生活に予想されるリスク，すなわち，労災，失業，疾病，退職などで，「新しい社会的リスク」との対照で言えば，こちらはいわば「従来の社会的リスク」であった。

こうしたリスクは就労している誰にでも起きるものであるから，社会保険制度でシェアをすることができる。様々な事情から就労が困難でこのようなリスク・シェアリングに参加できない人々を選別して，公的扶助で対応するというのが，1946年のイギリスのベヴァリッジによる報告書に体系的に示されたこれまでの社会保障の仕組みであった。この仕組みが維持されるためには，男性稼ぎ主のほとんどが，景気循環を乗り越えて就労していることが条件となる。したがってケインズ主義的な反景気循環型の経済政策と一体的に運用されることが不可欠であった。

逆に言えば，新しい社会的リスクとは，こうしたケインズ・ベヴァリッジ型の制度によって十分にカヴァーされていないリスクのことなのである。それゆえ，

福祉政治は制度再編によってこのリスク構造の転換に対処しなければならない。実際のところ，先に見たように，各国で取り組まれる社会保障改革は，この新しい社会的リスクに対応しようとするものである。ところが，新しい社会的リスク固有の特性から，この課題には固有の難しさがつきまとう。

　第1に，これはすでに触れたように，新しい社会的リスクに直面する人々はあまりに多様でその利益集約は容易ではない。従来の社会的リスクに関しては，労働組合，年金受給者団体，障がい者団体など，利益の組織化がすすみ審議会などでの利益代表もある程度確保されていた。ところが，新しい社会的リスクにさらされる母子世帯の親子，若年の非正規労働者，単身・低所得の高齢者といった人々はたいていは政治的に組織されておらず，投票率も低く，ゆえに政治家から顧みられることも少ない。これは，既存の受益者集団の組織力が減退しているにもかかわらず制度膠着が続く理由でもある。

　第2に，新しい社会的リスクに対処するためには，これまでの生活保障のあり方からの抜本転換が求められる。公共サービスの比重を高めることが求められ，しかもそのサービスは雇用や家族を支え社会参加を広げるという新たな質を備えなければならない。また所得保障についても，「一般的市民のための防貧（社会保険）」と「特定の困窮層のための救貧（公的扶助）」という区別が意味を失っていく。すべての市民を対象とした最低生活保障という，従来の発想からすれば矛盾したような課題に取り組まなければならない。「最低保障年金」「求職者支援制度」「子ども手当」といった民主党政権の提起は，日本の旧来型社会保障からの転換という側面をもっていたが，新しい社会的リスクへの対応という課題を正面から受け止めたものとはなっていなかった。

　第3に，新しい社会的リスクへの対処は，時として人々のきわめてエモーショナルな反応を引き起こし感情的な政治となりがちである。まず，大多数の人々がリスクに直面しかねない潜在的弱者となっている。こうした状況では政治の振る舞い次第で，人々は連帯の方向に傾くこともあれば，逆に自分たちも困難な状況のなかでがんばっているその分，特定層への扶助的給付に対して不寛容になる。加えて，家族という情緒的領域にかかわる争点が増え，違和感のある家族像に基づく（と思われる）施策には激しい反発が起きる。そしてこうした感情をメディアが増幅する。

(3) トリレンマと負のスパイラル構造

　新しい社会的リスクに対応することそれ自体が孕む難しさを見た。このことに加えて，こうしたリスク転換のもとでの福祉政治は，ピアソンの議論にあったようなトリレンマ（三重の拘束）に向かい合わなければならない。まず，「恒久的財源不足」ゆえに新しい給付のためには増税に踏み切ったり支出を削減することを迫られる。しかし，「制度膠着」ゆえに従来の社会的リスクにかかわる制度には強力な応援団がいて，政治家はこれを無視できない。にもかかわらず，新しい社会的リスクに対応する「制度再編」をしなければ，社会の持続可能性が脅かされる。

　さらにこのトリレンマは，政治・行政不信の深化と不可分である。政治と行政がこのトリレンマのなかで見返りのないまま増税をすすめたり，年金をやみくもに引き下げたり，あるいは若い世代のニーズに対応できないままであれば，政治と行政への不信のみが広がっていく。そして政治・行政不信がさらに深まるならば，トリレンマを越えて新しい社会的リスクに対処することがなおのこと困難になる。

　実際のところ各国では，社会的リスクの特質から来る対応の難しさにこのトリレンマが重なり，掲げられた社会保障改革がすすまず，結果的に政治・行政不信が広がっている。この悪循環はいわば「負のスパイラル構造」である。そしてこの負のスパイラル構造は，日本においてとくに深刻である。日本の生活保障は実はこの新しい社会的リスクにとくに脆弱である。その事情を以下に述べよう。

1）制度再編の切迫度

　新しい社会的リスクがとりわけ脅威となり，制度再編への切迫度がきわだって高いのが日本である。日本では男性稼ぎ主の安定雇用と家族に依存する割合が高く，その分，現役世代のリスクに対応する支出は少なかった。たとえば，家族政策への支出と積極的労働市場政策への支出のGDP比は併せて1％程度で，OECD諸国の平均が2.4％の半分以下である。したがって，雇用と家族の揺らぎに起因する新しい社会的リスクのダメージは大きい。

　そのことを物語るのが，日本で現役世代の貧困が可視化していったその変化の急激さであり，母子世帯など（かつての）典型家族から外れた世帯に貧困が集中するその度合いの高さである。厚生労働省の国民生活基礎調査の結果による計算では，子どものいる現役世代（世帯主が18歳以上65歳未満）の貧困率は，1985年の10.3％から2009年には14.6％に達した。そのうち，母子世帯など大人が1人の世

帯の貧困率は，低所得化の進展で中央値が下がることによって近年若干減少するという皮肉な事態になっているものの，2009年で50.8％と依然としてたいへん高い水準にある。

2）制度膠着の切実さ

他方で日本は制度膠着についても厳しい局面にある。雇用を軸にした生活保障のもとで，既存の社会保障制度は，規模が抑制され対象が絞り込まれてきた。社会保障支出のなかでは年金支出の割合が高く，年金支出のGDP比は2007年の社会的支出の全体が18.7％であるのに対して7.5％である。同年のOECD諸国の平均は社会的支出の全体が19.2％であるのに対して年金支出は5.3％である。

このように日本の年金支出の割合は高いのであるが，その給付の内容を見れば，すべての年金受給者に十分な年金が支払われている訳ではない。もともと自営業者を念頭に老後も所得が継続していることを前提に設計された国民年金の給付水準は，6万6,000円と単身で生活を維持することは困難な水準であり，しかも実際の受給額を見ると，とくに女性の場合は7割近くが6万円以下である。日本では65歳以上の貧困率は20％を超えている。

したがって，受給者団体の政治的抵抗以前の問題として，既存の給付を大幅に削減して新しい社会的リスクに対処するのは難しい。考えられるのは世代内の再分配強化であり，2012年2月に閣議決定された「社会保障・税一体改革大綱」では，高所得年金受給者への基礎年金給付のうち国庫負担分を削減して財源を確保し，低所得年金受給者への付加的給付をおこなうことが提起されたが，それは後に自民党，公明党，民主党間の「三党合意」で先送りされた。

3）恒久的財源不足の深刻度

日本は恒久的財源不足も突出した水準にある。国と地方の長期債務は，2012年末にはGDPの200％に近づくと予想され，先進工業国のなかでは最も高い割合となっている。2010年度から，一般会計を支える国の収入は，公債収入が税収を上回る事態が続いている。

「社会保障・税一体改革」について言えば，当初，消費税10％への引き上げが予定されていた2015年度において，現行制度（予算総則）で消費税の使途とされている高齢者三経費（年金，介護，医療）は26.3兆円かかると見込まれていた。これに対して，5％の消費税で調達できるのは13.5兆円ですでに12.8兆円足りない。したがって，財務省は消費税増税分のうち少しでも多くを公債発行でまかなっている「すきま」部分の穴埋めに回そうとする。しかしそれは，新しい社会的リス

クへの対応を弱めることになる。

3　新しい対立軸と政治過程

　以上のように困難は多いが，日本でも新しい社会的リスクに対処する社会保障改革の意義が少しずつではあるが共有されつつある。社会保障・税一体改革において，「全世代対応」の社会保障への転換が言われたのはそのことを示している。
　だが，このように新しい社会的リスクへの対処を目指すとしても，そのアプローチは分岐する。ここに新しい福祉政治における政治的対立軸が現れる。以下では，雇用と社会保障の連携，家族政策，公共サービスの供給体制という3つの争点ごとに，対立軸の形成を見ていこう。

(1) 社会的包摂をめぐる対抗

　第1に，安定雇用が失われていくなかでの，雇用と社会保障の連結の仕方について新たな争点が現れる。雇用と社会保障の連携こそ生活保障なのであるから，これは生活保障の基本原理のあり方をめぐる争点と言ってもよいであろう。
　福祉政治が直面しているトリレンマ状況のなかでは，福祉国家の規模をどんどん大きくして所得再分配を強化する，あるいは，全く逆に自由放任の旗の下に政府は生活保障から撤収するという「両極」の主張は説得力を減じている。自立の基盤としての雇用が揺らぎ続けるなかでは，再分配をただ強化することも自由放任に徹することも，いずれも現実的ではない。現役世代のすべてを対象に支援をひたすら強化することはできないし，逆にすべてを自助に委ねれば社会の存続が覚束なくなるからである。
　したがって「自立の支援」や「自助の公助」という方向が打ち出されるようになる。ヨーロッパを中心に「社会的包摂」が政策課題として追求されている所以である。社会的包摂とは，人々を社会のなかで責任を果たせる個人として社会に包摂していくことを社会保障の目的としていく考え方である。この考え方は，小泉構造改革以後の日本でも，政党を超えて打ち出されるようになってきた。
　たとえば麻生内閣のもとでの「安心社会実現会議」（2009年）は，その報告書で排除されている人々に対して「社会へ迎え入れ（ソーシャルインクルージョン）」を図るべきと述べた。政権交代後の鳩山首相は，施政方針演説のなかで「出番」と「居場所」のある社会を掲げた。さらに，2011年1月には菅内閣のもとで「一人

ひとりを包摂する社会」特命チームが設置され，社会的包摂推進のための緊急提言がまとめられた。

ただし，社会的包摂とは具体的に何をすることなのかは曖昧で，ここから新たな対立軸が形成される。まず，自立を支え社会に包摂すると言っても，「自立」や「出番」とは，あるいは「包摂」とは具体的にどのような状況を指すのかは一義的ではない。一方では，就労自立のみを強調する立場もあれば，他方では，より広い意味で社会的な自立を目標とする場合もあろう。

もう一点重要なのは，この「自立」の実現のために，政府は何をどこまでおこなうか，という点での相違である。一方では，自立のためのインセンティブを重視し，そのための支援については最小限に留める立場もあれば，他方では，公共職業訓練や保育サービスの充実で自立を支えきろうという立場もある。さらに雇用を自立の場とするならば，政府が雇用創出のために果たす責任のあり方も問われる。

こうして雇用による自立を最小限の支援と就労インセンティブの拡大によって実現しようとするワークフェアから，同じく雇用による自立を目指すがその際手厚い支援を導入しようとするアクティベーション，さらに雇用とは切り離した現金給付による支援をおこなうベーシックインカムなどの方法が対立する（宮本2013）。

（2）いかなる家族支援か

男性稼ぎ主の安定雇用の揺らぎとも関わって，それに連動していた家族のかたちも大きく変化していく。それに伴って，これまで家族主義的な規範が強かった日本や南欧を含めて，家族の子育てや介護を支援することが不可避となっていく。

1978年の『厚生白書』で家族介護を「福祉の含み資産」としたこの日本で，子ども手当が政局を左右する争点となり，あるいはこども園による子ども子育て支援が社会保障・税一体改革の基軸として打ち出されていることを見れば，変化の波の大きさは明らかであり，新しい福祉政治の時代に入りつつあることが実感できる。そしてそのなかで，家族政策がいかなる家族像に基づいてすすめられるべきかについて，新たな対立軸が形成されつつある。これが本章の注目する第2の対立軸である。

2009年の政権交代にあたって，民主党はマニフェストで家族支援を前面に打ち出した。ただそれは家族像についてのビジョンを共有した上でのことではなく，

配偶者控除の廃止や選択的夫婦別姓については，民主党のなかにも強い慎重論がある。2010年の参議院選挙の各党マニフェストでは，選択的夫婦別姓を認める民法改正について，自民党やたちあがれ日本，国民新党が反対の姿勢を明確にした。さらに自民党は，2011年7月に発表した中長期政策「日本再興」のなかで，民主党の家族政策を「子どもは親が育てるという日本人の常識を捨て去った」と強く批判し，家族への帰属意識を高める教育を求めた。

それでは家族政策はどのような分岐を遂げつつあるのか。政治社会学者ヴォルター・コルピの類型を借りれば，大きく三つの立場が分岐しつつある。

まず，見てきたように公的な家族支援の浮上に対する反動として，「一般家族支援型」の家族政策が打ち出されていく可能性がある。これは，これまでドイツなどで採られてきた考え方で，主婦の育児や介護を現金給付を中心に支え，「伝統的」な家族のかたちを維持していこうとするものである。

これに対して，育児や介護のサービス量を増大させるにしても，一方ではバウチャーなどによる需要の顕在化と規制緩和の組み合わせで，民間市場でのサービス供給と雇用の増大を図る流れがある。これは「市場指向型」の家族政策の系譜と言える。これに対して，公共部門におけるサービス供給や非営利団体への財源保障を拡大して，すべての階層での女性就労の拡大を目指す流れがある。これは「両性就労支援型」の家族政策である（Korpi 2000）。新しい家族政策をめぐる政治過程は，こうした3つの政策類型をめぐって，展開していくことになろう。

（3）「新しい公共」の2つの道

第3の対立軸は，公共サービスのあり方にかかわるものである。かつて，従来の福祉国家において，社会的リスクへの対応は，現金給付を中心におこなわれてきた。家族が男性稼ぎ主の雇用にぶら下がるかたちが持続している限り，労災，疾病，退職などによる男性稼ぎ主の所得の中断に備えつつ，併せて児童手当などで家族を側面から支えることで足りたからである。

これに対して，新しい社会的リスクが顕在化し，就労支援や子ども子育て支援など，雇用と家族を直接支えることが不可欠となると，サービス給付の比重が格段に高まる。実際のところ，OECD諸国の社会的支出（社会保障支出）をGDP比で見ると，恒久的財源不足のなかで現金給付は横ばいか減少気味であるのに対して，サービス給付は明らかに増大傾向にある。

このように公共サービスが強化されるならば，そのサービスを誰がどのように

担うかという問題が直ちに浮上する。この問題をめぐっては，国や地方自治体が社会サービスの担い手であるべきとする議論も依然としてあるが，トリレンマ状況が深まる新しい福祉政治のもとでは，社会サービスの供給体制を多元化してNPOや民間企業などの役割を重視するという考え方が強まっている。

すなわち，恒久的財源不足と制度膠着のなかで新しい社会的リスクに対処する再編をすすめなければならないなかでは，民間の非営利・営利組織を活用することが効果的と考えられるのである。福祉ミックスという言葉が広く浸透してきた背景でもある。だがここで重要なのは，このトリレンマ対応でもまた二つのアプローチが分岐する，という点である。

一方では恒久的財源不足に対処することを優先するアプローチがある。具体的には，公的な財源の投入を抑え，サービスの担い手を営利企業中心に考え，委託の手続きにおいても低コストを重視するというかたちである。これはいわば市場優位の福祉ミックスと言える。こうしたアプローチは，イギリスのサッチャー政権やアメリカのレーガン政権など，新自由主義的な政治の台頭を機に広がってきた。

他方では，新しい社会的リスクへの対応と社会的包摂や家族支援の質を優先していくアプローチがある。新しい社会的リスクは様々なかたちで顕在化し，家族問題，知識や技能の不足，低所得など複数の問題が複合して男女の社会参加を阻んでいる。個々人で複雑に絡んだ問題に対応し，社会的包摂を実現するためには，とかく画一的となりがちな行政のサービスは適合しない場合が多い。

したがって，公的な財源で非営利組織や協同組合の参入を拡げ，委託においてはコスト競争を避けてサービスの質を重視することになる。こちらは，より多様な供給主体の参入で社会的包摂を拡大する，という意味で参加志向の福祉ミックスと言えよう。

日本においては，かつての構造改革路線のもとで，「規制改革会議」などを拠点として，規制緩和と公共サービスの民営化が追求されてきたが，その後はいわば剝き出しの民営化路線は勢いを弱め，むしろ公共のあり方を転換していくべきとする議論が強まっている。「市民と行政の協働」など，行政が民間の非営利・営利の団体と連携しながら公共サービスを提供するべき，という議論である。民主党政権になると鳩山内閣のもとで「「新しい公共」円卓会議」が設置され，2010年6月には「『新しい公共』宣言」をまとめた。だが，どのような供給体制が目指されているかは判然としないまま再度の政権交代が起きて，「新しい公共」

という言葉はいったんは影を潜めることになった。

（4）対立軸と政治勢力

　3つの対立軸を見たが，それではそれぞれの争点を包括する上位の政治的対立というのはあるのか。たしかに，3つの争点に関しては有力な連携の仕方が想定できる。一方では新自由主義的な連携があり，そこでは，社会的包摂におけるワークフェア，家族政策をめぐる市場志向型，公共サービスについての市場優位の福祉ミックスが選択されよう。他方では，新社会民主主義的ともいうべき連携があり，その場合は社会的包摂をめぐるアクティベーション，家族政策をめぐる両性就労支援型，そして公共サービスについての参加志向の福祉ミックスがむすびつくであろう。

　しかし，こうした連関には何ら必然性はない。なぜならば，雇用，家族，公共サービスの供給体制をめぐるこの3つの争点は，資本，家父長制，国民国家という資本制社会の3つの別個の権力関係にかかわっているからである。

　振り返れば，伝統的社会民主主義は，男性稼ぎ主としての労働者が資本に対抗する条件を模索しつつも，しばしば家父長制家族を擁護し，強いナショナリズムと一体化した。このような伝統的社会民主主義の発想は，今日でも政党や労働組合のなかでは存続している。これに対して新社会民主主義的な流れのなかには，成長志向や雇用関係を軸とした社会そのものを見直すという観点から，ベーシックインカムを打ち出す議論もある。また，家父長制的家族からの脱却で一致するフェミニズムにも，雇用関係や国民国家への態度には様々なものがあり，成長や環境政策をめぐる分岐も加わり，多様な潮流が形成される。

　さらには新自由主義的な立場のなかにも，雇用関係を徹底して規制緩和していくその分，家族や国民国家における統合を重視しようとする流れがある。こちらは，新自由主義と区別される場合は新保守主義と呼ばれる。新自由主義の台頭を象徴したとされるイギリスのサッチャー政権やアメリカのレーガン政権の政策志向は，実際にはこの新保守主義に近かった。逆に，雇用のみならず家族規範や国民国家の権力も徹底して自由化しようとする立場が，リバタリアニズムである。

　実際の政治過程には，さらに複雑なパターンが現れている。

　民主党政権を担った鳩山由起夫首相は，2009年の政権公約に基づいて子ども手当などのベーシックインカム的な所得保障を掲げた。その一方で，どちらかと言えば経済産業省主導で市場優位型の「新しい公共」論を展開した。そして新たな

家族像については，福島瑞穂男女共同参画担当大臣らの両性支援型の政策提起や選択夫婦別姓などの提起に理解を示した。ただし，保守派における伝統家族志向の底流の拡がりを感じて民法改正論議を「封印」した。

　こうしたパターンは思想や理念で説明できるものではなく，多分に現実政治の力学から形成されてきたものである。日本でもこれから新興政党が台頭すれば，想定されるパターンを超えた様々な政策連携が現れていくであろう。

　新しい福祉政治の時代には，雇用と家族の揺らぎから新しい社会的リスクが噴出すると同時に，その対応をめぐっては，これまで制度設計の与件となっていた雇用，家族，国民国家をめぐる関係がすべて根本から問い直される。それぞれの領域を市場化していくのか，そうでなければどのような規範と制度を再構成するのか，政治勢力と政策提起を区分する政治的境界は，より深くなり錯綜していくのである。

参考文献

宮本太郎（2013）『社会的包摂の政治学――自立と承認をめぐる政治対抗』ミネルヴァ書房。

Bonoli, Giuliano. (2006) "New Social Risks and the Politics of Post-Industrial Social Policies", in Klaus Armingeon and Giuliano Bonoli (eds.), *The Politics of Post-Industrial Welfare States : Adapting Post-War Social Policies to New Social Risks,* Routledge.

Jordan, Bill. (1997) *The New Politics of Welfare : Social Justice in a Global Context,* Sage.

Keman, Hans. Van Kersbergen, Kees, and Vis, Barbara, (2006) "Political Parties and New Social Risks: The Double Backlash against Social Democracy and Christian Democracy" in Klaus Armingeon and Giuliano Bonoli (eds.), *The Politics of Post-Industrial Welfare States : Adapting Post-War Social Policies to New Social Risks,* Routledge.

Korpi, Walter. (2000) "Faces of Inequality: Gender, Class and Patterns of Inequalities in Different Types of Welfare States", *Social Politics,* Vol. 7, No. 2.

Pierson, Paul, (ed.), (2001) *The New Politics of Welfare State,* Oxford University Press.

第3章　民主主義の計量分析

小林良彰

1　代議制民主主義の「質」

　民主化が行われていない国ばかりでなく，すでに民主主義的な制度が導入された国においても，なおより良い代議制民主主義が求められている。このため，代議制民主主義の「質」を測定する指標が必要になる。これに対して，与党と野党の得票率や議席率の比による「異議申し立て・競争」，投票率や一票等価値性による「包括性・参加」を測定する研究もある。しかし，それらはいずれも外形的な指標であり，与党の得票率や議席率が高くても，有権者が望む政治を行った結果なのか，異議申し立てが事実上，閉ざされている結果なのかを区別することができない。このため，代議制民主主義についての外形的な指標は，一党独裁を排除することはできても，多くの有権者が支持する一党優位政権までも排除することになる。さらに，同じ与野党比率でも民意を反映する政党同士による国会における比率と反映しない政党同士による国会における比率を同じに評価できるのかという問題が残る。

　そこで，本章では，従来の外形的な代議制民主主義指標に替わり，代議制民主主義の機能という点から新しい指標を構築し，その指標に基づいて日本の代議制民主主義を測定することにした。具体的には，「政治家が提示した公約の中で，有権者が自分の最適点に最も近いものを選び，投票行動を決定する」ことを通して「自分達のことを自分達で決定する」という代議制民主主義の「擬制」が成立しているかどうかを検証することにしたい。

　具体的には，「政策エリートが市民に提示する公約を選択することで市民が政策エリートに民意を負託し，選出された政治家が国会で議論した結果として形成される政策に対する市民の評価が，次の政治家選出につながる」代議制民主主義が機能しているかどうかを検証するために，競合する政策エリートが提示する公約に基づいて市民が政策エリートを選択しているかどうかという「代議制民主主義の民意負託機能」，選出された政策エリートが公約に基づいて国会で議論して

政策形成を行っているかどうかという「代議制民主主義の代議的機能」，有権者が選択した政策エリートが形成する政策に対する評価に基づいて，次の政策エリートを選択しているかどうかという「代議制民主主義の事後評価機能」を実証的に検証することにしたい。

なお，代議制民主主義の「質」に関する研究の構想は筆者が考案し，研究成果の一部は小林・岡田・鷲田・金（2014）として刊行している。本章では同書における分析対象をさらに2013年参議院議員選挙にまで拡大し，参議院議員について当選時に際して提示した選挙公約（選挙公報に記載された公約）と当選後に参議院での法案への投票との間の整合性をみるとともに，その整合性が2013年参院選において有権者からどのような評価を受けたのかを明らかにすることにしたものである。

これらの分析を通して，もし，当該選挙の公約も有権者の投票行動に反映せず，政治家が当選後に公約を守らず，さらにそれが次回選挙の結果に影響していないのであれば，代議制民主主義が機能しているとは言い難いことになる。

2　分析データ

民主主義の指標化に関する従来の研究では，政権交代の頻度や与野党議席比・得票比，投票率などの外形的な指標を用いていたが，「政権交代の頻度が少なければ，あるいは与党の議席や得票が多ければ，さらには投票率が低ければ，代議制民主主義が機能していないとまで言えるのか」というのが，本章の問題意識である。なお，本章では，「常に公約を遵守せよ」と主張しているのではなく，解散や戦争など予期せぬ突発事項が起きる場合は，その限りではない。しかしながら，本章の分析対象は解散がない参議院であり，また分析期間となる2007～2013年の間に戦争が起きたわけではない。

本章で分析対象としたのは，2007年参議院議員選挙に際して提示された選挙公約（選挙公報に記載された公約）と2013年までの間に開催されたすべての参議院本会議における法案への投票に関するデータである。なお，同データには賛否項目（憲法改正，後期高齢者医療制度改革，消費税率変更，年金制度改革への賛成か反対か）と予算増減（社会福祉・生活保護，保健衛生〔医療〕，教育・労働，防衛，外交・貿易，農林水産，商工鉱業，運輸通信，地方自治，住宅，中小企業，国土開発，一般行政，司法・警察，国債，その他の16の政策領域の各予算を増加させることに繋がる主張か減額す

ることに繋がる主張かによってコーディング）がある．この他，JESV（Japanese Electoral Studies V）(1)における意識調査データを用いることにした．

3　代議制民主主義の「民意負託機能」の検証

　2007年参院選の選挙区における候補者が公示に際して公表した選挙公約と同参院選における得票率の関連をみることにしたい．なお，分析に際しては，説明変数に政党所属（政党公認または無所属候補に対する主たる政党推薦）を加えないモデルⅠと政党所属を加えたモデルⅡを用いることにした．まず，モデルⅠでは選挙公約の内，農林水産，憲法改正，外交・貿易税などが得票率と有意な関連を示している．しかし，各候補者の政党所属を考慮に入れたモデルⅡになると，2007年参院選における得票率と有意で強い関連をもつのは民主党所属や自民党所属などの政党所属であり，選挙公約では外交・貿易と農林水産，住宅・中小企業の関連予算の増減などに限られている（表3-1）．

　つまり，2007年参院選における各党候補者の選挙公約は明らかに異なった傾向を示しているため，モデルⅠにおける選挙公約と得票率の関には「見かけ上の疑似関連」がみられる可能性がある．そこで，政党所属の影響を差し引いても選挙公約と得票率の間に有意な関連がみられるかどうかを確認するために，選挙区の自民党候補者だけを対象とする分析を行ってみると，住宅・中小企業に関する予算の増減と憲法改正だけが関連をもち，それ以外の15項目の予算や賛否に関する項目の選挙公約はいずれも得票率と有意な関連をもっていない．同様に，選挙区で立候補した民主党候補者だけを対象とした分析を行ってみても，得票率と有意な関連がみられたのは，農林水産と生活保護の関連予算増減のみであり，他の項目は有意な関連を示していない．

　ここで，2007年参院選における当選/落選を被説明変数とするロジスティック回帰分析を行ってみることにしたい．何故なら，「当選者の得票率は高く落選者の得票率は低い」と想定しがちであるが，参院選の選挙区選挙では，選挙区によって定数が異なっていることから，全国的にみると得票率が高い順に当選しているわけではない．例えば，東京選挙区の丸川氏や川田氏は11％余の得票率で当選したが，鹿児島選挙区の皆吉氏や福井選挙区の若泉氏は47％前後の得票率でも落選している．このため，得票率と当落の分析を別々に行う必要がある．また，得票率は連続変数であり，当落はダミー変数であることから用いる分析手法も異な

第 3 章　民主主義の計量分析

表 3-1　2007年参院選における選挙公約と得票率（OLS）

	全　体		自　民	民　主
	モデル I	モデル II	モデル I	モデル I
社会福祉	−0.070	−0.053	−0.091	−0.068
保健衛生	0.030	0.053	0.008	0.056
生活保護	−0.127	−0.018	0.285	−0.322 *
教育・労働	0.043	−0.060	−0.113	−0.222
防　衛	0.089	−0.008	0.057	−
外交・貿易	−0.146 *	−0.130 **	−0.257	−
農林水産	0.404 ***	0.097 *	0.077	0.463 **
商工鉱業	0.055	0.004	−0.130	−
運輸・通信	0.229 ***	0.071 †	0.117	0.154
地方自治	−0.096	0.036	0.215	0.235 †
住宅・中小	0.326 ***	0.117 *	0.468 *	0.231
国土環境	0.246 ***	0.030	0.221	−0.228
一般行政	−0.242 ***	−0.032	−0.436 +	−0.050
司法・警察	−0.096	−0.054	−	−
国　債	−	−	−	−
その他	−	−	−	−
年　金	0.120 †	0.057	0.038	−0.046
増　税	0.281 ***	0.062	−0.245	0.212 †
格　差	−0.011	0.018	0.178	−0.119
後期高齢者	−	−	−	−
憲法改正	0.295 ***	−0.136 †	−0.480 *	0.023
郵政事業	−0.093	−0.042	−	−
自　民		0.491 ***		
民　主		0.579 ***		
公　明		0.051		
共　産		−0.111		
社　民		−0.133 *		
Adj R2	0.377	0.665	0.108	0.388
N	218	218	48	45

注：*** : $p<0.001$　** : $0.001 \leq p<0.01$　* : $0.01 \leq p<0.05$　† : $0.05 \leq p<0.1$
出所：筆者作成。

表 3-2　2007年参院選における選挙公約と当選／落選（二項ロジスティック回帰）

	全体		自民	民主
	モデルⅠ	モデルⅡ	モデルⅠ	モデルⅠ
社会福祉	−1.177 *	−1.811 ***	−5.471 †	
保健衛生	0.178	−0.003	0.748	
生活保護	0.048	1.651 †	7.206	
教育・労働	0.596	0.163	−3.006	
防　衛	−1.571 †	−4.167 *	−	
外交・貿易	−1.667	−0.640	1.301	
農林水産	0.775 †	−0.076	2.167	
商工鉱業	−	−	−	
運輸・通信	1.367	2.417 *	4.422 †	
地方自治	0.543	1.322 †	0.138	
住宅・中小	0.265	0.244	2.821	
国土環境	0.364	0.147	−4.648	
一般行政	−0.739 †	−0.285	−1.597	
司法・警察	−	−	−	
国　債	−	−	−	
その他	−	−	−	
年　金	1.084 *	0.202	0.085	
増　税	0.756 †	0.615	−4.978	
格　差	−0.074	0.681	0.262	
後期高齢者	−	−	−	
憲法改正	1.850 ***	0.013	−	
郵政事業	−	−	−	
自　民		2.391 ***	1.704	
民　主		4.775 ***		
公　明		2.761 *		
共　産		−		
社　民		−		
定　数	−6.482	−3.017		
Cox & Snell R2	0.267	0.432	0.461	
Nagelkerke R2	0.369	0.577	0.615	
N	213	153	43	23

注：*** : $p<0.001$　** : $0.001 \leq p < 0.01$　* : $0.01 \leq p < 0.05$　† : $0.05 \leq p < 0.1$
出所：筆者作成。

表3-3　2010年参院選における選挙公約と得票率（OLS）

	全体		自民	民主
	モデルⅠ	モデルⅡ	モデルⅠ	モデルⅠ
社会福祉	0.163**	−0.039	−0.500**	−0.124
保健衛生	0.109†	0.101*	0.294	−0.068
生活保護	0.143*	0.006	0.251	−0.286*
教育・労働	−0.025	−0.025	0.011	0.379*
防衛	0.151*	−0.002	0.206	0.133
外交・貿易	−0.006	−0.036	−0.171	0.018
農林水産	0.290***	0.159***	−0.015	0.393**
商工鉱業	0.248***	−0.034	0.100	0.123
運輸・通信	0.138*	0.003	−0.137	0.214
地方自治	0.196**	0.078†	−0.365†	0.102
住宅・中小	0.008	0.007	−0.215	0.033
国土環境	0.276***	0.030	0.236	−0.020
一般行政	−0.202**	−0.055	−0.203	0.053
司法・警察	0.089	0.014	0.226	−0.091
国債	−	−	−	−
その他	−	−	−	−
年金	0.162**	0.045	0.110	−0.050
増税	0.262***	−0.013	−0.035	0.533**
格差	0.074	0.042	−	0.310
後期高齢者	−0.232***	0.116†	−	0.459**
憲法改正	0.065	−0.025	0.375*	−
郵政事業	−0.051	−0.037	−	−
自民		0.709***		
民主		0.500***		
公明		0.059		
共産		−0.189*		
社民		−0.046		
Adj R2	0.271	0.712	0.105	0.320
N	251	251	49	61

注：***：$p<0.001$　**：$0.001 \leq p<0.01$　*：$0.01 \leq p<0.05$　†：$0.05 \leq p<0.1$
出所：筆者作成。

表 3-4　2010年参院選における選挙公約と当選／落選（二項ロジスティック回帰）

	全　体		自　民	民　主
	モデルⅠ	モデルⅡ	モデルⅠ	モデルⅠ
社会福祉	0.338	0.112		0.246
保健衛生	0.759 †	0.716		1.300
生活保護	0.329	0.042		0.648
教育・労働	−0.884 *	−1.354 *		−1.091
防　衛	1.138 *	1.653		−
外交・貿易	−0.212	−0.136		−
農林水産	0.649 †	0.099		−0.899
商工鉱業	2.569 *	0.653		
運輸・通信	−0.357	−1.373 †		−1.478
地方自治	0.126	0.518		−0.167
住宅・中小	−0.196	−0.024		−0.041
国土環境	1.175 **	0.737		0.987
一般行政	−0.836 *	−1.651 **		−2.084 *
司法・警察	0.366	−1.194		−
国　債				
その他	−	−		
年　金	−0.332	0.008		0.926
増　税	0.435	−2.202 *		
格　差				
後期高齢者	−1.336 †	2.012		−
憲法改正	−0.315	0.081		
郵政事業	−	−		
自　民		6.329 ***		
民　主		4.172 ***		
公　明				
共　産	−	−		
社　民		−		
定　数	−8.282	−2.286		2.539
Cox & Snell R2	0.239	0.482		0.214
Nagelkerke R2	0.340	0.659		0.287
N	249	153		51

注：*** : $p<0.001$　** : $0.001 \leq p<0.01$　* : $0.01 \leq p<0.05$　† : $0.05 \leq p<0.1$
出所：筆者作成。

るため，その違いが分析結果に与える影響を確認する上でも必要な分析となる。

さて，選挙区選挙の全候補者を対象とする分析の結果，民主党所属と自民党所属，公明党所属が2007年参院選の当落と有意な関連をもち，選挙公約では社会福祉と防衛，運輸通信関連予算の3項目だけが有意であった。また，自民党候補者だけを対象とする分析では選挙公約で当落と有意な関連を示す項目はなかった。つまり，2007年参院選選挙区においては，当落と関連をもつ選挙公約はほとんどなく，どの政党の公認であるかどうかが重要であったことになる（表3-2）。

これまで行ってきた分析を2010年参院選選挙区に立候補した候補者を対象とする分析と比べてみても，ほぼ同様の結果が得られていることから，単に2007年参院選だけの現象とはいえないことになる（表3-3～4）。また，有権者の投票方向を対象とする数量化理論Ⅱ類ならびに共分散構造分析の結果でも，同様に争点投票が有意にはみられないことから，競合する政策エリートが提示する公約に基づいて市民が政策エリートを選択しているかどうかという「代議制民主主義の民意負託機能」が満たされているとは言い難いことがわかる。

4 代議制民主主義の「代議的機能」の検証

次に，2007年参院選で当選した政治家が，6年間の任期満了の2013年参院選までの間に国会で当選時の公約通りの活動をしているのかどうかを検証することにしたい。具体的には，上記期間における全ての参議院本会議の議事録を収集し，関連法案への投票を選挙公約の内容分析で用いた項目に則して同様に内容分析した。さらに，2007年以降の参議院議員一人ひとりについて，前述の2007年参院選における選挙公約の内容分析の結果と2007年以降の参議院本会議における法案投票の内容分析の結果を照合することで，両者の間の一致度を測定した。

分析の結果，まず選挙公約と国会における投票の一致度の分布をみると，賛否項目に関わるものでも16項目の予算増減に関わるものでも，一致度が低い箇所に最頻値があり，全体に一致度が低いことがわかる（図3-1～2）。また，政党別にみると，全体的に予算項目では民主党の方が選挙公約と当選後の国会における法案への投票の間の一致度が高く，自民党は選挙公約と当選後の国会における活動の一致度が相対的に低いことがわかる（図3-3～4）。これらの分析結果をみると，選挙で選出された政策エリートが公約に基づいて国会で議論して政策形成を行っているかどうかという「代議制民主主義の代議的機能」が満たされている

第1部　デモクラシーの現在・未来

図3-1　2007年参院選公約と国会投票（2007年〜2013年）の一致度分布：賛否項目（全体：％）

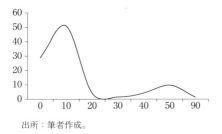

出所：筆者作成。

図3-2　2007年参院選公約と国会投票（2007年〜2013年）の一致度分布：予算項目（全体：％）

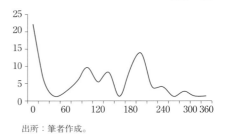

出所：筆者作成。

図3-3　2007年参院選公約と国会投票（2007年〜2013年）の一致度分布：賛否項目（政党別：％）

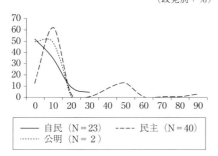

出所：筆者作成。

図3-4　2007年参院選公約と国会投票（2007年〜2013年）の一致度分布：予算項目（政党別：％）

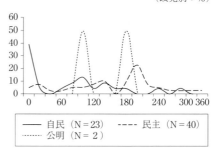

出所：筆者作成。

とは言い難いことになる。

　なお、本章の分析対象期間は2007年参院選後から2013年参院選までであり、その間、2007年8月〜2009年8月までと2013年1月〜同年7月までは自民党政権下にあり、2009年9月〜2012年12月までは民主党政権下にあった。そこで、これまでみてきた選挙公約と国会活動の一致度が自民党政権下と民主党政権下で異なっているのかどうかをみてみることにしたい。

　まず予算項目についてみると、どちらの政権下でも不一致が多い点は同じであるが、2007年8月〜2009年8月までの自民党政権下では野党で会った民主党の方が与党であった自民党よりも一致度が高い傾向がみられる。これは、野党の方が比較的自由に自分たちの主張に則して議会内で法案への投票を決めることができるのに対して、与党の方が政府の方針に従って行動しなくてはならないという拘

束がある分だけ不一致が多くなっているのかもしれない。2009年9月～2012年12月の民主党政権になると，民主党の一致度が相対的にはやや不一致度が高くなり，再び自民党政権に戻った2013年1月以降では，自民党と民主党の一致どの傾向がほぼ同じになっている。ただし，前述については，政権による相違なのか，それとも各々の時期区分における法案の相違によるものかは明らかにはなっていない。なお，賛否項目では全期間を通じて政党別の傾向に大きな差異がみられない。

5 代議制民主主義の「事後評価機能」の検証

ここで，政治家の選挙公約と国会活動の一致度が，次の選挙結果に反映しているかどうかを検証することにしたい。もし，反映しているのであれば，政治家にとっても，選挙前に有権者に約束した選挙公約を遵守しなければならないことになり，有権者にとっては自分たちが付託した民意に基づいて政治が行われることになる。一方，選挙公約と国会活動が一致していなくても次の選挙結果に影響しないのであれば，政治家にとっては選挙前の公約を無視することができるわけである。

まず，「2013年参院選における得票率」を被説明変数，「2007年参院選の選挙公約と2007年以降の参議院における法案への投票（賛否項目及び予算増減）との一致度」と「政治家の社会的属性」などを説明変数とする重回帰分析を行ってみることにした。なお，分析については，一致度と社会的属性，選出選挙区の地域特性だけを説明変数とするモデルⅠ，これに政党所属を加えたモデルⅡ，さらに経歴を加えたモデルⅢを用いることにした。

分析の結果，本会議における全項目（選挙公約の予算項目及び賛否項目）については，モデルⅠ～Ⅲまでのいずれにおいても前述の一致度は2013年参院選における得票率とプラスに有意な関連をもっていない。むしろ，モデルⅠとモデルⅢでは，マイナスに有意な関連を示しており，当選時の公約と当選後の国会活動が一致しない政治家ほど次回選挙における得票率が高いことになる。ここで一致度を予算項目と賛否項目に分けてモデルに投入すると，賛否項目に関する一致度が2013年参院選得票率と有意な関連をもっておらず，予算項目に関する一致度がマイナスの有意な関連を示している（表3-5）。いずれにしろ，政治家にとっては当選時の公約を当選後に守らなければならないインセンティヴが生じないことになる。

第1部 デモクラシーの現在・未来

表3-5 2007年参院選公約と国会投票 (2007年~2013年) の一致度と2013年参院選得票率 (OLS)

	モデルI	モデルII	モデルIII	モデルI	モデルII	モデルIII
公約投票一致度 (全体)	−0.4091***	−0.1244+	−0.2065*			−0.206*
公約投票一致度 (予算項目)		0.123+	0.122			−0.008
公約投票一致度 (賛否項目)		−0.032	−0.039			0.120
性別	0.102	0.103	0.103	−0.344**	−0.122	−0.041
年齢	0.022	0.204**	0.271**	−0.143	−0.008	0.102
教育程度	0.141	0.552***	0.482**	0.110	0.121	0.267**
当選回数	0.402**		0.123	0.016	−0.032	0.499***
前回得票率	0.148		−0.006	0.139	0.103	0.130
経歴ダミー：国会議員			−0.170†	0.399**	0.204**	0.002
経歴ダミー：議員秘書			0.171†	0.122	0.558***	−0.168†
経歴ダミー：大臣			−0.061			0.175†
経歴ダミー：国家公務員			0.058			−0.062
経歴ダミー：自治体長			0.079			0.061
経歴ダミー：地方公務員			−0.074			0.079
経歴ダミー：地方議員			0.028			−0.078
経歴ダミー：政党役員						0.034
経歴ダミー：団体役員			0.078			
経歴ダミー：宗教団体役員			0.178*			0.079
経歴ダミー：専門技術職		0.749***	0.643**		0.746***	0.180*
経歴ダミー：会社員		0.060	0.033		0.055	0.636**
自民		0.025	0.000		0.020	0.021
民主		−0.079	−0.129		−0.072	−0.011
その他政党		−0.083	−0.037		−0.082	−0.112
地域特性 (都市－農村)	−0.405**			−0.433*		−0.033
地域特性 (活性－停滞)	−0.086			−0.089		
Adj R2	0.468	0.802	0.837	0.461	0.798	0.832
N	53	53	53	53	53	53

注：***：p<0.001 **：0.001≦p<0.01 *：0.01≦p<0.05 †：0.05≦p<0.1
出所：筆者作成。

表 3-6　2007年参院選公約と国会投票（2007年～2013年）の一致度と2013年参院選当落（二項ロジスティック回帰）

	モデルⅠ	モデルⅡ	モデルⅠ	モデルⅡ
公約投票一致度（全体）	−0.004	0.005		
公約投票一致度（予算項目）			−0.001	0.009
公約投票一致度（賛否項目）			−0.034 †	−0.021
性　別	−0.045	−0.329	0.103	−0.172
年　齢	−0.005	−0.041	−0.012	−0.048
教育程度	0.130	0.027	0.121	−0.276
当選回数	1.327 *	1.074	1.388 *	0.975
前回得票率	−8.919 *	0.291	−10.943 *	−3.017
経歴ダミー：国会議員				
経歴ダミー：議員秘書				
経歴ダミー：大臣				
経歴ダミー：国家公務員				
経歴ダミー：自治体長				
経歴ダミー：地方公務員				
経歴ダミー：地方議員				
経歴ダミー：政党役員				
経歴ダミー：団体役員				
経歴ダミー：宗教団体役員				
経歴ダミー：専門技術職				
経歴ダミー：会社員				
自　民		19.657		19.499
民　主		−1.132		−0.973
その他政党		−0.471		−0.144
地域特性（都市‐農村）	−0.405	0.602	−0.608	0.306
地域特性（活性‐停滞）	0.137	0.350	0.110	0.448
定　数	3.186	0.297	4.361	3.489
Cox & Snell R2	0.259	0.500	0.294	0.510
Nagelkerke R2	0.346	0.667	0.393	0.681
N	53	53	53	53

注：***：$p<0.001$　**：$0.001 \leq p<0.01$　*：$0.01 \leq p<0.05$　†：$0.05 \leq p<0.1$
出所：筆者作成。

　ただし，前述の通り参院選における得票率は小選挙区における定数や候補者数に依存する。つまり，「選挙公約と国会活動の間の一致度」と「次回2013年参院選の得票率」の間の関連が「見かけ上」のものである可能性も否定できない。このため，2013年参院選における当落を被説明変数とするロジスティック回帰分析を行うことにした。その結果，本会議における全項目（選挙公約の予算項目及び賛否項目），本会議における項目別，の全てについて，モデルⅠとⅡのいずれにおいても「選挙公約と国会活動の間の一致度」と「次回衆院選の得票率」の間に有意な関連を見いだすことができなかった（表3-6）。つまり，当選した2007年参

院選で有権者に約束した公約を守っても守らなくても任期満了時の2013年参院選における当落には影響しないことになる。なお，モデルⅢはサンプル数に対して説明変数が多くなることから推定値が得られなかった。

なお，これまでみてきた分析は，いずれも政治家が選挙に際して有権者に提示した公約が国会活動において遵守されているかどうか，またそのことが任期満了時の参院選に影響を及ぼしているかどうかに関するものである。このことを有権者の側から確認するために，2013年参院選における意識調査データ（JESV）を用いて，業績評価投票がみられるかどうかを分析することにしたい。具体的には，偏微分を用いた数量化理論Ⅱ類，ならびに共分散構造分析を用いることにしたい。この内，数量化理論Ⅱ類は被説明変数のカテゴリーが3以上ある場合に有効な分析手法である点で多項ロジットと同様である。しかし，多項ロジットでは，被説明変数のカテゴリーがA，B，Cの3つある場合，B／AとC／Aの対比で分析結果を解釈するために，それが何を意味するのか理解しにくいことがある。また，多項ロジットでは，被説明変数のカテゴリーが4以上の場合には対応できない。これに対して，数量化理論Ⅱ類では分析結果の解釈が明確にできる点と被説明変数のカテゴリーの数に限定がない点を長所としてあげることができる。一方，数量化理論Ⅱ類では説明変数の各カテゴリーのサンプル数がある程度，必要になるために，分析に用いるデータの有効回収数が多いことが必要となる。本章で用いるデータは，幸い，いずれも有効回収数が十分な数に達していることから，多項ロジットよりも数量化理論Ⅱ類を用いる方が適切であると判断した。なお，数量化理論はStataやRといった統計ソフトには含まれていないので，分析の際に統計ソフトしか用いていない者には不向きな手法である。

ここで，分析結果をみると，総じて有権者の投票方向を決定する要因として大きなレンジをもつのは，政党支持であり，これに内閣支持が続いている。また，過年度の参院選とほぼ同様の結果を示しており，全体に衆院選よりも政党支持の影響力が強くなっている（表3-7，図3-5）。これは，衆院選の小選挙区に比べて参院選の都道府県単位の選挙区の方が広いために，各候補者と有権者の心理的距離感が広く，候補者の所属政党の影響が大きいためと思われる。なお，内閣支持のレンジが2010年参院選よりも上っているのは，2013年参院選時の阿倍内閣支持が2012年衆院選以降，高い水準を維持していたためである。これに対して，肝心の業績評価は投票行動に対して大きな影響力を持っていない。

また，同じJESVデータを用いて共分散構造分析を行ってみても，投票行動に

第3章 民主主義の計量分析

表3-7 投票方向の決定要因：数量化理論II類（レンジ）

		1996衆	2000衆	2001参	2003衆	2004参	2005衆	2007参	2009衆	2010参	2012衆	2013参
社会的属性	性別	0.086	0.102	0.036	0.079	0.109	0.037	0.052	0.073	0.062	0.034	0.112
	年齢	0.380	0.064	0.404	0.318	0.411	0.176	0.227	0.268	0.163	0.195	0.230
	学歴	0.110	0.080	0.066	0.062	0.104	0.194	0.148	0.210	0.094	0.138	0.309
	職業	0.560	0.541	0.352	0.511	0.666	0.321	0.515	0.589	0.151	0.262	0.303
心理的属性	アノミー度	—	0.090	0.142	0.251	—	0.142	0.289	0.056	0.070	0.172	0.077
	権威主義度	—	0.172	0.090	0.138	—	0.111	0.121	0.191	0.075	0.023	0.030
	疎外度	—	0.122	0.145	0.139	—	0.038	0.114	0.183	0.096	0.147	0.069
	ソーシャル・キャピタル	—	—	0.176	0.194	0.169	0.074	—	0.157	—	—	0.155
価値観	脱物質主義	—	—	0.383	0.202	0.386	0.050	0.100	0.022	—	0.352	0.679
	社会志向 vs 個人志向	—	0.183	0.331	0.174	0.121	0.348	0.332	0.111	0.056	0.033	0.084
	受益志向 vs 貢献志向	—	0.030	0.203	0.202	0.074	0.056	0.165	0.158	0.180	0.074	0.047
	未来志向 vs 現在志向	—	0.079	0.199	0.269	0.159	0.134	0.292	0.394	0.050	0.232	0.039
	全体志向 vs 個人志向	—	—	0.261	0.118	0.124	0.177	0.160	0.023	0.100	0.166	0.118
	脱産業化 vs 産業化	—	—	0.294	0.155	0.252	0.048	0.249	0.299	0.126	0.139	0.152
	社会将来楽観 vs 社会将来悲観	—	0.155	0.125	0.077	0.167	0.177	0.265	0.256	0.118	0.133	0.216
	愛国心必要感 vs 愛国心不要感	—	0.101	0.040	0.207	0.123	0.146	0.406	0.092	0.218	0.183	0.254
	脱物質主義 vs 物質主義	—	0.088	0.136	0.166	0.226	0.410	0.252	0.177	0.121	0.178	0.228
	国外志向 vs 国内志向	—	—	0.086	0.069	0.085	0.036	0.179	0.255	0.159	0.044	0.110
生活状態感	生活満足度	0.126	0.043	0.207	0.170	0.048	0.063	0.183	0.074	0.080	0.046	0.138
景気状態感	景気状態感	0.055	0.181	0.285	0.203	0.177	0.037	0.134	0.189	0.135	0.080	0.159
業績評価	全体	0.119	0.132	0.333	0.056	0.191	0.105	0.095	0.218	0.095	0.454	0.108
将来期待	全体	—	—	0.311	0.378	0.213	0.079	0.247	0.262	0.165	0.327	0.161
争点態度	景気対策 vs 財政再建（消費税）	0.206	0.073	0.245	0.043	0.052	0.194	0.147	0.312	0.151	0.135	0.163
	大きな政府 vs 小さな政府	0.095	0.081	0.156	0.167	0.037	0.068	0.078	0.202	0.103	0.034	0.100
	中央地方関係	—	—	0.071	0.267	0.212	0.160	0.106	0.109	0.075	0.109	0.108
	憲法改正	0.118	0.024	0.121	0.158	0.192	0.309	0.219	0.186	0.123	0.103	0.236
	集団的自衛権（国際貢献）	0.155	—	0.099	0.249	0.057	0.115	0.136	0.124	0.110	0.077	0.070
	靖国民営化・多国籍軍参加・常任理事国入	—	—	0.232	0.343	0.236	0.095	0.180	—	—	—	—
	郵政民営化	—	—	—	—	—	0.485	—	—	—	—	—
	年金制度維持	—	—	—	—	—	—	0.110	0.175	0.103	0.173	0.160
	北朝鮮経済支援	—	—	—	—	—	—	0.201	0.274	0.067	0.078	—
	格差	—	—	—	—	—	—	0.127	0.342	0.204	—	—
	地球温暖化	—	—	—	—	—	—	—	0.052	0.062	—	—
	普天間基地移転	—	—	—	—	—	—	—	—	—	0.144	0.287
	原子力発電所再稼働	—	—	—	—	—	—	—	—	—	0.272	—
政治意識	政治関心	0.218	0.024	0.221	0.455	0.116	0.319	0.369	0.296	0.239	0.072	0.140
	政治的満足感	0.076	0.119	0.415	0.049	0.159	0.171	0.319	0.135	0.130	0.207	0.156
	政治的有効性感覚	0.235	—	0.296	0.107	0.278	0.088	0.077	0.078	—	—	0.105
内閣・政党支持	内閣支持	0.370	0.625	0.600	0.309	0.286	0.909	1.109	1.012	0.207	0.459	0.766
	政党支持	2.070	2.204	1.811	1.725	1.798	1.226	2.849	2.271	4.328	3.212	3.497

出所：筆者作成。

第1部　デモクラシーの現在・未来

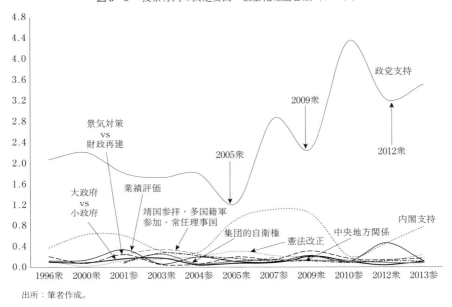

図3-5　投票方向の決定要因：数量化理論Ⅱ類（レンジ）

出所：筆者作成。

対して直接，大きな影響をもたらしているのは政党支持と内閣支持であり，それらに影響をもたらしているのは景気状態感や景気将来期待などである。つまり，業績評価は投票行動だけでなく，政党支持や内閣支持にも大きな影響を与えているとは言えない。つまり，投票行動に対して直接的にも間接的にもあまり大きな影響をもたらしていないことになる（図3-6）。

これまでみてきた通り，政治家の2007年参院選当選時の公約と当選後の国会活動の一致度は2013年参院選の結果にプラスの影響をもたらしておらず，また有権者の方も2013年参院選における投票行動決定の際に業績評価をあまり考慮していないことになる。換言すれば，有権者が選択した政策エリートが形成する政策に対する評価に基づいて，次の政策エリートを選択しているかかどうかという「代議制民主主義の事後評価機能」が十分に満たされているとは言い難いことになる。

6　代議制民主主義の機能不全

このように2007年参院選から2013年参院選にかけて分析してみると，プロスペ

第3章 民主主義の計量分析

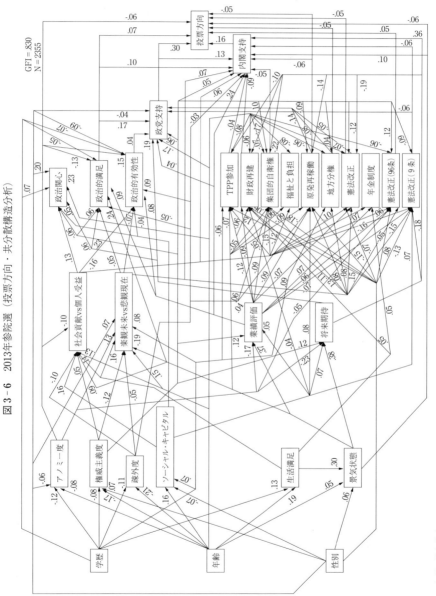

図3-6 2013年参院選（投票方向・共分散構造分析）

出所：筆者作成。

クティヴな意味でもリトロスペクティヴな意味でも，日本では代議制民主主義が機能しているとは言い難いことになる。つまり，選挙を通じて有権者の民意が政治家に十分に付託されているとは言えないわけである。具体的には，政治家が有権者に約束した公約を離れて国会活動を行い政策形成しているために，政治的有効性感覚が著しく低くなり，そのために選挙に際しても，政党政治家が提示した公約を信頼することなく投票行動を決定し，さらに，実施される政策に対する評価とは乖離して次の候補者選択を行っているのではないか。

　つまり，代議制民主主義の制度は整っていても，実態として代議制民主主義がうまく機能しているとは言えないのではないか。その一因としては，当選時の公約を遵守しない政治家にあるが，同時に選挙に際して各候補者が過年度の選挙における公約に則った国会活動をしてかどうかを確認しない有権者にも責任の一端がある。また選挙時に候補者のキャラクターやパフォーマンスを紹介することはしても，公約と国会活動の一致性に関する情報を有権者に提供しようとしないメディアにも責任がないとはいえない。そうした代議制民主主義のアクター達が，本章の内容を踏まえてより良い民主主義を機能させるための制度改革を検討することを願い，本章を執筆した次第である。[2]

注
(1)　平成24〜28年度文部科学省科学研究費補助金特別推進「政権交代期における政治意識の全国的時系列的調査研究」(研究代表者：小林良彰，研究分担者：谷口将紀・平野浩・山田真裕・名取良太・飯田健)。
(2)　本章は，2014年度日本比較政治学会研究大会における研究報告，小林良彰「日本代議制民主主義の機能に関する分析——参議院における公約と議会内投票の一貫性」に基づいたものである。

参考文献
小林良彰・岡田陽介・鷲田任邦・金兌希 (2014)『代議制民主主義の比較研究——日米韓3ケ国における民主主義の実証分析』慶應義塾大学出版会。

第4章 エリート理論とデモクラシー
―― グイード・ドルソの政治階級論

池谷知明

1 デモクラティック・エリーティスト

　本章の目的は，ピエロ・ゴベッティ（1901-1926），フィリッポ・ブルツィオ（1891-1948）とともにデモクラティック・エリーティストと呼ばれるグイード・ドルソ（1892-1947）の政治階級論について，とくにエリート理論とデモクラシーとの接合の観点から考察することにある。

　ガエターノ・モスカ，ヴィルフレード・パレート，ロベルト・ミヘルスが築いたイタリア・エリート学派の伝統を受け継ぎつつ，ゴベッティ，ドルソ，ブルツィオは，ファシスト体制期から第二次大戦後にかけて，エリート理論を手がかりとして新しいデモクラシー国家の建設をめざした。とくにゴベッティとドルソは，モスカの政治階級論をデモクラティック的な意味で利用したのであった（Scoppola 1991：33-34）。

　政治階級論（モスカ）にせよ，エリートの周流（パレート）にせよ，寡頭制（ミヘルス）の鉄則にせよ，政府，社会，組織を運営するのは少数者であることこそが歴史の恒常的事実であり，多数者支配は幻想であると斥けた。彼らはいずれも反民主主義者とみなされ，それゆえエリート理論はデモクラシーと相容れないと考えられた。少数者による政治運営の理論はむしろファシズムにおいて歓迎されたはずであるが，なぜ反ファシズムと結びつき，相容れないと考えられたデモクラシーに接合するのか。本章は，この問いについて，ドルソの論考に焦点を当てて考察する。

　デモクラティック・エリーティストの中でとくにドルソに注目するのは，ドルソの政治階級論が「不完全かつ断片的なものではあるが，モスカの著作を引き継ごうとする最初の本格的な試みであった」からであり，ドルソの論考が「単にその内容だけでなく，デモクラティックな領域へ政治階級論を移植した最初の証言として興味深い」（Bobbio 1996：230）からである。その証言がどのようなものであったかについて検討することが本章の課題であるが，その前にドルソが受け継

いだモスカ理論とデモクラシーとの関係について予備的に考察を行う。それは，19世紀末においてデモクラシーに対して敵対的であったモスカの政治階級論が，20世紀に入るとデモクラシーとの親和性を獲得したと考えられるからであり，モスカがデモクラティック・リーティストの先駆者と見なされうるからである。ドルソ理論はデモクラシーと親和性を獲得していたモスカ理論の延長線上に発展させられ，そこにおいて政治階級の理論とデモクラシーが架橋されたと考えられるからである。

2　モスカの政治階級論とデモクラシー

（1）モスカとファシズム

　モスカは一般に反民主主義者と位置づけられる（Bobbio 1990：61-64＝ボッビオ 1993：83-87）が，ファシスト体制に対してパレート，ミヘルスと異なる政治的，科学的ポジションを取る。

　パレートは「ファシズムのマルクス」と賞賛され，ファシスト政権下で上院議員に任命されたものの，1923年に亡くなる。ファシスト政権が「力による支配」を開始する前であった。ミヘルスは，幻滅した社会主義者であり，デモクラシーを不可能と判断した（Sartori 1962：42）。彼はファシスト党員になることによってベニート・ムッソリーニに接近し，パレートほど体制から評価されはしなかったものの，ペルージャ大学にファシスト体制下で設立されたファシスト政治学部での教授職を得た（池谷 1993a：37-38）。

　モスカとファシストとの関係は，パレート，ミヘルスと大きく異なった。少数者支配の思想がファシストによって注目され，ムッソリーニがときに政治階級の語を使用していたとしても，パレートのように賞賛されることはなかった（Delle Piane 1952：360-363）。むしろ，モスカは自由主義者，多元主義者として，ファシスト体制に対峙した。ムッソリーニに全権を認める法案審議においてモスカは上院で反対演説を行った数少ない議員の一人であった。1925年12月19日，モスカは自身が「議会体制への弔辞」と呼ぶ演説を行い，法案に異を唱えたのであった。[3]

　ジョルジョ・ソーラによれば，モスカは公式の文化から完全に罷免され，時の経過とともに，彼の名と理論は忘れ去られて行った。モスカの政治階級論を機会があるたびに賞賛していた友人ミヘルスをのぞけば，1925年から1933年までローマ大学で政治制度・政治学説史を講じていたにもかかわらず，モスカの政治学に

対してとられた沈黙という陰謀はおおよそ全面的なものであり，中断することのないものであった（Sola 1991：210）。

しかし，モスカの思想はイタリアの将来を考える若い世代に大きな影響を与えた。

> 「私の世代のような青年たちにとって，ガエターノ・モスカは議会体制の批判者であり，人民主権の敵であったが，まさに始まろうとしていた悲劇的な時代にあって，私たちを励まし，支える，一つの信条を与えてくれた。それは自由の中に，デモクラシーの中にイタリアの将来を見出す信条である。」（D'Entreves 1970：146）

なぜモスカの政治階級論がデモクラシーと結びつくのか。

（2）デモクラシー理論とエリート理論

ピーター・バックラックによれば「デモクラシー理論とエリート理論は全く異なるもの，相反するものと考えられてきた」が，「現代政治思想において，デモクラシー理論の中に主要なエリート原理が組み込まれる傾向が支配的でないにせよ，強いように思われ」，バックラックが「デモクラティック・エリーティズムと呼んできたような新しい理論が存在する」（Bachrach 1967: xi）。その新しい理論の先駆者として，バックラックはシュンペーターとともにモスカを挙げる。

バックラックによれば，モスカの『支配階級』(4)後半部(5)は，反民主主義的用語がなく，デモクラティック・エリーティズムの最初の定式化である（Bachrach 1967：10）。

バックラックによれば，モスカの基本的な問いは，政治学はいかにして革命を排除できるかということにあった。その鍵は開かれたエリートシステムを維持することにあり，そのことによって，その時代の社会勢力の交代を反映した支配階級の緩やかかつ継続的な革新がなされる（Bachrach 1967：14-15）。

モスカ理論がデモクラシー理論と和解するのは，モスカが選挙と代表制の効用を認識したときであったと，バックラックは述べる。政治システムに選挙と代表制を組み込むことは，エリート集団間の相互のコントロールと抑制において本質的であり，さらに社会における多様な勢力を代表する新しいエリートに機会を保障する手段としても重要であった。自由な選挙，政治的平等，多数決原理に具体化された諸原理は，モスカによればなお神話であったが，それは一般の人々がこ

れら諸原理を十全に行使しても少数のエリートから権力を奪取することには決してならないという意味においてであった。他方でこうした諸原理は開かれた支配階級を保障する点で重要であった（Bachrach 1967 : 15）。

　支配階級の開放性は他方でエリートの多元性を意味した。モスカにおいてエリートはもはや一つの誘因に従う凝集性の高い少数者組織ではない。そうではなくて，支配階級は拡散し，相対立する複数の衝動に従う複数の組織された少数者から構成された。こうした観点からエリートと大衆との関係が転換したとバックラックは言う。さまざまな政治勢力の広範かつ多様な代表が政治過程に参入し，そのことによって政府は一般利益にますます敏感になる。大衆はエリートから操作，搾取される対象ではない。むしろモスカの強調点は，支配階級内部でのエリート相互の規制，コントロールに移る（Bachrach 1967 : 16）。

　デモクラシーの一つのメルクマールが平等にあるとするならば，モスカは政治的平等を神話と言い続けたが，他方で開かれた支配階級の不可欠な部分として政治機会の平等を暗黙のうちに支持し（Bachrach 1967 : 16），その点でモスカはきわめて消極的にデモクラシーを受け入れた。バックラックによれば，政治の世界，とりわけ一国の運命は支配階級の掌中にあるというのがモスカの信念であった。大衆は，才能があり野心を持つ人材を支配階級に送り込む，言わば供給源に過ぎない。選挙と代表制といったデモクラティックな制度がモスカの政治階級論に組み込まれたとしても，それは支配階級の継続的な開放性を保障するために必要な手段であり，下位階級がエリートポジションに上ることを促すためである。一般大衆とエリートとの公共政策を巡る対話などといったものは，モスカにとって全く無縁のものであった。モスカは本質的に終生エリーティストであった（Bachrach 1967 : 17）。

　ノルベルト・ボッビオの表現を借りれば，モスカの政治階級論はペシミスティックで，イタリアにおいてデモクラシーが発展することに関して好意的な見解を持っていないような人間に気に入るようにわざとつくられたように思われていた（Bobbio 1996 : 224）。実際，モスカは反民主主義者を自任していた。それは彼が自由主義者だからであった。抽象原理としてのデモクラシー，ジャコバン主義的デモクラシーは自由主義と相容れないとモスカは考えていた。それは一つの勢力だけが権力を独占することである。デモクラシーは平等という観点から社会主義と親和性が高いと考えられた。モスカが支持したのは，思想の自由，出版の自由，結社の自由を担保する政治であった。それは自由な討論に基づいて政治階級を革

新させ，一国の諸利益に合致しない政治階級の登場を抑制，排除する政治だからである。そうした政治をデモクラシーと呼ぶならば，20世紀の初頭にあってモスカはデモクラシーの支持者であった。実際，モスカはそうした政治を事実としてのデモクラシーと呼んでいた（池谷 2011）。こうしてモスカ理論は消極的ではあるもののデモクラシー理論に接合する。しかし，力点はエリート（政治階級）にあり，バックラックの指摘の通り，モスカはデモクラティック・エリーティストではなく，あくまでも先駆者であったと言えよう。

3　ドルソの政治階級論

（1）政治階級論とデモクラシーの接合

　モスカの政治階級論は，ファシスト体制からの解放後，ドルソによって新しいデモクラシー国家の分析の基礎，新しい指導者階級の形成，構成の考察の出発点として再提案されることになった（Sola 1991:210）。ドルソにおいて政治階級論はデモクラシーと積極的に接合されるが，そもそもなぜモスカ理論に注目したのであろうか。

　ボッビオによれば，ゴベッティにおいてもドルソにおいても，いかなる体制であろうと権力を保持しているのはつねに上手に組織された少数者に過ぎないというモスカ理論が，リソルジメント以降のイタリア史の推移の中で確認されたからである。また両者とも英雄的，創造者的，戦士的，革命的な少数者，つまり新しい諸価値を創造する異端者に限りない信頼をおいていたからでもある。歴史はエリートだけが排他的につくりあげるというモスカ，パレートの思想は，一方ではイタリアの歴史，つまり近い過去において何が展開したかということの説明基準を提供し，また他方では革新を行う作業のための拠り所でもあった。もし政治が少数者によって行われるのが真理であるならば，ファシズム体制を支えてきた腐敗，疲弊，退廃したエリートに対抗する新しいエリートを誕生させる必要があったのである（Bobbio 1996:224-225）。

（2）政治階級と指導階級

　モスカが政治階級の理論を普遍の真理と指摘し，それによって政治学を定立させたと自負した（池谷 1992:48-56）ように，ドルソにとっても政治階級の理論は科学理論であり，イデオロギーではなかった。したがって，デモクラティックな

自由主義体制は政治階級が存在しない体制ではなく，政治階級が一定の様式で形成され，交代する体制として現実的に理解される（Bobbio 1996：230）。

　組織された少数者としての政治階級論をドルソが評価するのは，政治階級が人間社会を指導し，最良の集合的結果を達成することを目的しているからであり，そのことが政治階級の権力行使を正当化する一方で，組織された少数者と大衆との真の関係も明らかにするからである（Dorso 1986：119-120）。ドルソがデモクラティック・エリーティストとされるのは，少数者と大衆との関係をデモクラティックに措定したからである。それはどのような関係なのか。

　モスカの政治階級概念を受け継ぎつつ，ドルソはそれをより精緻化する。モスカは政治階級（classe politica）と指導階級（classe dirigente）を明確に使い分けることなく，ほぼ同義に使用していたが，ドルソは両者を言わば狭義のエリートと広義のエリートの意味で使い分ける。指導階級には，政治エリートも社会エリートも，すべてのエリートが包含される（Meisel 1958：365）。ドルソによれば，指導階級とは社会における政治的，知的，物質的指導を行う組織された権力である。他方で，政治階級は指導階級に包含され，厳密な意味で政治機能を行使する，言わば指導階級の指令部を構成する（Dorso 1986：121）。政治階級は指導階級内部から選抜された専門的な下位セクション（Dorso 1986：128）であり，指導階級の専門技術的手段（Dorso 1986：150）でもある。

（3）指導階級の開放性と被指導階級

　指導階級の存在は，指導される対象である被指導階級（classe diretta）の存在を意味するが，指導階級は被指導階級を一方的に支配するのではない。両者は相互依存の関係にある（Meisel 1958：366）。というのも，ドルソによれば，指導階級は被指導階級からリクルートされるからである。指導階級がより閉じた時代にあっては，指導階級への参入は指導階級側からの新たなメンバーの選出という形でなされることが多かった。しかし，現代においては被指導階級の中のもっとも活発な構成員が言わば指導階級へ上り詰める形で参入が行われる（Dorso 1986：123）。こうした言わば指導階級の開放性は，バックラックが指摘した先述のモスカの開かれた支配階級論を想起させる。

　ドルソによれば，指導階級はある意味で国民の鏡であり，国民のもっとも精巧な作品である。ある国民が偉大な指導階級を持つとき，その国民は疑いなく偉大であり，劣悪な指導階級に耐えなければいけないのであるならば，それは劣悪な

エリートを継続してつくりだしていることの証であり、一国の歴史的要求に応じた指導階級の革新はなされていない（Dorso 1986：124）。

　指導階級の革新が必要であるのと同様に、政治階級の革新も必要である。ドルソによれば政治階級の革新は選挙を通じて行われ、被指導階級の中から政治的能力、手腕により長けたメンバーが選出されるのである。もし政治階級が力不足であれば、政治階級を交代させることが指導階級の任務である。しかし、たんに指導階級の用務をなすことが政治階級の任務ではない。その任務は一国の政治運営にある。政治階級の権力はときに絶対的権力として承認されるが、それは共同体の福祉に可能な限り近づく結果を獲得する限りにおいてである（Dorso 1986：150-151）。

（4）指導階級・政治階級の多元性

　ドルソによれば指導階級は開放的であると同時に、一枚岩でもない。指導階級は複数の党派に分かれているのである（Dorso 1986：155）。同様に、政治階級も二つのグループに分かれる。ドルソによれば、一方は政府を担う政治階級（classe politica di governo）であり、他方は反対派の政治階級（classe politica di oppposizione）である。ボッビオに従って、前者を政府階級（classe di governo）、後者を反対階級（classe di opposizione）と呼ぶ（Bobbio 1996：233）ならば、政府階級は政府側の指導階級（classe dirigente di governo）に支えられ、おおよそ同質的な社会下位集団によって編成され、政府のプログラムが実現されることに利益を見出す。それに対して反対階級は政府を支持しない社会下位集団から支持される単一の反対勢力あるいは多様な下位集団の支持を受けた複数の反対勢力から組織され、政府階級から権力を奪取することをめざす（Dorso 1986：155）。政府階級は一国の繁栄と国力を確かなものとする機能を担っている点で重要であるが、ドルソによれば、反対勢力も政府と対照的な形で協力し、それに取って代わるという点で同様に重要である（Dorso 1986：158）。むしろ政府階級と反対階級の基礎となる社会集団の形成と解体過程に、被指導階級の心理的多様性が反映された反対階級が形成されることが必要なのである。それは指導階級の伝統的な構成にたいして質を異にする反対階級を形成させないためでもあった（Dorso 1986：156）。より広い社会エリートとしての指導階級とその一部として政治指導を担当する政治階級を分けることによって、ドルソは指導階級内部に政治階級に反対する勢力、反対階級が存在する（Dorso 1986：171）ことを指摘し、その必要性を積極的に主張する。

反対階級が存在することによって，被指導階級から指導階級への暴力的参入，つまり革命が回避される（Dorso 1986：123）のである。

（5） 政治闘争と政治定式

ドルソによれば政治闘争を通じて政治階級の権力は正当化されるが，政府階級と反対階級との権力獲得をめぐる政治闘争が暴力的なものとならないためには，政治定式（formula politica）と政治階級の統一的な意識が必要であり，また，政治闘争のメカニズムが成立し，それに従うことが重要である（Dorso 1986：154-156）。

政治定式はモスカの用語であり，モスカによれば，それは政治階級が依って立つ一つの抽象原理であり，この政治定式に彼らは自分たちの権力の正統性を見出す（Mosca 1982；226）。モスカの用法に従いつつ，ドルソも政治階級の権力行使は政治定式によって正当化されると考える。政治定式が正しい，あるいは正しいと信じられていることが政治階級の支配の正統性の条件である（Dorso 1986：172-173）。

政治定式は政治闘争のメカニズムの正統性も保障する。ドルソによれば，政府階級と反対階級との交替が完璧になされる国においては，両者の機能がもつれることがなく，政治闘争のメカニズムに従っている。そこでは反対階級の諸権利が保証され，反対階級は政府階級と対照的な役割を果たしつつも，政治階級の根本的統一性を保持することが約束されている。政治闘争のメカニズムの正統性を保証する政治定式が採用されているのである（Dorso 1986：156）。

したがって，ドルソによれば全体主義も一つの政治定式に過ぎない。独裁的な政治階級の存在はユートピア的であり，仮に全体主義が事実であれば，その体制は政治闘争を欠いた堕落した劣悪な体制なのである（Dorso 1986：155）。

（6） 政党の機能

政治闘争においてドルソが重視したのは政党であった。政党は経済闘争および政治闘争の手段として考えられるが，それだけでなく人間精神の矛盾した熱望を統合した形で満足させる団体である。政党という自発的かつ必要な結社の中に，社会，政治的プログラムの実現をめざして，すべての社会集団に属する諸個人が組織される（Dorso 1986：165）。政党を通して指導階級はその作業を完成させ，政治階級の形成に影響を与え，政治階級に国を治めさせるのである（Dorso 1986：

170)。

しかし,ドルソが注目した政党の重要性は,その特別の機能にあった。それは政治階級養成機能ないし政治階級選抜機能と言えるものである。この機能についてドルソは繰り返し言及する。政治階級は選抜された寡頭制であり,被指導階級の構成員が参入することは禁じられている。しかし,大衆政党の内部においては被指導階級のメンバーが国家の最高の職務に到達することが可能である (Dorso 1986:150)。国政に当たる指導階級の政治・専門技術部門である政治階級の養成は,政党を通してなされる。政党の特別な機能はまさに国を治める適性を備えた人材を全大衆から選抜することにある (Dorso 1986:168)。政党が政治階級選抜機能を有すると主張することを通して,ドルソにおいてエリート理論とデモクラシーが接合することになる (Meisel 1958:379)。実際,ドルソによれば,現代においては,政党内部での政治階級の養成は,とくに民主的な傾向が顕著である国に見られるのであった (Dorso 1986:165-166)。

(7) 政党とデモクラシー

政党は政治闘争を行う手段であるが,政治階級が政府階級と反対階級に分けられるように,政党も政権党 (partiti politici di governo) と非政権党 (partiti politici non di governo),つまり与党と野党および革命政党 (partiti politici rivoluzionari) に区分される (Dorso 1986:171)。与党と野党は,国家の政治定式に沿って権力獲得のために闘う。革命志向の政党は,それに対して国家の政治定式を変更するために闘い,権力獲得の闘争は間接的なものとなる。革命政党はすべての国に存在するが,民主国家においてその存在は希薄である。それは,これら国家が採用している政治定式によって被指導階級と政治階級が交替する際の障害が少ないからである。それゆえ,ドルソによれば保守的な国こそがまさに民主的な国である (Dorso 1986:172)。

指導階級,政治階級は政党を通じて革新を果たし,政党を通じてデモクラシーが実践される。ドルソは絶対的な直接デモクラシーの存在を否定し,将来においてもおそらく存在することはないと主張する。ドルソが存在を認めるのは歴史的な意味での直接デモクラシーであり,それは一つの組織の中で被指導階級と指導階級,被指導階級と政治階級の二重の交替がなされている状態である。ドルソによれば,被指導階級は指導階級と政治階級を新しい細胞として継続的に供給しつつ,血液の循環と類似した機能を果たす。その点で,こうした二重の交代が行わ

れている政治を広義における自治と呼ぶことができるのである（Dorso 1986：170）。

　ミヘルスが寡頭制の鉄則で指摘したように，デモクラティックな政党であろうと政党の頂点に指導階級が位置し，少数者によって政党組織が運営されるとしても，そこには被治者階級（classe governata）から構成される広範な派閥が含まれる（Dorso 1986：122）。現代政党は政治闘争を組織する唯一の手段であるが，それはまた社会的交換の機関（Dorso 1986：171）であり，その点で，政党はデモクラティックであり，デモクラシーに不可欠な装置なのであった。

4　ドルソとイタリア政治・政治学

　ドルソは論考においてデモクラシーが何かを明言していないが，政党を通して被指導階級と指導階級，被指導階級と政治階級の二重の交代がなされ，政権党と反対政党が対決する形で行われるメカニズムが政治定式として確立されている国が民主的であるという主張からすれば，この政治定式こそがドルソにとってのデモクラシーに他ならないと言ってよいであろう。

　政党をデモクラシーに不可欠な装置であると考えたことは，イタリア政治，モスカ理論，イタリア政治学の観点から興味深い。と言うのも，政党政治の展開においてイタリアは後進的であったからであり，モスカはイタリアにおける政党政治の展開を批判していたからである（池谷 2011）。

　他方で，第二次世界大戦後のイタリア政治およびイタリア政治学にとって政党は決定的に重要になる。政党の共和国（Scoppola 1991）と称されるように，戦後の共和体制は政党主導でつくられ，運営されてきた。キリスト教民主党，イタリア社会党，イタリア共産党，行動党などの諸政党は国民解放委員会（CLN）に結集して，ファシスト勢力とドイツ軍に対してレジスタンスで共闘し，北部を解放した。制憲議会では，これらの政党が中心となって憲法草案を審議し，戦後の共和体制を構築し，さらには政党支配体制 partitocrazia と呼ばれる政党中心の権力体制を築いた。

　政党の重要性はイタリア政治学における政党研究の比重を高めた。法学，哲学，歴史学に対して後進的な地位に置かれていた政治学は，これらの学問が主要な研究対象としない政党研究を通じて，そのアイデンティティを確立した（Panebianco 1989：107-108）からである。

　モスカに始まるイタリア政治学は，ファシスト期の中断を挟んで，第二次世界

第 4 章　エリート理論とデモクラシー

大戦後に再誕生を果たす（池谷 1992, 1993a, 1993b）が，その主役の一人であるジョヴァンニ・サルトーリの政治学の中心テーマは，デモクラシーであり，政党であるが，そこにはモスカ，ドルソの伝統が確かに刻印されているのである。

　ドルソの政治階級論は，イタリア政治学の創始者と再建者の媒介項的なポジションに位置し，エリート理論とデモクラシーを，政党を媒介として接合したと言うことができよう。

注

(1) Dorso (1986) 所収の「第 4 章　政治階級と指導階級（Classe politica e classe dirigente）」を中心とする。ただし，本章は「第 3 章ブルジョワ独裁：ナポレオンからヒトラーまで（La dittatura borghese da Napoleone a Hitler）」とともに未完成の原稿がカルロ・ムシェッタによって編集され，ドルソの没後に公にされたものである（Dorso 1986: Avvertenza）。

(2) ブルツィオはパレートに敬意を払っており，パレートの思想を発展させた（Bobbio 1996: 225, 272）。

(3) Mosca, Sul disegno di legge《Attribuzioni e prerogative del Capo del Governo, primo ministro segretario di Stato》(Senato del Regno, tornata del 19 dicembre 1925), ora in Mosca, *Disocorsi*, 2003, p. 362.

(4) 邦訳は『支配する階級』であるが，バックラックは本文中で ruling class を頻繁に用いているので，ここでは支配階級と訳す。同様に，モスカ理論の説明に elite を用いるが，モスカが使用しているのは classe poltica（政治階級），classe dirigente（指導者階級）などの語である。サルトーリによれば，英語版の ruling class という訳は誤解を生むタイトルである（Sartori 1962: 49, n. 19）。

(5) 原著である『政治学要綱（Elementi di scienza politica）』は 1896 年に初版が，1922 年に第二版が出版された。第二版は初版を第一部とし，その後に第二部を付す形で出版された。『支配階級』の後半部（12 章から 17 章）は，原著第二版で追加された第二部に相当する。なお英語版の最終章である 17 章のタイトルは「代議政治の将来（Future of Representative Government）」となっているが，原著（第二部 6 章）では単に「結論（Conclusione）」である。

(6) 行動党（Partito d'azione）は雑誌『正義と自由（Giustizia e libertà）』に集った知識人と自由社会主義者の運動が合流して 1942 年に結成され，レジスタンスに参加した。しかし 1946 年選挙に敗北後，翌年に解散した。ドルソは行動党のメンバーであった。

参考文献

池谷知明（1992）「イタリア政治学の戦後の発展と近年の動向(1)」『早稲田政治公法研究』第 40 号。

池谷知明（1993a）「イタリア政治学の戦後の発展と近年の動向(2)」『早稲田政治公法研

究』第42号。
池谷知明（1993b）「イタリア政治学の戦後の発展と近年の動向(3)」『早稲田政治公法研究』第43号。
池谷知明（2011）「20世紀初頭のイタリア政治社会とガエターノ・モスカの政治思想」『拓殖大学論集　政治・経済・法律』第13巻第2号。
Albertoni, E. A.（1982）*Studies on the Political Thought of Gaetano Mosca. The Theory of the Ruling Class and its Development Abroad*, Giuffrè.
Albertoni, E. A.（1987）*Mosca and the Theory of Elitism*, Basil Blackwell.
Albertoni, E. A. e Gadda Conti, G.（a cura di）,（1989）*Elitismo e democrazia nella cultura politica del Nord-America*（Stati Uniti-Canada-Messico）, Giuffrè.
Bachrach, P.（1967）*The Theory of Democratic Elitism. A Critique*, Little, Brown and Company.
Bobbio, N.（1990）*Profilo ideologico del Novecento*, Garzanti（=1993，馬場康雄・押場靖志訳『イタリア・イデオロギー』未來社）.
Bobbio, N.（1996）*Saggi sulla scienza politica in Italia*, Laterza.
Burnham, J.（1970）*The Machiavellians : The Defenders of Freedom*, John Day Company.
Delle Piane, M.（1952）*Gaetano Mosca. Classe politica e liberalismo*, Edizioni scientifiche italiane.
D'Entreves, A. P.（1970）*Obbedienza e resistenza in una società democratica*, Edizioni di Comunità.
Dorso, G.（1986）*Dittatura, classe politica e classe dirigente*, Muscetta, C.（a cura di）, Laterza.
Meisel, J.（1958）*The Myth of the Ruling Class*, The University of Michigan Press.
Mosca, G.（1939）*The Ruling Class*, McGraw-Hill Book Company（=1973，志水速雄訳『支配する階級』ダイヤモンド社）.
Mosca, G.（1982）*Teorica dei governi e governo parlamentare* in Mosca, G., *Scritti politici di Gaetano Mosca*, Sola, G.（a cura di）, 2 voll., Torino, UTET.
Panebianco, A.（1989）Le strutture di rappresentanza, in Morlino, L.,（a cura di）, *Scienza politica*, Edizione della Fondazione Giovanni Agnelli.
Sartori, G.（1962）*Democratic Theory*, Wayne University Press.
Sartori, G.（1976）*Parties and Party Systems. A Framework for Analysis. Volume I*, Cambridge University Press（=1980，岡沢憲芙・川野秀之訳『現代政党学――政党システム論の分析枠組み』早稲田大学出版部）.
Scoppola, P.（1991）*La repubblica dei partiti : Profilo storico della democrazia in Italia（1945-1990）* il Mulino.
Sola, G.（1991）L'impatto del fascismo sulla scienza politica in Italia, in Graziano, L., Easton, D., e Gunnell, J.（a cura di）, *Fra scienza e professione : Saggi sullo sviluppo della scienza politica*, FrancoAngeli.

第 2 部　デモクラシーと議会政治

第5章　憲法と近代政治制度
　　　　——憲法規範と憲法現実の絡み合い

小林幸夫

1　政体書，すなわち憲法

　「憲法（constitution）という言葉は，それが国家に適用される場合，一国の政治制度の総体を意味する。政治制度の源が伝統に由来する場合，それは慣習憲法といわれ，文書に由来する場合，成文憲法といわれる」。これは，M. デュヴェルジェ『フランス憲法史』（Les Constitutions de La Franse, 1944の邦訳書名）の「はじめに」の冒頭に書かれている（Duverger 1944=1995:7）。

　このような憲法は，国家の基本秩序を定めた統治の法典にあたるであろう。そしてそれは，アメリカ独立宣言（1776年7月4日）の直前（1776年6月29日）に，ヴァージニア英領植民地の独立にあたり制定された（したがって最初の近代憲法典である）「政体書」に相当する。ちなみに，この政体書は，それより半月前（6月12日）にヴァージニアの人民代表者会議で採択された天賦人権を骨子とする権利章典を守り，具現・保障するために必要だという組織原理に基づいた政治制度である。

　それに，「フランス憲法学が，伝統的には，政治制度とその機能を研究の主たる対象とすること」（傍点は引用者）の指摘（矢口 1996:303）も，わが国のフランス憲法研究者によりなされてもいる。となれば，さきに引用したデュヴェルジェの憲法概念は，近代憲法史に一般的な憲法概念といえる。

　ところが，デュヴェルジェはその後，『政治制度と憲法（Institutions Politiques et Droit Constitutionnel）』を執筆・刊行している。このタイトルの著述は，フランス憲法学界に広がり，1960年代以降の傾向になっているという。そのようになったことについては，1954年以降，フランスの大学での「憲法」の講座名が「憲法と政治制度」に名称変更されたこととのかかわりの言及とともに，高橋和之教授により，「なぜ"憲法と政治制度"なのか」という問題関心がもたれ，フランス的事情が探られた（高橋 1987:3-17）。

2　20世紀憲法への展開に乗り遅れたフランス憲法

　その考察にあたり高橋教授は，宮沢俊義教授の同様の問題意識からの「興味深い説明を」引用し，高橋教授なりの問題提起を試みた。この宮沢論文は「フランスにおける憲法学と政治学」というタイトルの広い視点からの極めて示唆的な論文で，引用された部分ではまず，いわれるような近代初期的と20世紀的との対政府権力観の違い，したがって権力への接近法の変化（つまり，権力制限から権力活用へ）が要約されている。

　いいかえれば，仕事（つまり，政治権力行使）はできるだけしない政府が望ましいとされた競争自由の市場経済を指標にした自由主義の19世紀の行き詰まりから，こうした行き詰まりの打開のための仕事（つまり，政治権力活用）をする政府が不可避になった（──自由主義の終焉）20世紀へ，という西洋近代先進諸国の歴史の流れの大転換を確認した文脈が，そこにおいて基調をなしている。

　そこでフランスの場合であるが，この国は，このような時代の大転換期への対応に遅れが見て取れると指摘する。宮沢論文では次のようにいう。

> 「こういったリベラリズム的考え方を根本的に変えたのは，第二世界戦争である。人間はここで『政治化』された。……ことに敗戦と占領が，フランス人の心に『政治』への関心を植えつけた。政治学はもはや憲法学の一部としてではなく，むしろそれから独立の学科であろうとする意欲が強くなるのは当然である。」（宮沢 1967：174；高橋 1987：5）

　これが宮沢論文におけるフランスの大学での「憲法と政治制度」という講座名出現の理由づけである。しかし，宮沢教授が当然とみなした意欲は，独立の学問分野としての政治学の形成にまでは，フランスでは及ぶものではなかった。それがこの問題に対するフランス的事情で，高橋教授は「両者の関係については，逆に現在フランスでは両者がなぜ結びついて存在しているのかという具合に問題を設定することもできる」（高橋 1987：7）と述べて，フランス的事情にこだわる。

　つまりは，宮沢教授により示唆された，近代初期以来のフランスにおけるリベラリズム的考え方の根強さに注目するのである。そしてそのような思考法が拒絶

され思想一新になったのではなく、20世紀的な脚色をされて影響力を残している。そうともいえるような解説を高橋教授は試みている。しかも、そこにはデュヴェルジェの『政治制度と憲法』からの引用が何よりの手掛かりになっており、教えられるところが大きい。

たとえば、引用されたデュヴェルジェの文章は、フランス的事情に関する言及に焦点が合わされている。すなわち、

> 「政治制度の法的側面——これが憲法学を構成するのだが——は、本書の本質的部分を形成しない。憲法および他の諸法典によって定められた公式の制度と並んで、政党や圧力集団のような事実上の制度も、ここで研究される。…（中略）…とりわけ、公式の制度が研究されるときも、その法的側面のみからなされるのではない。特にその事実上の機能、その現実の重要性、その社会における位置と意義も分析される。」(1)

高橋教授が注目し、引用しているデュヴェルジェの『政治制度と憲法』の説明はまさに、憲法規範（Verffassungsnorm）と憲法現実（Verffassungswirklichkeit）との関係を基本図式にしての憲法理解であり、憲法接近法である。この接近法における基本図式は、成文憲法一辺倒の法解釈がもっぱらであった19世紀大陸ヨーロッパの、いわゆる法実証主義の方法論では、認識されていない。

3　成文憲法絶対視の法実証主義自滅の戦間期

法実証主義の方法論では、近代的知性による人工・人為の作用が啓蒙であり、知的合理にのっとった実定法（成文憲法も含めて）づくりによる法治主義化が求められた。そしてそれの論理的帰結が、実定的成文憲法の法的体系の完全（——よく引き合いに出される「欠缺のない完結した法体系」）の発想であった。この発想は、そのまま憲法接近法の前提にされ、法的論理にのっとった厳密な、しかも整合的な憲法解釈が試みられるのである。

実定的成文憲法がすべてであり、したがってそのまま運用されるのは当然で、憲法現実などは問題にするまでのことはないというわけである。いいかえれば、憲法規範力の絶対が信じられているといってよい。ただし、そのために、実定的成文憲法の法体系にそぐわない"憲法現実"が現われても、法実証主義の憲法解

釈では外憲法的とか，それを憲法の問題にすることは合理的でないとして無視された。

　だが，このような「成文憲法体系の完全」性を求め，支えもしてきた「市民社会」が，それの発展のはずの歴史的展開が「大衆社会」となって，成文憲法もまがりなりの対応はしながらも立憲化不十分の場面が現れもした。たとえば，憲法政治に決定的影響を与え続けているのに，立憲化されていないし，だから憲法現実にもなっていない……という憲法政治状況がそれである。

　つまり，19世紀後半に大衆政党の存在が注目されたが，政党の立憲化は遅れ，一般化したのは第 2 次大戦後であった。そのような状況にいら立ってであろうか，政党に対する憲法の扱い方の変化を敵視，ついで無視，やっと法律での承認にこぎつけ，そして憲法に取り込む……というトリーペルの 4 段階説が発表された。1928年であった（Triepel 1928 = 1934：1-4）。

　法実証主義の方法論は，大衆社会・大衆政党の出現という新しい憲政史的状況にそぐわなくなっていただけではない。第一次世界大戦のヨーロッパ敗戦国再生用の新憲法──すなわち，戦勝連合国の民主的憲法の系譜に属する新しい憲法，しかもより民主的な諸憲法──の解釈方法論として使われて憲法体制自壊に直面することにもなった。

　というのは，法実証主義の憲法解釈の法的合理，法的論理の遂行が，形式論理に傾き，客観的を印象づけることもあって，実定的成文憲法の手続き規定を使って，つまりは，合憲法的に政権奪取し，憲法を空洞化させ，果ては，憲法棚上げの事態招来という歴史があった。第一次世界大戦と第二次世界大戦の戦間期におけるヒトラーやムッソリーニのヨーロッパ制覇が，それにあたる。

4　西欧近代の精神風土，科学技術発展という条件的特殊への注目

　こうして法実証主義の方法論依拠への安易さ，さらには無責任さが反省され，憲法学方法論の一新のもとに，憲法を成立させている条件を含めて，憲法規範と（それが規制しようとしている権力過程という）憲法現実との関係を基本図式にした憲法学の提言となったわけである。それのきっかけは，第二次世界大戦が終わって 5 年ほどの間に，失敗した戦間期立憲主義の二の舞にならないような制度的工夫を凝らした50余りの新憲法ができたとき，比較憲法的考察・整理をしたカール・レーヴェンシュタインの学会報告である。

この学会報告がなされたのは，1951年のアメリカ政治学会年次大会における比較憲法シンポジウムの場であった。レーヴェンシュタインは，「これまでとまったく違ってしまった成文憲法の役割」を見てとり，憲法の「存在論的〔オントロギッシュ〕」分析をということで成文憲法の分類を試み，分類の基準に「権力過程の現実と憲法規範との対応関係」を挙げたのである（Loewenstein 1957 = 1967：186-192）。

そしてその対応関係の3つの場合を区別し類型化して，①規範が有効に生かされて現実を規制している場合（規範的憲法〔ノーマティヴ〕）と，②規範が一応成文化されて一応整っていても，それが現実化していない憲法（名目的憲法〔ノミナリスティック〕），それと③憲法は現実の権力者の支配の確保だけを目指した便宜的な道具である場合（意味論的憲法〔セマンティック〕）が挙げられた（Loewenstein 1957 = 1967：186-192；小林 1991：14-29）。

しかも，この分類では近代憲法の価値への特別の思い入れがうかがえて，それを生み出した西欧近代法治主義にかかわる精神風土とともに，規範的憲法が最善だとみとめられていた。結局，非西洋の国々が西洋近代化を目指した19世紀，20世紀といった文明史的情況が，西洋の国々，人々の自己満足感，自信，さらに優越感をもたらし，助長したというわけである。そのあげくには，後進非西洋啓蒙に先進国としての使命感まがいが認識され，いまさら啓蒙でもあるまいに……と迷惑する後進国封じ込め意図も示唆される。

しかし，憲法規範と憲法現実との関係を基本図式にした（第二次世界大戦直後の）憲法学は，近代憲法が西洋近代の所産であり，したがって，西欧（ないし中欧）の精神風土と深いかかわりを持つという条件的特殊（それも，知的・文化的先進の自負をともなう特別），また先進西洋諸国の科学・技術開発にともなうゴミ（産業廃棄物や環境汚染など）を自然処理する自然界のゆとりがまだまだ大きかったし，労働環境の清潔さを保つ宗教的倫理もあり続けたし……した時代であったという条件的特殊に支えられてきたことを示唆し，批判・提言している。

憲法規範と憲法現実との対応関係というが，規範が規定しようとする現実は，権力過程の現場であり，政治の作用の妥当・適性について政治的考量が働く場である。憲法規範という法と政治との絡み合いの激しさが目立つけれども，法の解釈に対する政治的接近にとどまり，憲法への政治学的接近，つまりは憲法政治学の可能性（小林 2007：22-24）がいわれることになるだろう。

こうしてみると，憲法現実から憲法規範への働きかけといっても，政治過程一般からの憲法規範への接近ではなく，あくまでも憲法規範化されている政治過程のそれに限定されているわけである。

5　フランス憲法学へのアメリカ政治学の影響はきわめて限定的

　フランス憲法学に対するアメリカ政治学の影響については，わが国でも前述の宮沢俊義教授，高橋和之教授の例もあるが，レーヴェンシュタインの「憲法規範と憲法現実との対応関係」の文脈での存在論的分析が注目される。この論点を扱ったアメリカ政治学会での報告「革命期現代における憲法価値考（Reflections on the Value of Constitution in Our Revolutionary Age）も含めたシンポジウムの報告書『第二次世界大戦後の憲法と立憲的傾向（Zurcher, A. J. eds. Constitutions and Constitutional Trends since World War Ⅱ）』が刊行されたのは1951年であった。そしてレーヴェンシュタインのこの論文は，翌1952年にフランス語訳されて "Revue française de science politique Ⅱ" 誌に掲載された。

　しかし，フランスの大学における「憲法と政治制度」講座への微調整が行われた1954年には，影響を与えていない。むしろ，フランス近代憲法史の基調をなしてきた権力制限の文脈からの憲法接近法の再確認にとどまっていたようである。フランスは，憲法・政治制度の実験室といわれ，政体循環的な繰り返しが行われ，一回りごとにまとめて周期の定型化が試みられているようにも見える。

　周期モデルとしては，デュヴェルジェによる第1周期（1791年の制限君主制憲法から1814年の帝制崩壊まで）と第2周期（王政復古による1814年憲章から1870年の普仏戦争敗北にともなう帝制崩壊まで）が紹介される。これら2つの周期はいずれも，「制限君主制→議会中心の共和制→独裁制（帝制）」という政体循環風を見て取れる（Duverger 1944＝1995：52；大山 2013：6-12）。

　政体循環のきっかけは君主の処刑か革命であり，共和制からの循環のきっかけはクーデターである。クーデターは独裁に対して行われる場合もあれば，独裁のために，また帝制を企てるための場合もあるが，事後承認の意味を込めて国民投票（プレビシット）による正当化という決め手が加えられたりもする。

　政体循環論といえば，アリストテレス以来のものであるが，デュヴェルジェ流の循環論は，それとは違うようである。周知のように，アリストテレスは，主権の保有を基準として1人，少数エリート，多数者に分け，さらにそれぞれについてよい政治が行われている場合と悪い政治になった場合に類別して，君主制→僭主制→貴族制→寡頭制→民主制→衆愚制，という政体循環論を説いた。

　よい政治が必然的に悪政に堕す原因としては，たとえば「権力は腐敗する」と

いった権力保有にともなう宿命が語られ，それまでの支配形態と数的バランスを違えたよい政治を期待して革命の必然が語られる……といった説明が可能である。

6　フランス憲法史は，憲法展示流転の憲法見本帳か

　こうしてみると，デュヴェルジェ流の政体循環論は，アリストテレス流のそれとは同じでないことが明らかである。それどころか，政体循環といい切るよりも，政体の実験といったニュアンスが濃いようである。さらには，憲法の提示には，諸政治勢力の政争の勝利宣言という要素も強かった。「憲法制定は優れて政治的な行為」なのである（Elazar 1985 : 232-247）。

　しかし，憲法と政治の関係は，単純ではない。憲法は政治の所産であるが，政治を枠づける憲法づくりも政治であり，そのとき憲法を通して自己規制する政治が現われる。そうした政治と憲法とのかかわりは，憲法の実験室といわれたフランス革命をきっかけにした憲法展示流転の典型となって示された。これに続いて，それの復元といってよい復古王政にはじまる憲法展示の構想の典型が示され，それが憲法接近法のフランス的特異として提示され，一応の定着を見せているのが，前述のデュヴェルジェの第1周期・第2周期モデルである。

　そうであるとしたら，このような憲法流転を典型化した"周期"モデルの特性は，どう見たらよいのか？あえていえば，憲法見本帳だろうか。それは，憲法の実験室用の資料にとどまる。したがって，理想的な憲法づくりなどの意図はないのではないか。第二次世界大戦終戦から10年後の1955年に刊行されたアンドレ・モーロワ著『フランスとフランス人』に引用されているアンドレ・シークフリードの次の言葉が思い合わされる。──「無政府的個人主義は，フランスの持った特質である。真のフランス人は，集団主義とか，政府の行政組織に反感をいだいている」（Maurois 1955＝1957 : 15）。

注
(1)　高橋（1987 : 6）の Duverger, M.（1973）Institutions Politiques et Droit Constitutionnel, t. Ⅰ, pp. 15-16の邦訳文を参照。
(2)　Loewenstein（1957＝1967）205頁の注（27）参照。

参考文献
大山礼子（2013）『フランスの政治制度 改訂新版』東信堂。

小林昭三（1991）『憲法学の方法』北樹出版。
小林昭三（2007）『西洋近代憲法論再考』成文堂。
高橋和之（1987）『現代憲法理論の源流』有斐閣。
宮沢俊義（1967）『公法の原理』有斐閣。
矢口俊明（1996）「フランス憲法研究の50年」樋口陽一・森英樹・高見勝利・辻村みよ子編『憲法理論の50年』日本評論社。
Duverger, M. (1944) Les Constitutions de La France. (=1995, 時本義昭訳『フランス憲法史』みすず書房).
Elazar, D. J. (1985) "Constitution-making: The Pre-eminently Political Act", Banting, K. G. and Simeon, R. eds. The Politics of Constitutional Change in Industrial Nations.
Loewenstein, K. (1957) Verffassungslehre (=1967, 阿部照哉・山川雄己訳『現代憲法論——政治権力と統治過程』有信堂). (なお, 原著は, アメリカ版のPolitical Power and the Governmental Process, 1957 のドイツ語訳に原著者が加筆したもの。)
Maurois, A. (1955) Portrait de la France et des Français (=1957, 松尾邦之助訳『フランスとフランス人』岩波新書).
Triepel, H. (1928) Die Staatsverffassung und die politischen Parteien. (=1934, 美濃部達吉訳『憲法と政党』日本評論社).

第6章	比較議会政治学
	――議会の「強さ」を決定する条件とは？

大山礼子

1 議会を比較する

(1) 普遍的制度としての議会

　比較政治学の対象として，議会はやや特異な性格をもっているのではなかろうか。市民の政治参加のあり方やマス・メディアの影響力などは，いわば自然発生的に，その国の歴史や政治文化と密接な関係を保ちつつ，形成されてきたものである。これに対して，議会は，イギリス議会を唯一の例外として，近代の成文憲法の規定に基づき，それぞれの国の過去の歴史とはいったん切り離されたかたちで人為的に作り出された制度だという点に大きな特色がある。

　現在，議会の存在しない民主主義国は存在せず，議会は普遍的制度になったといってよいが，それぞれの政治文化あるいは政治制度の枠組みの相違にもかかわらず，その組織や運営は驚くほど似通っている。国民を代表して，法律案および予算案を審議・議決し，行政府の行動を統制するという基本的役割が共通しているばかりでなく，その役割を効果的に果たすために工夫された審議方式にも広く共通性が認められる。

　列国議会同盟（世界各国の議会が加盟する国際組織。本部はジュネーヴ）が実施した調査（Inter-parliamentary Union 1986）からも，議会という制度の普遍的性格を見て取ることができる。そこでは，各国の議会に対して質問票を送付して行った調査の結果が項目ごとに整理され，比較対照表にまとめられているが，こうした調査は議事運営の大枠が共通しているからこそ可能となるものであろう。比較議会のテーマとしてしばしば両院関係の比較（または，一院制と二院制との比較）が取り上げられるのは，議院内の組織や運営には国による違いが少ないためだといえるかもしれない。

　このことは，議会と同様に人為的な制度である選挙制度と比較すれば，一層明らかになる。民主主義国における選挙制度は民意の反映という目的を共有しているにもかかわらず，国によって，あるいは一国の内部においてさえ，選挙の仕組

みには多種多様なヴァリエーションが存在する。また，制度改革によって，たとえば単純小選挙区制に代えて比例代表制を導入するなど，それまでとはまったく性格の異なる選挙制度が採用されることも少なくない。

ところが，議会については，大規模な選挙制度改革に匹敵する抜本的改革は，実行されないばかりか，構想されることさえない。日本の戦後改革によって政治制度の骨格が一新されたにもかかわらず，帝国議会時代の先例等，議事手続の大半が国会に受け継がれていることを想起してもよい。近代的議会という制度は，極めて普遍的かつ安定的な性格を保ってきたということができるだろう。

（2）議会の「強さ」

しかしながら，組織や運営には共通点が多くとも，実際の政治過程において議会が果たしている役割は国ごとにさまざまである。行政府の統制に力を発揮する議会がある一方で，近代的議会の体裁をとってはいるものの，行政府主導の政策決定を追認するだけの機関になっている議会も存在する。一見，同じような審議が行われていても，議会の「強さ」は同じではないのである。

Mezey は，比較議会の古典ともいえる著作のなかで，議会評価の基準として「政策決定過程において議会がどの程度の影響力をもっているか」という問いを立てた（1979：23）。議論は活発でも政策決定に与える影響力が小さい「アリーナ型議会」と政策の立法化において独自の影響力を発揮する「変換型議会」という二つの類型によって，各国の議会を分類しようとした Polsby の議論もよく知られている（1975）。

実際には，議会の強さ，言い換えれば政策決定過程における議会の影響力の大きさは，それほど単純に比較できるものではない。わかりやすい指標としてよく用いられるのは成立法案のうち議会の発案によるもの（いわゆる「議員立法」）の比率であるが，議員立法の件数が多くても政策的重要性の薄い法案（たとえば，記念日の制定など）が大半を占めていれば，議会の影響力は必ずしも大きいとはいえない。議員発案の体裁をとっていても行政府が策定した法案を形式的に議員提出としているだけの場合もあり，逆に，内閣提出法案であってもその内容に強く議会側の意向が反映されている可能性もある。議会の強さを数量的に比較するのは困難で，それぞれの議会がその国の政策決定過程においてどのような位置を占めているかを個別に検証する必要がある。

それでも，議会の影響力の大きさが国によって異なることは否定できない事実

である。では，議会の影響力を左右する要因はなんだろうか。議会と執政府との関係が重要であることは容易に推測できる。議会が執政府に対して従属的な地位に置かれている場合，審議がいかに効率的に進められ，多くの法律が成立したとしても，議会の政策的影響力は限定的である。強い議会は，執政府から自律的に活動し，独自の立場から立法活動を行い，あるいは行政を監視しなければならないのである。

　もちろん，執政府との関係だけが議会の強さを決定するわけではない。忘れてはならないもう一つの要因は有権者との関係である。国民代表機関としての議会が影響力を発揮するためには，議会が適切に国民各層の意見を代表して行動することが必須の前提条件となるからだ。議会と有権者の関係を規定するのは選挙制度であるが，同時に，選挙制度は議会内の党派構成を決定し，議会と執政府との関係にも影響を与える。つまり，執政府との関係，有権者との関係の両面が相互に関連しつつ，議会の機能を規定していると考えてよいだろう。

　次節以下では，これらの二つの要因のうち，とりあえず執政府との関係に焦点をあてて，それが議会の具体的な活動にどのような影響を及ぼしているかを検討することにしたい。その後，比較議会の重要テーマである両院関係の問題についても議会と執政府との関係という視点から見直しを行い，最後に，日本の国会をどう評価すべきかについて，簡単に言及する。

2　執政府との関係

(1) 議院内閣制・大統領制

　議会と執政府との関係は，それぞれの国の憲法が規定する政治制度の枠組みによって変化する。政治制度の枠組みの違いといえば，誰でもすぐに思いつくのは議院内閣制と大統領制であろう。議会研究の分野においても，大統領制のアメリカと議院内閣制の代表格としてのイギリスとの比較がしばしば行われてきた。

　言うまでもなく，大統領制と議院内閣制では議会と執政府の関係がまったく異なっている。大統領制では，執政府は議会とは無関係に，独自の選挙によって選出されるので，議会と執政府は相互に独立した関係にある。これに対して，議院内閣制においては，議会下院の信任に依拠して内閣が成立するため，議会と執政府の相互の独立性は弱められる。

　では，そうした制度の相違が議会内の組織や運営にどのような影響を及ぼして

いるのかを，アメリカ連邦議会とイギリス議会の比較によってみていくことにしよう。

1) アメリカ連邦議会

アメリカ連邦議会の特色として，第1に，執政府から独立して法案の起草から可決までを担う，文字通りの「立法機関」であることをあげなければならない。実際には重要法案の多くが行政府の手で起草されてはいるものの，三権分立の建前上，法案はすべて議員提出の形式をとり，議会での審議の過程においてさまざまな利益を代表する議員たちによって作り変えられていく。アメリカ連邦議会は「変換型議会」の典型といってよい。

第2の特色としては，執政府である大統領が議会とは無関係に選出されることの帰結として，議会内には与党・野党の別がなく，それぞれの議院における多数派と少数派の区別が存在するだけであること，議院内閣制下の議会のように与党が結束して内閣を支える必要がないため党議拘束は緩やかで，議員の自律的な行動の余地が大きいことがあげられよう。

ただし，議員の高い自律性は，必ずしも憲法の定める政治制度の枠組みだけから導かれるものではない。どのような制度のもとでも，選挙の勝敗を決するのが候補者の政党所属であり，政党幹部が公認権を握っているならば，候補者および議員は政党に対して忠誠心をもつはずだ。ところが，アメリカでは20世紀初頭以降，各州で予備選挙が導入され，有権者の投票によって政党の候補者が決定されるようになった。その党の方針とは相容れない主張の持ち主であっても，予備選挙で勝利さえすれば政党の候補者として本選挙に進み，議席を獲得できる仕組みである。その結果，再選をめざす議員は政党の意向に従うよりも，地元の有権者との関係を重視するようになり，議員の政党からの自律性を大いに高めることとなった。

また，議員には手厚い職務手当が支給され，広いオフィスが提供されるとともに，多数の秘書を公費で雇用できる。議員は政党組織に頼らず，自前の政策を法案にまとめるために必要な資源を手に入れたわけで，それぞれがいわば「個人商店（individual enterprise）」として，自律的に立法活動を行っている。

連邦議会の分権的性格を端的に示しているのが，強力な権限を有する政策分野別常任委員会（specialist standing committee）の存在である。常任委員会にはその分野に関心をもつ議員が所属し，委員間の交渉や相互の妥協によって，法案を練り上げていく。常任委員会は自ら法案を起草し，立法をリードすることができる

が，より重要なのは法案の選別者としての役割である。およそ9割の法案は委員会で葬られ，本会議に報告されることなく終わる。常任委員会の委員は，特定の政策分野に利害関係を有する団体などの代理人としての性格をもち，必ずしも議会全体の意向に従って行動するわけではない。連邦議会の議員の過半数が賛成する法案であっても，常任委員会から本会議に進めるとは限らないのである。

　もともと，アメリカの議会制度の歴史はイギリスの植民地であった時代に始まっているので，議事手続においてもイギリス議会との共通点が多かった。しかし，執政府との関係が異なるため，実情に即した議事運営の必要上，次第にイギリスとは異なる審議方式を編み出してきた。常任委員会制度はその代表的事例であって，議院内閣制の国では内閣が行っている法案起草作業を常任委員会が実質的に担っていると考えることもできるだろう。

　近年，アメリカでも政党指導者の権限が強まり，党派投票の比率が高まっていることに着目し，アメリカ連邦議会の実態は議院内閣制下の議会に近づいているという見方がある。両政党の選挙戦略の成功もあって，保守的地域では共和党候補が，進歩的地域では民主党候補が優位に立つ傾向が生じた結果，それぞれの政党に所属する議員の間でのイデオロギー的な差異が少なくなり，政党の凝集力が高まった。同時に，政党リーダーによるポスト配分の効果的利用により，常任委員会委員長等のポストには政党の指導層に近い考え方の議員が選出されるようになってきたという。

　しかし，政党化が進行したといわれる近年の連邦議会でも政党化の影響は限定的で，アメリカ連邦議会と他の議院内閣制諸国の議会との隔たりは依然として大きい。確かに党派投票（Party Unity Vote）の比率は年々高まり，1980年頃には全体の4割程度だったものが，2012年には下院での投票の72.8％，上院の投票の59.8％を占めるまでになった（Ornstein et al. 2013）。しかし，アメリカ連邦議会における党派投票とは，同じ政党に所属する議員が一丸となって同一の投票行動をとることを意味するものではなく，一方の党の議員の過半数が賛成し，他方の党の議員の過半数が反対した投票全体を指していることに注意しなければならない。

2）イギリス議会

　では，議院内閣制下の議会の代表として取り上げられることの多いイギリス議会はどのような特色をもっているのだろうか。イギリス議会は上院（貴族院）と下院（庶民院）から成る二院制議会であるが，上院は現代では特殊な世襲貴族の

議院という性格を近年まで保持しており，20世紀初頭以来立法過程における下院の優位が確立しているので，ここでは下院の審議の特色を見ることにしよう。

イギリスは，下院の選挙制度として確立された単純小選挙区制のもとで，二大政党制の国として知られてきた（ただし，2010年総選挙では保守党，労働党ともに過半数議席を獲得できず，歴史上初めてといってよい本格的な連立政権が登場した）。過半数を占める与党の信任によって内閣が成立するので，政策決定を主導するのは与党のリーダー，すなわち内閣である。内閣提出法案（イギリス議会の場合，正確には所管の大臣である議員から提出する形式をとる）は与党議員の支持を得て成立することがほぼ保証されているため，議会での審議は必然的に政府対野党の論戦中心となる。イギリス議会下院は「アリーナ型議会」の典型とされてきたのである。

もっとも，内閣が与党の信任を得て成立したからといって，与党議員が内閣の決定に従順であるとは限らないであろう。イギリスでも19世紀半ば頃までは議員の自律性が高く，党議拘束も緩やかであった。ところが，選挙権の拡大とともに，有権者の側では候補者個人の資質や主張よりも政党の政策や首相候補としての党首の能力を基準として一票を投じる傾向が強まり，それに伴って，次第に政党の結束力も高まっていった。20世紀には，同じ政党に所属する議員は議案への賛否で同一歩調をとることが当然と考えられるようになった。

こうして政策決定過程における内閣の優位が決定的となり，いわゆる「内閣統治」の傾向が顕著になっていくのと同時に，内閣法案の審議をより効率的に進めるために議事手続の改革が行われ，政府優位型の審議方式が確立していく。19世紀末にはギロチンと俗称される審議打ち切り手続が導入され，議事日程の決定においても政府が優先権を握った。

イギリス議会下院でも，20世紀に入ると常任委員会（standing committee）制度が整備されたが，この常任委員会はアメリカ連邦議会のそれとは似て非なるものであった。常任委員会とは名ばかりで，実際には法案ごとに，本会議からの付託を受けて審査を担当するために設置され，設置の順序にしたがってアルファベットを割り振り，A委員会，B委員会などと称していた。常任委員会委員に任命される議員もとくにその分野の専門家ではなかった。イギリスの常任委員会制度は，いわば本会議のミニチュア版として，本会議の負担を軽減し，効率的に審議を進めることに主眼を置くものだったのである。2006年になって常任委員会制度の抜本的改革が実現し，常任委員会の名称を公法案委員会（Public Bill Committee）に変更するとともに，法案審査に関する委員会の権限が強化された。しかし，委員

会は従来どおり法案ごとに設置されており，アメリカの常任委員会のような専門性と継続性をもつ委員会が誕生したわけではない。

イギリス議会下院は，一言でいえば，アメリカ連邦議会とは対照的な集権的議会である。立法過程の主導権は執政府が握り，議会の影響力は限定的だが，反面，政府対野党の論戦は活発で，対決型の審議に重点がある。首相と野党党首の間で論戦が繰り広げられるクエスチョンタイムは，日本でも国会が部分的に模倣した手続（「党首討論」）を導入したためによく知られるようになったが，イギリス議会の特色をよく示すものといえよう。

（2）議院内閣制下の議会の多様性

英米議会の比較は，議院内閣制下の議会と大統領制下の議会について，各々を代表する議会の特色を比較したものと受け取られがちであった。しかし，とりわけイギリス以外の議院内閣制諸国の研究者からは，イギリスを議院内閣制下の議会の典型とみなすことに対して強い疑義が呈されてきた（Esaiasson et al. 2000）。

イギリス議会とほかの議院内閣制下の議会を比較した場合，一見して明らかな相違点は分野別常任委員会の存在である。ヨーロッパ大陸の議院内閣制諸国の議会の大半は分野別の常任委員会を設けており，法案は本会議を経ずに委員会に付託され，委員会は自由に法案を修正できるとしているところが多い。つまり，これらの国々の委員会制度は，同じ議院内閣制のイギリスの委員会とは性格を異にし，むしろアメリカ連邦議会に近いと考えられる。

分野別常任委員会の存在は，「政策決定過程における議会の実効的な影響力を保証するための（十分条件ではないかもしれないが）必要条件である」（Mattson and Strøm 1995：250）といわれる。多数の議員で構成される本会議の場で法案の細部を検討し，修正するのは困難であり，議会が影響力を発揮するには，専門性をもち，調査等の権限を行使できる委員会において，法案審査を行う必要があるからだ。

実際に，ドイツ，フランス，イタリアなどのヨーロッパ大陸諸国の議会では，アメリカ連邦議会ほどではないにしても，活発な法案修正が行われている。これらの国々においても，議院内閣制である以上，立法の主流となっているのは内閣提出法案なのだが，内閣が提出した法案であっても与党議員が無条件に賛成するわけではなく，与党自身の手によって，あるいは与野党間の協議を経て，多くの修正が施されるのである（大山 2011：114-117）。

同じ議院内閣制下の議会でありながら、なぜこのような相違が生じるのであろうか。

イギリス（およびイギリス流の議会制度を取り入れた英連邦諸国の一部）における執政府の与党議員に対する統制の強さ、逆にいえば議会の政策的影響力の弱さは、議院内閣制下の議会としてもむしろ例外的と考えられる。前節で述べたように、イギリスでは単純小選挙区制のもとで二大政党制が成立し、選挙で勝利した政党が単独で内閣を形成してきた。総選挙では二大政党がそれぞれの党首を首相候補者として前面に立てて争い、有権者も政権選択を意識して一票を投じるようになる。候補者個人に対する支持よりも党首の人気によって候補者の当落が左右されるのであれば、当選した与党議員が首相への忠誠心を抱くのは当然であろう。さらに、各党が政権獲得後に実行する予定の政策を「マニフェスト」にまとめ、総選挙時に有権者に提示する慣行が生じ、内閣の重要政策は与党議員の支持によりほぼ原案どおりに成立するようになっていく。

しかし、選挙制度と政党制だけでイギリスの特殊性を説明するのは困難である。ドイツや北欧諸国で用いられている比例代表制は小選挙区制以上に政党本位の選挙制度であり、議員は政党の一員としての強固な意識を抱いている。また、ヨーロッパ大陸諸国にも単独内閣が存在し、政党の公約に基づいた法案が議会に提出されることに変わりはない。

イギリスとほかの議院内閣制諸国との決定的な相違点は、執政府と議会との関係そのものにあると考えたほうがよいのではないか。同じように議会下院の信任によって内閣が成立する議院内閣制の枠組みをとっていても、内閣が議会の審議にどう関わっていくかという点において、両者は遠く隔たっているのである。

イギリスは政府の規模の大きさで知られている。21～23名程度の閣内相のほかに、閣外相、政務次官などの肩書をもつ約百名が政府を構成しており、閣内相である上院内総務が当然に上院議員であることなどの例外を除けば、政府構成員のほぼ全員が下院議員である。下院与党議員の少なくとも3分の1は政府の一員として行動しているわけだ。しかも、政府構成員はそのまま下院与党の幹部でもあって、政府から独立した与党（与党会派）はイギリス議会には存在しない。与党が野党と協議しつつ、政府と交渉して内閣法案を修正するという事態は、もともと想定されていないことになる。もちろん、与党議員全員が政府の方針に賛成するとは限らないであろうが、彼らの反対は「反乱」に過ぎず、議会与党がまとまって政府に異論を唱えることはない。

これに対して、ヨーロッパ大陸などの議院内閣制諸国では、政府と与党は一体にはならない。それどころか、閣僚と議員の兼職を禁止しているところも珍しくはない。これらの国々では、議会外の存在である政府が提出した法案について、議会は独自の立場から審議を実施し、多数を占める与党の賛成によって修正を加えることもある。そこで、実質的な法案審査にふさわしい場として、専門性を有する分野別常任委員会制度が発達してきたと考えられる。

このように考えると、議会の影響力を比較する際には、議院内閣制か大統領制かという二分法ではなく、執政府と議会の関係、より具体的には議会多数派（与党会派）の自律性を考慮する必要があるだろう。議会の影響力の大きさを決定する要因は、それぞれの国の政治制度の枠組みそのものではなく、執政府と議会多数派との相互浸透の程度であって、大統領制のアメリカが一方の極に位置づけられることは疑いないが、議院内閣制下の議会のあり方はけっして一様ではないのである。

3　両院関係

近年の日本では、研究者ばかりでなく、マスコミや一般国民の間でも、二院制の問題に関心が向くようになり、幅広い議論の対象となってきた。その原因は、言うまでもなく、2007年以降、二大政党化が進行する中でいわゆる「ねじれ国会」が出現し、与党が支配する衆議院と野党が多数を占める参議院との対立によって政策決定が滞る事態が起きたことにある。

しかし、「ねじれ国会」によって生じた問題の本質は、単純な両院間の対立にあるのではない。ねじれによる政策決定の停滞とは、具体的には下院多数派の支持によって成立している内閣が主導する政策決定に対して、上院多数派となった野党が拒否権プレーヤーとして立ちはだかることを意味する。したがって、とくに議院内閣制の国では、執政府と議会との関係と切り離して両院関係を論じることはできないのである。

各国の両院関係を研究した Russell の分類によると、下院に上院の議決を覆す権限を与えない「対等型」の両院制は、大統領制の国々では一般的で、22カ国中16カ国を数えるという（2012：122-123）。大統領制下の議会では、執政府からの距離という点で両院とも同じ条件におかれている。選挙の結果次第で、いずれかの（あるいは両方の）多数派が大統領の党派と同じになることはあるが、とくに下院

多数派と執政府の距離が近いわけではない。両院は原理的には対等なはずであり，あとは両院間の対立を回避する手段として，いずれかの議院の優位を憲法に規定しておくか否かが問題となるに過ぎない。

ところが，議院内閣制下の議会では問題はそれほど単純ではない。下院多数派の支持によって成立する内閣が政策決定過程を主導すべきであると考えるならば，下院優位型の両院関係のほうが望ましいということになろう。事実，議院内閣制下の二院制議会のうち，両院を完全に対等としているのはイタリアだけで，その他の国はなんらかのかたちで下院の優位を規定している。

ただし，ここでも，政府と与党会派との相互浸透度の違いを考慮すべきである。議院内閣制であっても，与党会派の自律性が高く，議会で実質的な法案審査が行われているならば，両院の結論が異なった場合にも両院間の協議で妥協の余地を見出すことは比較的容易になると推測できる。これに対して，政府と与党の一体化の度合いが強ければ，下院では内閣法案がほぼ原案どおりに可決されることになり，野党が多数を占める上院との妥協の余地は狭まるので，下院優位の制度を設ける必要が生じると考えられよう。

4 比較の視点から見た日本の国会

最後に，比較議会の視点から，日本の国会にはどのような特色があるのかを考えてみよう。

国会は議院内閣制下の議会でありながら，GHQ の影響下で制定された国会関連法規に基づき，強力な常任委員会をはじめとするアメリカ流の制度を導入した。内閣が立法過程に介入する手段は皆無と言ってよく，内閣法案の運命は国会の審議，とりわけ委員会審査に委ねられる。参議院の権限も議院内閣制下の議会の上院としては強力な部類に属し，国会の分権的傾向を助長している。しかも，中選挙区制のもとでは与党議員は自力で選挙に勝利する必要があったため，政党に対する議員の独立性は高かった。アメリカ連邦議会にならって議員の待遇改善が図られ，立法補佐機構が整備されたことも，議員の自律性を強める方向に作用したはずだ。

このような制度から予想されるのは，国会が主体的に活動し，内閣法案にも多くの修正を加えるタイプの審議である。ところが，実際には国会の強さが表面に出ることはほとんどなく，戦後の一時期を除けば法案修正も低調であった。制度

上はアメリカやヨーロッパ大陸の議会に近い国会で，なぜイギリス型の政府優位の審議が行われているのかは，比較議会研究の謎とされてきた（Shaw 1979：371）。

この謎を解くカギは，自民党政権下で確立した与党による事前審査の慣行にある。国会提出以前に政府と与党の間で綿密な協議が行われ，与党の主張が法案に取り込まれていたため，国会審議の場で与党議員が改めて法案を修正する必要はなくなり，あたかもイギリス議会に似た政府優位の審議が行われているかのようにみえたのである。

1994年の衆議院選挙制度改革をはじめとする一連の政治改革の結果，議員と政党幹部（与党にあっては首相）との関係は劇的な変化を遂げてきた。イギリスをモデルにした改革が功を奏して，日本の政治状況もイギリス型に近づいたと評価できるのかもしれない。しかし，依然として国会の制度に内在する分権化モーメントは失われていない。ねじれ国会が深刻な問題になったのも，二大政党化が進行する過程で，国会の分権的制度との齟齬が表面化したものととらえることもできよう。今後の国会審議がどのように変化するのか，方向はまだ定まっていないのである。

参考文献

大山礼子（2003）『比較議会政治論——ウェストミンスターモデルと欧州大陸型モデル』岩波書店。

大山礼子（2011）『日本の国会——審議する立法府へ』岩波新書。

Arter, D. ed.（2007）*Comparing and Classifying Legislatures*, Routeledge.

Esaiasson, P. and Heidar, K. (eds.)（2000）*Beyond Westminster and Congress : The Nordic Experience*, Ohio State University Press.

Inter-parliamentary Union（1986）*Parliaments of the World : A Comparative Reference Compendium, Second Edition*, Facts On File Publication.

Mattson, I. and Strøm, K.（1995）"Parliamentary Committees" In Döring, H. ed. *Parliaments and Majority Rule in Western Europe*, Campus Verlag.

Mezey, M.（1979）*Comparative Legislatures*, Duke University Press.

Ornstein, N., Mann, T. E., Malbin, M. J. and Rugg, A. (eds.)（2013）*Vital Statistics on Congress : Data on the U. S. Congress*, Brookings and the American Enterprise Institute.

Polsby, N.（1975）"Legislatures" In Greenstein, F. and Polsby, N. eds. *Handbook of Political Science*, Addison-Wesley.

Russell, M.（2012）"Elected Second Chambers and Their Powers: An International Survey" *The Political Quarterly*, Vol. 83, No. 1.

Shaw, M. (1979) "Conclusion" In Lees, J. D. and Shaw, M. (eds.) *Committees in Legislatures : A Comparative Analysis*, Duke University Press.

第7章 大統領制・首相制の比較政治学

大谷博愛

1 統治システムを比較する

国家の統治システムを比較するのに，大統領制・議院内閣制という大雑把な二分法を用いることが多い。しかし，現実には各国の統治システムはそれぞれの異なる特徴があり，二つとして同じシステムはない。それゆえ，大統領制か議院内閣制かという枠をはめて比較をしても統治システムの実態を理解することはできない。

統治システムを比較するには，誰がどのように元首となりいかなる権限を有しているか，行政の長として実効的権限を持つのは大統領か首相か，そして立法府と行政府との間にいかなる関係が成立しているかに着目する必要がある。そうすると，各国の統治システムは第3節で述べるような四つに類型化することができる。その4類型はそれぞれイギリス，ドイツ，アメリカ，フランスに対応しているので，それらの国の統治システムをモデルとして取り上げて比較する。

2 元首の地位と機能

国家にはその国家を代表する者として元首がいる。元首の意義は国によって多様であるが，国家を具体的な人物によって表わし元首の名において行う行為は国家の行為と見なすという点は共通している。

国家元首の概念は君主制から生じたものであり，君主は国家そのものを具現化するという役割を果たしてきた（県 1977：57）。近代以降，民主化が進展して多くの国は君主制を廃止して共和制に移行するか，君主制を継続する場合でも立憲君主制へと徐々に変化していった。この場合，君主の地位は憲法の下に置かれて政治的決定の権限は喪失し，国家を形式的に具現する象徴的存在となった。対外的代表機能（外交団への信任授与や接受等），対内的代表機能（議会の開閉会，選挙の公示，栄典授与等），認証機能（立法に対する正当性の付与や政府高官の認証等）などの

機能を果たすが，作為・不作為を含め君主の主体的判断に基づいて行われるのではなく，儀礼的・象徴的行為として行われる。その意味で，君主は国民統合の象徴と言われる。

君主制を廃止して共和制に移行した国や君主制に依らずに建国した国では，大統領が君主の儀礼的・象徴的機能を果たしており，大統領が国家元首とされる。逆に，君主制国家では大統領は置かれない。

特殊な事例として英連邦王国(1)がイギリスそれ自体以外に15カ国ほどある。これらは英国国王を国家元首としており，大統領制をとっていない。カナダ，オーストラリア，ニュージーランドなどがこれに含まれる。

3　統治形態の4類型

議院内閣制の原型は，君主が輔弼する大臣を任命して会議を行わせたことである。大臣の任免も会議の開催決定も君主が恣意的に行っていたが，徐々に政治的慣行として制度化されていった。議会主権が確立されると，大臣のグループである内閣の存在も君主ではなく，国民の代表機関である議会の意志に依存するようになってきた。それゆえ，議院内閣制のモデルとされるイギリスでは首相の任命は国王(2)が行うが，選挙によって選ばれる下院の多数党の党首を任命するという慣行が制度化されていて，国王もこれを違えることはない。

大統領制国家の間でも大統領の地位や権限は国によって大きく異なっている。この点で，大きく3つのパターンに分けることができ，議院内閣制を加えて統治形態は4類型となる。大統領制国家の中には議院内閣制の要素を併せ持っていて首相を置いている国も少なくない。このパターンは，大統領が元首の象徴的・儀礼的機能を果たすのみで政治的実効権限を有していない象徴大統領制（兵藤 1998：4）と大統領も実効的権限を有して首相と共同して行政運営に当たる半大統領制（モーリス＝デュヴェルジェ 1995：158）の2つのパターンに分けられる。第4のパターンは，大統領が元首としての役割はもちろんのこと行政の長としての権限も独占し，首相を置かない一頭型大統領制(3)である。

象徴大統領制における大統領は君主とは違って世襲ではない。役割という点では立憲君主制の君主のようなものである。議会に正当性の根拠を持つ首相が行政の長として実効的権限を持つので，議院内閣制の性格を強く持っている。ドイツがこのパターンであり，国際舞台でドイツを代表するのも大統領ではなく首相で

ある。ドイツにおいて大統領の権限が制約されているのは，ヒンデンブルク大統領の不適切な権限行使がヒトラーの台頭を招いたという歴史的教訓が背景にある（兵藤 1998：6）。大統領の命令や処分は首相や大臣の副署があって効力を発する。大統領は議会に責任を負わないのでその地位は保証される。

半大統領制の半とは，大統領の権力が弱いことを意味するものではなく，首相と役割を分担して行政権を行使するということである。このパターンの代表例はフランスであるが，フランス大統領の権力は強大である。首相との共同とか役割分担といっても，大統領は首相の任免権を有しており，首相を支配下に置いて大統領自らの方針に従って実務（国内行政）を行わせているというのが実態である。フランス大統領はあたかも選挙で選ばれる実効的権限を有した国王の如くである。

大統領と首相の両方を置く二頭型を採用している国は，大統領権限に関して，弱いドイツと強いフランスを両極とした線上のどこかに位置している。

一頭型大統領制は大統領制の典型と見なされているもので，アメリカがこのパターンである。行政権は分割されることなく大統領に集中しており，大臣に相当する各省長官は各々大統領に対して責任を負うだけなので大統領に対する助言者のようなものである。内閣（cabinet）という言葉が使われることはあるが，各省長官を総体として大雑把に指すだけで内閣という公式の組織があるわけではない。ただし，彼らを任命するに当たって上院の承認が必要である。大統領の叙任権は広い範囲の行政官にわたっており，大統領自身の政策遂行に好都合な政府布陣を組むことができる。

以上の4類型とは別に，実効的権限を持つ行政のトップに着目をすると，大統領制と首相制という軸で比較することができる。その場合，議院内閣制および象徴大統領制が首相制であり，半大統領制と一頭型大統領制が大統領制ということになる。

4　大統領の選出とその地位

ドイツの大統領は連邦議会議員およびそれと同数の各州議会から選出された代表とで構成される連邦会議で選出される。任期5年で再選は1回だけである。国民によって直接選ばれるわけではないので権限は限定的である。議会に責任を負うわけではないので罷免されることはないが，違法行為に対する訴追の制度はある。

フランスでは，国民の投票によって大統領を選ぶ。そのことが大統領の強大な権力に正当性を与えている。任期は5年で連続では2期までの制限があるが，連続でなければその限りではない。立候補には国会議員，県議会議員，パリ市議会議員または市町村長の中から500人以上の署名が必要である。これによって知名度だけ高い者の人気投票になることを回避している。また，この署名の中には30以上の県の署名者が含まれていなければならず，さらに一つの県の者が10分の1を越えてはならない。すなわち大統領と特定の地域的利益との癒着を懸念してのことである。選挙は2回投票制で行われる。1回目の投票で過半数を獲得する候補者がいれば当選となるが，いない場合には2週間後上位2者で第2回投票が行われる。第2回投票では上位者が当選となる。大統領は下院（国民議会）とは別の選挙で選ばれるので，少数与党の状態になる可能性がある。1981年に社会党のミッテランが大統領に選ばれた時，現職を破っての勝利だったため少数与党状態となった。すぐ，ミッテランは下院を解散して社会党は大統領選挙の勢いで多数議席を獲得した。しかし，大統領の任期中の総選挙で少数与党状態になっても選挙直後の解散は考えられない。そのような場合の首相任命は，議会との協調的な関係を作って政権運営をスムーズにするため，大統領の所属政党とは異なる議会多数派から首相を任命することがある。このような異なる所属勢力の大統領と首相が共存する状態をコアビタシオン[4]と呼ぶ。

　アメリカの大統領は国民投票によって選ばれるがゆえに強大な権力を持つことになる。国際社会におけるアメリカの影響力ゆえにアメリカ大統領選挙は世界の注目を集める。大統領選挙は2月から6月にかけて行われる予備選挙[5]に始まり，真夏に行われる各党大会で党の候補者が決定され，11月初旬に行われる大統領選挙人を選ぶ一般投票[6]まで9カ月に及ぶ長丁場である。この長期にわたる選挙には膨大な費用が掛かるが，選挙戦を継続し続けることができるのは，大統領の強大な権力ゆえにである。大統領は広い範囲に及ぶ行政官の任命権を握っているので，大統領に当選すると主要な官職ポストは自分のやり易い人に入れ替える。行政全体を大統領色一色に塗り替えてしまうので，行政との関係を作って利益の実現を図ろうとする場合，勝ち馬に乗らなければ4年間は利益から見離されてしまう。そのため，有力な候補者には選挙資金がどんどん集まりはじめ，逆に劣勢な候補者は資金不足で選挙戦線から離脱するのである。かつてケネディが無名の候補から当選にまでこぎ着けたのは，手持ちの選挙資金を予備選挙の序盤に集中投下して目立つ運動を展開し，知名度が上がるとともに有力候補と見なされ始め選挙資

金も集まって長丁場を乗り切ることができたのである。このように地滑り的勝利が起きやすいのも，大統領の権力が強大だからである。

5　首相の選出とその権限

　イギリスでは総選挙で多数議席を獲得した政党の党首が首相に任命され，首相は各省大臣と枢密院議長，大法官，国璽尚書など24～25名の閣僚を任免する。閣僚以外にも100名以上の与党議員が政府の役職に就くが，首相はそのリーダーとして陣頭指揮に当たる。

　ドイツの連邦政府は首相と各省大臣で構成されるが，首相は連邦議会が選挙し大臣は首相が推薦してともに任命は象徴的存在の大統領が行う。首相の選出は，まず大統領が提議した候補を過半数で選ぶ，それで選ばれなければ他の候補を過半数で選ぶ，それでも選ばれなければ最後は比較多数で選ぶという3段階になっている。首相は単独で政治の方針（政綱）を決定し，それに対して責任を負う。各大臣は政綱の範囲内でそれぞれ独立して所管事項を統括し，所管事項に対してのみ責任を負う。このように首相の権限の強さから首相民主主義とよばれることがある。

　フランスの首相および閣僚は議会の承認なしに大統領によって任命されるので，大統領の指揮下に置かれることになる。首相は内政の実行機関の長であるが，大統領と議会に対して責任を負い，大統領の判断で罷免される。また，政府の重要な決定は大統領が主宰する大臣会議で行われ，首相が主宰する閣議は大臣会議の準備機関に過ぎない。こうのように，フランスの統治システムの最高責任者は大統領なので首相制とは言えない。

　イギリス，ドイツは首相が統治の最高責任者であり，首相制といえる。首相は多数党の党首ではあるが，そもそも一議員であり，全有権者から選ばれた大統領とは違う。にもかかわらず，多数党党首なるがゆえに特殊な状況を除いては実効性を持たない政府不信任決議によってしか議会にチェックされないのである。斉一性を欠いた特定利益偏重や独断的政策選択に陥らないためには，自制的な権限行使が求められるが，それを保証する公式制度は何もない。とすると，党として有権者から支持を受けたことが首相の地位をもたらしているのだから，首相といえども党首として党の適切な制約の下に置かれることは首相の専断的な権限行使に歯止めをかけることになる。すなわち，首相制が公正に作動するためには公式

制度の制御だけでは不十分であり，政党の民主的運営がカギを握っている。マイクル＝モランはイギリス保守党の党首の権力に対する制約について分析している（マイクル＝モラン 1988：104）。1965年から保守党党首は下院議員による選挙で選ばれることになり，1975年からは毎年挑戦の機会が与えられるようになった。1975年はヒース党首がサッチャーに負け，1991年には首相だったサッチャーが負けてメジャーが首相になった。首相に対するチェックという点での野党の役割も見逃すことはできず，健全な与党と野党があって首相制は正しく作動する。

6 立法府と行政府の関係

　立法府と行政府の関係は，協調・調整と統制の二つの側面から考察されなければならない。国を統治するにあたって，企画・決定機関（立法府）と執行機関（行政府）の相互作用は不可欠である。いかなる政策を実施すべきかを決定するに当たって，実施を担当する立場からの発想，問題意識，政策内容に対する判断などは重要な情報である。すなわち，立法には行政の知恵，技術，経験などが生かされる必要がある。

　また，民主政治においては立法・行政・司法の三権は国民のチェックに晒され，民主的統制の下に置かれなければならない。アクトン卿(7)の「権力は腐敗する。絶対的権力は絶対に腐敗する。」という言葉を待たなくても，古今東西至る所で権力の乱用は起きている。民主主義体制の国家といえども権力乱用の可能性はあるし，程度の差こそあれほとんどすべての国で起きているのが現実なので，権力に対する民主的統制のシステムは不可欠である。民主主義国家における立法府は議会であり，議員が選挙で選ばれることが民主主義国としての基本的条件である。このように立法府は選挙で国民のチェックを受けるのであり，議会は国民の意志を反映した代表機関であるといえる。一方，行政府については，大多数を占める一般職員はいずれの国でも法的制約はあるものの任用・罷免をはじめ国民のチェックに晒されることはない。行政府のトップにあって行政全体を統括する立場の内閣に対しては何らかの民主的統制が働いており，それが統治パターンによって異なるのである。議院内閣制，象徴大統領制および半大統領制は民意を反映した議会が国民の代表機関として内閣をチェックするシステムを持っている。しかし，そのチェックは元首である大統領には及ばない。一頭型大統領制は権力分立が厳格で，大統領は国民の投票で選ばれるので国民のチェックを直接受けることにな

り，立法府による行政府チェックはほとんどない。

　ここで，立法府と行政府の関係を統治形態の類型別に具体的に見てみよう。

（1）議院内閣制——イギリスを事例として

　イギリスでは閣僚をはじめ合計100名を超える与党議員が行政府に乗り込むのは，行政府に対する監視・統制の機能を十分に果たすためである。内閣は選挙で国民の多くの支持を獲得した多数党の議員で構成されることで，行政に民意が吹き込まれるのである。また，イギリスでは日本ほどではないが西欧諸国に比べて大臣の入れ替えが頻繁なのは，省が管轄する利益との癒着防止とジェネラリスト尊重のためである。ジェネラリスト（大臣）と専門家（官僚）の適切なパートナーシップと全体としての公務員の中立性保持はイギリスの伝統である。政治と関わる官僚は一定より上の役職者で数も2,000人を超えない程度であり，それ以外の公務員の政治家との接触には制約が設けられている。官僚の地位は官僚機構の論理で扱われ政権交代の影響を受けず，正当な理由がない限り罷免されることはない。彼らは在職中に厚遇されるだけでなく，退職後も十分な年金で悠々自適の生活を送ることができる。[8]

　内閣の構成のほか，政府の独断専行や民意との離間を防止するための議会による行政府チェックの方法は質問と内閣不信任決議である。法の解釈や政策の実施が政府によって恣意的に行われないため，議会審議においてとくに野党は質問を行い，政府の答弁を引き出す。政府はその答弁に縛られるので，勝手気ままな裁量はできなくなる。そのため，質問という言葉を使うがむしろ詰問ないし尋問である。内閣不信任決議は目立つ制度ではあるが，多数党が与党なので，野党によって不信任決議案が提出されても可決されるのは特殊な状況の場合のみである。戦後では1回だけで，1979年3月にキャラハン内閣不信任案が僅差で可決された。この時は労働党内部が左右に分裂していて，右派勢力の分党の兆しが見えていた。

　行政府側から立法府を牽制する方法として，首相は下院の解散権を有している。解散の意義は2つあって，内閣不信任議決権に対する対抗と国民に信を問うということである。政治制度において，ある権限に対して対抗手段を設けてバランスを取ることは権限の乱用防止のために重要である。すなわち，安易に不信任決議をするのではなく，解散というリスクを負って慎重に内閣不信任議決権を行使するのでなければならないということである。国民の信を問うための解散は，国論を大きく分けるような問題が発生した時や社会全体に大きな影響を及ぼす政策を

政府が推進しようとする時に行われるものである。しかし，実際には与党にとって都合のいい時に選挙を行うために首相は解散権を行使している。ただし，任期半ばの解散は稀で，任期満了1年前辺りから世論状況を見計らって解散するケースが多く，通常の総選挙の頻度は4～5年に1回である。1974年に2月と10月に行われたことがあった。これは2月の総選挙で過半数に満たない労働党政権が誕生したので，安定した政権運営を目指して10月に解散したものであるが，有権者は労働党に過半数の議席を与えた。

（2） 象徴大統領制——ドイツを事例として

　ドイツにおける議会と政府の相互チェックの制度は不信任と解散であるが，ヒットラー体制を生み出した過去の苦い経験から政治的空白を作らない工夫をして複雑な制度になっている。解散は首相の奏請に基づいて大統領が行うが，首相信任案が否決されるか，首相が選出されなかった場合に限られる。このように首相の解散権にも制約がある。過去の解散は，首相が信任案を出して与党議員を棄権させて否決させるという策略を用いたもので，解散権の乱用という批判を受けた。連邦議会による首相不信任も，後任の首相をあらかじめ選んだ上で首相の罷免を大統領に要請するという建設的不信任制度である。

　議会の意志に基づいて政府が構成される統治スタイルなので，基本的に政府と議会の関係は調和的であり，党内分裂や連合不協和といった特殊な状況でなければ解散・不信任といった政府と議会の対抗的相互チェックのシステムが正常に作動することはない。そこで議会が持つ政府に対する監視機能を有効に発揮できるのは質問であり，立法府と行政府の適切な関係を構築するにはとくに野党がこの機会を有効に活用するかどうかにかかっている。質問には大質問，小質問，口頭質問がある。大質問は26人以上の議員が署名した文書で議長に提出し，議長は連邦政府に通知して答弁を求める。小質問も議員が文書で議長に提出し，議長は14日以内に文書で答弁するよう政府に求める。口頭質問は本会議における質問時間に行われる。

（3） 半大統領制——フランスを事例として

　1962年の憲法改正でフランスの統治構造は，強力な行政に対して制限された議会というという構図になった。行政府の長は大統領で，その強大な権限の正当性の根拠は国民の投票で大統領は選ばれるということである。大統領は首相および

閣僚を任命するが、議員と閣僚の兼職は禁止されているので、政府と議会は分離した機関である。

下院は政府不信任を決議することができるが、議会の行政府に対する統制権限は政府までで大統領には及ばない。政府不信任の決議は、①新政府の施政方針または一般政策に政府が信任をかけた時、②下院の総議員の10分の1以上の署名で不信任案が提出された時、③政府が法案可決を促して信任をかけた時の3つの場合である。①は有効投票の過半数が否決投票した時に不信任が成立する。②は総議員の過半数の賛成で不信任は成立するが、否決されるとその署名議員たちは同一会期中に再び不信任案に署名することはできなくなる。③は議会による政府統制ではなく政府による議会への圧力と考えるべきで、24時間以内に不信任案が提出されなければその法案は可決されたものとなる。大統領は議会に責任を負わないにもかかわらず下院を解散する権限を有するので、1962年にポンピドー政府不信任が成立した時、ドゴール大統領は議会を解散し、再びポンピドーを首相にした。

議会による行政に対する統制で一般的かつもっとも重要なのは質問である。これによって国民にとっても有益な情報を政府から引き出すことができ、政府を監視することができる。質問には文書質問と口頭質問とがあり、文書質問は質問、回答ともに官報に掲載される。

政府による立法過程への介入は強力かつ多面的で議事日程の優先記載、国民投票、オルドナンスがある。一定の政府提出法案については、大統領が国民投票付託権を持っており、議会審議を経ず直接国民投票にかけることができる。オルドナンスとは行政命令の一つであるが法律的効力を持つものである。政府は施政方針を実施するための特定の法律事項をオルドナンスにすることを議会に求め、議会がこれを認めると閣議でオルドナンスを定めることができる。

（4）一頭型大統領制——アメリカを事例として

アメリカの統治構造は権力分立が厳格で、行政府が立法府を通じた民主的統制の下に置かれることはほとんどない。僅かに、大統領が各省長官の任命に当たって上院の同意を必要とすることぐらいで、これに関しても罷免は大統領の裁量に任されている。大統領に任命された各省長官は大統領に対してのみ責任を負い、議会から証言を求められた時以外は議会と関係を持たない。行政府の責任と権限は大統領に集中しているが、大統領は議会から政治責任を問われることはない。

こうした大統領の強大な権力の正当性の根拠は大統領が国民から直接選ばれるということである。大統領は議会によって不信任されることはないが，議会を解散する権限もない。立法府と行政府ともに選挙によって直接民主的統制を受けているので立法府と行政府の間で相互にチェックする制度はなく，議員と官僚の兼職もできない。議会は大統領の政治責任を問うことはできないが，大統領の犯罪や違法行為があれば弾劾する権限は持っている。

　立法過程において大統領が持つ権限は拒否権と教書だけであるが，この権限の実質的影響力は大きい。法案は議会の審議を経て可決されても法律になるには最終手続きとして大統領の署名が必要である。その際，大統領が法律として不適切であると考えた場合は署名を拒否することができる。これに対して議会は再議決で対抗できるが，上下両院における3分の2以上という高いハードルが設けられている。再議決の機会がないポケット・ヴィトー（握り潰し）というケースがある。可決法案が大統領に送付されてから署名の適否を判断する期間として10日間が大統領に与えられているので，会期末10日以内に送付された法案に署名をしなければ議会はその法案を再議決する機会がない。議会出席権も法案提出権もない大統領にとって，必要な立法を勧告する教書(9)を議会に送付できることは立法に関与できる重要な権限である。ここで示された大統領の意向を受けて議員は法案を提出するが，その法案は教書に盛り込まれた専門的事項を含んだものになる。その意味で，行政の立法への実質的影響力は強くなっている。

7　日本の議院内閣制

　日本はイギリスの議院内閣制をモデルにしているので，ここでは日本の制度に関する記述は行わない。制度は運営の仕方によって実態を大きく変化させ，制度の本来的意義にすら影響を及ぼすことがある。ここでは日本の統治の実態における問題点を指摘しておくことにする。

　これまで検討してきたように，行政に対する民主的統制はいずれの統治形態でも大きな問題である。行政の長を選挙で選ばない議院内閣制では，国民の代表機関として議会が政府を厳格に監視することが求められるが，そこに日本の大きな問題がある。

　日本政治の病理現象として，政官癒着が常に挙げられる。行政を監視する国会の構成員である政治家と行政を担当する官僚が癒着関係にあると，行政チェック

の装置があったとしても，監視する側と監視される側が一体化しているので，その装置が機能しないために適切な監視が行われないのは当然である。政の意向が官を動かすのが本来の議院内閣制であるにもかかわらず，日本では，官の意向を政が国会でオーソライズする構図が出来上がっている。2009年の政権交代で誕生した民主党政権が崩壊したのは，民主党自身の力不足を省みずに政官癒着の構図にメスを入れようとしたため官僚機構の協力を得られなかったことの結果である。

　議院内閣制の意義を阻害する政官関係の日本的構図の背景は，政官癒着を生み出している要因にある。その要因はいくつもあって，要因同士が相互作用的に循環して因果関係の環を作っている。政権交代不在は政官癒着の原因になるが，この癒着構造こそが政権交代不在を生み出す要因でもある。この問題を分析するには膨大な紙面を要するので，ここではその要因を二つ挙げるに止める。一つは政官が協働して構築している利益誘導のクライエンテリズムであり，いま一つは政策立案能力のない政党および政治家とそれを補佐する官僚との協力関係である。こうした問題に楔を打ち込むにはいくつかの立法的措置が必要であるが，その問題を生み出している政官がともにその立法過程の中枢にいることが問題解決を困難にしている。しかし，こうした負の連関を断ち切って，日本も真の先進民主国への歩みを始めなければならない。

注
(1) 英連邦王国はかつて自治領（dominion）と呼ばれていたが，1926年の帝国会議においてそれぞれの主権的地位が承認され，1931年のウェストミンスター憲章採択と英連邦成立によって実質的に独立した。1949年のロンドン宣言によって呼称も自治領から英連邦王国（Commonwealth realm）となった。国王が任命する総督が国王の代理を務める。国王と総督の統治権は名目上のものであり，職務の多くが儀礼的または形式的な行為である。アンティグア・バーブーダ，オーストラリア，バハマ，バルバドス，ベリーズ，カナダ，グレナダ，ジャマイカ，ニュージーランド，パプアニューギニア，セントクリストファー・ネイビス，セントルシア，セントビンセント・グレナディーン，ソロモン諸島，ツバルの計15か国あるが，オーストラリア，ジャマイカなどでは共和制移行論が盛んになっている。
(2) 現在の君主（国王）は女王エリザベス2世であるが，特定の人物を指すのではないので，ここでは君主の総称として用いられる国王とした。王位の法定推定相続人はウェールズ公チャールズ王子である。
(3) 他の大統領制と区別するために筆者が用いた用語。
(4) 第五共和政下で3回のコアビタシオンがあった。

① 1986年3月-1988年5月
　　ミッテラン大統領（社会党）　シラク首相（共和国連合）
② 1993年3月-1995年7月
　　ミッテラン大統領（社会党）　バラデュール首相（共和国連合）
③ 1997年3月-2002年5月
　　シラク大統領（共和国連合）　ジョスパン首相（社会党）
(5) 予備選挙は民主・共和両党が正副大統領候補を指名するために開催される党大会に送り出す各州の代議員を選ぶ選挙である。すでに派手な選挙戦が展開され，マスコミを通じて全米，全世界が注目するので，この選挙から大統領選挙が始まると言える。
(6) この選挙は11月の第1月曜日の次の火曜日に行われるもので，全米の全有権者が投票権を持ち本選挙（12月第2水曜日の次の月曜日）で投票する選挙人を選ぶ。ここで選ばれる選挙人は本選挙でいずれの党の候補者に投票するかが決まっているので，この選挙で大統領が決まる。形式的には，本選挙とその票は封印されて1月6日に上院議長が両院議員の前で開封して当選者が決まるが，すでに結果は分かっているのでこれらは静かなセレモニーに過ぎない。
(7) John Emerich Edward Dalberg-Acton, 1st Baron Acton（1834-1902年）。イギリスの歴史家・思想家・政治家である。自由主義の研究者で主著に『自由の歴史』があり，ケンブリッジ大学の教授を務めた。
(8) 日本では官僚OBの天下りが問題になっており，この点は注目に値する。
(9) 一般教書（年頭教書），予算教書，大統領経済報告を三大教書という。この他に，特定の立法を求める特別教書がある。

参考文献

県幸雄（1977）「国家元首の現代の法的性質──君主制国家を中心として」『大妻女子大学文学部紀要』第9号。
梅川正美・阪野智一・力石昌幸（2006）『現代イギリス政治』成文堂。
大西健夫編（1992）『ドイツの政治』早稲田大学出版。
大山礼子（2006）『フランスの政治制度』東信堂。
久保文明・砂田一郎・松岡泰・森脇俊雄（2010）『アメリカ政治』有斐閣。
久保文明編（2011）『アメリカの政治　新版』弘文堂。
古賀豪・奥村牧人・那須俊貴（2010）『主要国の議会制度』国立国会図書館調査及び立法考査局。
田中琢二（2007）『イギリス政治システムの大原則』第一法規。
田中嘉彦（2011）「英国における内閣の機能と補佐機構」『レファレンス』61巻12号。
兵藤守男（1998）「ドイツ連邦共和国と大統領制」『法政理論』新潟大学法学会編30巻3号。
マイクル＝モラン／犬童一男監訳（1988）『イギリスの政治と社会』晃洋書房。
待鳥聡史（2009）『〈代表〉と〈統治〉のアメリカ政治』講談社。

モーリス゠デュヴェルジェ／時本義明訳（1995）『フランス憲法史』みすず書房。
渡辺容一郎（2014）『イギリス政治の変容と現在』晃洋書房。

第8章　マス・メディアの政治的効果

岩渕美克

1　メディア政治の時代

　比較政治の概念では一般に，国や体制を比較することが多い。本章では諸外国の効果研究を一時引用しながらも，一般的なマス・コミュニケーション論で研究されている効果研究と日本特有の効果を比較しながら現代政治におけるマス・メディアの政治的効果について述べてみたい。

　2013年夏の参議院選挙からインターネットを用いた選挙運動，いわゆるネット選挙運動が解禁された。それ以前は，インターネット上の画面に映りだされる文字や挿画などは公職選挙法第142条に規定される許可された文書図画に当たらないという判断から，選挙運動の際に用いることは禁止されていた。しかしながら，政治活動においては多くの政党や政治家が自身のホームページ等で活動報告を行っているなど，政治におけるインターネットの利用は普及していた。選挙運動における利用が遅れていたのである。ネット選挙運動が政治の話題に上ったのは，1996年のことである。(1)それまでもインターネットを選挙運動に利用することの是非は話には上っていたが，正式に議論の俎上に上ったのは，当時の新党さきがけが，政策調査会長渡海紀三朗名で，自治省選挙部長（当時）宛にインターネット上のホームページ開設と公職選挙法との関係についての質問状が提出されたことによる。これに対して自治省選挙課は，パソコンのディスプレーに表示された文字等は公職選挙法に言う文書図画に該当するとして，規制の対象になるとの判断を下したのである。すなわち認められているものに該当しないので，インターネットによる選挙運動は許可されないということになった。いわば消極的な理由によるもので，当時の公職選挙法が制定された時点でインターネットは想定されていないということに過ぎない。

　こうした状況の中，2001年，総務省は，自治行政局選挙部選挙課を所管とする「IT時代の選挙運動に関する研究会」（座長　蒲島郁夫〔当時・東京大学法学部教授〕）を立ち上げた。インターネット等を用いた選挙運動の問題点について洗い出しを

行い，それらを整理することなどを目的に設置され，2001年10月から翌年の7月までの短期間に13回の会合を重ねたのである。結果を記した報告書では，現行の選挙運動規制は原則的に維持しつつ，新たにインターネットによって選挙運動をすることは可能であること，選挙運動はホームページのみとすること，すべての選挙に導入し，量的制限は設けないことなどをまとめた。すなわち，ホームページに限定してはいるものの，それまでの利用禁止を撤回してインターネットによる選挙運動を認める報告書を提出したのである。

　この間，日ごろの政治活動ではホームページを使用していた多くの候補者・政党は，公示日の前日を最後にホームページの更新をやめたり，閉じたりすることで，選挙運動違反をしないように努力していた。こうした状況に対して，民主党は「公職選挙法改正案」を提出し，インターネットによる選挙運動を解禁するよう求めている。民主党以外でも，新しい日本を作る国民会議（21世紀臨調）などからも提言が出されるなど，国会外からも解禁を求める声が上がっていたのである。[2]

　結局，インターネットによる選挙運動が解禁されるまでにここから10年の歳月が必要となった。ようやく解禁されたのである。今回の解禁では，ウエブサイトによる選挙運動を行うことができるようになり，画面上の文章は更新さえしなければ投票日当日も残しておくことができるようになった。ホームページばかりでなく，いわゆるSNSなどを用いた選挙運動も許可された。しかし，メールの送信については政党および候補者に限定され，相手方の同意に基づかない限り送信してはいけないことになった。すなわち不特定多数に送ることは許されなかったのである。[3]インターネットによる選挙運動を解禁する方向性は早くから固まっていたが，実際に公職選挙法の修正案が国会に提案されるのが遅れ，13年夏の参院選では必ずしも周知期間が十分ではなかった。また，日ごろ使いなれたインターネットに利用制限がかかっていることから，利用に慎重になる一方で，ケアレスミスによる違反も散見された。[4]

　こうした事情もあり，ネット選挙運動は不発に終わったと評価されたのである。[5]またネット利用者が若い世代に多いことから，従来低投票率が問題視されていた若者の投票率向上にもつながるかと期待されていたが，選挙戦自体が低投票率に終わったこともあり，その効果はみられなかったとされたのである。

　こうした新たなメディアの解禁は，メディアと政治の関係を変えるインパクトがある。これらはメディア政治という表現で扱われた。一般にメディア政治とは，

政治におけるマス・メディア等のメディアの影響力が増大する現象を指している。そこではマス・メディアが主体的に政治アクターに影響を与える場合や，政治家がマス・メディアなどを利用して自らの政治活動の支持を集める，メディア戦略などの形態がある。

　前者の例として，メディア政治を体現したのが，1993年の政治改革に関連した細川護熙連立政権誕生である。1980年代半ばに放送が開始されたテレビ朝日の「ニュース・ステーション」は，ゴールデンタイムでもニュースが視聴率をとれるということを証明したテレビ業界としては衝撃的な出来事であった。このころからニュース情報番組が増加し，週末を中心に政治番組も増えるようになった。こうした中，1991年発足をした宮澤喜一内閣は，翌年に東京佐川急便事件が発覚をし，リクルート事件以降の政治不信を払しょくするために政治改革することが急務となった。1993年5月31日「総理と語る」に出演した宮澤首相は，政治改革を今国会でする旨の発言をしたものの，いわゆる守旧派の反対に会い政治改革法案を成立させることができなかった。これに野党が反発をし，内閣不信任案を提出，自民党が割れたためにこれが可決されることになり，宮澤内閣は総辞職することになった。この一連の選挙をめぐっては，いわゆる「椿発言問題」[6]などもあり，テレビの影響力の大きさがまざまざと見せつけられる結果となった。

　一方，メディア戦略が脚光を浴びたのは，小泉純一郎政権下の2005年に行われたいわゆる郵政選挙である。この自民党のメディア戦略の内容については，それを担当したとする世耕弘成の著書[7]に詳しいのでここでは詳述しない。しかしながら，こうした戦略が常に有効であるならばすべての政党が同じ戦略を使うことになり，相対的に勝敗が決する状況ではありえないことになる。したがって，この選挙の場合にのみ通用した戦略であると評価すべきであろう。ともあれ，この選挙においては，メディア戦略が十分に効果を発揮したとみることはできよう。

　こうしたメディア政治を主催した政権の特徴は，いずれも内閣支持率が高いことである。[8]この内閣支持率は，メディアなどが行う世論調査によって表わされる。この世論調査の結果が世論といえるのかという問題がある。民主主義は，当然のことながら主権者の民意をくみ上げることが必要であるが，民意をいかにして測定するかが本質的には重要となる。本来，国民の側から見ると，自らの意見を表明できる公的機会は選挙である。しかしながら政権の安定を考えると，そうたびたび選挙を行うわけにはいかない。したがって，こうした選挙の合間の世論を図る手段としての世論調査が重要な役割を果たすことになる。とりわけ電話調査の

普及は，安価で手際よく調査を行うことができるので，メディアの緊急調査などで特に重宝されている(9)。

一方こうした世論調査の結果は，必ずしも世論と同一視すべきものではなく，単なるその場限りの一時的な感情であるとの批判もある(10)。たとえば，調査の設計によってはある程度世論の方向を決定することができるからである。この結果，世論調査を自らの主張を裏付ける操作的データとして用いられることも少なくない。これらは世論調査政治とも呼ばれ，世論調査を報道することであたかも世論の動向を示し政治に影響を与えるようになってきた。とりわけ小沢一郎をめぐる一連の政治資金疑惑に関する報道は見事なものであった(11)。ここでの詳述は避けるが，こうしたメディアの影響力の増大はゆるぎないものとなっている。次に学術的なメディア効果の研究をみてみよう。

2　メディアの政治的効果に関する研究

元来，マス・メディアの重要な機能として，社会の監視機能が上げられている(12)。すなわち，社会で起きているさまざまな事象を監視し，それを国民に伝えるもので報道の機能と言い換えてよい。こうした働きの中には，報道を通じて世の中の不正を暴き，世論に訴えかけてよりよい社会を構築する能動的な機能も含まれる。世論を喚起ないしは啓蒙をすることも重要な機能の一つなのである。たとえば，田中角栄の金脈問題は，文藝春秋に掲載された立花隆らの論文を契機としているし(13)，この他にも週刊誌の報道をきっかけにして，世論が盛り上がりを見せたものも少なくない(14)。

また，こうした研究は機能論ばかりではなく，マス・コミュニケーションの効果研究の中にも，政治的効果の実証を試みたものがある。

（1）マス・コミュニケーションの効果研究

初期の代表的な研究が「コミュニケーションの流れ」研究に見る『ピープルズ・チョイス』研究である(15)。ラザースフェルドらは，選挙の投票行動におけるマス・メディアの効果を明らかにしようとした。具体的には，選挙戦の中で投票予定候補を変更する有権者が存在し，その変更する要因はマス・メディアの報道であることを証明しようとしたのである。いわゆる強力効果仮説（マス・メディアの効果は直接的で大きいとする効果）を実証しようとしたものであるが，アメリカ大

統領選挙において民主党から共和党（もしくはその逆）へと投票予定政党を変更する有権者がいることを前提としていたのであるが，このように投票予定候補を変更する有権者は非常に少なく，改変効果（態度を180°改める効果）はほとんど見ることはできなかった。すなわち，政治的効果はなかったという結論になる。この結果を受けた考察の中で，後のコミュニケーション研究において多くの示唆を与える仮説を提示していったのである。

　まず投票行動が一貫している有権者の説明としての政治的先有傾向仮説は，投票政党の決定には，そもそもその人が持っている宗教や人種などの社会的属性が強く働いている，とするものである。したがって，メディアによる短期的な影響は働きにくいことになる。

　一般に人は自分にとって不快な情報を積極的には入手しようとはしないばかりか，自分の態度や意見に合った情報ばかりに接触したがるものである。そこで，自らが支持する政党を批判するような報道に接することはなく，応援する報道にばかり目が行くようになる。したがって，このような報道によって支持政党や投票政党を変えることはない。これが，選択的接触仮説である。

　最も中心的な仮説であるコミュニケーションの二段階の流れ仮説は，改変効果が見られた人にその変更の理由を聞くと，報道の影響ではなく，知人や友人に依頼されたり説得されたように人の影響が強い場合が多かったことから考え出された。強力効果論で考えられていたように，マス・コミュニケーションからの情報は直接受け手に伝わるわけではなく，マス・メディアと受け手の間にいて，その報道内容を解説する人（オピニオン・リーダー）が身近に存在し，そのオピニオン・リーダーを介して報道や情報が受け手に伝達されるという流れを想定した。マス・メディアからオピニオン・リーダーへ，オピニオン・リーダーから受け手へと，情報が流れていくこと，その過程でオピニオン・リーダーが影響力を持つとしたのである。このコミュニケーションの二段階の流れ仮説は，マス・コミュニケーションの効果研究の中で，大きな注目を集め，その後の研究に影響を与えたのである。

　1940年代から行われた強力効果の可能性を実証しようとする研究は，ことごとく強力効果を修正ないしは否定するものであった。そうした限定効果に関する研究成果に対して，強力効果論を見直す研究が行われるようになった。[16]

　1970年代に入ると，マックウムとショウが，「議題設定機能（Agenda-setting Function of Mass Media）」を提唱した。[17] メディアの認知的効果を評価した研究で

ある。彼らは，メディアは「どのように考えるか（How to Think about）」にはあまり影響を与えていないが，「何について考えるべきか（What to Think About）」について大きな影響を与えていることを明らかにした。具体的には大統領選挙の際の争点に着目し，有権者が重要と考える争点の認知順位は，候補者の主張する争点順位よりも，メディアに取り上げられている争点順位の影響を受けていることを示したのである。本来，選挙は候補者と有権者の間で行われるものであるが，争点の設定は候補者ではなく，メディアが行っているとしたのである。

　こうした発想は選挙に限定されるものではなく，広く社会事象にも適用することができる。たとえば，住民運動や地域に限定された運動であっても，全国メディアに報道されることによって一躍全国的な話題になる。薬害エイズの問題や拉致被害者の問題なども，発生からずいぶん経ってから大きく報道され国民の関心を招いた。潜在的な世論あるいは未組織の意見を組織化させ，顕在化させる機能ともいえる。

　このように単に潜在的世論を顕在化させるだけにとどまらず，世論そのものを形成することさえもできる。こうした世論形成に関する研究が，ノエル＝ノイマンが提唱した「沈黙の螺旋理論（Spiral of Silence Theory）」仮説である[18]。

　この沈黙の螺旋理論は，世論の形成過程とそれに介在するマス・メディアの影響を明らかにしようとしたものである。1965年のドイツ連邦議会選挙でみられた「どたん場のなだれ現象」などから，ノエル＝ノイマンは世論形成過程の経験的実証を試みた。ノエル＝ノイマンの基本的な考え方は決して目新しいものではなく，今までも指摘されていたことを実証的に明らかにしたものである。人々は自らが社会から孤立することや他者と違った立場にいることを表明することを嫌い，そのような状況になることを恐れる。こうした孤立への恐怖を源泉として，人々は，ある考えに対する賛成あるいは反対の世論の分布状況を知ろうとする。そして，その問題の強さやそれがどれだけ身近なものなのか，また具体的な意見の提案のチャンスがあるかどうかなどを評価し，どのような時に孤立していくのかを理解するのである。そして，優勢な（あるいは将来優勢になるであろう）意見と自分の意見が同じものであるかどうかを確認するのである。もし，自分の意見と社会において優勢な意見が同じであるならば，孤立の危険を考えずに自分の意見を表明することができる。しかし，自分の意見が優勢ではないと認知したとき，自らの意見を公表することによって自分が孤立してしまうのを恐れて自身の意見を公にしようとはしない。このように人々が自分の意見を周囲の状況から判断して，

積極的に主張したり，逆に沈黙したりすることによって優勢な世論を螺旋状にどんどんつくり上げる過程を，ノエル＝ノイマンは「沈黙の螺旋理論」としたのである。このような世論形成の中で，人々の観察や判断にマス・メディアが大きく関与することになる。つまり，自分の行動を決定する現在の社会で優勢である意見，あるいは将来の社会の見通しなどをマス・メディアから入手し，判断していると考えたのである。

　前述したようにマス・メディアには議題設定機能があり，マス・メディアの設定した争点が社会の争点になると同時に，その争点に対する社会のムードまで伝える。そのムードを人々が読み取り，意見表明の参考にするわけである。これらは，直接的には人々の認知に及ぼす影響を示しているが，その認知が行動の誘因となることもある。

(2) アナウンスメント効果

　アナウンスメント効果は，選挙の情勢報道が有権者の投票行動にいかなる影響を与えているかを分析したもので，主に二つの効果があるとされる[19]。バンドワゴン効果は，優勢とされた政党や候補者が勢いそのままに支持を増やして勝利するもので，勝ち馬に乗る効果と言われる。選挙とはいえ勝敗が付くものであるから，敗れた政党や候補者への投票は「死票」となってしまう。そこで，強く支持する政党や候補者のいない有権者にとっては，自らの票が有効になるように勝ちそうな政党や候補者に投票しようとする心理が働くことになる。その結果，勝利を予想された政党や候補者が予想通りもしくは予想を上回る票を獲得するというものである。

　一方アンダードッグ効果は，当選までもう少し，あと一歩で当選圏内と報道された政党や候補者が「判官びいき」によって支持を伸ばすことで逆転勝利するというものである。結果として勝てる見込みがある政党や候補者に投票することになるので，泡沫候補などへの投票と違って死票となるとは限らない。一方，圧勝する政党や候補者と違って，自分の票で当選させることができたという投票の有効性感覚や満足感が高くなるばかりか，弱い政党や候補者を応援する心理的満足感も得ることができる。ただしこうした効果がみられるためには，選挙戦が接戦である必要がある。小選挙区などのように，一人しか当選しないのであれば，必ず当選する候補者に投票する誘因が強く働くであろう。よほど接戦でない限りは，合理的な選択としては勝ち馬に乗る方がリスクが低いからである。

日本では中選挙区制という選挙制度の特徴や弱い者いじめを好まない日本人の心理的特徴なども相まって，55年体制下ではアンダードッグ効果が生じやすいと言われてきた。[20] こうした背景には圧勝と書かれると陣営にゆるみが生じたり，どうせ勝つのだから他の候補者を応援する有権者や投票に行かないという選択すらある。いわゆる選挙運動が上滑りすることなどの影響もあり，予想よりも大きく票を減らすこともあるようだ。これまでも，「優勢と書かれたおかげで一万票減った」であるとか「安定，優勢と書かれれば一万票は減る。いま一歩と書かれれば二，三千票は増えるといいうのが身をもって知る実感だ」などの政治家や陣営の言葉が知られている。[21]

　こうしたアンダードッグ効果が起これば，有利と報道された政党や候補者は選挙に負けることになる。古くは1979年の大平政権下の総選挙で自民党大勝の予測が大きく外れたために問題視された。[22] すなわち情勢報道が投票行動に影響を与えたために自民党が敗北したので，情勢報道はけしからん，規制すべきだという意見が自民党内に大きくなったのである。フランスなどが選挙前一定期間の世論調査の結果を規制していることもあり，情勢報道の選挙前一定期間の禁止が法案として作成されたのである。結局この法案は成立しないままに終わったが，報道，マス・メディアの影響の大きさを確信させることになった。

3　現代におけるメディア・キーワードの政治的効果

　前項の研究は，マス・コミュニケーション効果研究におけるメディアの政治的影響として知られているものである。しかしながら，これら実証的研究によって明らかにされる明示的，顕在的な影響ばかりではなく，暗示的，潜在的に世論や投票行動などに影響を与えることはないのであろうか。統計学的なデータとしては明示されないが，潜在下で，心理的な面で影響を与えている報道もありうる。

　近年，政治家の失言が部分的に切り取られ，一部だけが報道されることが少なくない。必ずしも本質的な政治理念や政策に関するものとは無縁と思われるような発言でも政治問題化され，役職更迭や失職に追い込まれることがある。いわゆる「言葉狩り」とも揶揄される状況であるが，政治家があまりにも不用意であることも事実である。このように言葉の重みが，近年，使用者に軽視されている。当然のことであはるが，「発言」によって，その人の人格までも評価されることすらある。これらも広義ではイメージ優先の所以であるかもしれない。

これらは抽象的であるので、選挙における争点や議題の設定に関する言葉を見ていくことにしよう。古くより、選挙に関してはその注目点や争点などから「〇〇選挙」という呼称がテレビ、新聞を問わずメディアに使われ、有権者の間にも定着することが多い。ロッキード選挙やリクルート選挙などの解散の原因となった事件が問われるものや、郵政選挙のような争点が問われるものなどである。しかしながら、これらキーワードが設定されることで、政治行動を規定することにもつながることがある。ある種のフレーミング効果である。[23] ロッキード選挙では、ロッキードの言葉が設定された。汚職を行ってもかまわないという政党や候補者があれば別であるが、常識的には全ての政党や候補者は汚職に否定的な見解をとる。したがって争点にはなりえないが、実質的に有権者の投票行動には大きな影響を与えることが予想される。現実として、ロッキード選挙では賄賂を受けとったとされる自民党が敗北した。それでは最近の選挙を見てみよう。

（1） 2005年総選挙

前述した小泉政権下で行われた総選挙である。小泉首相が政治生命をかけたといわれる郵政民営化を争点とした郵政選挙と呼ばれている。しかも郵政民営化法案は、衆院は通過したものの、参院では通過しなかったために、衆院を解散して総選挙を行うという非合理的な選挙であった。前述したようにメディア戦略が功を奏したといわれて、与党は圧勝した。これを受けて郵政民営化法案は可決に至ったのである。郵政民営化という単一争点を設定して選挙を戦い、勝利した小泉流は、首相の人気を不動のものとすると同時にその後の政治運営に大きな影響を与えた。[24] ただし、この選挙においても出口調査などからみることのできる投票の際に重視した争点は景気や社会保障となっている。

（2） 2009年総選挙

この総選挙は民主党が大勝した選挙であったが、注目されたのは「政権交代」というキーワードであった。選挙前の予測等でも自民党から民主党への政権が移る可能性が高いとされていた。その意味でも「政権交代」選挙であった。衆議院解散の翌日の毎日新聞の社説では「政権交代が最大の焦点である」旨の記述があった。[25] 公示期間では、政権交代と政権選択を使い分ける報道もあったが、政権交代にウエイトが置かれていたことは疑いない。郵政選挙以降、安倍政権から麻生政権まで、選挙を経ない首相のたらい回しがが行われ、自民党政権も限界が来て

いたことは，当時の内閣支持率，政党支持率，世論調査などからも明らかであった。[26]したがって，全体的なムードとしては，有権者は政権交代を期待していたといえよう。その期待に応えるように，各メディアで「政権交代」の文字や言葉が多用されていた。

　これまでの総選挙でも政権選択のための選挙であるとの使われ方はしていたが，政権交代という言葉は使われてこなかった。政権選択であれば，どの党に政権を委ねるかを決める意味合いを持つ，まさしく衆議院選挙の意味を体現することになるが，政権交代では少なくとも現行の与党が勝利することは予定されていない。したがって政権交代選挙では自公政権が継続することはなく，野党の中から最も政権担当能力の高い政党を探すことになる。その結果，民主党が選択されて，大勝につながったと考えられる。有権者も，こうしたことを意識することもなく自然に政権交代選挙を受け入れていたのではないだろうか。もちろんこのことだけが要因ではないが，「何となく」と表現される「風」や「ムード」の温床となっている可能性は高い。

（3）2012年総選挙

　戦後初めて行われた本格的な政権交代後，初の国政選挙である。期待されて政権に就いた民主党政権であったが，大臣経験者がほとんどいない中では官僚に立ち向かうことはできなかった。その結果，政治主導を発揮することができず，その支持を急速に失っていった。野田首相は，自公との3党合意によって解散を決意し，解散総選挙となった。民主党の政権担当能力が問われることになったこの選挙では，再び政権交代の気運が高まった。2009年に続いて政権交代選挙との表現は使われなかったが，鳩山，菅，野田と首相のたらい回しは前回の自民党政権と同様であり，民主党政権はもはやレームダック状態であったと言ってよい。民主党の政権担当能力自体に問題があったことは否めないが，それ以上にマニフェストの変更，2011年の東日本大震災とその対応や「ねじれ状態」にある国会などの要因によって，政治が停滞していた。民主党政権の政権運営を表す言葉として「決められない政治」というキーワードがメディアで使われるようになった。[27]「決められない政治」の主語は与党ということになるので，民主党に対する批判的な意味合いが強く表れることになる。有権者の民主党に対するイメージに与えるネガティヴな影響は大きくなっていったのである。

　だが実際には参院で多数を占める野党が政府提出の議案を決めさせないことに

よる「決めさせない政治」が行われていた。「ねじれ国会」が起こした現象であったが、このような表現が導くイメージは、それ自体、直接的に批判するものではないために、あまり目立たないうちに影響を与えることになる。「なんだかわからないけれど」であるとか「何となく」民主党はダメだなという感じを持つのには十分有効な言葉になっていることは想像できる。とりわけ政治的態度が明確でない無党派層に対する影響は小さくないだろう。2回の総選挙で振れ幅が大きいとされ、選挙制度の問題にまで拡大されているようであるが、そうした制度的な問題だけでは「風」や「ムード」は理解することはできない。このような「小さな」キーワードが大きな意味を持ったのであろう。

(4) 2013年参院選挙

そこで今回の参院選であるが、やはり「ねじれ」がキーワードになった。[28]「ねじれ」という言葉の印象はいかなるものであろうか。本来は綱などのように、ねじれていることによって強固なものになっているのだが、一般的な理解としてはそうではないだろう。人間関係がねじれているなどの表現に典型的に表れるように、マイナスイメージを持つことが多い。ねじれ国会は国会停滞の原因とされ、現行の憲法で想定されていたものであるかの論争をはじめ参議院の権限の問題までに広がっていた。それほど、ねじれ国会による「決められない」政治が問題視されたのである。このように、ねじれ状態には必ずしも通常のものではないとの価値判断が含まれている。したがって、必然的にねじれは解消した方が良いという、潜在的な解決策を有権者は持つことになる。今回の参院選挙でねじれを解消させるには、衆院で多数を占める与党の自民党を勝たせる方向に投票しなくてはいけないことになる。何となく自民党に投票する方向に向かっていったことになる。そして前述したバンドワゴン効果も相まって、自民党が大勝したと考えられる。もちろんアベノミクス効果などの経済対策への期待感が高まっていたことも要因であるが、投票率が低いにもかかわらず予測通りに自民党が大勝した例はあまりない。今までの状況だけでは説明できないことが生じているようにも思える。

このような言葉の持つ影響力は、直接的に投票行動に結びつくものではないかもしれないが、「何となく」思わせる影響力は逆に大きなものになっているかもしれない。マス・メディアの影響というと、研究レベルにおいても選挙現場においても実質的な目に見える影響を重視しがちである。このことは当然のことではあるが、一方こうした目に見える効果ばかりではなく、最近の選挙では目に見え

ない「風」の影響力が大きいように感じる。言わば安定化した状況では起こりえないような状況が支配しているのである。こうした状況を，橋下徹大阪市長は「ふわっとした民意」と表現した。この目に見えない「何となく」といった「風」や「ムード」，「ふわっとした民意」を摑むことができた政党が勝利するようである。こうした民意を醸成ないしは助長しているのがマス・メディアの言葉の力なのではないだろうか。(29)

4　メディア政治の課題と展望

　最近の選挙を中心にキーワードによるメディアの政治的効果を見てきた。いわばメディアを媒介とした「キーワード・ポリティクス」である。これらはメディアの機能論や効果論には見られてこなかった現実的な影響を示唆するものである。同様のある種の議題設定についてはほかにもある。選挙関連でいえば，2013年の参院選では前述したようにインターネットによる選挙運動が解禁された。しかしながら各種メディアで使用された用語は，「ネット選挙」解禁である。(30) ネット選挙解禁では，インターネットによる選挙が解禁されたことになり，自書による投票ではなく，インターネットで投票できるとの誤解を生じさせる結果となった。(31) 選挙結果自体に影響を与えるものではないが，誤解を招く表現は避けなくてはならない。議題設定機能関連でいえば，現在日本の抱える大きな問題の一つは高齢化である。消費税増税の際にも高齢化問題が理由とされた。冷静に高齢化問題の本質を考えると高齢化が問題なのかという疑問にたどり着く。日本は長寿国であり，そのことは誇りにさえすれ批判的に取り上げられたことは記憶にない。たとえば日本にノーベル賞をもたらした京都大学の山中伸弥教授のiPS細胞は長寿を可能にする発見である。したがって，高齢化が問題ではないことは自明である。人口減少社会になった原因は高齢化ではなく少子化にある。しいて言えば少子高齢化が問題なのであって，高齢化自体は問題ではない。しかしながら，メディア等の報道などでは問題としての高齢化について触れられているものが少なくない。人口の構成比を考えれば長寿化が進展することを前提とすれば，合計特殊出生率は2.1では十分ではなく，それを上回ることが必要となる。したがって，解決すべき問題は少子化であって高齢化ではない。しかしながら，高齢化が問題とされ老人の医療費の増大が問題視されるというゆがんだ表現や言い回しが目立ってしまっている。少子高齢化問題は，対応策が検討されているだけで，本質的な少子

化の解決の方向に向っていないことと無関係ではあるまい。

　このように，あまり目立たない中に国民に与える暗示的な影響が見え隠れしている。政治家の失言などの例ばかりでなく，日常的に使用されている用語の中にこそ人々の態度や行動に潜在的な影響を与えているものが多いのではないだろうか。そうであるとすれば政治家，メディアそして有権者も言葉の重みに気をつけなくてはならない。今までも，公的発言やTPOをわきまえない発言で批判される例はあったが，日ごろ何気なく使用している言葉の中にも影響を及ぼす言葉がある。諸外国に比べると日本語は難しいとも言われる。それ故に言葉の重みや重要性は，諸外国以上に気をつけなくてはいけない。まさしく媒体としてのメディアが人々への周知や認知の過程で影響を及ぼす場合，何ら主体的に意識していない中で行なわれているようだ。インターネットの普及や政治の分野での利用によって，映像情報も増えることになる。映像情報は受け手の読み取り能力に負うところが大きいが，イメージ形成に大きな力を持つ。そうした時代であるからこそ何気ない言葉の影響力を強く認識しなくてはいけないのではないだろうか。

注
(1) 1996年には，下記のように新聞各紙でも特集を組んで取り上げている。
「選挙活動にインターネットを」「信濃毎日新聞」1996年10月8日付13面
「検証　インターネットと選挙」「東京新聞」1996年12月9日付朝刊12・13面
(2) 21世紀臨調からは，2003年に「公職選挙法改正に関する声明文」が提出されている。
(3) 今回の改正では，HPのほかにメールによる選挙運動も政党および候補者には認められたが，一斉送信などの不特定多数に送ることは認められず，選挙運動メールを送信することを明確に同意した者のみに対して送信が許可された。
(4) 当初から懸念されたことであるが，SNSを使用している未成年者がメールを送信してしまい，禁止されている未成年者の選挙運動と認定されたり，相手が同意していないのにメールを送信してしまうなどの違反行為が見られた。
(5) 「読売新聞」2013年7月22日付朝刊7面「ネット選挙関心低く」。
読売新聞と日本テレビ系列各社が行った出口調査によると，ネット情報を参考にしたかどうかを尋ねところ，「参考にしなかった」が全体の80％を占めたとされている。
(6) 全国朝日放送の椿貞良報道局長が，日本民間放送連盟の放送番組調査会で自民党を敗北させるような趣旨のことを冗談交じりとはいえ話し合ったとした発言で，放送法違反の疑いが持たれた。
(7) 以下の文献である。世耕弘成（2005）『プロフェッショナル広報戦略』ゴマブックス。
(8) 細川護熙内閣は，各メディアの内閣支持率調査で70％を超える高支持率を得ている。

小泉純一郎内閣は，それを上回る80％を優に超える支持率で，ブームが安定したのちにも40％台の高支持率を維持していた。

(9) 電話調査の発展については，以下の報告を参照されたい。
谷口哲一郎「選挙世論調査 世論調査報道の現状と課題」日本マス・コミュニケーション学会ワークショップ報告，於 松山大学，2013年6月9日

(10) 以下の文献を参照されたい。佐藤卓己（2008）『輿論と世論 日本的民意の系譜学』新潮選書。

(11) 世論調査政治については，下記の論文を参照されたい。
岩渕美克（2009）「世論と世論調査報道」，日本大学法学部創設120周年記念論文集，第2巻，369-384頁。

(12) これら機能論については，下記の文献を参照されたい。
黒川貢三郎（1997）『マス・コミュニケーション論』南窓社，61-87頁。

(13) 立花隆（1974）「田中角栄――その金脈と人脈」『文藝春秋』1974年11月号，1974年。

(14) たとえば，宇野宗佑首相は，1989年6月『サンデー毎日』に女性からの告白による女性スキャンダルが発覚した。その後の写真週刊誌の全盛時には，政治家のスキャンダルまがいの写真が掲載されるようになった。

(15) P. F. ラザースフェルド他／有吉広介監訳（1987）『ピープルズ・チョイス――アメリカ人と大統領選挙』芦書房。

(16) 下記の文献を参照されたい。
田崎篤郎・児島和人（1996）『マス・コミュニケーション効果研究の展開』北樹出版。

(17) McCombs, M. E. and Shaw, D. L. (1972) "The Agenda-Setting Function of Mass Media" Public-Opinion Quartarly 36(2), pp. 176-186.

(18) Noelle-Neumann, E. (1973) "Return to the Concept of Powerful Mass Media", Studies of Broadcasting, 9, pp. 67-112.

(19) アナウンスメント効果については，下記の文献を参照されたい。
前田壽一（1980）「選挙予測のアナウンスメント効果」白鳥令編『日本の政党地図』学陽書房。

(20) 日本におけるアナウンスメント効果の実証研究としては，下記の論文を参照されたい。
岩渕美克（1992）「予測報道と投票行動の決定――92年参議院選挙の分析」『聖学院大学論叢』第5巻第1号，99-108頁。
岩渕美克（1994）「予測報道とアナウンスメント効果――第40回衆議院選挙の分析」『政経研究』第30巻第4号，153-173頁。

(21) こうした発言については，下記の論文を参照されたい。
岩渕美克（1999）「マス・メディアの選挙報道と規制」，前田壽一編『メディアと公共政策』芦書房，101-127頁。

(22) 自民党は，1992年3月に自民党改革本部が宮澤首相に提出した「緊急改革に対する答申」に与野党で協議すべき問題の一つとして予測報道の問題を取り上げている。5

月の与野党政治改革協議会の実務者会議において予測報道禁止案が自民党から提案されたが野党の反対によって見送られることになった。
(23) フレーミング効果は，社会心理学から展開した考え方で，現在では世論研究にも用いられている。たとえば池田は，「続いて生じるさまざまな出来事の展開や相互関連性について意味を与えるストーリ・ライン，あるいは，出来事のスジを認知的に対瀬化する考え方（central organizing idea）」としている。」
　池田謙一（2000）『コミュニケーション』東京大学出版会，115頁。
(24) 最大で90％近くまで達する内閣支持率を得ていた小泉首相の人気はその後も続き，2014年の東京都知事選挙では細川元首相の出馬を後押しして，一時的ではあったが台風の目のような存在になったほどである。その遺伝子を受け継いだ後任者の小泉進次郎議員は若くして次期首相候補と言われるほど人気が高い。
　『文藝春秋』2012年9月号，94-104頁。
(25) 「毎日新聞」2009年8月19日付朝刊，社説。
(26) 当時の支持率等については以下の論文を参照されたい。
　岩渕美克（2009）「メディア政治と世論」『政経研究』第46巻第2号，57-77頁。
(27) たとえば，「読売新聞」2012年12月16日付朝刊9面に，「政権選択　経済界も注目」「「決められる政治」望む」という見出しの記事を掲げている。
(28) 「読売新聞」2013年7月5日付朝刊1面で，「「ねじれ」「経済」攻防」という大見出しを掲げている。
(29) 下記の論文を参照されたい。
　拙稿（2013）「政権交代後の政治報道に関する考察―民主党政権と取材体制―」『ジャーナリズム＆メディア』第6号，日本大学法学部新聞学研究所，63-76頁。
(30) 下記の記事などに「ネット選挙」の表現が見られる。
　「ネット選挙　起動」「朝日新聞」2013年7月6日付7面
　「ネット解禁　参院選の候補者」「朝日新聞」2013年7月10日付夕刊1面
　「ネット選挙と政治参加」「読売新聞」2013年7月18日付4面
(31) 「ネット選挙」の言葉からインターネットによる投票と理解していた有権者が少なからずいたことは，一部の投票所の委員から聞いている。具体的には八王子選挙管理委員会でもそうした報告を受けていることが確認されている。またこうした事態を恐れた京都選管では同様の誤りをしないように呼びかけも行っていた。

参考文献

「朝日新聞」。
P. F. ラザースフェルド他／有吉広介監訳（1987）『ピープルズ・チョイス――アメリカ人と大統領選挙』芦書房。
池田謙一（2000）『コミュニケーション』東京大学出版会。
岩渕美克（1992）「予測報道と投票行動の決定――92年参議院選挙の分析」『聖学院大学論叢』第5巻第1号，99-108頁。

岩渕美克（1994）「予測報道とアナウンスメント効果──第40回衆議院選挙の分析」『政経研究』第30巻第4号日本大学法学会，153-173頁。

岩渕美克（1999）「マス・メディアの選挙報道と規制」前田壽一編『メディアと公共政策』芦書房，101-127頁。

岩渕美克（2009）「世論と世論調査報道」『日本大学法学部創設120周年記念論文集』第2巻，日本大学法学会，369-384頁。

岩渕美克（2009）「メディア政治と世論」『政経研究』第46巻第2号日本大学法学会，57-77頁。

岩渕美克（2013）「政権交代後の政治報道に関する考察──民主党政権と取材体制」『ジャーナリズム＆メディア』第6号日本大学法学部新聞学研究所，63-76頁。

黒川貢三郎（1997）『マス・コミュニケーション論』南窓社，61-87頁。

佐藤卓己（2008）『輿論と世論──日本的民意の系譜学』新潮選書。

「信濃毎日新聞」。

世耕弘成（2005）『プロフェッショナル広報戦略』ゴマブックス。

立花隆（1974）「田中角栄──その金脈と人脈」『文藝春秋』1974年11月号。

田崎篤郎・児島和人（1996）『マス・コミュニケーション効果研究の展開』北樹出版。

『文藝春秋』2012年9月号，94-104頁。

「毎日新聞」。

前田壽一（1980）「選挙予測のアナウンスメント効果」白鳥令編『日本の政党地図』，学陽書房。

McCombs, M. E. and Shaw, D. L. (1972) "The Agenda-Setting Function of Mass Media" *Public-Opinion Quartarly,* 36 (2), pp. 176-186.

Noelle-Neumann, E., (1973) "Return to the Concept of Powerful Mass Media", *Studies of Broadcasting,* 9, pp. 67-112.

第9章 比較の中の地域民主主義とローカル・ガバナンス

新川達郎

1 ローカル・ガバナンスに関する比較研究の可能性

　地方自治に関する国際比較研究が，1990年代以降，大きく進んできたように見える。とりわけ，「民主主義とローカル・ガバナンス (Democracy and Local Governance: DLG)」に関する比較研究は，この数十年の間に，新たに検討が始められた分野であり，そして大きく展開されてきた。その背景には，地球規模で進みつつある国内統治の改革，いわゆるガバナンス改革とそれに対する研究関心がある。もちろん国や地域によって，それにはいくつかの潮流があり，主に研究者の問題関心から発して学問的分析的あるいは批判的な比較研究をするものもあれば，発展途上国に対する支援側の方策として地方自治の整備を進めるという特定の価値観や目標のもとにその実施方策が研究される場合や，その成果評価の分析として比較研究を進めるものもある。

　したがって，ローカル・ガバナンスの比較といっても，その概念それ自体については，必ずしも共通の理解があるわけではない (新川 2011)。実際，多様な使い方があり，地域社会における統治の態様を扱っているというおそらく最も幅広い定義から，地域社会における諸資源の再配分や政策決定を扱うという定義，その際に政府部門のみならず，民間営利部門・民間非営利部門の持つ資源配分への関与や諸社会集団間でネットワーク化された政策決定の様式として定義される場合もある。また，それらの配分や決定が公正かつ適切にまた効果的効率的に働いているかどうかというグッド・ガバナンスの観点からの定義もあるし，狭義には，地方政府が適切に作動しているかどうかを問うガバナンスの定義もある (Chhotray and Stoker 2009)。とはいえ，ローカル・ガバナンスという時，そこには共通して，地域社会における統治の作動状況とその変化が意味内容とされていること，そのグッド・ガバナンスという時には，ガバナンスが実現する民主主義的な価値の達成とそれによる資源の公正かつ効果的効率的な配分が規範的に意図されていると言えようし，本章でもそうした観点から検討してみたい。

そうした比較研究の背景には，経済発展や近代化などの要因が影響しているし，国際社会の動向と深くかかわるところがある。結果的には大きく分けて三つの社会的，政治的な要請ないしは経緯があって地域民主主義とローカル・ガバナンスへの関心が高まっている。

　一つは，発展途上国におけるガバナンス改革に向けて，民主化や平和構築の一環として地方自治の充実や地方分権の推進が推奨されたことにある。そこでは，自由民主主義型の国家建設を進めるという観点から，ローカル・ガバナンスが社会経済の安定や発展の基盤として重視されることになる。

　二つには，ベルリンの壁崩壊や旧ソ連圏の政治的変化によって，東ヨーロッパ各国において，西ヨーロッパあるいは北米型の国内統治体制が志向され始めたことである。旧ソ連圏諸国の民主化が，地方レベルで進むことが，民主主義政治制度の確立という観点で，また国民の民主主義理解との関係で注目されることになる。

　三つには，先進産業諸国においても，福祉国家の行き詰まりや大きな政府の問題を克服するために，行政改革や政府改革の一環として，地方分権改革が進められたことである。とりわけ成熟国家と呼ばれるところを中心として，成長戦略としての地方制度改革が試みられてきている状況がある。

　民主主義とローカル・ガバナンスの関係については，政策の対象となるとともに，地方の民主化を通じて，社会的，経済的，そして政治的目標を達成しようとする試みの焦点の一つとなってきた。こうした政策的な試みは，1990年代以降，顕著であるが，同時にその成果を巡って，様々な国際比較研究が進められてきた。特に発展途上国における民主主義の定着とローカル・ガバナンスの関係への注目が高まっており，それに関する調査研究が精力的にすすめられてきている。また，先進工業諸国間での比較研究が政府間関係や地方分権に関して進められているし，北米や西欧諸国と東や南の国々との比較も進められている。

　結局のところ，社会経済変化そして政治的変化による混乱を，長期的にあるいは短期的に深刻に経験し，こうした問題を最も切実に受け止めているのは，南の国々と旧ソ連圏である。そこでは，経済発展や民主主義が強調されると同時に，社会全体を組み立て直す視点が改めて求められているといってよいし，その一環として地域社会の自治の確立が基盤的な社会再編に向けて鍵となるという問題意識がある。

　これらの比較研究動向において特徴的なことは，法律上の地方自治制度や，地

方財政制度の比較ではないという点である。これらの観点はもちろん分析上の重要な要素となっているが、それ以上に、多様な利害関係者あるいは関係機関・団体とのネットワークとその機能が強調されている点が特徴的である。いわば、ガバメントより以上にガバナンスに注目しているといってよいし、ローカル・ガバナンスの観点からの比較研究となっているのである。

　以下、本章では、地方自治制度のみならずローカル・ガバナンスの比較研究の可能性を探るべくこれまでの比較の視点を明らかにすること、そしてとりわけ日本をこれらの比較研究の中でどのように扱うことができるのか検討してみたい。そして、暫定的ではあるが、日本のローカル・ガバナンスの比較可能性と特徴を探ってみたい。

2　発展途上国のローカル・ガバナンスの比較研究

　発展途上国におけるローカル・ガバナンスと民主主義政治については、民主主義の安定と社会経済的発展とを達成するという観点から議論されることが多くなる。発展途上国に焦点を当てたローカル・ガバナンスの比較研究は、研究のための研究というよりも、経済的発展、社会開発、民主主義の定着などの目的的な観点から展開されているともいえる。以下、国連開発計画（UNDP）、米国国際開発庁（USAID）、そして経済開発協力機構（OECD）の例を取り上げてみよう。

（1）国連開発計画（UNDP）のミレニアム開発目標とローカル・ガバナンス

　国連開発計画は、ミレニアム開発目標を掲げて、2000年代の発展途上国問題の課題解決を目指している。そのために、次のような2つの仮説のもとに、地方政府レベルの民主化を進めること、そこに民主的なガバナンスを機能させることによって、問題解決をしていくことを目指している（UNDP 2011）。

① 　地方政府制度は、貧者、女性、少数派にとって、彼ら彼女らのコミュニティの発展に参加する最も重要な回路の一つであり、その日常生活に直接関係する政策決定過程に影響力を行使する最も重要な機会である。貧者、女性、少数派にとって、そのコミュニティの発展に参加する重要な機会は、地域の統治制度の中にある。

② 　民主的に選出された新世代の地方リーダーは、変化を生み出しつつあり、

新たな挑戦への展開のための触媒として行動している。国連開発計画は，その活動の焦点をローカル・ガバナンスに合わせて，地方政府の包括性とアカウンタビリティの強化を進めること，その地方政府が地方分散と地方分権によって創設される機会と責任を管理する能力を持つことができるようにしていくことに焦点を当てている。

実際には，各国が形式的には民主主義の政府形態をとっている場合にも，その地域レベルになると，地方政府制度は，歴史的にも，文化的にも，能力や基盤，スタイルや実践でも，大きく異なっており，それぞれの国の国内事情の違いを反映している。この多様性に対応して，国連開発計画は，次の4つの優先領域の支援に焦点を当てることにしている（UNDP 2010）。

① より良いサービス提供のためのローカル・ガバナンスとミレニアム開発目標の加速：市民に対する最も基本的なサービスの提供は，地方政府によるものである。その目的は，ミレニアム開発目標に向けて，よりよき行政となるようその能力を改善し，歳入をあげ，高品質のサービスを提供することにある。
② 国家建設と平和構築のためのローカル・ガバナンス：政府は地方レベルで平和と融和を推進できる。対話を通じて合意を調達し，信頼を醸成し，紛争防止をプログラム化しサービスに統合することができる。
③ ローカル・ガバナンスと民主的代表：地方リーダーが周辺的な社会集団の問題にかかわり，その説明責任と社会的包摂そして市民参加を果たそうとするとき，市民の代表は民主主義の程度を高めることになろう。
④ ローカル・ガバナンスと環境の持続可能性：国連開発計画は，気候変動が引き起こす挑戦に応えることができ，環境の持続可能性と災害リスクの低減を実行できる，強固なローカル・ガバナンス・システムを開発するべく作業している。

以上のように，国連開発計画の活動は，民主的なローカル・ガバナンスの構築を目指しているが，同時にそれはまた，情報へのアクセス，政治的清潔，アカウンタビリティ，透明性，人権，男女平等，リーダーシップと決定的な選択能力，セクター分野ごとの統治，そして知識の管理を進めることであるともされる。多

くのローカル・ガバナンスに関するイニシアチブは，女性と地元の人々に焦点を当てており，しばしば，それがいまだ構築途上にある地域で進められているのである。

（2）米国国際開発庁（USAID）の民主的ローカル・ガバナンス

　UNDPと同様の視点は，米国国際開発庁の支援においても該当する。「民主的ローカル・ガバナンス」のプログラムは，1990年代に，世界の60カ所以上で活動を進めてきていた。地方レベルの民主主義と権限移譲型の地方分権を結びつけたものであり，明確で具体的な権限と責任が地方団体に移転されることを目指すものである。2000年代に入り，「民主主義，人権，ガバナンス」のプログラムとして，さらに幅広く世界展開されるプログラムになっている（USAID 2013）。

　このプログラムでは，サービス供給実績，資源配分と資源動員，そして権限移譲（これは中でも最も重視されていた）の程度に加えて，参加とアカウンタビリティが強調された。参加は人々が政策決定にかかわることを意味しており，アカウンタビリティ（説明責任）は人々が地方政府の活動上の責任を問うことができるようにするものである。その上，ローカル・ガバナンスは，民主主義の発展にかかわる全過程において主要なテーマとなっている。というのも，そうした考え方が前提としているのは，地方レベルの政府が市民の要望によりよく答えることができること，そしてサービス提供においてより効果的であること，安定した民主主義を実現すること，そして経済発展を導くことができるということであるとされる（USAID 2009）。

　その成果を測定するために，米国国際開発庁は，それが支援する国々の調査支援（ボリビア，チュニジア，南アフリカ，ウクライナ等）を行っている（USAID 1998；2000）。その中で，USAIDは民主的なローカル・ガバナンスとして，周辺地域における参加とアカウンタビリティを確保することを重視したことから，ハリー・ブレアは，それにかかわる指標を用いて評価を行っている。すなわち，参加に関しては，民主的な選挙による代表制が機能しているか，それによって人々が統治能力を向上せしめることができたか，その能力を獲得することによってすべての人々に利益がもたらされたか，そして何よりも貧困の撲滅に貢献したかどうかが問われたのである。そしてアカウンタビリティについては，地方政府職員が住民代表に対して責任を負っているか，選挙公職たる代表が住民に対して責任を負っているかが問われることになり，とりわけ公正な選挙が行われているのか，

政党特に野党が機能しているか、市民社会組織ないしはNPO・NGOなど市民団体が活躍しているか、マスメディアが自律的に政治情報を伝え調査報道をしているか、市民集会や公聴会などの直接的市民参加の機会があるか、公的に制度保証された不服申し立て手続きが用意されているか、市民意見を把握する世論調査が行われているか、といった観点からの検討をしている。参加とアカウンタビリティという二つのトピックを分析した結果について、ブレアによれば、参加が実際にどこまで多く提供されたかについては、重大な制約があるように思えるが、アカウンタビリティは当初想定された以上にDLG戦略にとって活動の範囲を広げ、より大きな展望に及ぶものであったという（Blair 2000）。

（3）OECDの参加型開発とグッド・ガバナンス

　経済協力開発機構（OECD）もグッド・ガバナンス（良きガバナンス）については従来から大変熱心であり、その一環としてローカル・ガバナンスにも早くから着目している。民主主義ないしは民主化を基本に、その成果を参加型開発による発展的な方向として実現するためのグッド・ガバナンスを考え、それをOECD諸国やそれ以外の国々にも広げていこうとする。

　基本的には民主主義政治体制を参加と結びつけることによって、そのガバナンスを向上させることを目的とする。グッド・ガバナンスには、法の支配、公共部門の管理、汚職の抑制、過度の軍事支出の削減、そして人権保障が含まれる。これらは、OECD構成国の問題でもあると同時に、支援を必要とする国々の問題として考えられており、支援をする側の国々が配慮しなければならない重要事項となる（OECD 1993）。

　参加型開発は、もちろん、開発を必要とする国々に、発展の成果を具体的にもたらすためのプログラムとして現実的に展開される。したがって、各国の市民社会や経済の強化のために、各種団体や事業者などが公共部門と交渉する力をつけ、公共政策に影響力を発揮し、政府の権力を監視し抑制することができるようにすること、そのことが、開発プログラムをより効率的で効果的かつ持続可能とすることだというのである（OECD 1995）。

　参加型開発に当たっては、草の根レベルの地方政府参加を始め、異なるレベルの参加が多様に存在する必要がある。市民社会組織や市民運動への参加、市民と国家を結びつける中間組織への参加、政治生活への参加など多様であるが、特に地方レベルの参加は、開発プログラムの策定や相談、その政策決定や実行など、

すべてにかかわるものとなっている。地方レベルの参加型開発は，同時に，地方分権と，応答的で効果的な地方政府構造の創設ないしは強化が，地方税で歳入を確保する権限を得つつあることと併せて，参加の重要な要素とみられるようになっている（OECD 1997）。

OECDにおいては，参加型開発を支えるグッド・ガバナンスとは，中央であれ地方であれ，社会的経済的発展のために諸資源の適正管理を行うべく，社会的な権限行使と統制の実施をすることであるとされる。グッド・ガバナンスのための第一の条件は，いわゆるプリンシパル・エージェント理論における情報の非対称性を打破するための透明性や公開性の確保という点にあるし，参加プロセスにおいてそうした情報の交換が進むことであるし，利害関係者による政策決定への影響力行使の機会も増大するものと考えられている。もちろん，発展途上国に関していえば，もう一つの重要なグッド・ガバナンスの条件は，貧困の撲滅であり，OECDとしてはこれが強調される（Schneider 1999）。

3　先進工業諸国とローカル・ガバナンスの比較研究

（1）民主主義とローカル・ガバナンスに関する研究

近年におけるローカル・ガバナンスの比較研究は，研究者を中心として，実務家の協力や参加を得て広がり始めている。これら諸研究は，前述のOECDや国連の政策的な観点に触発されつつ，展開されてきた。こうした民主主義の進展とローカル・ガバナンスの比較研究への関心が大きく立ち現れるのは1990年代になってからであるといってよい（Lachapella and Paquin 2005）。そのDLG研究をけん引してきたのが，H. チューニーとK. オストロスキーおよびそのグループである。彼ら彼女らは国際政治学会（IPSA）や国際社会学会（ISA）の研究組織の一つとして，民主主義あるいは民主化と，ローカル・ガバナンス，そしてグローバリゼーションを一体的に論じ，また研究成果を発表していく（Ostrowski and Teune 2006）。

そこでは，ヨーロッパ，アメリカ，アジアなど，世界各国のローカル・ガバナンス研究が，比較可能な形で進められてきている。その基本的な手法は，地方政府にかかわる政治リーダーあるいはそのように目される人々に対するインタビュー調査であり，その共通の研究仮説と，共通の調査票である。特に1994年には，世界でも最初ではないかと思われるソ連崩壊以後のヨーロッパ，ロシア，中央ア

ジアなどのリーダーに対して実証的な DLG 調査を行っている。地方政府のリーダーや地域のビジネス・リーダー，政治家や研究者のリーダー層へのインタビューと調査票調査を基礎として，中東欧を中心に10カ国報告を行っている。その結果，リーダーたちが地域の民主主義について理解し，そこに価値を置き実践しているところでは，その地域社会において平和裏に民主化が進むことが展望できることを明らかにしている（Jacob, et. al. 1994）。

2000年代に入ると，このグループは，さらにこうした民主化が，グローバル化と並行して進んでいることから，グローバルとローカルのかかわりを視野に入れたローカル・ガバナンスの進展について検討を進めている。グローバル化は，社会と経済を地球規模で一体化する力として働いているが，その一方で民主化は，平等とアカウンタビリティの原則のもとに集合的行為の下に，諸個人を統合してきている。グローバル化が解放と民主主義を進めてきているとしても，グローバル化が平和裏にかつ秩序よく維持されるプロセスのためには，政治的な条件が必要である。民主化は，ローカルやナショナルを超えてグローバルな展開を進めつつあるために，さらに地域の民主化が進むためにはグローバルな政治プロセスや国際機関の役割が大きくなっているという（Teune 2002）。

（2）ヨーロッパ行政学会（EGPA）研究グループ

グローバル化とローカル・ガバナンスとにかかわるこうした視点は，とりわけ，EU という国家を超える統治体制が作られてきたヨーロッパ諸国において，強く意識されているといってよい（John 2001）。補完性原理に基づくヨーロッパ地方自治憲章を採択した EU においては，地方自治の確立とローカル・ガバナンスの機能は，「民主主義の赤字」を埋め合わせる重要なテーマとなっている。こうした背景の下で，ヨーロッパ行政学会（European Group of Public Administration：EGPA）に「ローカル・ガバナンスと民主主義に関する常設研究グループ」が設立されている（EGPA 2013）。

2005年に設置されたヨーロッパ行政学会（EGPA）のこの研究グループは，その後も継続的に活動を続けている。その設置目的は，テーマとして掲げている「ローカル・ガバナンスと民主主義」を巡って，意見交換を重ね，理解を深めること，国際的なネットワークを形成すること，実務家と研究者との交流を触発することであり，そのための集会や論文の公刊など様々な研究を進めている。

研究テーマは個別には様々であり，いわゆるガバナンス（論）と民主主義との

緊張関係，政治と市民社会とプロフェッショナリズムの中での地方行政管理者，地方統治と政府の規模ないし範囲の問題，社会の動態性と個別分化の時代におけるローカル・ガバナンスの統治能力などが論じられている。そこでは，多様な観点から，比較地方自治が検討されており，必ずしも固定された比較の枠組みがあるわけではない。このグループの研究は，地方自治の国ごとの特殊性，地域的個性などを反映しているのであり，個別の研究の集合という側面が強くなっている。

(3) 先進工業諸国の比較可能性

　ローカル・ガバナンスの国別研究ではなく，比較研究をしようとするグループの努力は，その後もいくつかの特徴的な研究に結実している。体系的網羅的に検索したわけではないが，先進工業諸国の地方自治の比較研究を試みたものを取り上げて，その視点を確認してみよう。

　一つは南カリフォルニア大学における研究成果である（Sellers 2003）。日本を含む21のOECD諸国を比較するために，地方政府の意義を再確認し，国家中心主義（Statism）と地方中心主義（Localism）とを比較の軸としつつ，同時に，人口と面積の規模の差を併せて分析する。中央集権か地方分権かという分析軸と考えることもできるが，定性的指標と定量的な指標とを組み合わせて位置づける試みをしている。具体的には憲法や法制度上の地方自治の権利や中央政府の関与の強さ，国全体に占める財政や行政の規模に基づく能力比較，課税自主権など財政面の自治権限の所在などが指標化され定量的に処理される。分権型で地方主義的な地方自治は，北欧諸国や北米で見られ，南欧や中欧は中央集権的で国家中心主義に近くなる。例外は多いことから，一概には言えないが，西欧諸国や日本は両者の中位に属するという。しかしこの研究で重要なのは，集権と分権，あるいは単一国家と連邦制という違いによる自治の差はむしろ小さくなっていること，それよりも市場を中心とした社会と国家との関係を作り上げていくうえで，地方政府の役割が大きくなっていること，そのことが従来型の福祉国家体制の変化やセクター間関係あるいは官民関係の変化を示唆しているという点である。いわばローカル・ガバナンスの変化が，ナショナル・ガバナンスやグローバル・ガバナンスの変化に結びついていることが示唆されているのである。

　もう一つは，世界銀行を中心とする研究者グループによる先進工業諸国の国別レポートと比較研究があり，そこではより一層地方自治の意義や地域民主主義の作動の価値が探求されており，その理想の姿として市民を中心とするガバナンス

の展望が語られる (Shah 2006)。この研究では，形式的に整理しやすいと思われる地方政府の人口統計あるいは財政的規模や歳出責任，課税権など財源，国地方間の財源移譲や財政調整，地方政府の行政，地方債発行などが比較されている。各国の制度の違いから，権限や財政構造など差異は大きいものの，いくつかの共通の志向性が特徴的に示されているという。一つは，地方政府の責任に対応した効率的効果的な財政制度ないし財源措置が必要であるという認識だというのである。二つには，ホーム・ルール（自治）の重視であり，地域の期待に応え，住民ニーズに対応するためには，事務権限の自治，財政の自治，組織の自治，そして自己管理と自己改革の自治がなければならないという。三つには，地域住民に対するアカウンタビリティの重要性である。それは民主主義的選択や市民参加，透明性や公開性，業績予算制度，市民の権利章典，法制度上あるいは財政制度上の住民の権利であり，時にはその地域から離脱を可能とする規定である。先進工業諸国における地方政府は，市場の失敗のみならず政府の失敗にも対応することが期待されているし，サービスの提供や購買のみならずサービス提供のネットワークを機能させ，国や他の政府機関と役割を共有しあるいは分担し，様々な機関や団体間のネットワークの結節点となる。またそうすることで，住民の生活の質を上げることができるのである。かくして，グローバル化と情報化が進む中で，多元化した秩序や価値の下では，地方政府の役割が大きく認識されるようになっているという主張がされるが，それにも一定の説得力があると言えよう。

4　ローカル・ガバナンスの国際比較の視点

(1) ローカル・ガバナンスの世界的な傾向と地方自治制度

　前述してきたように，表面的には民主主義と工業化を達成した諸国（あるいは達成しようとしている諸国）において，現在，様々な変化が発生しつつある。その主たる変化とは，これまでの福祉国家体制からの転換であり，低成長経済体制への移行のなかでの従来型の分配の政治からの転換である。この転換においては，新自由主義的な考え方に立つかどうかは別にして，これまでの政府の組織とその活動の手法に対して，根本的な批判が加えられようとしていることに大きな特徴がある。これまでの諸研究から見れば，そうした政府の再構築のために，次のようないくつかの政策が特に重要だと考えられる（田中・岡田 2000；田中 2006）。
　一つには，公共セクターと民間セクターの関係に関する問題であり，いわゆる

規制緩和を初めとして，パートナーシップの重要性や民間委託，民営化などの導入が叫ばれている。別の言い方をすれば，新たな成長戦略をどのように描くのか，そのための資源を何に求めるのか，それを従来の官民関係の抜本的な組み替えの中に見出そうとするのである。

　二つには，地方分権であり，中央政府と地方政府の関係を組み立て直そうとするものである。過度の中央集権で動きが悪くなった中央政府の役割を純化し，地方政府の役割を市民サービス全般に広げていこうとするものである。これは中央政府それ自体の変化のみならず，地方政府の実態に変化を迫るものでもあり，統治システムの改革と言い換えてもよい。より大きな権限や財源を付与された地方政府に対しては，その自主性や自律性，あるいは自己責任性が強く求められることになる。

　三つには，国も地方も，政府経営において，企業経営型の管理が必要だといわれ始めている点である。競争の導入による効率化や金銭価格に見合った価値の追求が，進むことになった。政府それ自体のグッド・ガバナンスがいわゆる「新しい行政管理（New Public Management）」の観点で問われているといってもよい。

　四つには，以上のような変化を通じて，地方政府の役割が大きく変化してきたこと，とりわけ，統治システム内部における位置づけのみならず，民間セクターとの関係においても重要な機能を果たしてきていることが指摘できる。翻って，地方政府の統治においても，単純なプリンシパル・エージェント関係があるというだけではなく，多元的なネットワークの網の目の中に地方政府を位置づけるというローカル・ガバナンス状況が生まれている。

　ローカル・ガバナンスは，こうした政府部門の改革に向けられたマクロな変化要因と，密接に関係しており，民営化や規制緩和，地方分権，そして「新しい行政管理」（NPM）による地方政府経営化，そして統治様式の重大な変化の影響を受けている。そのなかで，ローカル・ガバナンスは，その実質を変えて行かざるをえないのである。

　こうした変化は，二つの意味で，重要である。一つには，これまで伝統的に進められてきた政府部門中心の地方自治制度の運営が，ローカル・ガバナンスとしてみたとき，それ自体として，様々な問題を沈積させ，未解決のままに残してきたという点である。地方自治制度それ自体が，変化を余儀なくされてきているのであり，地域社会における地方政府の位置や役割が変化してきたという側面，すなわちガバナンス状況が生まれてきていることがそこには指摘できよう。

二つにはそうした変化への圧力が、地域社会に内在的な変化からだけのものではないという点である。その市民の手によって、地方政府が変化するという地域内民主主義過程の問題にとどまるだけではないし、また一方では、普遍的な価値としての民主的要求や、基礎的な経済的要求によるものでもない。それはグローバル化が進む中で、地方が国家的な性格や役割を分け持つという意味で地方国家現象が発生していることの証拠であるし、同時に地方政府が国家化し脱政治化と脱自治化を遂げていく現象といえるかもしれない（Cochburn 1977）。

別の言い方をするならば、「民主主義とローカル・ガバナンス」における前提条件ともいえる状況が、そこでは明らかになっている。とはいえその前提条件は、様々である。例えば、地方分散的な観点からの権限移譲型の制度改革においては、実際の権限と責任が地方団体に移転されているかどうかは区々であり、その度合いと地方レベルの民主主義の熟度とが結びついて、初めてグッド・ガバナンス状態だということができる。したがって、具体的に言えば、民主主義の地方自治の名のもとに、地方政府の関与の強化、市民社会の関与の強化、民間営利部門の関与の強化が掲げられることになるし、場合によっては実質的に NPM 型の管理主義がとられる可能性を示唆している。

（2）「民主主義とローカル・ガバナンス」に関する仮説

民主主義的なローカル・ガバナンスの実現という視点から、地方政府改革を進めることができるか、地域のグッド・ガバナンスが実現できるのか、その実質に影響する要因を明らかにしようとするなら、以下のような論点が仮説的に指摘できよう（Jacob et. al. 1994；OECD 1997；Blair 2003；Seller 2003；Shah 2006）。

> 「地方分権政策とそのプログラムを構築し実施する際に何が問題になってきたのか？」
> 「市民参加を強めようとする際の制約要因とは何か？」
> 「地方自治の諸改革は、ローカル・ガバナンスにおける地域問題の解決への展望を促してきたのか？」
> 「サービス提供やサービスへのアクセスに関する地方政府の役割は何であるのか？」
> 「地方政府におけるアカウンタビリティや透明性のメカニズムは、どこまで効果的なのか？」

第 9 章　比較の中の地域民主主義とローカル・ガバナンス

「民主的なローカル・ガバナンス改革の推進力とは何であるのか？」

　これらは，伝統的な家父長主義的自治の観念とは相容れないし，また，近代民主主義社会における地方政府の限定的役割とも，異なってきている。日本や西欧の地方政府あるいは地域民主主義モデルが，この20年間に遭遇し始めた新たな危機であり，挑戦であるといえるかもしれない。それらは地域社会において，虚偽意識的であれ，正統性を持っていた地域民主主義の政治的正統性を打ち壊す危険性がありながらも，新たな地域民主主義を再構築する機会であるといえなくもない。

　民主的地方政府への信頼の危機は，現実には，その要因として，民主主義の理念と地方自治の制度・実態との乖離が大きいこと，それに対して地方政府や地方政治リーダーは，実質的にはあらかじめ与えられた（国家的）役割を越えられないことが一般的な現象として指摘できる（Teune et. al. 1995）。

　そうした地方政府と地方政治リーダーの現実，すなわち，地方制度と活動実態，地域の現実の問題と解決権限の欠落，そこにおける自己決定の範囲の限界が，地方統治に対する市民の信頼と支持を失わせる要因となりつつある。このような環境の変化と，それに対する内外の圧力にさらされながら，地方政府は，自らの正統性を追求することをあきらめているわけではない。地方政治リーダーの現実は，彼らが民主的な背景をその影響力の基盤とし，むしろ，普遍的なそして場合によっては伝統的な民主的価値を支持しつつ，社会経済環境や国家システムの変化に対応しようとしているところにあるようにみえる（曽我・待鳥 2007）。

　このような仮説に基づく比較研究によって，一つには，ローカル・ガバナンスが，地域民主主義の理想と乖離している現実を明らかにすることができるであろう。二つには，そうしたローカル・ガバナンスの現実に影響する諸要因，とりわけ地方政治が，どのような民主的価値に優先順位をおいて営まれているのか，あるいはそれ以外の価値にさらに高い優先順位があるのかを，明らかにすることができよう。三つには，以上によって明らかにされる民主主義とローカル・ガバナンスとの乖離を解消し，民主主義の理想をローカル・ガバナンスにおいて実現していく手法が，示唆できるかもしれない。

　要約的に言い換えれば，地域民主主義の様々な理想をローカル・ガバナンスの現実の中においてどのように構想しうるのか，その中で民主的な価値をどのように理解し，実現しようとしてきたのか，すなわち，ローカル・ガバナンスの作動

状況を良きガバナンスとするための要因を明らかにすることが比較地方自治研究の重要な目的の一つだということができる。

5　比較の中の日本の地方自治

(1) 日本のローカル・ガバナンスの比較可能性

　ここでは日本における比較可能性を検討し，その中心的な課題となっている「民主主義とローカル・ガバナンス」が日本においていかなる現状にあるのかについて，予備的な分析を加えようとするものである。

　工業化が進んだ諸国のなかでも日本の地方自治の制度と実情は平均的あるいはそれよりも若干地方分権型であり，比較的民主化の進んだものと言える（Sellers 2003；Shah 2006）。もちろんその制度と作動は歴史的に形作られてきており，この国にユニークであることは言うまでもない。とはいえ，後期資本主義諸国において，民主主義と地方自治が，いまや新たなモデルへと移り変わろうとしているとき，日本では，どのようにその地方自治モデルが変化し始めているのかを明らかにしていくことは，比較の観点からも重要であろう。

　特に，日本の地方自治体の活動の歴史においては，これまでの中央地方関係と地方自治の運営とが原因となって，地域民主主義とローカル・ガバナンスとの乖離が指摘されてきたところである（地方分権推進委員会 1997）。それを修復するための活動が，地方制度改革ないしは地方分権改革として進みつつある。しかし，それらは，地域民主主義の実態と比較すると，はるかに大きなズレが見いだせるため，改革の効果は，実際にはあまり期待できないのかもしれない。ともあれ，以下では，本章が依って立つ仮説と日本の制度環境を明らかにする。次いで，いくつかの国際比較研究の結果を参照しつつ，仮説的にではあるが日本型の民主的ローカル・ガバナンス・モデルの検討を行いたい。

(2) 日本の地方自治における地域民主主義とローカル・ガバナンス

　日本の地方自治制度は，広域的な地方自治を担う都道府県と基礎的な地方自治を担う市区町村とのほぼ画一的な2層制であり，全ての国土と全ての国民が，いずれかの都市，特別区又は町村に所属し，またいずれかの都道府県に居住していて，必ずその住民としての参政の権利を保障されている。この民主主義的な地方自治政府は，住民が直接選挙で選ぶ代表（長と議会）によって運営されることに

なっており，いわゆる大統領制，あるいは強市長制をとっている。これら住民に最も身近な地方自治の機関である市区町村は，人口でいえば，平均して7万人を越えているが，大都市に人口が集中しているため，約1700団体余りの市区町村の半数に満たない都市の人口が全人口の約8割を占める。

日本の地方政府は，国際比較的に見ても，大きな規模と大きな活動範囲をもち，財政規模や経済活動としてもそれが占める割合は高い。その基本的な性格は，一般目的の地方政府であって，包括的に機能を担い，多様な公的サービスの提供の担い手である。

この日本の地方政府は，基本的に代表制民主主義機構を中心にして作動している。代表機構には，長と議会とがあり，これが，地方政府運営のほぼ全権を握っている。そしてこの二つの代表の相互のチェック・アンド・バランスによって，その強大な権限の行使について適正を保とうとしている。しかしながら，現実には，長が執行権限を握っているために，相対的に地方議会が十分に機能していないといわれることもある（曽我・待鳥 2007）。

日本の地方制度のもう一つの特徴は，国と地方との一体的な関係であり，行政活動を中心に，国と地方とが上下関係に立つという中央集権的な構造になっていることである。こうした中央集権は，また，全国画一的な地方行政の統治活動を保障するものであり，ナショナル・ミニマムの充足を目的とするならば，極めて機能的であったが，地方の自立性を軽視する傾向は強い（西尾 1999）。

このように制度と実態を見ても，日本の地方制度が理想とする地域の民主主義は，現実の運用実態によって裏切られている側面がないわけではない。また，制度それ自体が，地域民主主義を損なう側面もある。日本の地方自治の問題は，地域社会において，民主主義制度の成熟度に比べて，現実の制度とその運用に基づくローカル・ガバナンスが，大きくずれているところにあるといってもよい。

以下では，まず，比較可能性の観点から，日本の地域社会におけるローカル・ガバナンスの範囲の矛盾を明らかにする。次いで，それら問題解決に日本の地域民主主義が機能しているのかどうかを検討することにしたい。[1]

（3）ローカル・ガバナンスの現状と構造問題

日本の地域問題を地方政府の責任と権限から考えてみると，そこで，顕著なことは，問題と責任そして権限とのかい離である。いわばローカル・ガバナンスが適切に機能しているかどうかを明らかにする際に，最もわかり易いのがこの点で

ある。

　先述したDLG調査では，地方政治リーダーに対して，共通の項目群について，次のように質問している。①その都市が直面している問題の深刻さ，②その問題について市がもっている権限，③本来的に誰がその責任を果たすべきか，④そして当該問題について政治リーダーたちがもっている影響力の程度を聞いている。

　これまでの諸研究の結果からは，日本ではいくつかのローカル・ガバナンス上の問題点が指摘できる。すなわち地域問題の深刻さと地方政府の権限，そして本来の市区町村の責任領域との間の関係については，いくつかの典型的なかい離と適合のパターンが，仮説的にではあるが認められた。それらは，地方分権改革において解消するべく検討されたが，機関委任事務が法定受託事務として残存し，法令の規律密度改革が進まなかったことなどと併せて考えれば，矛盾した状態が続くことになったのである。

　以上のように日本のローカル・ガバナンスにおいては，その地方政府や地域の実態にいくつかの矛盾があることが明らかである。それらの矛盾は，様々な問題を空間的に閉ざされたローカル・ガバナンスのなかで解決するべきなのか，それともより大きな枠組みで解決するべきなのかという基本的な統治システムのあり方を左右する論点を含んでいる。市区町村の地域問題が深刻な状況にあると認識しながら，地方政府に権限がなく，なおかつその本来の責任として解決すべきであると理解されている場合には，ローカル・ガバナンスの範囲に歪みが生じてきているといえそうである。また，問題がありながら，地方政府の権限不足を理由に，市区町村が責任を自覚していないとすれば，それはローカル・ガバナンスにおける民主主義の未成熟を示唆しているのかも知れない。

（4）地域民主主義と民主的リーダー

　ローカル・ガバナンスが機能する前提として，地域民主主義が機能しているのか，そしてそこに民主的リーダーが存在しているのかという基本的な問題がある。この問題について，前述のDLG調査では，制度上の政治リーダー達が，自らの政治的影響力の大きさをどのように評価し，その政治的な資源ないし支持をどこに求めているのかを確認する試みをしている。そして彼らが政治活動としてどのような実践をし，あるいは実行する可能性をもっているのかを検討することで，民主的リーダーとしての性格を明らかにすることができるとする。またそのローカル・ガバナンスが，民主的に機能しているのかどうかを，政策決定への影響を

第9章　比較の中の地域民主主義とローカル・ガバナンス

どのような手段に依拠しているのかを確認することから検討し，そして市民参加の実態や市民的な意義申し立ての可能性などを確認する。こうした観点から検討することで，日本の地域民主主義がローカル・ガバナンスの中で機能しているかどうかについて暫定的ではあるが結論を得た。

　地域の政治リーダー達は，政策分野による違いはあるとしてもそれらに一定の影響力があると想定される。そのリーダーたちを支える政治的支持基盤は，日本では，選挙で投票をする支持者であり，その支持を調達する政党や政治団体，政治運動である。その点では，きわめて民主的な基盤に立っているといえる。しかしそれと同時に政治リーダー相互間においては，市区町村ではその首長が支持の基盤として最も高く期待されていること，それに次いで国や都道府県レベルでの政党指導者や公職への期待があることも確かであろう。これらはローカル・ガバナンスが，その民主主義の実態において，一つには日本型の執行機関中心に合理的に経営をするという首長主義ないしは強市長制であること，二つには，国や都道府県の影響力が大きい中央集権型のシステムになっていることを反映しているともいえる。

　しかしながらこうした執行機関優越や，中央集権的な性格が，日本の地方自治体の民主主義を歪めていると見ることは早計であろう。地方政治のリーダーも基本的にはその支持者に基盤をおいているのであって，しかも民主的な価値への志向は強いと考えてもよい。例えば，様々な政治活動について，その実態からすれば，合法的な活動には積極的であり，請願陳情型のものや，直接行動によるものも含めて，民主主義社会において認められる政治的なあらゆる表現の機会を駆使して政治権力を維持しようとする。多くの政治リーダーが，形式的であれ，政治倫理を重視し，法令順守の意思を表明していることはよく知られているところであるし，これに対して，非合法の活動については否定的である。日本の地域社会における政治リーダー達の民主的成熟度は，有権者による監視という制約もあって，やや形式的になる傾向もあるが，その意識や行動の面からみて，けっして低いとはいえない。[2]

（5）ローカル・ガバナンスの民主主義

　問題は，ローカル・ガバナンスにおいて，地方政治リーダーの民主的な性格は確認されるにしても，実質的に地域民主主義が機能しているのかどうかという点である。

すなわち①民主主義政治制度の基本的なシステムが確立されているのか，それらが実質的に有効に機能しているか，②また異なる見解を容認し，少数意見に発言の場を与えることができるという政治的自由が存在しているのか，③そして権力の所在が一元的ではなく多元的な民主的価値を実現できているのかという点にある。

　地域の政策決定に対する影響力を人々が行使するときに，どのような手法が最も影響を及ぼすことができるのかを考えてみると，住民による代表選挙などの投票，すなわち民主的な政治制度の根幹となっている投票が，重視されていることは言うまでもない。次いで，政治的には，地方政府の機関（長やその他の執行機関，議会）への働きかけが重視されている。

　加えて近年では，市民運動や市民団体（NGO・NPO，ボランティア団体等）の活躍が比較的目立つようになっている（新川 2011）。市民運動は，様々な民主主義的な手法のなかでも戦後一貫して大きく重要度を増してきたものである。日本の市民運動は，地方政治においても，無視できない勢力になってきているといってよい。

　市民の積極的な活動は，市民参加の活発化や拡大とも軌を一にしている（坪郷 2009）。1970年代以降，日本では，地方レベルにおける市民参加の制度化が進み始めており，市民参加活動は大きく増加してきている。こうした市民レベルでの政治活動の活発化は，様々な市民による意義申し立てを可能にし始めている。そこでは，地域の政治リーダー達の決定が絶対ではなく，それに対して反対する方途があることが重要である。

　このように，日本の地域民主主義は，日本社会のなかに定着してきたといえそうである。日本の民主主義が，多くの欠陥をもっているが，機能しているというのが，大方の評価であるといってよかろう。但しそれが実質的に多元的な価値を実現するものになっているのかどうか，市民の政治的自由を保障するものであるのかどうかは，「多くの欠陥」についてのより実態に即した検討を必要としている。そしてこれまでの検討結果からは，ややもすれば，制度形式的な民主主義が日本のローカル・ガバナンスにおいて確保されていると見られるが，市民運動や市民参加は周辺的な政治参加の手法に留まっていると考えられるのであり，住民自治がどこまで実質を持ち得るかは検討の余地がある。

6　ローカル・ガバナンスの行方

　比較の観点から見たローカル・ガバナンスは，日本のローカル・ガバナンス問題を明らかにするとともに，国際比較の視点におけるいくつかの検討課題を示すことになった。まず，日本の地域民主主義とローカル・ガバナンスは，これまでの検討結果から，構造的な問題を抱えていることが予測できる。

　第1に，繰り返しになるが，それはローカル・ガバナンスの矛盾の問題である。その矛盾とは，端的にいえば，ガバナンスの権限と問題対象がかい離しており，「ローカル」という領域としているものが不適切ということである。そこでは，現在進められている地方分権改革を徹底して進めていくような抜本的な制度改革が必要とされることになるし，その一方では，民主的な地方制度改革を探求するために，地方政府によるイニシアチブが求められている。

　第2の問題は，地域民主主義の実質である。制度形式的な民主主義体制と，そして政治リーダーの中央志向的な性格は，地方統治における民主性に問題点を投げかけている。そこでは，上からの政治指導が重視されやすいことを示している。その一方では，市民的なイニシアチブが発揮されにくく，多様な意義申し立てが表現される機会が抑制されていることも考えられる。そこでは改めて市民的な意志を体現するローカル・ガバナンスの構造への転換が求められている。

　したがって第3の問題は，日本社会それ自体の民主主義の欠陥をいかに修正していくのかという観点である。ローカル・ガバナンスを国家機能の一部とする視点を乗り越えて，むしろ，地域民主主義と国家レベルの民主主義政治体制を，相対的に対等な関係に置く努力が必要である。それによって，これまで進めてこられた地方分権改革を越えてそれを組み替えていく動き，すなわちマルチ・レベル・ガバナンス型の相互作用体系として，今後のローカル・ガバナンスを考える視点が，クローズアップされるかも知れない（Andrew and Goldsmith 1998）。

　国際比較を考える上でも上述した日本の課題は，類似の問題を提起することになる。第1には，ガバナンスの範囲にかかわる問題である。名目的には行政区画あるいは地方政府の管轄区域があってそれは一貫しているのだが，実際には，機能的な広がりとそれに対する権限や財源，そして人的資源の配置状況を考えるなら，そこには独立した小宇宙的なローカル・ガバナンスが成立しない状況がある。ローカル・ガバナンスの比較にあたって，擬似的擬制的なそれとの違いを確認す

ることが重要となる。この点は，連邦制国家であれ集権国家であれ，そこにおける中央と地方の行政上の権限配分と，中央地方における政治的な関係の両面から，自治的な地方政府への権限配分・権力配分を考えるという議論でもあるし，それを比較の中で再定義しておく必要があるということを意味している。

第2には，民主主義政府としての地方政府のガバナンスである。民主主義が，通常は代表制をとって組み立てられているが，同時に，その代表が，本当のところはだれを代表しているのかを確認しておく必要があるし，代表が人民を代表しているとしてもその権力の度合いには注目しておく必要がある。民主主義の政府が，行政上の権限配分と統治上の政治的憲政的な権力配分の点で，十分な権限・権力を持っているのかどうかが問題になるし，それが代表制ないしは民主制それ自体の質を左右することになる。そしてそれによって民主主義の地方政府かどうかが問われることになる。

第3に，地域の民主主義は，代表制によるだけではなく様々な政治リーダーや，リーダーを生み出す準リーダーあるいはそのフォロワーによって成り立っているという点である。これまでの検討では，もっぱら，政治リーダーに着目してきたが，人民の中でもリーダーの権威，その役割意識や行動様式などを，それぞれの地域社会の中で再定位させていく必要がある。リーダーとノンリーダーとの関係性によって，ローカル・ガバナンスの作動様式は変化しているはずである。

第4に，民主主義的活動のレベルの変化に着目しておく必要がある。すなわち，民主的影響力の発揮の多元性に注目する必要がある。そこでは，政治的リーダーによる行動可能性が問われるだけではなく，リーダーの支持基盤やその市民性が問題になる。加えて，争点ごとに登場する傾向がある市民運動やそのアドホックなリーダーの存在も考慮しなければならない。住民投票や市民活動では，そうした団体やリーダー間の新たなパートナーシップが機能しうる可能性があるが，まずは NGO・NPO，ボランティア団体等の市民活動団体の存否の確認だけではなく，そのローカル・ガバナンスにおける位置づけを検討しておく必要があるし，グッド・ガバナンスという観点からはその活躍の基盤をどのように作り出していくのかが問われることになる（Bovaird and Loeffler 2001）。そして各国の市民活動の違いにもかかわらず，比較可能とする方法を探ることが今後の検討課題である。

注
(1) 筆者が参加した Teune 等の研究グループの調査の一環として位置づけられる日本

に関する「民主主義とローカル・ガバナンス」調査は，1996年と2005年に実施されており，その結果は，1997年の国際政治学会（IPSA）ソウル大会と2006年の福岡大会で報告されている。なお2015年度には，再度調査が予定されている。この調査においては，無作為に標本抽出した日本の都市の政治リーダーへの調査票による調査を行ったものであり，上記研究グループと同じ質問を用いている。

(2) 日本においては，政治家に関するステロタイプ化された印象が一般的に持たれており，有権者は政治家への信頼度を欠いていることがしばしば報道される。また，倫理問題を引き起こす議員が後を絶たないといった問題もよく指摘される。しかしながら，政治家の法令違反比率がことさら高いわけではないし，道徳観や規範意識を持たないということではない。

参考文献

曽我謙悟・待鳥聡史（2007）『日本の地方政治――二元代表制政府の政策選択』名古屋大学出版会。

田中一昭（2006）『行政改革』ぎょうせい。

田中一昭・岡田彰編著（2000）『中央省庁改革』日本評論社。

地方分権推進委員会（1997）「地方分権推進委員会第2次勧告――分権型社会の創造」。

坪郷實編著（2009）『比較・政治参加』ミネルヴァ書房。

新川達郎編（2011）『公的ガバナンスの動態研究――政府の作動様式の変容』ミネルヴァ書房。

西尾勝（1999）『未完の分権改革』岩波書店。

Andrew, C. and M. Goldsmith (1998), From Local Government to Local Governance — and Beyond? *International Political Science Review*, Vol. 19, No. 2.

Blair, H. (2000), Participation and Accountability at the Periphery: Democratic Local Governance in Six Countries, *World Development* Vol. 28, No. 1.

Bovaird, T. and E. Loeffler, (2001), Moving from Exellence Models of Local Service Delivery to Benchmarking Good Local Governance, *International Review of Administrative Sciences*, Vol. 68.

Cheema, G. S. (2013), *Democratic Local Governance: Reform & Innovations in Asia*, Tokyo: United Nations University Press.

Chhotray, V. and G. Stoker (2009), *Governance and Practice: a Cross-Disciplinary Approach*, Hampshire: Palgrave Macmillan.

Cochburn, C. (1977), *The Local State: Management of Cities and People*, London: Pluto Press.

EGPA-Permanent Study Group Local Governance and Democracy (2013), *Progress Report 2005-2013*.

Jacob, B. M., K. Ostrowski and H. Teune (1994), *Dmocracy and Local Governance: Ten Empirical Studies*, Honolulu: University of Hawai'i Press.

John, P. (2001), *Local Governance in Western Europe*, London: Sage Publications.
Lachapelle, G. and S. Paquin (2005) *Mastering Globalization: New Sub-states' Governance and Strategies*, London and New York: Routledge.
Organization for Economic Co-operation and Development (OECD) (1993), *DAC Orientations on Participatory Development and Good Governance*, Paris: OECD.
OECD (1995), *Participatory Development and Good Governance*, Paris: OECD.
OECD (1997), *Final Report of the AD HOC Working Group on Participatory Development and Good Governance*, Paris: OECD.
Ostrowski, K. and H. Teune (2006) *Local-global Relations in the New Democracies*, Center for Local Development and Cultural Heritage in Balestrino.
Schneider, H. (1999), *Participatory Governance: the Missing Link for Poverty Reduction*, Paris: OECD.
Sellers, J. M. (2003), *Between National State and Local Society: Infrastructures of Local Governance in Developed Democracies*, Los Angeles: University of Southern California.
Shah, A. (ed.) (2006), *Local Governance in Industrial Countries*, Washington D. C.: The World Bank.
Teune, H. et. al. (1995), Democracy and Local Governance, *The Annals of the American Academy of Political and Social Science*, No. 540, July.
Teune, H. (2002), Global Democracy, *The Annals of the American Academy of Political and Social Science*, May 2002 Vol. 581 No. 1.
United Nations Development Programme (UNDP) (2011), *Fast Facts-Responsive Institutions: Local Governance, 15 Nov. 2011*.
UNDP (2010), *A Guide to UNDP Democratic Governance Practice*, New York: UNDP Bureau for Development Policy Democratic Governance Group.
United States Agency for International Development (USAID) (1998), *1997 Performance Report*, Washington D. C.: USAID Center for Development Information and Evaluation.
USAID (2000), *Decentralization and Democratic Programming Handbook*, Washington D. C.: USAID Center for Democracy and Governance Bureau for Global Programs, Field Support, and Research.
USAID (2009), *Democratic Decentralization Programming Handbook*, Washington D. C.: USAID.
USAID (2013), *USAID Strategy on Democracy, Human Rights and Governance*, Washington D. C.: USAID.

第10章　政権交代と社会保障政策

山井和則

1　スウェーデンとの出会い──福祉の充実に政治が不可欠

　スウェーデンとの出会いは，松下政経塾での岡澤憲芙先生の講義に始まる。1980年代半ば頃から「寝たきり老人がいない」と言われたスウェーデンの手厚い高齢者福祉，高福祉・高負担の福祉国家モデル，その前提となる高い政治への信頼，政治家の女性比率など，スウェーデンへの関心はますます広がっていった。1989年に1年かけて，世界各地の老人ホームを実習して回る機会を得たが，スウェーデンの2カ月の滞在で，高福祉・高負担のスウェーデンの福祉や政治に更に関心を持つようなった。「福祉政策をライフワークにするなら，もっと長期間，スウェーデンで学びたい」という思いから，1991年から1993年まで2年間，スウェーデンで学んだ。

　スウェーデンでは，前半は，ベクショー市にあるシグフリット国民高等学校（全寮制）に滞在した。国民高等学校は北欧特有の教育機関で，20世紀初頭の国民運動にそのルーツをみることができる。「すべての人に教育を」という理念を背景に持つ国民高等学校は，比較的，都市部から離れた場所で，全寮制で開設されていることが多い。1990年代初頭には，多くの国民高等学校に，紛争地域からの移民を対象にスウェーデン語やスウェーデンの文化を学ぶクラスがあった。そこで私は，アフリカのエリトリアや中東のクルドからの政治難民の生徒と寮で暮らしながら，スウェーデン語やスウェーデンの文化，政治を学んだ。

　その後，ルンド市に移り，国立ルンド大学社会福祉学部でペール・グンナル・エデバルク教授の指導を受け，論文「日本とスウェーデンの高齢者福祉政策比較」を執筆した。エデバルク教授は，スウェーデンにおける医療福祉経済学の第一人者である。「悪化してからではなく，予防の観点から早目に介護や医療サービスを提供することが，結果的に社会コストを低くする」「80歳以上高齢者が増える時代には，質の高い老人ホーム（個室化）の整備も必要」「医療や介護政策にはコスト感覚が必要。病院や介護施設をたくさん建てるより，ケア付き住宅を含

めた在宅福祉を充実させ、24時間体制で夜間もホームヘルプを提供し、在宅医療を整備し、望めば、在宅で人生の最期を送ることができるようにすることが、高齢者本人の自己決定や尊厳を守ることになる。それだけでなく、このことは経済合理性にかなっている。日本では医療に比べて、介護が大幅に遅れている。介護サービスの不足が原因で、高齢者が病院に入院してしまう状況が続いており、割高で非人間的な結果を招いている。費用対効果の視点が重要。介護を充実することで、医療を含めたトータルコストも節約できるはず」というのがエデバルク教授の考え方であった。私はスウェーデンの高齢者介護から、限られた財源で、最も効果的な政策を求める姿勢、つまり「人間性と経済合理性」が両立した社会保障の重要性を学んだ。

　スウェーデン滞在中には、スウェーデンの議会や政治のフィールド調査も行った。中でも印象深いのは、ベンクト・リンクビスト元福祉大臣へのインタビューであった。リンクビスト元大臣は、スウェーデン初の盲目の大臣で、1994年の機能障害者法（LSS法）の成立にも大きく貢献した。機能障害者法は知的障害者法にルーツを持つ法律で、主に知的障害のある方々、重度の障害のある方々を対象に、全国すべての自治体に10種類の法定サービスの提供を義務付けた画期的な法律である。視覚障害の当事者であるリンクビスト元大臣は、「社会保障政策に強い政治家が必要。官僚は制度を守る傾向がある。時代に見合った社会保障制度を築くためには、社会保障に強い政治家が必要」と語り、福祉分野の政策に精通した政治家の力強さを感じた。

2　政権交代で社会保障予算が16％増

　2000年に衆議院議員に初当選してから、厚生労働行政に継続して関わってきたが、2009年の政権交代で、民主党による鳩山由紀夫内閣が発足し、私は長妻昭厚生労働大臣のもと、厚生労働政務官に就任することになった。

　民主党政権への政権交代がもたらした効果として考えられるのは、税金の使い道の再考であり、鳩山政権では子どもの貧困、障害者福祉、医療、年金、介護、子育て支援などの施策の充実に取り組み、予算を増やした。具体的には、①障害者サービス（1割負担）の無料化、②父子家庭への児童扶養手当の創設、③児童手当の中学3年までの延長など（子ども手当）④子ども貧困率の公表、⑤10年ぶりの医療の診療報酬引き上げ（年5,500億円の医療費の増）、⑥生活保護の母子加算

第10章　政権交代と社会保障政策

図10-1　公共事業から社会保障，教育へ

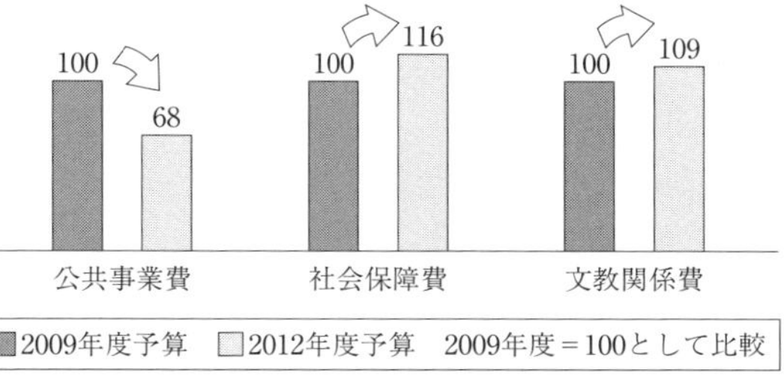

公共事業費　100 → 68
社会保障費　100 → 116
文教関係費　100 → 109

■2009年度予算　□2012年度予算　2009年度＝100として比較

注：社会保障増加，公共事業カット。政権交代により社会保障予算は16％アップし，公共事業費は32％ダウン，文教関係費予算は9％アップした。
出所：政府資料より作成。

復活などである。さらに，高校授業料無償化の導入，失業者への職業訓練制度の求職者支援法の制定，雇用保険への短期労働者255万人の新たな加入，労働者派遣法の労働者保護への改正（日雇い派遣の原則禁止）など，教育施策の充実，雇用のセーフティーネット，失業者対策にも力を入れた。

　政権交代は予算の使い道を変えることを意味する。では，税金の使い道は具体的にどう変わったのか。政権交代の前後（2009年9月と2012年9月）を比べると，社会保障費は16％，文教関係予算は9％アップした一方で，公共事業費は32％削減された（図10-1）。

　民主党政権の時代に，高校中退者は6割減少した。滞納した授業料の支払いに活用できる生活福祉資金貸付を創設した効果もあり，「経済的理由による高校の中退者数」は，2008年度2,208人，2009年度1,647人，2010年度1,043人，2011年度945人，2012年度853人と徐々に減少してきた。2010年度以降の減少は，生活福祉資金貸付に加えて，高校授業料無償化（就学支援金）や子ども手当により，子育て家庭への支援が強化された効果とも考えられる。

　従来の児童手当は子ども手当に移行することで税額控除が廃止となったが，支給枠を小学生までだったものを中学校3年生まで拡大し，予算規模も年1兆円から1兆2,000億円に増額した。さらに年4,000億円の予算を充当して，高校授業料の実質無償化を実現した。当時は「バラマキ」政策との批判も受けたが，これらの政策は子育て世帯の暮らしの向上に役立ち，中学校までの児童手当の支給や高校授業料の実質無償化は，自民党政権に戻ってからも基本的には継続されている。

　雇用面では，政権交代の前後（2009年9月と2012年9月）を比較すると，建設業

図10-2　自殺者数の推移

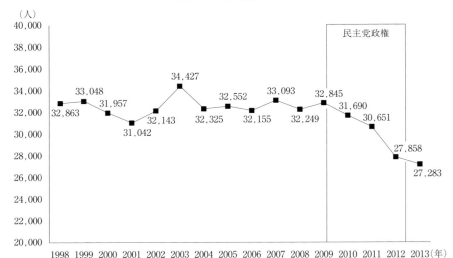

注：政権交代以降，3年連続自殺者は減少。2012年には，15年ぶりに3万人を下回った。自殺者ゼロを目指して取り組みを強化せねばならない。
出所：警察庁「自殺統計」より作成。

は，408万人から411万人に微増，教育・学習支援関係は255万人から278万人に増加，医療・福祉は596万人から681万人へと85万人もの大幅増となった。雇用創出効果は公共事業より，医療・福祉のほうが高く，地方においても高齢化が進み，医療・福祉が貴重な雇用の場となっている。

鳩山政権では，長妻厚生労働大臣が「自殺やうつ病による社会の経済損失が2.7兆円にのぼる」という調査結果を初めて公表し，厚生労働省内に「自殺・うつ病等対策プロジェクトチーム」を設置し，自殺者を減らすことを，最優先課題の一つとして取り組んだ。内閣府にも自殺対策タスクフォースが設置された。

自殺に至る背景には，失業，倒産，病気，離婚，借金，多重債務など，3つ，4つの苦難が重なる状況があるといわれる。自殺者は，政権交代後3年間で大幅に減少した。2009年の自殺者は年3万2,845人だったが，2012年には約5,000人も減り，15年ぶりに3万人を下回り，2万7,858人となった（図10-2）。自殺者が減った理由について厳密に因果関係を解明することは困難であるが，自殺対策基本法に基づく取り組みは有効だったと考えられる。

2006年に自殺対策基本法が制定され，2007年に自殺総合対策大綱が閣議決定さ

れ，2009年度に100億円の地域自殺対策緊急強化基金が創設され，全都道府県に配分された。更に，2011年度に37億円，2012年度に30億円，基金を上積みし自殺対策に力を入れ，史上初めて各自治体ごとの自殺原因の類型を調査，集計し，その傾向に応じた対応を行った。

政権交代により予算配分を変え，雇用，医療，年金，介護，貧困，雇用，教育，失業対策，うつ病対策などを総合的に充実させたことも自殺者減少の一つの理由と考えられる。

3　消費税増税の決断

民主党政権下の2011年には，国会対策副委員長として，社会保障と税の一体改革について，消費税増税法案を成立させる役割を負っていた。2011年末から2012年初めの年末年始は，ストックホルムで岡澤憲芙先生と一緒に過ごし，大晦日の夜遅くまで日本の政治を議論した。改めて社会保障の充実のために消費税増税が必要だと痛感した。

民主党のマニフェストには実現できたものと実現できなかったものがあった。マニフェストが実現できなかった背景には，野党の反対で，参議院で法案が通らず実現できない，という「ねじれ国会」であったこと，もう一つは財源問題であった。

民主党が初めて政権与党になって，民主党内でも財源確保の困難さをより切実に痛感する中で，党内に消費税の増税議論が出てきた。最初は2010年の参議院選挙で，菅直人首相（当時）が「消費税アップ」の可能性について発言した。また，翌年2011年夏に野田佳彦首相（当時）がその増税路線を引き継いだ。民主党政権を誕生させた2009年のマニフェストには，消費税増税は含まれていなかったために，党内にも消費税増税には根強い反対論があった。2012年の消費税増税法案の採決の際には，党内が賛否両論に分かれた。

民主党の掲げた政権交代の旗印の一つが「社会保障の充実と維持」であった。新たな財源がなければ，社会保障を充実，安定化させることはできない。また，国の借金が1,000兆円を超え，世界一の借金大国であり，財政再建をこれ以上先送りできない。私は，国会対策副委員長という立場で，消費税増税法案を成立させる役割を負っていた。増税反対の声も多く寄せられたが，「社会保障の維持と充実のため」という使命感から，日本の未来のために，国民に対して厳しいこと

でも，つらいことでも，言わねばならないと感じた。

　結果として，2012年8月に，消費税増税法案は成立したが，民主党からは離党者が続出し，同年12月の総選挙で民主党は大幅に議席を減らし惨敗した。私自身も「次の選挙ではなく，次の世代のことを考える」などと，かっこいいことを言っていたが，選挙で多くの同僚議員が落選し，大きなショックを受けた。

　再び自民党政権に戻ることとなったが，「消費税は全額，社会保障に使う」という話があいまいになり，事実上，消費税増税の増収が法人税減税（復興特別法人税廃止前倒し等）や公共事業の増額に流用される事態になりつつある。一方，医療介護推進法が強行採決され，2015年度から介護の自己負担が上がり，要支援者への介護サービスがカットされることになった。「話が違う。社会保障の維持や充実のための消費税増税であったはず。国民をだましたのか」となりかねない。国民が社会保障の充実を実感できない中で，社会保障が削減されることが懸念される。民主党は野党になったが，消費税増税法案を成立させたのは民主党であり，消費税増税が社会保障の維持と充実に確実につながるよう，国会で正していく責任がある。

4　消費税の増収分は子育て支援の充実に

　民主党政権の時に，民主党は消費税8％への引き上げの増収分は，年金，医療，介護に加え，新たに「子育て支援」に充てることを決め，消費税を10％に上げる時には，年7,000億円から1兆円の子育て支援の増額を決めた。民主党政権における子育て支援重視の判断は，社会保障政策の強化の大きな柱の一つであった。これまでの日本の社会保障は医療，年金，介護を中心としており，子育て支援は後回しになっていた。選挙でも子育て家庭の声よりも高齢者の声が多く反映されがちである。そのような中，民主党政権は「人生前半の社会保障」の充実が必要と考え，子育て支援の安定財源は消費税で確保するしかないと考えた。子育て支援は，国の最重要施策の一つであり，保育所や幼稚園の質を高め，量を増やすためには，安定財源の確保が急務である。

　民主党への政権交代は，税金の使い道を大きく変えた。社会保障を重視する民主党であったからこそ，消費税増税という重い決断をしたと考えている。社会保障の充実と安定化は恒久財源なくしては不可能である。その意味では，8％，10％への消費税増税の決断で社会保障の安定財源を確保したことは，政権交代の大

きな意義であった。政権交代が無ければ消費税増税は決定していただろうか。今の自民党政権の「株価対策重視，社会保障軽視」の方針を見るにつけ，民主党への政権交代がなければ，消費税増税は行われていなかったのではないかと思う。政権交代により，負担と給付の議論ができる社会に一歩近づいたといえる。

付　記

　本章は，山井和則『政治はどこまで社会保障を変えられるのか──政権交代でわかった政策決定の舞台裏』（ミネルヴァ書房，2014年）の原稿を一部抜粋し，大幅に修正・加筆したものである。

第11章	政権交代の史的分析
	——戦前期における首相選出過程

小西德應

1 分析対象と課題

　本章は，明治維新後の太政官制時代から最後の元老・西園寺公望が存命中の米内光政内閣まで，つまり政党政治の誕生前から終焉期に限定し，政権担当者（内閣制下では首相）が交代する政治過程を考察する。政権交代過程を見るには多くの要因や条件を考慮する必要があるが，紙幅の関係から選出過程，具体的には選ぶ側の"狙い"や選ばれる側の"思い"とその言動に主な焦点を当てる。考察によって，各政権交代の必然性や偶然性，今日なおその強弱に議論がある首相権限の歴史的変遷，「憲政の常道」の実態，最後の元老西園寺公望が目指したものなど，現在も論争があるテーマに筆者の考えを示すことにする。もちろん，一部高官が首相を決める戦前期と，今日の議院内閣制下では本質的に異なるとの指摘があろう。しかし，ある一つの政党で誰が首相になるのかを見る際に，しかも近年のように連立政権下でどの政党の誰がいかに選ばれるかを見る際には本章で分析する時期との共通点がある。また本分析は，しばしば批判の対象となる「決められない政治」や頻繁に代わる首相，さらに「人材払底」などの根本原因を探る上でも役立つ。

　本章では「政権」は政党および個別首相の両方に対して用いる。なお史料も含め，旧漢字と旧仮名遣いは新しいものに改めてある。

2 通史と時代区分

　政権担当者を選ぶ側と担当者として選ばれる側の質的変化から当該時期を6区分し，その実態を概観する。[1]

（1）太政官制期から第1次松方正義内閣（1871年7月29日〜1892年7月30日）

　徳川幕府から明治新政府に代わったこと自体が，支配層が一変する根源的な政

権交代であった。新政府誕生とともに，公家，薩長土肥の藩閥間で指導部の座をめぐって激しい競い合いと不均衡な配分，さらにそれに対する不満が生じた[(2)]。この時期は当初の太政官制から内閣制に変わり，国会開設もされて新政府の指導者たちが国会運営の困難さを認識した時期である。薩長土肥の4藩を中心とする勢力が薩長2大勢力に淘汰され，両者の均衡による政権運営が志向された。たび重なる政治制度の変更は，制度面での欠陥を解消するための試行錯誤というだけでなく，その制度の下にいる高官（指導者）の入れ替えをもたらすものであった。

1871年7月の太政官制改正により，三条実美を太政大臣とし，左右大臣を置く太政官三院制が成立した。これは藩閥間での対立に対応することを目的としたものであり，西郷隆盛や板垣退助らが参議に加わって薩長土肥の代表的人物が均等に顕職に就くとともに，多くの公家が政府中枢を離れた。なお同年11月から1873年9月まで特命全権大使に右大臣岩倉具視，木戸孝允・大久保利通・伊藤博文らが副使をつとめる遣欧使節団が派遣された。その不在中に三条の率いる「留守政府」が政権を担ったが，独自の歩みを始めた各省を統制することは困難になりつつあった（笠原 2010：1991）。遣欧使節団帰国直後の征韓論争により，西郷隆盛や江藤新平ら5人の参議が下野し（「明治6年の政変」），ついには実質的に「大久保政権」が誕生した。その後は下野した江藤による佐賀の乱，西郷の西南戦争を経て，1878年には大久保が暗殺されるにいたる。さらに「明治14年の政変」で筆頭参議大隈重信が政府を追われ，1882年3月から翌年8月まで伊藤が憲法調査のため渡欧した。薩長に権力があるものの，その中心を欠いた政府だった。

憲法調査を終えて帰国した伊藤は，太政官制が弱体化し参議が実権を持っている状況を打破するため内閣制度を導入しようとしたが，強力な指導者が一人だけとなることに三条が反対した。そこで伊藤は薩摩の黒田清隆を右大臣にすることで薩長勢力の均衡を図ろうとしたが，天皇が黒田の資質を問題にしたことで計画が頓挫してしまい，最終的に内閣制度導入が決まった。これに合わせ，各省を統括するため総理に強い権限を与える「内閣職権」が定められた。

三条は伊藤を初代総理に推した。憲法起草の中心であり，黒田以外の参議の支持を得たのは自然なことだった。伊藤は閣僚を薩長から各4人，幕臣2人として勢力均衡を図るとともに，黒田と大隈を入閣させ，次期首相を黒田にする準備もした。その後は，黒田，山県有朋，松方正義と薩長から交互に首相が誕生したが，どれもすんなり決まったわけではない。何度も固辞したのち首相になった山県は，第1議会に際し首相権限を弱める「内閣官制」を公布した。天皇大権を犯さない

ようにしたものだが，旧憲法には「内閣」の規定がない上に，首相も強い法的な裏付けを持たない存在となった。また1889年11月に伊藤と黒田に対して「元勲優遇の詔」が出されその後の元老制への道が開かれた。最終的に元老には薩長の有力者と西園寺公望がなったが，元老にも法的な規定はなく一部の高官が結果的に元老と呼ばれたのだった。⁽³⁾ 松方内閣誕生の時には元老たちが初めて一堂に会し人選した。その際，山県・井上馨は長州から後継を出そうと伊藤を推し，天皇も組閣命令を下した。だが伊藤は西郷従道を推薦し，西郷が断ったので同じ薩摩の松方が選ばれた。こうした努力により薩長の均衡が図られていた。

（2）第2次伊藤博文内閣から第4次伊藤内閣（1892年8月8日〜1896年8月30日）

　薩長による「2巡目」の政権担当期。天皇が元勲・元老に後継首班を下問する慣行が成立した。超然内閣では議会運営ができず，政党との提携が不可避だと認識された。第1次松方内閣による選挙干渉の責任が追求され，実態はともあれ以降は，表向きは公正な選挙が目指される。政党間では対立と連携がくり返された。

　何度も総理に推されたことから伊藤が「元勲総出」を条件に，薩長各3名を閣僚とし，自由党の支持で第2次伊藤内閣を成立させた。しかし大隈入閣問題で板垣と松方が対立し総辞職。後継は，元老会議が推した山県が固辞したため，松方が改進党に支えられ組閣した。だが大隈の入閣はならず，薩摩派閣僚と立憲改進党の間に亀裂が生じたため総辞職した。第3次伊藤内閣は「挙国一致」を唱え板垣と大隈の入閣を目指すが，両者がともに内相就任を希望したため選挙の公平が図れないことから，また井上が板垣入閣に反対したこともあり自由党との提携がならず，結果的に超然内閣として誕生した。地租増徴案が議会で否決され解散総選挙となったが，この過程で自由党と改進党が提携し1898年6月22日に憲政党に統一された。他方，政党の支持が必要だと考えていた伊藤は自ら新党を結成することを24日の元老会議に諮ったが否定されたため，その足で参内し，大隈・板垣，もしくは山県か黒田を後継にと推薦した。翌日開かれた御前会議に伊藤は欠席し，真意は大隈・板垣だと井上に伝言させた。席上，誰も後継首班を引き受けず，初の政党内閣である第1次大隈内閣（「隈板内閣」）が成立することになった。

　伊藤は「隈板内閣」成立に先立ち大隈・板垣を呼び出した。席上板垣は「余は，大隈伯と宴席で1回会っただけであり，政綱は発表したが概要だけであり，どのようにやるかについての意見調整はしていない」と実情を吐露した。その際に伊藤は国務を阻滞させるものは議会だといい，天皇からの任命は衆議院議員の多寡

によるのではなく，イギリスのように第1党に自動的に政権が行くのでもないと伝えている。伊藤が政党政治と天皇大権の両立に心を砕いていたことがわかる。

党首同士が1回しか会っていない状況では旧自由・改進党の一体化がなされているはずもなく，しかも大隈・板垣の立場は同等で，陸海軍大臣以外の閣僚を両派が各4名で分けた。8月の第6回総選挙で憲政党は300議席中244議席を獲得したが，政党内閣に対する山県系官僚たちの抵抗が加わり，「共和演説」を契機とする尾崎行雄文相後任問題で両派の対立が噴出した。結果的に憲政党は，板垣派の憲政党と大隈派の憲政本党に分裂し，ついには内閣も瓦解した。

内閣の瓦解後も辞任せず閣僚として残った桂太郎陸相が，政党内閣を望まない黒田・松方の意向をくみ，井上の一任を取り付けて山県内閣を成立させた。すでに超然内閣が議会に臨める状況になく憲政党と提携した上での組閣であった。山県は首相在任中から辞意を漏らしていたが後任を引き受ける者がおらず，1900年9月に伊藤が憲政党を母体に立憲政友会を結成したことを契機に辞職した。伊藤は後継就任を断ったが，ついには政友会員を中心に，憲政本党の加藤高明を外相に迎えて第4次伊藤内閣を組閣するにいたった。

(3) 第1次桂太郎内閣から第3次桂内閣 (1901年6月2日～1913年2月11日)

「桂園時代」と呼ばれ，第2次桂内閣の時から「情意投合」により両者間で暗黙の了解のもとに円滑な政権授受（「たらい回し」とも言われる）がなされたと一般には考えられているが，実態は異なる。元老政治期間であったとも指摘される。

第4次伊藤内閣が閣内不一致で辞職したあと，元老会議で後継は再び伊藤に決ったが伊藤が断わり，その後は山県，井上と順に選定されたものの組閣に至らなかった。山県の主導で桂がしだいに後継に擬せられるようになり，伊藤の支持をえて就任した。「小山県内閣」や「二流内閣」（維新の元勲たちよりも若い世代の意味）などと呼ばれた。維新から30年あまりが経って「第2世代」が表舞台に立ち，元老たちが政治を背後から操るようになった。

第1次桂内閣は日露戦争の戦費を円滑に調達するため政友会に接近した。原敬は数回の交渉を経て，桂内閣支持の見返りに政友会総裁西園寺への政権譲渡を認めさせた。日露戦争後，桂は辞職することにより日比谷焼討ち事件の責任追及を逃れるとともに，元老会議を開かずに個別に元老の了承を得て西園寺内閣を誕生させた。同内閣は桂内閣の多様な"遺産"を引き継いだ。閣僚にはそれまでの貴族院・薩長閥・元老に，政党員が新たに加わることになった。なお政友会が衆院

で過半数に達していなかったために憲政本党の加藤を入閣させた。しかし政友会は第10回総選挙（1908年5月）でも過半数を超えられず（49.3％の議席率），山県系官僚らの揺さぶりで総辞職した。政党の基盤がないまま発足した第2次桂内閣は憲政本党の犬養毅らとの提携に失敗したことで，最後は政友会と結んだ。大逆事件や南北朝正閏問題などで批判を受けた桂は1911年1月に政友会と「情意投合」を成立させた。桂が「先輩の意志をついで憲政の美果を収めるには政友会と共同して国政を料理する」と西園寺・原・松田正久に提案し，原が「今後は政党を改良して国論の統一をはかろう」と応じた。ところが桂はこれと前後して井上や山県に対し政友会不信の手紙を送っていた。桂にとって情意投合は議会対策上の方便だったのである。

　そのことを認識した原は政権引き渡しを要求し，1911年6月に桂は8月下旬に辞職することを表明した。第2次西園寺内閣も元老会議を開かずに成立した。その際，第1次内閣誕生の時に桂内閣の閣僚を押し付けられてしまったので，原は情意投合を口実に政友会系閣僚を増やし親任式直前に山県・桂に伝えた。これが同党への反感を生むとともに，世論の支持を受ける政党に対する官僚派の焦燥感をあおり，明治天皇の死がそれらの感情に拍車をかけた。そうした状況の中で，政府の財政削減策推進中に上原勇作陸相が2個師団増設を求め，否決されると天皇に直接辞表を出したことにより内閣は総辞職するにいたった。すでにマスコミでは増師反対論が出はじめており，倒閣に追い込まれた政友会では長州批判が高まった。他方で後任首相は容易に決まらず，久々に開かれた元老会議では西園寺をはじめ多くの名前が出され，山県の名も挙げられた。老齢の山県の手を煩わせられないと10回目の会議で桂が後継を引き受けた。内大臣となっていた桂が宮中から府中に出るに際して勅語が出され，組閣時に海軍がその充実を唱えて海相の推薦を躊躇すると斎藤実海相を留任させる勅語が出された。こうしたやり方に批判が高まり，「閥族打破・憲政擁護」を掲げる第1次護憲運動が起こったことで総辞職にいたった。この過程で桂は，自分たち藩閥派・官僚派が率いる自前の政党が必要だと考え新党結成を表明した。

（4）第1次山本権兵衛内閣から清浦圭吾内閣（1913年2月20日〜1924年6月7日）

　大正デモクラシー期，第1次護憲運動や米騒動など全国的に盛り上がった運動を背景に政権交代が起こった。藩閥の政党への依存とその反動が交錯した。

　山本権兵衛が桂の後継首班に選ばれた。閥族打破を掲げた護憲運動の結果選ば

れた後継者がなぜ薩摩出身の海軍大将だったのか。伊藤之雄が指摘したように，元老と山本のどちらのイメージが悪いかという問題もあろうが（伊藤 2010：59），西園寺と原の思惑が大きい。西園寺は，護憲運動の際に天皇の「御沙汰書」通りに政友会を鎮撫できなかったことを「違勅の罪」と捉えており，さらに政友会の松田や原では政党嫌いの元老の承認は得られない，つまり政友会内閣は不可能だと考えていた。また政友会では長州批判が強いが，薩摩閥と結ぶことには相対的に抵抗が少なく，薩摩閥ならば長州閥が強い官僚にも対抗しやすい。放置すれば官僚内閣が誕生する恐れもあったからである。結果的に山本内閣はシーメンス事件で総辞職した。この間，桂が構想した新党が立憲同志会（加藤高明総裁）として発足した。

　政権運営には衆院に多数勢力をもつ必要があると改めて認識した元老たちであったが，山本の後継を容易に決められなかった。最終的に井上がジャーナリストに評判の良いことから大隈を推薦したことで後継首相に決まり，立憲同志会の加藤が副総理として内閣を支えた。政権誕生後に貴族院から支持がえられなかった大隈は，議会終了後に辞任することを条件に山県の助力を得て議会を乗り切った。その後，大隈は加藤を自分の後継にと画策したが失敗した。

　天皇は山県に大隈の後継首相を下問し，元老協議の上で寺内正毅に決まった。だが第一次世界大戦中のため準備はすでに進められていた。加藤友三郎海相以外は全閣僚が山県系であった。1917年秋から病気を理由に辞意を漏らしていた寺内は米騒動をきっかけに1918年9月内閣総辞職した。なお自分への大命降下を期待していた加藤は，寺内内閣誕生の翌日，立憲同志会を解散し憲政会を結成した。

　米騒動を契機として原内閣が誕生したことは周知のことだが，一般的に考えられているのとは異なり簡単に原に決まったわけではない。後継は原しかいないと多くの高官たちが認めていたが，元老会議では山県が中心となって一致して西園寺を推した。しかし西園寺が天皇の組閣命令さえも断ったので，山県は原に西園寺の説得を依頼した。それでも受けなかったので原を指名し，陸海相以外の全員が政友会員である内閣が成立した。この内閣期に宮中某重大事件により山県の権威は大幅に低下した。その後，原が暗殺され，それが政変をもたらすことや，ワシントン会議前の政権交代を避けたいとの意向から同じ政友会の高橋是清が閣僚を引き継ぎ組閣した。同内閣期に大隈と山県の2元老が死去し，次期首相を選ぶ際の新方式が模索された。天皇から後継首相を下問された松方は，清浦奎吾枢密院議長と首相経験者で唯一存命の山本の意見を聞いて決定しようとした。山本を

第2部　デモクラシーと議会政治

将来元老にするための薩摩派による布石だとされるが，山本は自分が関わる問題ではないと参加しなかった（永井 2003：181）。そこで松方と清浦が協議して，加藤友三郎を推すこととし，加藤高明を次善の候補とした。結果的に，政友会が貴族院の研究会とともに加藤友三郎内閣を支えることになった。

　その後，病気悪化が伝えられた加藤友三郎の後継をめぐり憲政会では憲政の常道を唱えるなどの動きがあったが，松方から自らの病気を理由に後継首相の選定を一任された西園寺は公正選挙と財政整理実施のため山本を選んだ。この点に関し永井和は，西園寺は山本が宮中に入ることを望まず，薩摩系の山本が元老となることを阻止するためにあえて首相にしたのではないかという（永井 2003：186-188）。いずれにせよ山本は「人材内閣」（官僚派と薩摩閥から閣僚を選ぶため必然的に超然内閣）を志向し，その準備中に起きた関東大震災により組閣作業が進捗した。

　虎の門事件の責任をとって総辞職した山本を引き止められなかった元老たちは，予定されている総選挙を公平に，また皇太子の結婚式を政争がない状況で行おうとし，最終的に平田東助内大臣が清浦を担ぎ出した（第2次山本内閣の時から内大臣の意見を求めるようになった）。その組閣途中で第2次護憲運動がおこり，第15回総選挙では憲政会ら護憲派が勝利したため，清浦内閣は総辞職した。

（5）　第1次加藤高明内閣から犬養毅内閣（1924年6月11日～1932年5月16日）

　憲政会と政友会の二大政党が「憲政の常道」論に基づいて政権交代したとされる政党内閣期。元老が政党政治を容認せざるを得なかった時期でもある。男子普選が実現したことで有権者数が倍増した一方で，政党による疑獄事件や選挙腐敗が多発した。元老は西園寺一人だけとなり，彼の死去後の首相選出方法をどうするかが改めて模索された。

　護憲派が勝った第15回総選挙の結果を踏まえて，摂政宮から直接下問を受けた（永井が言う元老・内大臣協議方式）平田内大臣が西園寺と諮り加藤政友会総裁を指名した（松方は病気だった）。決定までに多くの候補者が挙がった。政権から離れること「苦節十年」の憲政会を中心に護憲3派で組閣し，主要閣僚を憲政会系が占めた。加藤組閣の翌月に松方が死去し，元老は西園寺だけとなった。1925年4月には田中義一が政友会総裁に就任している。なお第1次加藤内閣は税制整理案をめぐる閣内対立から総辞職にいたったが，政権は野党の憲政本党に行かず，再び加藤に組閣の大命が下った。だがほどなく加藤は急死し，その死亡当日（1926年1月28日）に内相若槻礼次郎が臨時代理総理となり，翌日には憲政会総裁に就

任した。そして30日には西園寺の指名により若槻が加藤内閣の閣僚を引き継ぎ組閣した。政権基盤が脆弱で閣僚の入れ替えができなかった。なお若槻内閣は台湾銀行を緊急勅令で救おうとしたところ枢密院の反対にあい総辞職した。

　若槻内閣が総辞職した夜，京都にいた西園寺の元へ侍従長が遣わされ，その西園寺の意見を踏まえ政友会総裁の田中義一内閣が成立した。じつは憲政会も憲政本党もともに，自党に政権がくると思っていた（山本 1980：206）。このことは「憲政の常道」が自明のものではなかったことを示している。ではなぜ田中が選ばれたのか。雨宮昭一は護憲三派内閣の内側からの反動，反幣原外交，統帥権独立制度を堅持した政党政治，大正デモクラシーへの反動を指摘し，伊藤之雄は憲政の常道，および田中の良識と陸軍への影響力を挙げている（伊藤 2010：276）。いずれにせよ，政権交代の理由は憲政の常道だけではなかったのである。その田中内閣は張作霖爆殺問題で天皇の信を失い総辞職する。

　田中の後継首相は浜口雄幸になった。野党の憲政会と，政友会から分離した政友本党が合併し1927年6月に浜口が総裁となって立憲民政党が結党されていた。浜口内閣の誕生は一見すると，憲政の常道が理由のようにも見えるが，田中内閣に国民が飽き，代わりが求められていた。民政党以外に選択肢はなかった。少数与党で発足した浜口内閣は総選挙で安定政権を築いたが，浜口が狙撃され入院した。与党内で後継総裁が模索された結果，若槻が民政党総裁に就任し，浜口の延長内閣として第2次若槻内閣を発足させた。関東軍をコントロールするため他党を加えた協力内閣を志向したが，反対論のため閣内不統一で総辞職した。

　その後継は犬養毅内閣であった。田中義一死亡後の1929年10月に犬養は第6代政友会総裁に就いていた。多発する疑獄事件等で評判が悪い政友会が名誉挽回をしてくれそうな人物として迎えたが，名目上の党首だった。興味深いことに，西園寺が犬養を選定するにあたり，秘書の原田熊雄に数回にわたり「どうだろう」と尋ね，重臣たちの反応を確かめるよう命じている。まわりの論評を求めたのは初めてであった。憲政の常道で自動的に決められたのではないことがわかる。総選挙で圧勝するが5.15事件で犬養が殺害され，政党内閣期は終焉を迎えた。

（6）斎藤実内閣から米内光政内閣（1932年5月26日～1940年4月16日）

　5.15事件を契機に軍部に配慮した挙国一致内閣が志向され，同時に西園寺が首相選定の中心ではいられなくなり，多様な勢力を結集する必要が生じた。また選挙粛清運動を展開しなければならないほど贈収賄が横行していた。

天皇の「ファッショに近きもの絶対に不可なり」の発言を踏まえ西園寺は，政府高官や首相経験者らに意見を聞いて，海軍出身者で，しかも陸海軍から反対がない，リベラルな斎藤実を選んだ。その後継首相には，斎藤の推薦をもとに元老・内大臣・重臣が協議して，同じ海軍出身の岡田啓介がなった。2.26事件後に軍の存在感は一段と増大した。西園寺が近衛の担ぎ出しに失敗した段階で，林銑十郎首相が推す杉山元陸相が後任になりそうになった。陸相が総理になることに反対だった西園寺は木戸幸一内大臣に近衛を説得させ，その結果，天皇の大命を2度断るのは臣下の道ではないと近衛は受諾した。近衛の後継は多くの閣僚が留任した平沼騏一郎内閣であったが，独ソ不可侵条約締結をきっかけに退陣した。陸軍出身の阿部信行は候補者が消去法でいなくなった結果決まり，その後任の米内光政は湯浅倉平内大臣の担ぎ出しによる。湯浅は首相経験者らの意見を聞いて，西園寺の承諾を得たのだった。

3　政権交代のアクター

(1) 首相を選ぶ元老・重臣

　第2次伊藤内閣時に後継首相を誰にするかとの天皇の下問に対し元老が奏請する慣例ができて以降，総選挙の結果ではなく，奏請に基づき天皇が任命する体制が確定した。ほとんどの元老たちが，予算や法律成立のために，つまり議会運営上，政党の協力が必要であることを認識していたものの政党政治が展開されることを望んでいなかった。初の政党内閣である隈板内閣，元老伊藤が組閣した第4次内閣，「情意投合」と呼ばれた桂園時代の西園寺内閣，平民宰相の原敬内閣，第2次護憲運動以降の政党内閣期も，元老らがそれらに政権を委ねたのは，他に選択肢がなかったからである。また国民の怒りや不満に対応する際も政党の力が必要だった。日露戦争をきっかけとした増税，および男子普選制度の制定によって有権者数が増大するにつれて，政党の必要性は政党側にも官僚側にもいっそう強く認識された。だが，高官たちは一枚岩ではなかった[9]。薩長二大勢力の均衡と対立の中で，自派に有利になるように政党と関係を結ぶこともなされた。

　次に憲政の常道論の実態と，元老西園寺による首相選定過程について見てみる。
　「憲政の常道」は政党内閣期以前から使われていた言葉である。だからこそ政党政治家たちは政権党が政権を手離せばそれが自党に来るのを待っていた。しかしいま見たようにどの政党も次は自党に政権が来ると考えていたのだった。そこ

には常道も原則もない。常道論は政治的レトリックにすぎなかったことがわかる。元老たちは政党政治を議会運営上認めても積極的に推し進めることはなかった。これに関連し岡義武は，西園寺は原，高橋の政党内閣成立に協力したが政党内閣方式で立憲政治を運用しようとは考えていなかったと指摘する（岡 1990：264）。そもそも原内閣誕生の背景には，いったん西園寺内閣を作り，それが失敗することを見越して，その後に官僚派内閣を作ろうとする山県の陰謀だと見込んだ原の工作があったとされる。また岩淵辰雄は，第1次加藤内閣の直前，高橋内閣の後，加藤，山本，清浦と3代続けて非政党内閣が成立したことは，元老が憲政の常道を認めていなかったからだと指摘する（岩淵 1941：5-6）。

ところで，その岩淵も加藤内閣以降の政党内閣期の状況を憲政の常道だと考えていた。西園寺に関する近年の研究も「憲政の常道」が存在したと論を展開しているものがほとんどである。他方で政権交代に際して西園寺が果した政治的役割を評価するものの，岡や升味準之助のように，約言すれば，憲政の常道は偶然の産物であったとの評価もある。筆者は以上に概観した歴史的展開を踏まえて，元老が望んでいない政党政治が成立した点に着目し，岡や升味らに賛同する。

ここで西園寺がなぜ自身の後継となる元老をつくらなかったか，また自分の死後の首相推薦手続をどう考えていたかについて簡単に触れておく。それは，その後の政権，さらには政権交代のありようを規定するものにほかならない。

次期首相を実質に決める元老会議の中心は，明治維新を達成した後に参議になった者たちであった。西園寺が元老になるのは1912年12月のことで，自らの第2次内閣の時のことであった。彼はその10年以上前，第1次桂内閣誕生を決める会議に山県，松方，西郷，井上の4元老と共に出席しているが，その場にいただけだと思われる。その後，元老たちが次々に死去していく過程で西園寺はその役割を確立していった。高橋内閣の時に山県が死亡し元老は松方と西園寺だけとなったが，どちらか一方が病気のことが多かった。そして第1次加藤内閣期に松方が死去した。これ以降の総理大臣推薦制度の変遷については永井の研究（2003）に譲り，ここでは西園寺の言動だけを見る。松方の死後の1924年8月30日に平田内相が西園寺に以下の伝言をした。御下問範囲拡張に関しては「日本としては矢張り日本式で行かねばならぬ」。「西公は頗る公平な方で，而して何等注文がましき事抔はせられず」，「元老は西園寺公を限りとし，将来は置かぬが宜し，原が居れば別だが，種切れなり」。「清浦の如く政党を無視しては駄目だが，政党を尊重して無視せず，有視してやれば，この次は中間内閣で宜いと思う」と。この伝言を

後日聞かされた西園寺は「自分は皇室に身を捧げる積りゆえ」一人でやる，中間内閣についても平田と同意見であると表明した（岡・林 1959：229-230）。

政党内閣期に政党人の自らの売り込みや金権選挙を見た西園寺は，1926年10月，摂政宮に自分の死後には内大臣に奏請させるのがよいと言上した。そして30年3月には内大臣欠員の際は宮内大臣が当たる，さらに5月には宮中と府中の別を乱さぬよう内大臣兼任のうえ奉答すべきだと表明している。

以上の奏請制度に関わる言動から，西園寺の「政治的中立」確保に対するこだわりが見てとれる。宮中の人間である内大臣や宮内大臣は，西園寺には自分と同じ皇室を最優先に考えてくれるであろう人物で，仮に恣意的な判断がなされたとしても，府中の人間でないため「政治的中立」を装え，正当性が担保される。本来，政治的選択はそれ自体が政治的行為であって中立たりえない。天皇が最終的に任命する以上，だからこそ「中立を装う」ことが必要である。それが皇室と国家を確実に守る。西園寺の主観では自分自身はそれを公平無私に実践しており（平田内相も認めている）問題はない。だがいまは人材が払底していて後任を見つけられない以上，中立な存在である，もしくは中立を装える内大臣が中心になるべきである。しかし牧野伸顕内大臣から5.15事件後に非常時を理由として重臣を加えることが提案されたので，いくつかの試みが試験的になされたのだった。

（2）選ばれる首相

首相として選ばれる側には，藩閥や政党の政治家，さらには軍人などがある。藩閥政治家は，選ぶ側の意向と一致するはずだと考えられるが，前項に記したように元老たちが一枚岩でない以上，選ぶ側には様々な思惑があった。たとえば第4次伊藤内閣誕生に際し，政党を作ったばかりの伊藤に組閣が命じられたことを徳富蘇峰は，その前年の憲政党結成時に重ね合わせ「大隈，板垣の両首領を推薦し，二人をして慌惶狼狽せしめた当時の状態と酷似している」と感じた。伊藤は体調不良を理由に固辞したが最終的に押し付けられている。伊藤がその後も山県に釈然としない気持ちを抱いた原因だと言う。藩閥間どころか，同じ長州出身者同士であっても様々な思惑があったことがわかる。

ここで，元老が望まなかった，政党人を党首とする政権の例を見てみる。

明治・大正期の代表的な政党内閣としてすぐに挙げられるのは，党首が1回しか会ったことがなく政策の摺合せがないまま政権をとった第1次大隈（隈板）内閣，原が桂内閣協力への見返りに実現させた第1次西園寺内閣，情意投合路線下

の第2次西園寺内閣，米騒動発生後に西園寺を担ぎ出せなかった結果生まれた原内閣，その狙撃後に政権移動を避けるために成立した高橋内閣などである。これらは隈板内閣以外は，原の尽力で獲得されたものである。その原は，村井良太によれば政党間での政権交代を想定していなかったという（村井 2005：7）。つまり原は政党による政治の実現を図ったが，政党間での政権交代する形の政党政治の実現は考えていなかった。たしかに三谷が指摘するように，「少数党の憲政会への次期政権の譲渡を期待するのは非現実的であり」，「後継内閣は（中略）非政党勢力にゆだねる以外にな」かったことも事実である（三谷 1974：23）。なお選ぶ側でもある西園寺が政友会総裁になったのは伊藤からの依頼があったからで，政友会の主義や主張に賛同したからではなかった（小泉 1949：139）。

政党内閣期では第2次護憲運動後の加藤高明指名が例外といえる。奈良岡聰智が指摘しているように，結果論にせよ，総選挙で勝った政党の党首が首相となった戦前唯一の例であった（奈良岡 2006：271）。その後継の若槻は加藤の死後に憲政会総裁になってから首相に任命され，さらにその後継の田中は政友会党首になってはいたが，それは第2次護憲運動で分裂した政友会が党外から迎えた人物だった。持参金300万円と田中が育成した在郷軍人会が持つ魅力，さらにその背後につながる陸軍への影響も期待されたといえよう。その後継の浜口は民政党党首となっていたことで政権が舞い込んだ。西園寺からの信頼も得ていたが，狙撃で重傷を受けたにもかかわらず政友会がしつこく国会へ引っ張り出したことが原因で現職のまま死亡した。その後任は若槻，ついで犬養であった。若槻は憲政会結成に加わり副総裁から昇格した生え抜きである。犬養は相次ぐ政治腐敗で不人気な政友会のイメージアップのために外部から招かれた。

田中も犬養も政党から期待されたものはカネとフダ，あるいはイメージであって，彼らが持つリーダーシップや政策ではなかった。そもそも政策の一貫性を持たない戦前期の政党にとってそれらは重要なものではなかった。党首を外部から迎えることを含めその活動の最大目標は政権奪取で，実現すべき国家像が政党によって描かれたとはいい難い。

4　得られた知見とそれによって見る現状

戦前期の政権担当者選定過程を，元老ら選ぶ側と藩閥政治家や政党政治家，軍人など選ばれる側に着目し，6区分について概観した。分析対象を限定したこと

で政権交代過程が明確になり，今日論争がある諸課題に関して実態が明らかになった。2つの課題に限定して要点を簡単に振り返る。

　元老たち天皇側近は，個々人が，独自で多様な思想と行動によって総理大臣の選定に当たった。だがそうした中にも共通点があった。一つは，皇室と国家の安寧を最優先することと，そのための，天皇大権による組閣命令を維持することだった。もう一つは，政党は望ましくないが，無視できない，ときには頼らざるをえない存在だと認識していた点である。自ら政党を率いた伊藤や西園寺のような「例外」もあるが，西園寺は伊藤の依頼を受けて党首になっただけである。第2世代の政治リーダーが表舞台に出た後も本質的変更はなかった。桂園時代の「情意投合」はじつは桂と元老の間で行われたものといって良い。だからこそ，元老桂へ第1世代の思想と行動が容易に引き継がれた。そうした視点で政党内閣期を見ると，政党内閣は外形的に続いた時期だったことがわかる。元老たちからすれば，次善の策，三善の策として，あるいは結果的に政党内閣を選択したのだった。

　次にこれと同様の考えを持っていた西園寺を見てみる。彼は皇室と国家に尽力することに関しては一貫していたといって良かろうが，その関わり方や言動は，年齢，気力や体力，知識と知恵，さらには政治・社会状況の変化にともなって変わった。升味が指摘したように西園寺がいなければ実現されなかった政治状況がいくつもあることは間違いない。だが彼はそれらを意識的に実現させたのではない。特定の理想はあるにせよ，与えられた状況の中で最善と考えられるものを選択した。本章では具体的に言及していないが，他の元老や内大臣・重臣たちも同様のやり方であった。選ぶ側にも選ばれる側にも日本社会を創造する方向にリードする気運はなく，状況に上手く対処してくれそうな人がそのつど選出された。将来を見据えて長期的な展望の中で問題を展開して解決するより，現状の枠内で問題を「納める」ことが優先されたのだった。

　第二次世界大戦後は，新憲法に「内閣」の項目が盛り込まれるとともに首相に閣僚任免権が付与され，首相権限は戦前よりも強められた。選挙制度や政治資金等の制度変更が強い首相が誕生する機会を生じやすくし，近年は「強い首相」に変化したとの指摘もある。属人的な例外はありえようが，党内ガバナンスや対官僚行動を見る限り，実態はまだまだ「無力な」首相のままといえよう。

　冷戦期には体制選択自体が最大の政策であり，戦前同様に特定の社会をゴールと定めてその実現のために政策的展開されることはなく，政権交代は内部の論理や都合でなされた。冷戦終結後は，ますます体制選択が不要なうえ本質的な政策

選択がなされることがほとんどなく，相変わらず眼前の問題に対処するだけの政治が行われている。危機的状況になっても，実現すべき国家像が無いため，そして首相といえどもコントロールできない政党が，問題を「納める」ことができそうな首相を，数の論理や国民からの支持を集められそうとの期待に基づき次々と選出しているのである。つまり「決められない」首相や政治家であってもすぐに淘汰はされず，資質を向上させる訓練もないため人材が払底しているのである。

注
(1) 先行研究では首相選定にかかわる元老や重臣に関する分析でいくつかの区分がなされてきている。本章ではより広い時代を対象としており，独自の区分とし，第1次吉田茂内閣までの第7期とすることができるが，紙幅の都合で第7期は割愛する。
(2) 1869年7月に実施された太政官制改正直後の人事では，太政官の左大臣に三条実美，大納言に岩倉具視，徳大寺実則（後に，肥前の鍋島直正，公家の中御門経之，正親町三条実愛）が，参議には肥前から副島種臣（後に大隈重信），長州から前原一誠，広沢真臣（後に木戸孝允），薩摩から大久保利通が，後に土佐から佐々木高行，斎藤利行が就いた。こうした事態に対し，ここに挙げた人物をすべて網羅しているわけではないが，若林清は「維新の改革に大功なき肥前は三人を出し，最も維新に功ありし薩州は唯だ大久保一人を出せるを見て，西郷以下の士は大に不平を起して国に帰り，土佐も亦佐々木一人にして肥前人士の威権を縦ままにするを憤り，板垣以下の士も亦皆国に帰れり」と述べ，その怒りが広沢の暗殺事件や薩摩壮士の割腹事件を起こしたと記している（若林1913：31）。
(3) 天皇の諮詢を受ける者たちを元老と呼びならわした。伊藤（1977）は1898年には外務省が外交機密文書の写しを元老の手元に送付する慣例ができたという。その定義に従えば，元老は「薩長を中心とした，明治憲法体制設立の元勲である」（伊藤1977：77-78）。なお本章で言及するように，各期間には時期により，元勲，元老，内大臣，重臣たちが首相（内閣制発足後）選定にあたった。選定に際してメンバー一人ひとりの言動が異なり，また同じ人物でも時代や状況によってその言動は異なっている。
(4) 春畝公追頌会編（1970）『伊藤博文伝』下，原書房，384-389頁。
(5) 山本（1980：64-65）によれば，桂は井上に対し11年1月25日に「政友会の行動は国家将来のためにならない。『小生ハ充分之堪忍ヲ以テ馬鹿ニナリ，無責任之言論ハ聞居候へ共，随分悶入タルモノト不堪憂慮候』」と書き，27日には山県に対し「責任之地位ニ居ラサレハ寸時モ同居ヲ好マサル輩」とも書き送っている。
(6) 三谷太一郎は「政党化された反政友勢力が権力を獲得した」ものが第2次大隈内閣であるとして，「『政友会膺懲』を意図する長州系の元老井上馨，山県有朋の支持を背景に有し，同志会を与党とする文字通り反政友会内閣であった」（三谷1974：22）と指摘する。元老の基本的態度が反政友であることは間違いないが，だからといって反

政友であれば誰でも良いかといえばそうではなく，紆余曲折の末に大隈に決まったことは本文に記したとおりである。

(7) 『日本内閣史録』3，154頁。
(8) 『日本内閣史録』3，254頁。
(9) 『西園寺公望自伝』(1949：139) によれば，西園寺は「あの人たち（元老―小西）は若い時からの親友で，遠慮なしに相談がまとまりそうなものだが，それはそうはゆかぬ。顔色をみて気兼ねばかりしている」と発言している。
(10) 『日本内閣史録』2，294-295頁。
(11) 岡（1990：263-269）。および升味準之助『日本政党史録』5（東京大学出版会，1979年）13頁。岡は，西園寺が原，高橋内閣成立に力を貸したがその後の立憲政を政党政治でやろうと思っていたわけではないという。升味は西園寺の「人格化されたルール」，すなわち人格的な権威があったから憲政の常道が可能だったと記している。
(12) 西園寺は1931年11月に「今にして思えば，木戸，大久保，伊藤，或は加藤高明，やや落ちるが原敬など，いずれもひとかどの人物だった」と語っている（原田熊雄〔1943〕『陶庵公清話』岩波書店，98頁）。自分を総理にするために尽力した原さえも「やや落ちる」人物としていた。
(13) 徳富蘇峰編（1969）『公爵山県有朋伝』下巻，原書房，343-344頁。

参考文献

伊藤之雄（1977）「元老の形成と変遷に関する若干の考察――後継首相推薦機能を中心として」『史林』60(2)，史学研究会。
伊藤之雄（2010）『政党政治と天皇』講談社学術文庫。
岩淵辰雄（1941）『重臣論』高山書店。
岡義武（1990）『近代日本の政治家』岩波同時代ライブラリー。初版は1960年。
岡義武・林茂校訂（1959）『大正デモクラシー期の政治――松本剛吉政治日誌』岩波書店。
笠原英彦（1991）『明治国家と官僚制』芦書房。
笠原英彦（2010）『明治留守政府』慶應義塾大学出版会。
小泉策太郎筆記・木村毅編（1949）『西園寺公望自伝』大日本雄弁会講談社。
永井和（2003）『青年君主昭和天皇と元老西園寺』京都大学学術出版会。
奈良岡聰智（1981）『加藤高明と政党政治――二大政党制への道』山川出版社。
林茂・辻清明（1981）『日本内閣史録』1～5，第一法規。
三谷太一郎（1974）『大正デモクラシー論』中央公論社。
村井良太（2005）『政党内閣制の成立 1918～27年』有斐閣。
山本四郎（1980）『日本政党史』下，教育社歴史新書。
山本四郎（1986）『元老』静山社。
若林清（1913）『大日本政党史』市町村雑誌社。

第3部　デモクラシーと市民社会

第12章　市民参加とガバナンス
―― 市民のエンパワーメント

坪郷　實

1　参加ガバナンスの視点

(1) 市民参加をめぐって

　市民参加は，デモクラシーの核心問題として論じられてきた。しかし，デモクラシーにおいて市民参加をどのように位置づけ，制度や手続きにおいてどのようなものと考えるかは，多様な議論がある。先進デモクラシー諸国における問題点として，選挙における投票率の低下，政党員数の漸減や労働組合員の組織率の低下，世論調査における政治制度への信頼の低下がしばしば取り上げられる。しかし，他方で，世界的に，市民社会部門の新たな活発化が生じ，多様な分野で市民活動が広がっていることが観察される。デモクラシーの現在の問題点を解決するために，先進デモクラシー諸国においても，発展途上国においても，市民活動を基盤にして，政治的意思形成や政策決定プロセスにおける市民参加を重視し，そのための改革ないし市民参加を拡大することが大きな課題として意識されている。この20年ぐらいの間に市民参加のための制度改革や参加の実践が広がり，その代表的事例として，「市民陪審」「計画細胞会議（市民討議会）」「コンセンサス会議」，さらに「（参加型）市民予算」「参加型発展計画」などを挙げることができる。

　本章では，参加デモクラシーに位置付けられる参加ガバナンスの若干の研究動向とともに，いくつかの課題について述べよう。まず参加ガバナンスの視点について述べ，次に市民参加のための制度改革とその実践である「参加イノベーション」と，参加の諸制度の「評価の枠組み」づくりの議論についてみよう。さらに，「エンパワーメントする参加ガバナンス」の重要性と「新しいタイプの専門家」の登場について述べよう。関連して，最後に現在実践されている市民参加の多様なレパートリーについて簡単ながら触れよう。

(2) 参加ガバナンスの視点

　まず，参加ガバナンスの視点について若干の論点を述べよう。「政府からガバ

ナンスへ」といわれるように，これまでの政府部門と市場部門という「公私二分論」を超えて，「市民社会，政府，市場」三部門による問題解決を行う参加ガバナンス論が活発に議論されている。この議論は，参加デモクラシー，特に熟議デモクラシーや，リベラル・デモクラシーの補完としての直接デモクラシーの議論と密接に関連している。ここでは「参加ガバナンス」を，「多様な主体によって問題解決を行うための機会を創出する」ものと定義しよう（坪郷 2006; cf. Kooiman 2002; Grote and Gbikpi 2002）。この場合，ガバナンスの運営において，政府機能の再編を伴うが，政府の重要性は，強調される必要がある。

　第1に，参加ガバナンスの議論が行われるようになったのは，複合的都市型社会の成立にある。サービス化，情報化，IT化，グローバリゼーションの進展により，さらに，家族の多様化，多様な雇用形態の拡大による雇用システムの変容，価値観・生活スタイルの多様化が進行し，社会的排除や新たな貧困が大きな問題となっている。このような新たな政策課題に取り組むために，従来のリベラル・デモクラシーが批判され，市民参加の新たな展開を重視する熟議デモクラシーや直接デモクラシーの議論が行われてきた。

　このような複合的都市型社会において，問題解決を行うには，従来の第一次的人間関係である家族・友人関係を前提にした政府部門と市場部門という担い手だけでは，困難である。そのため，個人を取り巻く領域に新しい動きが生まれ，市民活動やNPO（非営利組織）が地域の課題解決を行う組織として登場する。そして，1990年代後半からは，政府部門でもない市場部門でもない新しい部門を一つのまとまりとして捉える議論が行われるようになり，そのキーワードは，「市民社会」（山口 2004），「第三セクター（ヨーロッパ）」である。この「市民社会」に関する議論は，規範的議論を含んでいるが，これまで別々に論じられてきた市民活動の多様な潮流を，地域における実態に即して相互に関連付け，まとまりのある新たな部門として「市民社会部門」と位置づける実践的課題に関するものである。

　第2に，この市民社会部門を重視する参加ガバナンス論は，市民社会部門の強化のための基盤整備を重要な課題としてあげる。その議論は，同時に，政府部門，市場部門の改革の課題を提示し，とりわけ政府責任を明確にするとともに，三者の新たな役割分担を明らかにするものである。そして，市民社会部門を強化することにより3部門間の新たなバランスを作りだし，デモクラシーのイノベーションを目指している。

市民社会部門の強化のために，新たな政策分野として「市民活動政策」・「第三セクター政策」が成立している（ドイツについては，Klein, Sprengel und Neuling 2013を参照）。これは，日本では「新しい公共」政策として議論されている（坪郷・中村編 2011を参照）。

　三者間の新たなバランスを創り出すためには，それぞれの部門の改革が不可欠である。政府部門は，「公平性」の観点から，市民参加を通じて政策・制度の決定，実施を行い，社会保障のセーフティネットを張り替え，「社会的公正」を実現する政府責任がある。政府改革においては，分権改革が，一方で行政効率化の観点から推進され，他方で補完性の原則に基づき，分権改革による「権限と財源の再配分」と「市民自治」の実現が目標となっている。この分権改革は，まさしく地域政治（ローカル・デモクラシー）における市民参加の取り組みの前提となる論点である。

　市場部門は，「財とサービスの効率的配分」を行うメカニズムであるが，現代的な経済的に機能する市場システムは，社会的観点や環境的観点を組み込むことが不可欠である。たとえば社会的観点に関しては，ワーク・ライフ・バランス政策があげられるし，環境的観点としては低炭素型経済があげられ，これには政府による条件整備が必要である。

　市民社会部門は，「連帯，共感，信頼，革新性，批判性」という特徴を持ち，地域社会において新たな「人と人とのネットワークの輪」を創出する役割を担う。また，デモクラシーの発展や経済発展において，地域におけるソーシャル・キャピタル（「社会的ネットワーク，およびそこから生じる互恵性と信頼の規範」）が重要な役割を果たすという議論が行われている（Putnum 2000; パットナム 2006：14）。市民活動は，その特性から，地域におけるソーシャル・キャピタルを創出し，蓄積する機能を持っている。さらに，市民社会部門と，政府部門や市場部門それぞれとの相互の関係性に焦点をあてるようになっている。しかし，市民社会のダークサイド（Roth 2004）の議論があるように，市民社会は緊張や対立を含むものであり，反社会的活動（国際的テロ組織から税金逃れまで，外国人敵視の団体など）に対する対抗力の構築の問題がある。

　第3に，市民社会組織（NPO，社会的企業，協同組合など）は，公共政策の担い手として，サービス供給の機能を担い，政策提言活動を行う。市民社会組織は，地域における市民の生活実態から生じる政策課題に取り組むことにより，政治社会に対して「批判的革新能力」を持っている。ここから，市民活動は，地域にお

ける福祉・環境・文化教育分野などの市民ニーズに取り組み，必要なサービスを提供するのみならず，必要な制度改革や新たな政策・制度の提案を行う政策提言活動を行うという特質を持つ。こうした政策提言活動の蓄積を基にして，市民の視点からの政策提案を「市民政策」と呼んでいる。なお，課題としてスタッフの充実や資金調達の問題がある。こうした多様な市民活動は，市民のエンパワーメントの場になり，自治体における市民参加の拡大のための基盤整備の機能を果たす。さらに，NPO活動の活発化を基盤にした市民参加の多様な実践のプロセスを通じて，市民活動や市民参加の知識を蓄積した「市民政策専門家」という新しいタイプの専門家が登場している。

2　エンパワーメントする参加ガバナンス

(1) 参加イノベーションとその評価の枠組み

次に，参加デモクラシーや参加ガバナンスからの市民参加をめぐる若干の研究動向をみておきたい。特に，「エンパワーメントする参加ガバナンス」に注目をする。

さて，リベラル・デモクラシーは，選挙による参加と政党間競争による代議制デモクラシーを基本として発展してきた。このリベラル・デモクラシーに対する批判の中から，参加デモクラシーの議論は生まれた。参加デモクラシーは，「より多くのデモクラシーと社会的平等」を求めて，市民の政治決定プロセスへの参加に焦点を当てるようになり，制度改革による参加の機会の増大を行ってきた (Zittel 2007, 9-28)。そして，複合的な都市型社会において政党が十分にその機能を果たせなくなったことにより，NPOや市民活動など市民社会組織の役割が増大している。参加デモクラシーでは，特にユールゲン・ハーバーマスらの「熟議デモクラシー」(Habermass 1992)の議論に焦点が当てられている。

トーマス・ツィテルは，デモクラシー改革の三類型として，リベラル・デモクラシーの補完として直接デモクラシー制度を拡大する拡大民主化戦略，交換コストの削減に注目する費用効率性志向の民主化戦略，市民教育により市民をエンパワーメントする制度的枠組みを重視する統合的民主化戦略について述べている。さらに，近年のEデモクラシーの有用性が指摘されている (Zittel 2007: 16-23)。デモクラシー改革の戦略 (cf. Fung and Wright 2003; Kost 2013) は，リベラル・デモクラシー・直接デモクラシーの議論の流れと，参加デモクラシー・熟議デモ

クラシーの議論の流れとを横断して展開しており，一連の参加制度の改革とともに，デモクラシーの新たな統合的制度設計が不可欠である。

　さて，ブリギッテ・ガイゼルは，熟議デモクラシーと，直接デモクラシーの両方に焦点を合わせ，「参加イノベーション」の三類型論について述べ，この参加イノベーションの評価の枠組みを提起している（Geißel 2013: 8-31）。この「参加（民主的）イノベーション」は，デモクラシーを深化するための制度改革やその実践事例の展開のことを意味する。

　ガイゼルは，この参加イノベーション（Geißel 2013: 9-13, 24-28）を，「協力ガバナンス」「熟議手続き」「直接デモクラシー手続き」の三類型に分けている。第一類型の「協力ガバナンス」ないし「エンパワーメントする参加ガバナンス」の事例としては，例えばフランス，ドイツ，イタリアにおける自治体の予算編成プロセスに市民が参加する「（参加型）市民予算」を挙げている。この「エンパワーメントする参加ガバナンス」は，政府アクターと非政府アクターとが共同で政策決定を行い，権力を市民と選出された代表との間で共有する，そしてそのための市民のエンパワーメントに注目するものである。

　第二類型の「熟議手続き」は，「最低限の議論を伴う情報交換のイベント」から進んで，「十分に組織化された熟議のプロセス」を意味する。この熟議手続きの事例としては，参加者を無作為抽出によって選出し，専門家による情報提供と市民間討議を行い，世論調査で結果を集計する「討議型世論調査」がある。このプロセスは，十分に補充される参加者，包括的な参照資料を基にしたものであり，さらに専門家，ファシリテイター，仲介者の役割が重要である。

　第三の類型は，代表デモクラシーにおける政策決定に対する補完的な形態としての「直接デモクラシー手続き」である。この代表事例は，スイスの直接デモクラシー・モデルであり，レファレンダム制度，市民イニシアティブと市民決定制度などである。この制度の重要な点として明記しておかねばならないのは，それが，議会や政府，自治体議会や市長など政治代表者による「トップダウンから主導する」ものと，市民が「ボトム・アップから主導する」ものとの両方を含んでいることである。

　さらに，彼女は，この三類型に加えて，情報コミュニケーションテクノロジーの発展による技術的側面からの新たな参加の展開に注目し，「Eデモクラシー」が，政治的コミュニケーションと参加を，「より容易に，より早く，より対等に進める可能性」があることに注目している。この事例として，特にスウェーデン

第12章　市民参加とガバナンス

表12-1　参加イノベーションを評価する枠組み

基　準	手続きの内容	可能な指標（例）
参　加	包括的参加	影響を受けるグループや利害関係者の包括的参加，少数者の参加
	有意味な参加	参加者による議題設定のためのオプション，参加者による選択を政策に取り入れる
正統性	認識されている正統性の改善	政治代表や政治システムに対する態度（考え）
熟　議	良質の公共的熟議	合理的討議，人の意見を聞く準備があること，お互いに敬意を払った議論の交換
有効性	有効性の改善	集合的目標の確認，集合的目標の達成，集合的利益に沿った出力
民主的市民	市民の啓発	知識の改善，寛容の改善，公共精神の強化

出所：Geißel（2013: 22）．

　のEデモクラシーをあげている。ただし，現実には，「デジタル・デバイド（デジタルへのアクセスに格差があること）」と言われるように，それがより包括的なものよりもバイアスのかかったものになりうることを指摘している。

　このように熟議デモクラシーと直接デモクラシーの両方の観点からの制度改革とその実践事例の展開は相互に交錯している。規範的議論と実践的議論の両方を念頭に置いた上で，これらの制度改革や実践事例の全体的な見渡しを行うこと，多様な参加制度の評価の問題は，まだ議論が始まったところである。そのため，ガイゼルは，参加イノベーションを評価する枠組みと基準づくりを提起している（Geißel 2013: 13-22）。表12-1のように，ガイゼルは，この評価の枠組みと基準として，「包括的で意味のある参加，正統性と政治的支持，熟議，有効性，市民の啓発と民主的教育」の五点をあげている。ここでそれぞれを紹介する紙幅がないが，例えば，「包括的で意味のある参加」という基準では，選挙への参加（投票率）が低下し，「経済的社会的に弱い社会層」が排除される傾向がある現状に対して，「参加への平等のアクセス」「公共政策（応答性，市民によるコントロール）における市民の影響力を高め，市民の選択を取り入れること」「市民が参加手続きによって政治的決定にインパクトを与えること」を重視する。これとの関係で，前述の協力ガバナンスや直接デモクラシー手続きが注目される（Geißel, 2013, 16-

18)。多様化し，緊張関係のあるグループを含む社会において，参加へのより平等なアクセスを保障する制度を構築し，実践の蓄積をするという課題がある。

(2)「エンパワーメントする参加ガバナンス」

次に「熟議を通じての市民のエンパワーメント」を重視する「エンパワーメントする参加ガバナンス」の議論を取り上げよう。フランク・フィッシャーは，参加ガバナンスのレビュー論文（2012年）で，「参加ガバナンスが，民主的活動，特に熟議の実践活動を強調するガバナンス理論の一変種である」と述べている。そして，彼は，参加ガバナンスに関係する課題や機能として，「市民能力，エンパワーメント，コミュニティのキャパシティ形成という相互に関係する問題」「公共サービスの供給と社会的公平の実現」「権力の再配分を含む政治代表の問題」の3点をあげている（Fischer 2012: 457-458)。

ここでは，第1の論点を取り上げよう。フィッシャーは，参加ガバナンスの実践を通じて，「参加が一般的に知的にも感情的にも市民の人間的発展に寄与すること，参加による市民のエンパワーメントが，進歩的教育カリキュラムの一部であること，熟議プロジェクトが市民個人の発展に影響を与える」ことに注目する。その場合，非政府組織（NGO）は，「貧しい市民や排除された市民の利益や課題のために単に主張する」よりも，「市民が自ら公共政策策定者と交渉する能力を発展させる」ために支援する活動を行う。参加ガバナンスは，「特にコミュニケーション・スキルを促進しうる対話とある種の市民教育のための新しい機会を創出」する。彼は，この論点が，参加ガバナンスにとって決定的な点であると考える（Fischer 2012：459)。

フィッシャーは，「驚くほど高度なレベルの能力を持って参加する」事例として，ブラジルのポルト・アレグロ市における「（参加型）市民予算」とインドのケララ州における「参加型地区発展計画」という二つの参加プロジェクトを引照している。ただし，市民参加や市民活動は，コストを伴い，「時間とエネルギー」を必要とするので，参加がこのコストに見合うかどうかについて，懐疑的な見方の議論もあると指摘している。さらに，直面する問題に集合的に取り組むコミュニティの問題解決能力の発展という意味での「キャパシティ形成」の課題がある。参加ガバナンスは，問題解決のために必要なある種の「ソーシャル・キャピタル」（社会的信頼，互恵性）を共に作るために，コミュニティにおける能力のある市民個人を結びつける。この論点は，分権化の論点とも関係している（Fischer

2012: 459-460）。

　関連して，フィッシャーはいくつかの重要な点を指摘している。まず，政策形成への市民参加に関して，複合的な課題のために困難があるよりも，参加のための民主的制度のデザインにこそ問題があると指摘する（Fischer 2012: 463-464）。次に，彼は，熟議のイノベーティブな実践事例の中の代表的な事例として，北欧やアメリカ合衆国で普及した「市民陪審」と「コンセンサス会議」を挙げ，この熟議のプロセスは，公共政策の重要なテーマに関して高度な市民の熟議を可能にするものであると述べる。しかし，こうした事例は主要に新しい情報と助言（勧告）を与える性格のものである。現在は，この熟議の制度を政府システム（政策決定プロセス）の中に作ることに焦点があてられていると述べる。その中の最も進歩的なプロジェクトとして，先の「（参加型）市民予算」と「参加型地区発展計画」の事例を挙げている（Fischer 2012: 464-467）。

　さらに，注目すべきは，フィッシャーが，こうした参加イノベーションの中から，「参加に関する専門的知識」をもった「新しいタイプの専門家」が生まれ，「市民と専門家の間の熟議」を促進する「新たな市民と専門家の同盟」が発展すると述べている。重要な点は，これまでの専門家が，参加促進のトレーニングを受けておらず，「参加に関する専門的知識」は，「経験的知識と規範的知識の融合」，恐らくローカルな知識が特別な役割を持つことを含む，「知識のハイブリッドな新しい形態」を要求するものであると問うている（Fischer 2012: 467-468）。

　彼は，参加プロセスをデザインし，マネージメントをすることの困難さを考慮すると，「市民参加が稀にしかスムーズに行かない」ことに驚くべきではないと述べている。そして，参加ガバナンスがそれへの期待にもかかわらず，「発展にあたって注意深く考え抜く必要のある複合的で不確実な仕事である」と述べている（Fischer 2012: 469）。

　フィッシャーは，参加ガバナンスが市民のエンパワーメントのための「対話と市民教育」の新しい機会を創出するものであることを決定的な点であると述べる。そして，とりわけ，北米や欧州から世界に普及した参加制度の事例，発展途上国から世界に普及した参加制度の両方を挙げながら，参加が「助言と勧告」の段階から，政府システムにおける参加制度への新たな段階にあることに注目をしている。さらに，参加のための民主的制度のデザインが重要であると指摘している。

3　市民参加のレパートリー

　すでに若干の事例に触れたが，最後に，市民参加の多様なレパートリーについて述べよう。参加イノベーションの事例は多様であり，イギリスやアメリカ合衆国から広がった「討議型世論調査」，デンマークから始まった科学技術政策に関する「コンセンサス会議」，アメリカ合衆国やイギリスから事例が始まった「市民陪審」，ドイツ発の少人数のグループ討議を繰り返す「計画細胞会議」「市民討議会（日本）」（篠藤 2006）などは，無作為抽出による「ミニ・パブリックス」（篠原 2012：vii-viii，242-245）と呼ばれる。さらに，ブラジルのポルテ・アレグロとニュージーランドのクライストチャーチから始まりヨーロッパに広がった「（参加型）市民予算」，インドのケララ州における「参加型発展計画」，カナダのブリティッシュ・コロンビア州における「（無作為抽出による）選挙制度改革市民議会」と「州民投票」の組み合わせなどの事例がある。すべてを網羅したものではないが，参考までに表12-2「市民参加のレパートリー」を挙げておこう（Nanz und Fritsche 2012）。日本においては，前述の「計画細胞会議」の日本版である「市民討議会」が，市町村自治体レベルで実践されている。さらに，民主党政権期に「2030年代に脱原発稼働ゼロ」の閣議決定が行われたが，その際に「討議型世論調査」が実施されている。

　市民参加のレパートリーは，機能や手法においても多様化している。機能の多様化，取り上げるテーマの多様化とともに，政府・自治体・行政官庁・企業・団体・NPO等主催者の多様化，「自己選抜方式」か「社会構成を反映する無作為抽出方式」か，大量参加方式か「小規模グループによる熟議の方式（ミニパブリックス）」か，「無作為抽出方式とミニパブリックス」へのシフト，テーマに適合した参加制度を利用すること，複数の熟議の制度を適切に組み合わせること，さらに，熟議の参加制度と市民投票・国民投票の組み合わせ，政府への助言・勧告か政府システムにおける市民参加による決定か，など多様な展開を見せている。

　最後に，市民参加をめぐる議論においては，デモクラシーの基本問題である次の問題が常に議論されてきたことを述べておきたい。これまで繰り返し議論されているように，第1に人間像をめぐる議論，第2に規範性と実践性の複眼的視点の必要性，第3に有用性と実現可能性のジレンマである。人間像については，参加の動機付けとも関連しているが，合理的選択をする人間像に立つか，熟議によ

第12章　市民参加とガバナンス

表12-2　市民参加のレパートリー

手続き名	機能	テーマ	規模 選抜方式	期間	事例
国民的課題フォーラム	個別利用／個人能力の研修	社会的に重要な問題についての情報の仲介	10～20人の小グループ 自己選抜	1～2日	USA
評価調査	〃	長期的目標や措置を発展	10～2,000人 自己選抜・無作為抽出・代表選抜	通例1日、必要に応じて数日	主にUSA、英国
ワールド・カフェ	〃	ローカルから世界的問題まで、組織・経営内問題	12～1,200人 自己選抜	20～30分毎の対話ラウンドの継続	主にUSA、英国、欧州諸国
討論型世論調査	世論や社会への影響力／政策決定者への助言（勧告）	多様な公共問題	300～500人 無作為抽出（基準に基づき）	数週間、情報提供の前後にアンケート調査	世界、主にUSA
オープン・スペース会議	〃	多様なテーマについてアイデアや提案を収集	20～2,000人 自己選抜	1～5日	世界、主にUSA、ドイツ
市民鑑定書／計画細胞会議（市民討議会）	〃	具体的な地域問題、計画課題	100人（25人の4グループ） 無作為抽出	1～5日／最低2日	主にドイツ、欧州
市民陪審	〃		12～16人のグループ	4日	USA、英国
市民審議会	〃	具体的な地域問題、計画課題	8～12人 無作為抽出	数ヵ月～数年	オーストリア
コンセンサス会議／市民会議	〃	争点となっている公共課題	10～30人 無作為抽出	3日間会議、2回準備会合	主にデンマーク、欧州諸国
調停	〃	争点となっている公共課題	10～100人 代表選抜	1～2日、数ヵ月～数年	主にドイツ、欧州諸国
現実のための計画立案	〃	具体的な地域問題、計画課題	限定なし 自己選抜	数ヵ月～数年	主にイギリス、ドイツも
シナリオ・ワークショップ／シナリオ会議	〃	未来シナリオ	複数グループ（25～30人単位） 代表選抜	1～3日単位、あるいは複数会合	主に欧州
未来会議	〃	未来の発展	64（36, 49, 81）人 代表選抜	2～3日	主にUSA、英国、ドイツも
未来公房	〃	未来の発展	5～200人 自己選抜	2～3日	ドイツ語圏、特にオーストリア
市民パネル	〃	地域政策のための意見調査	500～2,500人 無作為抽出	数ヵ月～数年（年3～4回）	主に英国、ドイツも
シャレット（デザイン・シャレット）	〃	具体的な地域課題、計画課題	自己選抜、代表選抜など	最低4日	主にUSA、ドイツも
21世紀タウン・ミーティング	直接的決定	地域発展政策への決定ないし反応	500～5,000人、10～12人の小グループに分ける 代表選抜	1日	主にUSA
（参加型）市民予算	〃	自治体財政（全体ないし一部）	100～2万人 自己選抜	1日～数年	世界、主に南米、欧州

出所：Nanz und Fritsche（2012: 44, 84-85, 121）を基本にして作成。

り市民がエンパワーメントするという対話と市民教育を重視する人間像に立つかである。これは、参加のためには費用便益分析が重要であると考えるか、参加を通じて市民がエンパワーメントする機会を持つと考えるか、である。第2の規範性と実践性の複眼的視点から、参加の統合的デザインをすることが重要である。これは、第3の点と関係するが、制度改革には、「有用性と実現可能性のジレンマ」が伴うが、なおさら参加のデザインが重要になる。これらの課題をすべてブレークスルーすることは簡単ではないが、困難な点を伴うものの可能性のある課題である。

参考文献

篠藤明徳（2006）『まちづくりと新しい市民参加——ドイツのプラーヌンクスツェレの手法』イマジン出版。
篠原一編（2012）『討議デモクラシーの挑戦——ミニ・パブリックスが拓く新しい政治』岩波書店。
坪郷實（2007）『ドイツの市民自治体——市民社会を強くする方法』生活社。
坪郷實編（2003）『新しい公共空間をつくる——市民活動の営みから』日本評論社。
坪郷實編（2006）『参加ガバナンス——社会と組織の運営革新』日本評論社。
坪郷實編（2009）『比較・政治参加』ミネルヴァ書房。
坪郷實・中村圭介編（2011）『新しい公共と市民活動・労働運動』明石書店。
山口定（2004）『市民社会論——歴史的遺産と新展開』有斐閣。
Fischer, F. (2012) "Participatory Governance: From Theory to Practice," in: Levi-Faur, D. (2012) *The Oxford Handbook of Governance*, Oxford University Press (paperback 2014), pp. 457-471.
Fung, A. and E. O. Wright (2003) *Deeping Democracy: Institutional Innovations in Empowered Participatory Governance*, Verso.
Geißel, B. (2013) "Introduction: On the Evaluation of Participatory Innovations," in: Geißel, B. and M. Joas (eds.) (2013) *Participatory Democratic Innovations in Europe. Improving the Quality of Democracy?* Barbara Budrich Publishers, pp. 8-31.
Habermas, J. (1992) Faktizität und Geltung, Suhrkamp (=2003, 河上倫逸・耳野健二訳『事実性と妥当性——法と民主的法治国家の討議理論に関する研究（上）（下）』未來社).
Klein, A., R. Sprengel und J. Neuling (Hrsg.) (2013) *Jahrbuch Engagementpolitik 2013. Staat und Zivilgesellschaft*, Wochenschau Verlag.
Kooiman, J. (2002) "Governance: a Social-political Perspective," in: Grote, J. R. and B. Gbikpi (2002) *Participatory Governance*, pp. 71-96.
Kost, A. (2013) *Direkte Demokratie*. 2. Auflage. Springer VS.

Nanz, P. und M. Fritsche (2012) *Handbuch Bürgerbeteiligung. Verfahren und Akteure, Chancen und Grenzen,* Bundeszentrale für politische Bildung.

Nève. D. de und T. Olteanu (Hrsg.) (2013) *Politische Partizipation jenseits der Konventionen,* Verlag Barbara Budrich.

Putnam, R. (1993) *Making Democracy Work: Civic Traditions in Modern Italy,* Princeton University Press (=2001, 河田潤一訳『哲学する民主主義──伝統と改革の市民的構造』NTT出版).

Putnam, R. (2000) *Bowling alone,* Simon & Shuster (=2006, 柴内康文訳『孤独なボウリング──米国コミュニティの崩壊と再生』柏書房).

Roth, R. (2004) "Die dunklen Steiten der Zivilgesellschaft," in:Klein, A., K. Kern, B. Geißel und M. Berger (Hrsg.) (2004) *Zivillgesellschaft und Sozial Kapital,* VS Verlag für sozialwissenschaften, S. 41-64.

Zittel, T. (2007) "Participatory democracy and political participation" in: Zittel, T. and D. Fucks (eds.) (2007) *Participatory Democracy and Political Participation. Can participatory engineering bring citizens back in?* Routledge, pp. 9-28.

第13章 少子高齢社会を踏まえた比較福祉の方法
―― 日仏比較研究を手掛かりに

久塚純一

1 比較福祉の留意点

　私たちが実践している社会保障の国際比較とはどのようなものなのであろうか。1990年代初頭，テキストとしての『比較福祉論』を執筆するために簡単な調べ物をしてみた。明らかになったことは，国際比較や海外の紹介としてなされている国や地域に著しい偏りがあるということであった。世界に200近い国や地域がありながらも，扱われている国や地域の上位10の合計で80％を占めているということである[(1)]。私たちのなしている比較という作業の多くは，暗黙のうちに了解された所与の前提を基盤としているのではないか？

　このようなことを考えながら，社会保障についての日仏比較を例に取り上げ，「比較の適切性の確保」や「安易な方法に陥りやすい箇所」を選び出して，比較という作業を実践するにあたっての留意点を提示することが本章の目的である。ただし，紙幅との関係で，①比較の妥当性，②概念・翻訳・抽象化，③比較のための「時間軸」，④比較の着眼点と論じ方，⑤比較における「歴史的経緯」，⑥比較のための圏域，という諸点を念頭に論じることにとどめる。

2 「比較の妥当性」と「概念・翻訳・抽象化」

(1)「高齢化」という題材

　フランスで，シモーヌ・ド・ボーヴォワール（Simone de Beauvoir）の『老い』（"La Vieillesse" Editions Gallimard）が出版されたのは1970年のことである。『老い』と題する日本語訳版（初版1刷）が上・下2巻で人文書院から出版されたのはその2年後，1972年のことである。そのころのフランスは，65歳以上人口がすでに12％を超えていた。同じ頃，日本において，有吉佐和子著の『恍惚の人』（新潮社）が出版された。1972年のことである。当時の日本の65歳以上人口は7％をようやく超えたばかりであった。ボーヴォワールと有吉佐和子が，それぞれの

観点から「高齢という状態」や「高齢者」についての作品を著してから40年以上が経過した。「高齢化」を題材とした場合、日仏比較はどのようなテーマを与えてくれるであろうか。

(2)「比較の妥当性」について

　日仏の高齢・高齢者についての情報のなかから、①両国の間で類似性が極めて高いと思われる事柄と、②非常に異なると思われる事柄をうまく見つけ出せれば「比較の妥当性」はある程度確保される。

　類似性が極めて高いと思われる事柄の例としてあげられるものは、両国とも平均寿命が長いことである。日本においては、男性79.94歳、女性86.41歳（2012年簡易生命表）であり、フランスにおいては男性78.7歳、女性85.0歳（2013年推計）である[(2)(3)]。そして、両性の間にみられる平均寿命の差が大きいことも共通している。もちろん、両国とも女性の方が長生きである。日本においては、この開きが1960年代中頃は5歳程度でとどまっていたが、フランスでは、すでに7歳程度の差に達していた。1990年代後半以降は、両国とも男女間の寿命の格差は一貫して7歳から8歳程度である。さらに、この差が高齢になった時点での余命についても縮小しないことも両国において共通してみられる。

　日仏間で非常に異なると思われる事柄の例としてあげられるものは、高齢化のスピードである。65歳以上人口が7％を超えてから14％に達するまでに要した時間は、日本においては24年間（1970-1994年）であるのに対して、フランスは115年間（1864-1979年）である。日本の早さとフランスの緩やかさは世界の中でも際だっている。

　類似している現状がありながらも、その状態に至るまでに要した時間の差が大きいことから、「高齢化」についての日仏比較という題材は、①「政策化の必要性」の強度と、②「政策化される以前から存在していた制度の温存の必要性」の強度との関係が、両国の制度的差異を生み出していることを想像させる題材ということになる。

(3)「高齢者介護の制度」について

　フランスにおいても日本の介護保険のような制度は存在する。個別自律手当（L'Allocation personnalisée d'autonomie; APA）がそれにあたる。個別自律手当は、2002年1月1日以降、すべての要援助の高齢者に対応するものである。県によっ

て管理される手当の額は，同一の所得で同一の自律の度合いであれば，居住地問わず同額である。財源は，CSG（一般福祉税）によるものと，社会保障金庫の高齢者を対象とした社会活動基金とされている。APAの前身は，1997年1月24日の法律-第97-60号によって創設された介護特別給付（La Prestation spécifique dépendance：PSD）である。PSD創設に至るまで，数多くの法案が作成され，紆余曲折している。フランス版介護保険ともいえるPSDは，日本において介護保険法が制定された時期（1997年・法123号）と同時期に，隣国ドイツの後を受けてようやく日の目を見ることとなった。ただ，あまり評判がよくなかったことから現行のAPAにとってかわられた。[4]

「高齢者介護」に関する制度についても，日仏ともにドイツの影響を無視できない。ただ，制度創設以前の日仏での状態に相違があったことから，日仏で異なる結果が生じた。フランスについていえば，無視できないのは，早い時期から活用されていた古典的な方法である。高齢者自身とヘルパーの間で締結される「契約」をベースとした制度で，今日でもAPAと併存している。「契約」によって，高齢者がヘルパーの雇用主となる形であることから，雇用主である高齢者は最低賃金を守らなければならないし，社会保険の保険料についても事業主としての義務を負うこととなる。（事業主として位置付けされる）高齢者がヘルパーに支払ったものについては，税制上は，高齢者の所得についての課税対象から控除される部分もある。「国の介入による介護の制度化」のありようについて，日仏の間で異なる結果を生じさせたのは，以前より存在していた「私的な契約」を基盤とする制度のありようということになる。[5]

（4） 「概念・翻訳・抽象化」について

比較の対象となる諸国の制度を「比較を試みる者の言語」に置き換えるという作業は国際比較に不可欠である。比較の対象となる日仏の制度それ自体は，常に（単なる事実のような）「固有名詞的存在」である。「固有名詞的存在」同士を比較するためには，「普通名詞化」することが不可欠である。すなわち，比較しようとする対象物を「意味」付与されたモノとして表現することを目的として＝表現しようとしているものが「いったいどのようなものなのか」がわかるように＝「固有名詞的存在（A）」と「固有名詞的存在（B）」をともに代弁しうるスケール＝抽象化作業＝を用いて「普通名詞化」することが求められる。

フランスにおける高齢者のための施設であるロジェマン・フォワイエ（Logememt-foyer）を例にとってみよう。「固有名詞的存在」であるlogememt-foyerを普通名詞化するとしたら，「40年ほど前から増加し続けている施設で，原則として65歳以上の者が入所するものである。ある程度の自立した生活が可能な高齢者に，適切な住居を確保する目的をもっているものとして位置づけられている。典型的なものは，独立した住空間，共同の空間，そして集団的サービスのための空間を有している」となる。入所高齢者数の日仏比較をする場合，フランスの「固有名詞的存在（A）」を日本の「固有名詞的存在（B）」に対置しなければならない。とはいっても，日仏の「何」と「何」を対置させればよいのだろうか。

3　「比較のための時間軸」と「比較の着眼点と論じ方」

（1）「少子化」という題材

　「少子化」に関して，現代日本でなされている議論はきわめて特徴的である。それは，「私的な事柄」だとされていた「婚姻・妊娠・出産」について，「国が関わる事柄」に変容させることの重要性を力説する。官邸の「少子化危機突破タスクフォース」でなされている議論をめぐるやりとりもそのようなものである。[6]

　［006/007］183-参-内閣委員会-5号（平成25年05月09日）
　〇蓮舫君　極めて他力本願という姿勢が今日は非常に残念なんですけれども，こうした妊娠とかあるいは様々なそれにまつわる知識を女性がしっかりと知るということの大切性を私は否定はしていません。ただ，他方で非常に危険なのは，全女性を対象にするというのが極めて固定的な役割を女性に押し付けかねない。女性は産むというのが大前提になるような手帳になるんだったら，私は大反対です。
　　全ての女性に対してこの手帳を配付するということで議論は進んでいるんですか。
　〇国務大臣（森まさこ君）　今，蓮舫議員が質問で，全女性に配付するということだったら反対ですとおっしゃいました。全女性に，つまり女性だけに，しかも手帳という形式も決まっておりませんし，配付するということも何も決まっておりませんし，その見ておられる資料にも，女性だけにとか全女性にというふうには書いてないと思います。そのようなことが報道の記事に載っておりますが，報道の記事だけを基に質問をされること自体が私は他力本

願だと思います。しっかりと政府の施策を確認した上で質問をしていただきたいと思います。私どもも，男女共にこの卵子の老化の事実，高齢妊娠・出産の危険性を，知識を知ることが大切だと思っています。世界の中で，この知識を知っている，日本の知識普及率が最低でございます。女性が体を守るためにも，男性が大切な女性の体を守るためにも，この知識としてはみんなで共有していくことの大切さを私たちのチームは認識をしているということです。

　「少子化」への対応の基本的方向性は，2013年6月7日の「少子化社会対策会議決定」（少子化危機突破のための緊急対策）に示されている。それは，「1．我が国は，社会経済の根幹を揺るがしかねない「少子化危機」とも言うべき状況に直面している。2．少子化対策を「新たなステージ」へ高める観点から，『少子化危機突破のための緊急対策』に早急に取り組む必要がある」とされ，「基本方針」として，「これまでの少子化対策は，「子育て支援」と「働き方改革」を中心に取り組んできており，『子ども・子育て関連3法』の成立や『仕事と生活の調和（ワーク・ライフ・バランス）憲章』の策定などを進めてきたが，待機児童解消や，長時間労働の抑制等をはじめとして更なる強化が必要となっている」，「一方，個人の希望の実現という点で政策ニーズが高く，出生率への影響も大きいとされている「結婚・妊娠・出産」に係る課題については，これまでの取組は弱いのが現状である」とされる。【緊急対策の柱――「3本の矢」で推進】として，〈1〉「子育て支援」の強化，〈2〉「働き方改革」の強化，〈3〉「結婚・妊娠・出産支援」を対策の柱として打ち出すことにより，これらを『3本の矢』として推進する」というものである。なお，2013年6月7日の「少子化社会対策会議決定」(7)（少子化危機突破のための緊急対策）については，2013年度少子化の状況及び少子化への対処施策の概況（「少子化社会対策白書」概要〈HTML形式〉）より引用したものである。(8)

（2）「比較のための時間軸」について

　「少子化」をテーマとした際によく取り上げられるものが日仏の合計特殊出生率の差である。日本のそれは1.39（2011年）であるのに対して，フランスのそれは2.00（2010年）であり，1990年の1.78と比べると微増しているとされる。このようなデータを前にしたときに多様されるものが「家族手当」の日仏比較という

ことになる。

　フランスの「家族手当」は，事業主が私的に実施していたものを1932年に制度化したものであり，当初は人口政策的色合いの濃いものであった。さらには，その後のヴィシー体制下におけるイデオロギーと結合する経緯を有しており，第二次世界大戦前・戦時下のフランスの事情を反映したものである。①「現代日本の状況」と「昭和19年の日本の状況」を対置させ（時間軸），②さらには，「現代日本の状況」に対応するために参照される「（現代）フランスの制度」を対置する（空間軸）を設定すれば，さらに興味深いことが浮き彫りになる。

　指摘できることは，「現代日本の制度化」と「昭和19年の日本の制度化」とが極めて似ているということである。それは，A.「伝統的な形態」を維持することの重要性を基盤とし，B.「女性」もその能力を発揮しつつ，C.「婚姻」を推奨し，D.「子ども」の数を増やすということの語られ方の脈絡についてである。「労働者年金保険法」（昭和16年・法60）が「厚生年金保険法」（昭和19年・法21）へと改正される際に見られた「昭和19年の日本の状況」を表している典型的な例を挙げておこう。

　　平井政府委員「…人口増強ノ意味合カラ，其ノ一ツハ結婚促進ノ意味ヲ以チマシテ，女子ノ結婚ニ付テ結婚手当金ノ支給ヲ致サントスルモノデアリマシテ，…（中略）…出産奨励ノ意味合ヲ以チマシテ，遺族年金受給者ニ女子割増金ヲ加給致シタイト考ヘタノデアリマス…」…（中略）…。
　　平井政府委員「…如何ニ女子ガ働カウトスル態勢ガ整ヒマシテモ，受入レ側ニ於テソレダケノ準備ヲシテ下サレナケレバ働カウトスル女子本人或ハ其ノ両親ガ，アレナラ大丈夫ダ，アレナラ進ンデ働カセヨウト云フ気ニナラナケレバ…」…（中略）…。
　　伊藤（東）委員…「我ガ國夫人ノ最大特徴ト申シマスモノハ，家内ヲ守ル，家庭ヲ守ル所デアルノデアリマス，世界ニ誇ル我家制度ハ實ニ婦人ガ家庭ニ獻身シテ居ル點デアリマスコトハ，東條總理大臣モ屡々之ヲ議会ニ於テ強調サレテ居ルノデアリマス…」…。

　「現代日本の課題」を解決する切り札をフランスの制度の中から見つけ出そうという試みは，安易な日仏比較によって達成されるものではない。なぜなら，①「昭和19年の日本における語られ方」と「フランスの家族手当の制度」の歴史的

経緯が類似しているにもかかわらず，②「少子化」についての日仏の異なる数値結果が生じていることのみに着目し，③異なる現実を生み出した要因に気付かないままになされている現代日本における「現代日本についての語られ方」が，依然として1944年の日本における「昭和19年の日本についての語られ方」と酷似しているからである。

（3）制度としての「婚姻」について

「少子化」に関連した日仏比較で考慮に入れなければならないことは，制度としての「婚姻」やカップルについての相違についてである。日本においては，選択的夫婦別氏制度の導入について以下のような発言がなされている状態である。[13]

> [022/035] 176-参-予算委員会-5号（平成22年11月17日）
> ○山谷えり子君　私は，今配偶者控除の廃止を聞いたので，選択的夫婦別氏制度まで聞いておりません。しかし，選択的夫婦別氏制度を含む民法改正が必要であると言い切っているんですね。これ問題ですね。世論調査をしますと，それはおかしいという声の方が多いんです。そして，パブリックコメントでもそっちの声の方が，反対の方が多かったんです。にもかかわらず，私は先日，質問主意書を出しましたら，閣議決定されてきました。夫婦別姓は親子別姓になりますよ，ファミリーネームがなくなるということで，子供の育ちにどういう影響がありますか，結婚制度が弱体化しませんか，いろいろ聞きました。…（中略）…。今守るべきは家族ですよ。社会の最小単位，家族，この愛の共同体をしっかりと応援していく，保護していくことで子供が健全に安心して育っていくことができるんです。全く哲学が違うと思います。
> 　国民は無駄を省いてほしいとは思いましたが，主権，国益，国柄，家族を壊してほしいとは思いませんでした。今国民は気付いています。最初感じた違和感から拒否感，もう暴走はやめてくれ，御先祖様からお預かりしたこの美しい国，美しい国柄，家族，これを壊さないでくれと今悲鳴が上がっているんですよ。もっと謙虚に国民の大きな声に，そして日本のすばらしい土壌，民族性，これに着目したまともな政策を出してください。傲慢だと思いませんか，いかがですか。

このような日本の状態と比べて，フランスでは，民事連帯契約・市民連帯協定

(通称PACS)(1999年)や「婚姻」を異性の人同士によるものに限定しないMariage pour tout (2013年) という具合にカップルについての多様性が制度的に保障されている。制度としての「婚姻」の形を残存させながらも、例外的なことのように見えるPACSを承認し、Mariage pour toutを「婚姻」に内包させるような仕組みを採用しているのがフランスである。そして、婚外子の割合は55.8%（2012年）となっている。また、2012年には、「婚姻」によるカップル（いずれも異性のカップルによる「婚姻」）が約24万件であったのに対して、16万件がPACSによるカップル（うち異性同士によるものは約15万件）であった。さらに、2013年の民法典改正の結果、2013年には、異性のカップルによる「婚姻」が23万1,000件であったのに対して、同性のカップルによる「婚姻」は約7,000件となっている。

(4)「比較の着眼点と論じ方」について

「少子化」に関連した日仏比較は、「家族手当」の充実がフランスでの少子化に歯止めをかけているという観点からなされることが多い。その結果、フランスの「家族手当」が有している「質」として側面を紹介するものは限定的である。しかし、フランスの家族手当について注目すべきは、その「量的な豊富さ」ではなく給付額の算出にあたってのプロセスである。典型的な「情報の使われ方」は以下のようなものである。

　　　[285/340] 174-衆-厚生労働委員会-6号（平成22年03月09日）
　　　○菊田委員　ありがとうございました。現物給付そして現金給付、私は、先ほど古橋参考人がおっしゃったように、どちらも大切だというふうに思っておりますが、先ほど古橋参考人が御提示をいただきました資料、またお話の中で、子育て支援と公的支援、これのGDPとの比率が示されております。…（中略）…そこで、いま一度古橋参考人にお伺いいたしますけれども、この現金給付の大切さについて、ぜひこの場をおかりしまして、どのようにお考えになられているか、国民の皆様にもこの現金給付の大切さについてお話をいただければ大変ありがたいというふうに思います。
　　　（古橋参考人）フランスの場合は、第二子から児童手当が給付されます。月額119.72ユーロで、第三子以降は多子加算がされます。第二子を目指すという意味ではこの支給方法はいいのではないかという声もありますが、実は、次に書きましたように、フランスの場合は、多様な子育て支援ということで、

大きく家族手当という形で子育て支援をしております。
　第一子の場合，児童手当そのものは支給されませんが，胎児から，すなわち，妊娠7カ月目から出生するまでの間，月額859.54ユーロ，これはちょっと年額で2万5,430ユーロの所得制限がございますが，これが支給されています。
　それから，養育費が増加すると見られる11歳から16歳未満までは月額32.36ユーロ，それから，16歳から19歳未満の間には月額57.54ユーロというふうに，加算の形で給付しております。また，乳幼児受け入れ手当ということで，生まれてから，ウエルカムベビーということで3年間支給があります。これは，月収が4,100ユーロの所得制限がございますが，月額171.91ユーロです。また，新学期手当というのが，低所得世帯の6歳から18歳未満の子供に対して，新学期である秋学期のときに，一人当たり273.93ユーロが支給されます。

　重要なことは，フランスの社会保障法典の551-1条が「家族給付の額は，…（中略）…各年4月1日に，たばこを除く消費水準の伸びを考慮して社会保障法典 L. 161-23-1条による委員会によって改訂が行われる算定基礎月額（base mensuelle de calcul）によって決定される」と規定している事実である。各種の家族手当についての額を算出する基礎をなす算定基礎月額は，「2014年の4月以降，前年の403.79ユーロから0.6％増に改定されて406.21ユーロ」となった。その406.21ユーロに，何％かを乗じて各種の手当の額が算出されることになっている[18]。乗じることになる％は，たとえば，家族手当（allocation familiale）についての第二子については32％であるが，それは社会保障法典 Art. D. 521-1などに明文規定されている。2011年の法改正（LOI n°2011-1906 du 21 décembre 2011 de financement de la sécurité sociale pour 2012のArticle 104-1）以前は，「décretによって再評価改訂された算定基礎月額」によって決定されるとされていた。このことによって確保された制度的信頼性や透明性が日仏比較の対象とされるべきである[19]。

4　比較における「歴史的経緯」

(1)「社会保障・社会福祉と民間団体との関係」という題材

　日常生活で生じる「事柄」は，①「ある私人」の「責任」や「役割」で対応を

迫られることもあれば、②「社会」によって解決されるべき「問題」とされることもある。社会保障との関係でいえば、「傷病」や「高齢者の介護」などがそれにあたる。しかし、これらが「私的な責任」によって対応されるものなのか、「公的な責任」によって対応されるものなのかは当初から決められているものでもないし、固定的なものでもない。

（2）「歴史的経緯」について

　「ある事柄」についての「役割」が、「私的」なものから「社会的」なものへと移行する時点でなされた議論は、「社会的に対応される事柄とは、いったい何なのか」ということについての材料を提供してくれる。1938年の「社会事業法」（法59）制定時の議論を手掛かりにしてみよう。

　国務大臣侯爵木戸幸一による法案提案理由の説明は、「……政府ニ於テハ、戦時戦後ニ於ケル社会施設ヲ整備スルノ特ニ緊要ナルヲ思ヒ、是ガ為メ一面社会政策ノ拡充ニ努ムルト共ニ、他面公私社会事業ノ発展ヲ図ルコトヲ期シテ居ルノデアリマス」…「本事業ニ対シマシテハ、皇室ノ御思召ニ基ク御仁慈ハ申スモ畏キ極ミデアリマスガ、國ニ於テモ、地方團体ニ於テモ、年々相当ノ奨励金ヲ交付シテ、其発達ヲ図リ来ッタノデアリマス、併ナガラ其助成監督ノ方法ハ、救護施設、少年教護院、職業紹介所、公益質屋等、特別ニ法律ノ定メアルモノヲ除クノ外、未ダ制度トシテ確立セラルルニ至ラナカッタノデアリマス、随テ一般ノ社会事業ニ付テモ、一層積極的ニ其振興発達ヲ期スル為ニ、是ガ助成及ビ監督ノ方法ヲ制度化スルコトノ必要ナルコトハ……」というものであった。しかし、これに対してなされた古田喜三太の発言は「……凡ソ社会事業ト云フモノハ、地方ニ於ケル名望家、或ハ奇特家ノ手ニ依ッテ行ハレ、而シテ涙ト誠心誠意ヲ以テ行フ事業デアリマス、現ニ我國デハ公営私営ヲ合セテ八千ト称シテ居リマス、此経費一箇年五千万圓以上ヲ使ッテ居ルヤウナ状況デアリマス、政府ハ是等ニ向ッテ今回ノ増額ヲ合シテ、僅ニ五千万圓ヲ保護助長ノ奨励金トシテ御入レニナルノデアリマスルガ、洵ニ私共少額ニ驚カザルヲ得ヌノデアリマス、殊ニ此種ノ事業ニ対シテ監督権ヲ及ボスニ当リマシテ、十四条カラ十七条ノ法文ヲ見マスト、代理人、家族、同居人、従業者マデガ此法規ニ違反シタ場合ニハ、経営者ニ向ッテ罰スルト云フ法規デアリマスルガ、是ガ大ナル私ハ誤ダト思フ」というものであった[21]。それに対して、国務大臣木戸幸一は、「……決シテ社会事業ヲ法律ニ依リマシテ厳格ナル監督等ヲ、主トシテヤルト云フ考ハ持ッテ居ラヌノデアリマス、社会事業ヲ助

長誘導致シマシテ，現在ヨリモ向上サセ，サウシテ一層発展サセテ行クト云フコトガ，其主タル目的デアリマス」と答えている。この議論から読み取れることは，実態としての「社会事業」というものが，「民」と「公」の両者によって実施されている＝二種類の対応のされ方がある＝という共通した認識があったことである。そのような認識があったにもかかわらず，結果的にみれば，「民」のなすべきことと「公」のなすべきことを融和させるような「ひとつのシステム」として，その後の「社会事業」の位置づけが予定されていたということになり，そのような位置づけを予定された「社会事業」に対して，「公」の側からの監督や統制が意図されていたということになる。

　社会保障についての「公的責任」が全面に現れ，それが具体的なものとして姿を現したのは，GHQと日本帝国政府との文書の往復を通じてであった。1945年12月8日の「救済ならびに福祉計画に関する件」GHQ覚書（SCAPIN404）により，「日本帝国政府は1945年12月31日までに，1946年1月より6月に至る期間の失業者及びその他の貧困者に対する，食料，衣料，住宅，医療，金融的援助，厚生措置を与えるべき詳細且つ包括的計画を司令部に提出すること」とされた。これに対して，日本帝国政府が同年12月31日にGHQに宛てて提出した文書「救済福祉に関する件」は，「……各種援護法令ヲ全面的ニ調整シ，新ニ国民援護ニ関スル総合的法令ヲ制定シ，国民ノ生活保障ヲ法律ニ依リ確保スルト共ニ，右ニ伴ヒ政府ノ法令ニ基ク援護ヲ拡充強化スル為新ニ有力ナル民間援護団体ヲ設立スベク急速ニ之ガ準備ヲ進メツツアリ，然シテ右団体ノ設立ニ当リテハ既存ノ戦災援護会，海外同胞援護会，軍人援護会等ノ各種団体ヲ整理統合スルモノトス」というものであった。ここに表れているものは，「公」ではなく「戦災援護会，海外同胞援護会，軍人援護会等ノ各種団体ヲ整理統合」して，新しい民間援護団体を設立するという基本的姿勢である。それに対する1946年2月27日の「社会救済」GHQ覚書（SCAPIN775）は，「……次ノ条件ニ合スル様変更ノ処置ヲトラバ日本帝国ニ対シ何等異議アルモノニ非ズ」とし，「日本帝国政府ハ……責任体制ヲ確立スベキコト」，「従ッテ私的又ハ準政府機関ニ対シ委譲サレ又ハ委任サルベカラザルコト」というものであった。これに対しての，「救済福祉に関する政府決定事項に関する件報告」と題する日本帝国政府の方法提出文書（4月30日）は，「……政府ノ責任ニ於テ平等ニシテ且差別スルコトナク其ノ徹底ヲ期スル為救済福祉事業ノ実施主体ハ左ノ系統図ニ示スガ如ク単一ノ政府機関ニ依リ之ヲ行フコトトシ……」としている。この経緯から分かることは，「社会保障における公的責任」

の考え方がこの時点で確立したことであり，それは，戦時体制の維持とかかわりが密であった各種の「準政府的機関」をさまざまなことにかかわらせないという，GHQの意図とも関係していたということである。この時点で，社会保障についての責任をめぐる議論は，「民」と「公」の二項対立的なものとなったといえるが，介護保険の登場はそのような二項対立的な議論に新しいモノを加えることとなった。

(3)「Association（アソシアシオン）」について

　日本で「介護保険法」が制定されたのは1997年である。そして，1998年には「特定非営利活動促進法」が制定され，2000年には，「社会福祉事業法」から「社会福祉法」への法改正が行われた。これらはいずれも，〈「措置」から「契約」へ〉という表現によって意味される一連の基礎構造改革と深い関係がある。これは，福祉を巡る諸関係の中に，各種の団体や民間の事業者を積極的に介在させるという戦略でもあった。

　日本において，このような動きがあった頃，フランスで盛んに議論されていたテーマがAssociationについてであった。フランスにおいて，事由を基軸とした「Associationの契約に関する法律」が制定されたのは1901年である。その後，ちょうど100年目にあたる2001年を境にして，Associationについての多くの議論がなされ，Associationについての多くの出版物が出現した。[26]

　Associationをどのようなものとして扱うかについては，先ほど述べた日本での特徴的な研究方法を思い起こさなければならない。フランスでの100年間は，「民」に対しての「国家」の介入という脈絡でAssociationは研究される。他方，日本における継続的で特徴的な研究方法によれば，Associationを扱ったり，評価したりすることは，社会保障や社会福祉についての公的責任を軽視することになるという批判にさらされることになりがちである。

(4) 比較における「歴史的経緯」

　日本において介護保険が創設されるにあたっては，〈「措置」から「契約」へ〉について，「サービスの現物を供給する体制が整っていなければ契約は締結できない」し，たとえ，「供給体制が整っていても，まずは，相手方を選択して契約を締結するということは，よほどのことでもなければ定着することはないと考えられる」から，「福祉の後退になる」という批判があった。しかし，以下のよう

に考えることも可能である。すなわち，「私たちの日常生活のほとんどは，市民としてのソレであって，介護保険や年金制度によって24時間，365日が規律されているのではない」という前提から出発し，「日ごろから，私たちは購入したいものを購入しており」，「それらの購入した商品やサービスについて，それが保険給付の対象となるか，否かということ」は異なる次元の問題である，という風に考える道筋である。この場合，前提となるべきことは，「市民が，さまざまな商品やサービスを購入する」＝「日常生活の中に介護や福祉を位置づける」というものであり，〈「措置」から「契約」へ〉の動きは，日本の社会保障や福祉にとって，重要な転換点としての意義がある，ということになる。このことを意識するなら，「社会保障・社会福祉と民間団体との関係」についての日仏比較は，ある「事柄」に対しての「民」と「公」の対応のありようの歴史的位置づけを可能とし，社会保障をめぐる「公」的責任の歴史的位置づけを可能とするテーマとなる。

5　比較福祉のための圏域‐国境

　国際比較をする際に考慮しなければならない節目となる時期は「国境線の移動」の時期である。「国境線の移動」と「ある国の制度化」との関係は，いかなる時点で，いかなる意味で制度的段差が生じたかについての極めて重要なカギを握っているものである。典型的なものは，現在はフランスの一部である Haut-Rhin 県，Bas-Rain 県，Moselle 県（アルザス・ロレーヌ地方）についてみることができる。この三つの県は，普仏戦争，第一次大戦を契機として，フランスとドイツの間で複雑な位置に置かれることとなった。三つの県に適用されていたビスマルクの社会保険は，3つの県の帰還（？）を機に，国の制度としての社会保険制度を有していなかったフランスにとって，①3つの県の人々が有する既得権のようなものをいかにフランス法に取り込むか，②フランスにおいても独自の社会保険制度を創設しなければならない，という課題を突き付けることとなった。このような歴史的経緯から，今日でも，フランスの社会保障法典には，アルザス・ロレーヌ地方の3つの県についての Régime applicable dans les départements du Haut-Rhin du Bas-Rain et de la Moselle（Art. L. 357-1条以下）や Disposition particulières aux départements du Haut-Rhin du Bas-Rain et de la Moselle（Art. D. 325-1条以下）というように特別な規定が存在している。

　ビスマルクの社会保険制度を源流とする日仏の社会保障医療の制度化は，とも

に1920年ごろから30年ごろにかけての同時期であった。それにもかかわらず、医療保障について日仏間には、「給付の方法」や「診療報酬の決定方法」についての差異が存在する。このことの背景には、アルザス・ロレーヌ地方の3つの県を媒介にしたフランスでの事情が存在している。「社会保障の日仏比較」というテーマは、1883年以降のビスマルクの社会保険が日仏の制度化にいかに影響を与えたのかというテーマであり、同時に、アルザス・ロレーヌ地方の3つの県を媒介にした「独仏比較」であり、さらには「日独比較」でもあるということになる。

注
(1) くわしくは、久塚純一 (2011)『比較福祉の方法』成文堂、57頁以下。
(2) 厚生労働省ホームページ (http://www.mhlw.go.jp/toukei/saikin/hw/life/life12/dl/life12-02.pdf, 2014年6月17日アクセス) 平成24年の簡易生命表 (日本)。
(3) INED ホームページ (http://www.ined.fr/fr/france/mortalite_causes_deces/esperance_vie/, 2014年5月29日アクセス) (Ined・フランス)。
(4) この問題については、1979年の Arreckx のレポート以降、数多くのレポートが提出されている。法案については、1992年の「要介護者に対しての自律給付に関する法案」、1995年の「自律給付に関する法案」、そして1997年の「P. S. D. についての法案」という具合である。この制度の評価は概してよくない。それは、この制度がかつての「障害者に対しての第三者補償手当 (Allocation conpensatrice pour tierce personne) 制度」を改変したもので、社会扶助的な性格を残存させていることが理由の一つといわれている。その後、この PSD は APA (Allocation personnalisee d'autonnomie) へと変容した (2001年の7月20日の法律 L. No2001-647)。
(5) 高齢者についての介護保障の日仏比較については、Karine ISHII, Système de prise en charge des personnes âgées dépendantes: Une étude comparative entre la France et le Japon, Institut de recherches économiques et sociales, Paris, 2014.
(6) 国会会議録検索システム (http://kokkai.ndl.go.jp/cgi-bin/KENSAKU/swk_dispdoc.cgi?SESSION=29541&SAVED_RID=4&PAGE=0&POS=0&TOTAL=0&SRV_ID=10&DOC_ID=993&DPAGE=1&DTOTAL=7&DPOS=6&SORT_DIR=1&SORT_TYPE=0&MODE=1&DMY=12692, (2014年6月1日アクセス)。
(7) 内閣府ホームページ (http://www8.cao.go.jp/shoushi/shoushika/whitepaper/measures/w-2013/25webgaiyoh/html/gb1_s2-3.html, 2014年6月17日アクセス)。
(8) 内閣府ホームページ (http://www8.cao.go.jp/shoushi/shoushika/whitepaper/measures/w-2013/25webgaiyoh/indexg.html, 2014年6月17日アクセス)。
(9) フランスの社会保障制度全体の中での家族手当制度創設の経緯については、Comité d'histoire de la sécutité sociale, *La sécurité sociale-son histoire à travers les textes tome Ⅱ 1870-1945,* Association pour l'étude de l'histoire de la sécurité sociale,

Paris, 1996の211頁以下及び第4章377頁から434頁。また、フランスのヴィシー体制下における社会保障については、とりあえず、Sous la direction de Philippe-Jean Hesse et Jean-Pierre Le Crom, *La protection sociale sous le régime de Vichy*, PUF, Paris, 2001.

(10)　第84回帝国議会衆議院　戦時特殊損害保険法案委員会議録（速記）第七回、昭和19年1月29日、57頁。

(11)　同63頁。

(12)　同前。

(13)　国会会議録検索システム（http://kokkai.ndl.go.jp/cgi-bin/KENSAKU/swk_dispdoc.cgi?SESSION=9606&SAVED_RID=1&PAGE=0&POS=0&TOTAL=0&SRV_ID=9&DOC_ID=7243&DPAGE=2&DTOTAL=35&DPOS=22&SORT_DIR=1&SORT_TYPE=0&MODE=1&DMY=10569、2014年6月23日アクセス）。

(14)　民事連帯契約・市民連帯協定はLOI no 99-944 du 15 novembre 1999 relative au pacte civil de solidarité によるものである。また、Mariage pour tout については、同性の人から成るカップルに婚姻を認める2013年5月17日の法律（LOI n°2013-404 du 17 mai 2013 ouvrant le mariage aux couples de personnes de même sexe）によるものである。その結果、民法典の143条はLe mariage est contracté par deux personnes de sexe différent ou de même sexe. と改正された。

(15)　INED ホームページ（http://www.ined.fr/fr/france/naissances_fecondite/naissances_hors_mariage/、2014年7月4日アクセス）。

(16)　INSEE ホームページ（http://www.insee.fr/fr/themes/tableau.asp?ref_id=NATTEF02327、2014年7月4日アクセス）。

(17)　国会会議録検索システム（http://kokkai.ndl.go.jp/cgi-bin/KENSAKU/swk_dispdoc.cgi?SESSION=5562&SAVED_RID=1&PAGE=0&POS=0&TOTAL=0&SRV_ID=9&DOC_ID=6446&DPAGE=15&DTOTAL=340&DPOS=285&SORT_DIR=1&SORT_TYPE=0&MODE=1&DMY=6401、2014年6月1日アクセス）。

(18)　改定に関しては、CIRCULAIRE INTERMINISTERIELLE N° DSS/SD2B/2014/84 du20 mars 2014（http://circulaire.legifrance.gouv.fr/pdf/2014/03/cir_38102.pdf#search=%27la+base+mensuelle+de+calcul++circuraire+2014%27、2014年6月1日アクセス）。

(19)　このような明確化は、①1967年の一連の大統領令（Ordonnance n°67-706 du 21 août 1967 RELATIVE A L'ORGANISATION ADMINISTRATIVE ET FINANCIERE DE LA SECURITE SOCIALE 等）、② Décret n°69-457 du 24 mai 1969 PORTANT FIXATION DU MONTANT DE L'ALLOCATION DE SALAIRE UNIQUE ET DE L'ALLOCATION DE LA MERE AU FOYER によるところが大きい。

(20)　『官報』号外昭和13年2月27日「衆議院議事速記録」第19号、422頁［社会問題資料研究会『帝国議会史』東洋文化社、第一期・第三十三巻、121頁］。

(21) 同424頁［同122頁］。
(22) 同425頁［同123頁］。
(23) 全国社会福祉協議会『社会福祉関係施策資料集1』（『月刊福祉』増刊号），1986年，7頁。
(24) 同10頁。
(25) 同14頁。
(26) 「Association 契約に関する法律」が制定された1901年から100年目の節目として発行された文献として，① Les édition des journaux officiel, *L'avenement de la loi de 1901 sur le droit d'association,* Direction des journaux officiels, Paris, 2000. (1901年法からの100年を記念してまとめられたもので，1901年法が成立するまでの議会での審議について，その経緯を歴史的資料としてまとめた文献），② Conceil D'Etat, *Rapport public 2000- Jurisprudece et avis de 1999- Les associations et la loi de 1901, centans apres,* La documentation Francaise, Paris, 2000. (1901年法からの100年を記念してまとめられたもので，コンセイユ・デタによる Association についてのレポート文献），③ *Association 1901 et economie sociale, cent ans apres (Connexions No. 77-2002/1),* eres, Paris, 2002. (1901年法以降100年間について，Association とソーシャル・エコノミーの評価について論じられた文献）④ Jean-Claude Bardout, *Les libertes d'association, Juris-Servis,* Paris, 1991（Association に関する1901年法への歴史的経緯について Pierre Waldeck-Rousseau の前後という点に着目した文献）をあげておく。

第14章 現代コミュニタリアニズムの政治学

菊池理夫

1 現代コミュニタリアニズムとは

　コミュニタリアニズムという言葉の初出は，1840年にイギリスのオーウェン主義者がフランスのフーリエ主義を指すために使ったときであり，一般的には社会主義，とくに小規模なコミュニティにおいて社会主義を実践する，いわゆる「ユートピア社会主義」と同義語として用いられた言葉である（宇賀 1995：i-iii）。このような用法は現在でも残っていて，小規模なコミュニティでの社会主義の実践を行うユートピア主義もコミュニタリアニズムと呼ばれている（菊池 2013a：421）。
　しかし，私が「現代コミュニタリアニズム」と呼ぶものは，1980年代にアメリカの政治哲学において主流派であったリベラリズムやリバタリアニズムを批判した政治哲学・思想である。1980年代なかごろからこのコミュニタリアニズムを批判するリベラリズムやさまざまな思想的立場の議論が加わり，「リベラル―コミュニタリアン論争」と呼ばれる激しい論争が英米の哲学・倫理学・法学・政治学・社会学などにおいて巻き起こったことはわが国でも知られていると思われる。
　この論争のなかで誰がコミュニタリアンであるのか，さまざまな思想家の名があがったが，コミュニタリアン哲学者として，アラスディア・マッキンタイア，チャールズ・テイラー，マイケル・ウォルツァー，マイケル・サンデルの4人が代表者とされた。ただこれらの4人のうちマッキンタイアは「現代のコミュニタリアン」とは一線を画し，「トマス主義的アリストテレス主義」を主張し，近年は弟子たちから「革命的アリストテレス主義」と呼ばれ，マルクス主義の評価を強めている。またウォルツァーは社会民主主義ないしは民主社会主義であると一貫して主張し，リベラルからコミュニタリアンではなく，むしろリベラルであるといわれたこともあり，現在ではコミュニタリアニズムによって修正するリベラリズムという立場を主張している。テイラーとサンデルはコミュニタリアンであることを認めているが，特定のコミュニティの価値を絶対化する意味でのコミュニタリアンではないと主張している（Cf. 菊池 2013b：111ff.）。このように彼ら4

人がコミュニタリアン哲学者であるとしても、それぞれの違いはあり、まとまって一つの学派を作っているわけではない。

1990年代になると、このコミュニタリアン哲学者の影響もあって、社会学者のアミタイ・エツィオーニを中心とする「応答するコミュニタリアン」運動が始まり、実際の政治・社会改革を求める運動となっていった。彼らは「綱領」をはじめ、機関誌や出版物を通して一般の市民や政治家に対してコミュニタリアニズムの実現を訴えていく。

私は彼らが何を主として批判しているかの点で、マッキンタイアも含めて4人の哲学者とこの綱領に署名した人々をそれぞれの違いを認めたうえで、現代コミュニタリアンであると考えている。サンデル・ブームにもかかわらず、また私が現代コミュニタリアニズムに対する多くの誤解や曲解を正したのにもかかわらず、日本の学界の主流派はかなりの偏見に基づく批判をいまだに続けている。本章ではこのような誤解をあらためて解き、コミュニタリアンの政治哲学・思想が正しく理解されるために、ここでは現代コミュニタリアニズムの政治・政策論を通して、彼らの「政治学」の概略をあらためて示したいと思う。

第1節では、現代コミュニタリアニズムに対する現在の日本の政治理論・思想の主流派の見解（「常識」）を批判し、第2節では、サンデルのコミュニタリアニズムの規定を一般化し、その政治哲学（「共通善の政治学」）としての特質を論じたい。第3節では、コミュニタリアンの政治論の基本を「応答するコミュニタリアン綱領」から明らかにし、またコミュニタリアンの憲政論について論じていきたい。

2　現代コミュニタリアニズムに対する「常識」

私が最近公表した「コミュニタリアニズムとコスモポリタニズムをつなぐ『住民』」という論文が収められた論文集において、その編者の岡本仁宏は私の論文が「日本における常識的なコミュニタリアニズム理解を激しく批判する」ものであるとしている（岡本編 2014：287）。この「常識」とは、齋藤純一の『公共性』にあるつぎのような見解であろう。彼によれば、「共同体主義」（ルビはママ）は共同体の「成員によって共有される『善の構想』」である「共通善」によって、「共同体内の人々の複数性」を「抑圧する同化／排除の規制を免れえない」ものである（齋藤 2000：69）。齋藤にとって、「共同体」は同質的な価値しか認めず、

排他的な帰属を求める閉じた空間であり，これに対して彼のいう「公共性」は複数の価値が存在し，複数のアイデンティティを認める開かれた空間である（齋藤 2000：5-6）。『公共性』は一般向けの本であるとしても，どのコミュニタリアンがどこで他者を抑圧し，排除する主張をしているのか引用もせず，一方的な批判をするだけである（巻末の「基本文献案内」でも，コミュニタリアンの著作はあげられておらず，コミュニタリアニズムを批判する日本のポストモダン派の文献があるだけである）。

　齋藤はサンデル・ブーム以後の新書のなかでサンデルに言及し，一定の評価をしているが，富裕層が自分たちだけの閉鎖的で，排他的な「ゲイテッド・コミュニティ」を形成することがコミュニタリアニズムの主張から生じるかのような憶測で議論している（伊豫谷・吉原・齋藤 2013：40-45）。現代コミュニタリアンのいう「コミュニティ」や「共通善」はむしろ「ゲイテッド・コミュニティ」を批判するものであり，サンデルとエツィオーニは，明確にそれを否定していることを私の『現代のコミュニタリアニズムと「第三の道」』で引用したが（菊池 2004：66，229），このような事実を無視する議論がいまだに学界では「常識」なのである。

　このように日本の政治学者の「常識」は現代コミュニタリアンの議論をきちんと読まずに，コミュニタリアンを批判する欧米や日本の文献に依拠しているものである。例えば，フランスの共和主義者がマルチ・カルチュラリズムと同一視するコミュニタリアニズムを右派的なものとして批判し，また現在の共和主義者のなかにはコミュニタリアニズムよりもリベラリズムを擁護する者がいることから，日本の政治思想研究者の共和主義の議論では，サンデルの「共和主義的コミュニタリアニズム」は批判的に扱われるか，無視される傾向がある。ただサンデル・ブーム以前でも，三浦信孝は注ではあるが，フランスの「共同体主義」はサンデルなどのコミュニタリアニズムとは違い，むしろ「フランスの共和主義に近い」ところがあることを認めている（三浦 2009：260）。また田中秀夫は『社会思想史研究』の特集「共和主義と現代」の巻頭論文で，これも注ではあるが，私の共和主義に関する論文も引いて，公民的徳を強調するサンデルの議論を現在におけるコミュニティの再建という危機意識に基づくものとして評価している（田中 2008：17）。しかし，三浦も田中も政治学者ではない。テイラーに関しても，彼自身がコミュニタリアンであることを明白に語っていても，その事実を無視して，彼があたかもコミュニタリアンでなく，コミュニタリアニズムを批判しているかのように論じる政治学者がほとんどである。

日本の政治学者の間でいぜんとして，現代コミュニタリアニズムを批判する事実を無視する「常識」が支配的になっているのは，欧米の批判的議論を鵜呑みにしているほかに，コミュニタリアニズムの中心的概念である「共通善」と「コミュニティ」に対する偏見に基づく「常識」が政治理論・思想の研究者の間で根強いからである。「共通善」が特定のコミュニティにおいて人々に同じ価値を強制するものであり，「共同体」が他者を排除する閉鎖的なものであるという戦後にできた社会科学の「通念」（私は近代以前を全面否定する「進歩主義」のパラダイムと呼んでいる）を何ら疑わずに，そのまま信じているからである。

　しかし，「共同体」がドイツ語のゲマインシャフトあるいは英語のコミュニティの訳語であるとすれば，このような議論は一面的であるか，間違ったものである。例えば，戦後の進歩主義者がよく引用するマックス・ウェーバーは「社会学の基礎概念」でゲマインシャフト関係とゲゼルシャフト関係のどちらが閉鎖的で開放的とはいえないと述べていることがまったく無視されている（ウェーバー 1971：146ff.）。また，R. M. マッキーヴァーは大著『コミュニティ』において，コミュニティが「団体目的のなかに自己の目的が見失われることもない，真に自律的個々人から成り立っている」ものであるという（マッキーヴァー 1975：97）。現代コミュニタリアンがいうコミュニティ（共同体）はこのような意味である。

　また「共通善」という概念も，戦後の日本の政治学ではほとんど無視されるか，とりわけリベラルから絶対主義や全体主義を正当化する概念のように否定的に語られてきた。しかし，このような見方は一面的であるか間違ったものであることも私は『共通善の政治学』で論じてきた（菊池 2011）。齋藤はリベラリズムが重視する開放的な「公共性」の「公共的価値」とコミュニタリアニズムが主張する閉鎖的な「共同体」の「同化／排除」のための「共通善」と対置させている。しかし，私が現代コミュニタリアニズムと同様な主張をし，リベラル・コミュニタリアンと考える新トマス主義のジャック・マリタンは「公共善」と「共通善」を区分してつぎのようにいう。社会生活を営むミツバチのような動物には「公共善」はあっても，「共通善，すなわち受け取られ，伝達される善は存在しない」（Maritain 1990：199＝1952：45）。つまり，「公共性」と「共通性」は齋藤の主張とはまったく逆であり，上から命令する垂直的な「公共善」とコミュニケートする水平的な「共通善」という相違があり，後でも述べるようにコミュニタリアンの「共通善」は基本的に上から強制されるものではなく，何よりもコミュニケーション（熟議）によって得られるものである。

3　実践哲学としての「共通善の政治学」

　現代コミュニタリアンの政治的宣言と私が呼び，実際に「リベラル・コミュニタリアン論争」の火種を切ったのは，サンデルが1984年に公表した「道徳性とリベラルの理想——個人の権利は共通善を裏切らなければならないのか」という論説である（Sandel 1984 : 15-17 = 2009 : 251-259）。このなかで，サンデルはアメリカの政治哲学において功利主義に代わって新たに正統派となったリベラリズムやリバタリアニズムをカント哲学に基づく「権利（正）の政治学」と呼び，それに対して新たな挑戦となっているコミュニタリアニズムをアリストテレス哲学に基づく「共通善の政治学」と呼んでいる。政治的にはリバタリアンは「私的経済」を擁護し，リベラルは「福祉国家」を擁護するのに対して，「企業経済」と「官僚制国家」の両方への権力の集中に浸食されている「中間的な形態のコミュニティ」を擁護するのがコミュニタリアンである。

　ただ実際の政策ではリバタリアンよりもリベラリズムを理由付けは異なっていても支持していることが多い。サンデルは『リベラリズムと正義の限界』の第二版では，所得の再分配を否定するリバタリアンの主張よりも，ロールズのリベラルな福祉政策を正当化する「格差原理」の方を優れたものとしている（Sandel 1998 : 208 = 2009 : 238）。サンデルは保守的な共和党よりもリベラルな民主党を一貫して支持し，彼の政治的立場はリベラル・コミュニタリアニズムである。彼のもっとも新しい『それはお金で買えますか』に見られるように，近年では「市場勝利主義」と呼んでいるリバタリアニズム（彼はネオ・リベラリズムと区別しない）に対する批判をますます強めている（Sandel 2012 = 2012）。

　以上のサンデルの主張から「共通善の政治学」としてのコミュニタリアニズムをより一般化して示したいと思う。まず，「共通善の政治学」は，古代のアリストテレスから始まり，中世のトマス・アクィナスによって一般化された政治学である。私の著作『共通善の政治学』から簡単にその政治思想史をまとめておきたい。

　「共通善の政治学」は近代以後主流派となるリベラリズムや功利主義によって否定されていったが，イギリスでは19世紀の T. H. グリーン，および彼の影響を受けた20世紀のニュー・リベラリズムによって復活し，現在でも英米ではこの伝統は少なくとも功利主義やリバタリアニズムのような立場をとらない限り，正

当なものとして認められている。フランスでは20世紀のジャック・マリタンを中心とする新トマス主義によって復興し，現在でも政治学の正統派は「共通善の政治学」である（Cf. 櫻井2007）。

19世紀から20世紀初頭のこの2つの動きから，現代コミュニタリアニズムの「共通善の政治学」にとって重要な点として，まず個人の権利も「共通善」とされたことがある。つぎに，その2つとも国家を超えた全人類の「共通善」も主張している。例えば，T. H. グリーンは当時のアメリカの奴隷解放の例を引いて，「普遍的な人類の親交」や「権利」の観念が生じていることを「共通善の領域の拡張」としている。また，マリタンの「共通善」は当時の左右の全体主義を批判する多元主義に基づくものであり，彼の思想は「世界人権宣言」にも影響を与えている。この二つの動きが現代コミュニタリアニズムに直接影響を与えたかどうかは別にしても，現代コミュニタリアンはそれらと類似した主張をしている。

ところがアリストテレスから始まることで，「共通善の政治学」は奴隷制度や家父長制を肯定し，不平等な社会秩序を押し付ける権威主義的なものであるという批判がある。しかし，アリストテレスの政治学では，善き政体とは支配者と被支配者が「共通善（共通の利益）」を求めるものであり，その点で奴隷の支配が「共通善」を追求するものではなく，むしろ自由で平等な市民からなる政体が共通善を追求できると主張されている。また，アリストテレスはプラトンがポリス（国）を一つのものとしている点を批判して，ポリスが多様であり，また「善」の概念も多様であることを主張していて，現在の言葉を使えばむしろ「多元主義」の立場をとっている。トマスの「共通善の政治学」やそれと深く関連する「自然法」に対しても戦後の政治学では，既存の秩序を正当化する保守的なものであるという見方が強かった。しかし，トマスのいう「共通善」は「大衆の善」であって，理論的には民主政治や福祉政策を肯定するものであり，14～15世紀のイタリアの共和主義にも影響を与えている。

以上の政治思想史から，政治哲学としての「共通善の政治学」は，政治の目的が共通善を追求することであり，アリストテレスのいう「人間は自然に［本来］ポリス的［政治的］動物である」というテーゼを前提としている。私はこのことを最近「政治人（homo politicus）」モデルと呼んでいる（菊池 2013c：341）。これは現代の社会科学一般のモデルが「経済人」であることと対照的である。現代では政治学でもこのモデルを使って，自己利益を最大限追求することが当然であるとする「公共選択論」が多く使われ，利益集団政治を肯定することがアメリカや

日本の政治学でも支配的である。そのため,「共通善の政治学」はアナクロニズムであり,現代では不適当な政治学であると思う人が多いかもしれない。しかし,トマスにとって共通善が「大衆の善」であることから,マッキンタイアによれば,「ふつうの人々」が「共通善」を追求する政治は,それぞれのローカル・コミュニティにおいて古代から現在まで普遍的に実践されている。

現代コミュニタリアンによれば,人間性のなかに何らかの「共通のもの」(私は「前提としての共通善」と呼んでいる)がなければ,人々がコミュニティを形成し,維持していくために政治参加していくことは不可能である。サンデルがリベラリズムやリバタリアニズムの人間観が「負荷なき自我」であると批判し,自己のコミニュティのモラルや伝統などからの「負荷ある自我」を主張するのも,そのような「負荷」を自覚し,コミュニティへの愛着を持つことによって,コミュニティへの個人の道徳的・政治的責務が生じ,自分たちのコミュニティをより善いものにしていくことが可能となると考えるからである。これは批判者がいうように「他者」を排除するためのものではなく,共通の世界を生きる「他者」とともに政治に参加するためのものである。逆にこのような「共通善」を否定する日本の政治理論・思想の主流派は「ふつうの人々」が政治に参加することを否定的に考えているのであろう。共通善はこのように政治の目的ともなるものであり(私は「目的としての共通善」と呼んでいる),これは対立した生き方を前提として熟議を通して実現していくものである。目的としての共通善も共に「善き生」を送るために原則としてコミュニティの成員全員が求め,実践していくものである。

「コミュニティ」に関しては,サンデルが「中間的な形態のコミュニティ」の重要性を説いたことを一般化して,コミュニティとは「公」(国家・政府)と「私」(市場・企業)の中間にある「共」と考えている(Cf. 菊池 2013c:349ff.)。そして,それぞれが「公益」「共益」「私益」を追求するものである。この共益とは「共通善」でもあり,その点で私はコミュニティとは共通善を追求する組織体と定義している。具体的には家族や地域社会をコミュニティの典型と考えるが,一般的にはアソシエーションと考えられるNPOのような自発的な結社も広い意味でのコミュニティに含まれる。英語ではコミュニティとアソシエーションとを区別する人もいるが,一般的には区別されず,現代コミュニタリアンもNPOのようなものを「公」でも「私」でもない「共」としてのコミュニティに含めて使うことが多い。いずれにしても,現代コミュニタリアンのいうコミュニティとは,政治的には原則としてその成員全員が参加する自治的で,民主的なものであり,

そのコミュニティの共通善を民主的に追求する者には開かれたものである。

4 「応答するコミュニタリアン綱領」とコミュニタリアン憲政論

4人の哲学者の主張の影響を受けてアメリカの社会学者エツィオーニが主導する「応答するコミュニタリアン」運動が1990年代からはじまった。彼らの「綱領」から現代コミュニタリアンの基本的な政治論を述べておきたい。まず、当時のアメリカが市場主義の傾向が強まっているなかで、「私的利益の排他的追求」は「民主主義的な自治」には破壊的となっているために、何よりもその回復が主張され、「コミュニタリアンの視点」から「共有された経験」としての個人の権利の保持を訴えている（Etzioni et al. 1993：253＝2001：431）。そのためにはアメリカの「コミュニティに起源を持ち、ときには法律のなかに具体化され」ているが、現在無視されている「道徳の声を回復すること」によって社会改革を行う必要性が説かれている。この「道徳の声」とは「共通善」と呼ぶべきものであるが、それは「反対意見を抑圧する」強制による「多数決主義」ではなく、あくまでも「真正な対話」から「共通の熱望」が生じることをめざすものである。この点で、「より代表的で、より参加的で、そのコミュニティの成員すべてによりよく応答する」「強靭な民主主義（strong democracy）」が主張されている。中央と地方の関係では、できる限りローカルなコミュニティへ権限を与えることを主張し、できるだけ個人に身近なコミュニティへの権限移譲を求め、地方分権化を主張している（Etzioni et al. 1993：260-261＝2001：441-442）。

このように、この綱領は当時の市場主義によって、「コミュニティ」が衰退しているなかで、何よりもふつうの人々が参加と対話によって、個人の権利の保障などのような共通善の実現をめざす「強靭な民主主義」を主張するものである。この綱領の署名者は「政治的見解では広く異なっている」といわれているが（Etzioni et al. 1993：254＝2001：432）、基本的にはリベラル・コミュニタリアンの立場であると私は考えている。この「応答するコミュニタリアン」の主張がとりわけアメリカ民主党のクリントン政権やイギリス労働党のブレア政権に影響を与えたことを私は『現代のコミュニタリアンと第三の道』で指摘した（菊池 2004：171ff.）。エツィオーニ自身は2000年のアメリカの大統領選の際に一般向けに書かれた『ネクスト』という本で、ブレアと同様の「第三の道」の政治路線を提案している。エツィオーニは彼のいう「中道を基礎とする政策」は「自由市場」とい

う「第一の道」と「計画された経済社会主義」という「第二の道」とは違う「第三の道」である (Etzioni 2001：ix＝2005：12)。それは「国家主義的社会主義」でも「自由市場のネオリベラリズム」でもない「国家・市場・コミュニティのバランスを取る」「善き社会」を目指すものである (Etzioni 2001：2-3＝2005：23-24)。

　このように，エツィオーニの立場はリベラルでも保守でもない「第三の道」であるが，実際のクリントン政権やブレア政権がネオリベと変わらない政策を取ったために，英米の左派はエツィオーニのコミュニタリアニズムもネオリベと同じものであるとして批判する傾向がある。しかし，現代コミュニタリアニズムがもっとも批判するのは市場主義であり，サンデルはクリントンをブレアとならんで「市場に好意的なリベラリズム」の立場とし，右派のサッチャーやレーガンと同様に「市場勝利主義」であると批判している (Sandel 2012：6＝2012：16)。「応答するコミュニタリアン」運動も2001年の9・11同時多発テロに対する対応で見解が別れ，現在は実質的には消滅している。エツィオーニ自身は単独で9・11以後はテロ対策の必要性を強調し，保守的傾向を強めている。この点でも「応答するコミュニタリアニズム」自体が保守と同じものであるという批判は間違っている。

　最後に，現代コミュニタリアニズムの憲政論をまとめておきたい。この点では，まずボ・ブレスリンの『コミュニタリアン憲法』の議論から考えていきたい。ブレスリンはコミュニタリアンの思想の多様性を理解しながら，「われわれのアイデンティティ」が主としてコミュニティによって形成されるというコミュニタリアンの基本的な主張には賛同している (Breslin 2004：xiv-xv)。その点で，コミュニタリアンの憲政論はアメリカ建国時の「反連邦主義者」に類似し，個人の利益よりもローカルなコミュニティにおいて，公民的徳や共通善を追求するアリストテレス的な共和主義であると主張する (Breslin 2004：5ff.)。コミュニタリアンの憲政論は基本的にコミュニティにおける無制限の「人民主権」に基づき，直接民主主義的な制度を前提として，地方分権的な憲法を考えるものであり，この点ではリベラリズムに基づく「近代立憲主義」とは別の近代以前の立憲主義を主張している。そのため「人民主権」であっても，リベラルの立憲主義で主張されている「権力の制限」がないという危険性がある。リベラルな立憲主義者にとって「少なくとも理論的には民主主義と立憲主義は相入れないものである」(Breslin 2004：180)。ただし，アメリカは違っても，個人の権利を尊重しながら，「集合的ユダヤ教の統一が優位する」イスラエル憲法や人権を「人倫法則」に従うという道徳的なもの（第2条）とし，国家目的を「民主的で社会的な連邦国家」（第20条）

としたドイツ基本法にコミュニタリアン的な憲法を読み込んでいる（Breslin 2004：5ff.）。ブレストンは結論として，アメリカの個人主義の行き過ぎから，「大部分のアメリカ人は応答する代表と集団的支配の何らかの回復を望んでいる」とし（Breslin 2004：212），そこにコミュニタリアニズムが現在ある程度支持されている理由を認めている。

この点で，私と小林正弥がほぼ同時に気づいた日本国憲法にもコミュニタリアン的要素があることを指摘したい（小林 2006；菊池 2007）。現代コミュニタリアンのリベラル批判には個人の自由や権利だけの主張，しかもそれが個人の利益の主張と同一視される現在の傾向では「善き社会」は実現されないという批判が重要な点としてある。リベラルは憲法そして政治の目的は個人の自由と権利を尊重することであると主張している。しかし，現行憲法の第12条では個人の自由や権利は「共通善」のためにあり，その点で憲法の，政治の目的は「共通善」の実現にあることが書かれている。「この憲法が国民に保障する自由及び権利は，国民の不断の努力によって，これを保持しなければならない。又，国民は，これを濫用してはならないのであって，常に公共の福祉のためにこれを利用する責任を負ふ」。この現行第12条の「公共の福祉」は，マッカーサー憲法草案ではここだけが「共通善（common good）」であり，「常に」という言葉ある以上，これは（個人の利益のためにではなく）共通善（＝公共の福祉）のために，個人の自由や権利を利用する責任があるとしか読めないはずである。「公共の福祉」と「個人の権利」を対立させ，「公共の福祉」の優位を説く保守派も，また「個人の権利」の優位を説くリベラルもともに間違っている。共通善の実現を政治の目的とするコミュニタリアン的に読むしかないというのが私の主張である。

5　市場主義批判のために

私が現代コミュニタリアンを評価し，コミュニタリアンであると自称しているのは，現在の市場主義のグローバルな支配によって個人の自由や権利の主張が個人の利益と同一化され，サンデルの言葉を借りれば，すべてがお金で買える「市場社会」の傾向が強まっているからである。私はサンデル・ブームもこのような「市場社会」への疑いが広まってきているからであると考えている。このような世界の流れに対抗できるのは，コミュニタリアニズムという政治思想であると信じている。結局，現代コミュニタリアニズムを無視し，批判する日本の政治理

論・思想の主流派はこのような問題意識が欠けており，相変わらず個人の自由と権利を主張するだけである。日本でも貧富の差が拡大しているときに，市場主義を批判する現代コミュニタリアニズムをより真剣に考えるべきである。

参考文献

伊豫谷登士翁・齋藤純一・吉原直樹（2013）『コミュニティを再考する』平凡社。
ウェーバー，マックス／濱島朗訳（1971）「社会学の基礎知識」『ウェーバー　社会学論集——方法・宗教・政治』（現代社会学体系　第5巻）青木書店，83-168頁。
宇賀博（1995）『コミュニタリアニズム——初期アメリカの社会主義研究』晃洋書房。
岡本仁宏編（2014）『新しい政治主体を求めて——市民社会・ナショナリズム・グローバリズム』法政大学出版局。
菊池理夫（2004）『現代のコミュニタリアニズムと「第三の道」』風行社。
菊池理夫（2007）『日本を甦らせる政治思想——現代コミュニタリアニズム入門』講談社。
菊池理夫（2011）『共通善の政治学』勁草書房。
菊池理夫（2013a）『ユートピア学の再構築のために——「リーマン・ショック」と「三・一一を契機として」風行社。
菊池理夫（2013b）「現代コミュニタリアニズムの諸相——最近の動向をふまえて」菊池理夫・小林正弥編著『コミュニタリアニズムの世界』勁草書房。
菊池理夫（2013c）「コミュニタリアニズムの世界」菊池理夫，小林正弥編著『コミュニタリアニズムの世界』勁草書房。
菊池理夫・小林正弥編著（2013）『コミュニタリアニズムの世界』勁草書房。
小林正弥（2006）「基本的人権をめぐるコミュニタリアニズム的活憲——義務導入論批判と『公共の福祉』の再解釈」坂野潤治・新藤宗幸・小林正弥編『憲政の政治学』東京大学出版会，80-122頁。
マッキーヴァー，R・M／中久郎・松本通晴監訳（1975）『コミュニティ——社会学的研究：社会生活の性質と基本法則に関する試論』ミネルヴァ書房。
櫻井陽二（2007）『ビュルドーの政治学原論——フランス正統派政治学理論の研究』芦書房。
齋藤純一（2000）『公共性』岩波書店。
田中秀夫（2008）「序論　復活する共和主義【その様々な可能性】」『社会思想研究』no. 32, 6-40頁。
三浦信孝（2009）「共和国と文化的多様性」J＝P・シュヴェヌマン／樋口陽一・三浦信孝訳『〈共和国〉はグローバル化を超えられるか』平凡社。
Barber, Benjamin R.（1999）"Tough Qestions for Liberal Communitarians," Responsive Community, vol. 9, no. 1, pp. 99-104.
Breslin, Beau（2004）*The Communitarian Connstitution,* Baltimore, John Hokins

University Press.

Etzioni, Amitai (2001) Next: *The Road to the Good Society,* New York: Basic Books (=2005, 公共哲学センター訳『ネクスト――善き社会への道』麗澤大学出版会).

Etzioni, Amitai et al. (1993) "The Responsive Communitarian Platform: Rights and Responsibilities," in Etzioni, *The Spirit of Community : The Reinvention of American Society,* New York: Simon & Schuster, pp. 251-267 (=2001, 永安安正監訳「コミュニタリアン綱領――権利と責任」『新しい黄金律――「善き社会」を実現するためのコミュニタリアン宣言』麗澤大学出版会, 431-456頁).

Maritain, Jaques (1990) *La personne et le bien commun* in *Jacques et Raïssa Maritain Oeuvre Complès vol. IX,* Éditions Universitaires Fribourg Suisse, pp. 139-251 (=1952, 大塚市助訳『公共福祉論――人格と共通善』エンデルレ社).

Sandel, Michael J. (1984) "Morality and the Liberal Ideal," *The New Republic,* May 7, pp. 15-17 (=2009, 菊池理夫訳「日本語版附論」『リベラリズムと正義の限界』原著第2版, 勁草書房, 251-259頁).

Sandel, Michael J. (1998) *Liberalism and Limits of Justice,* 2nd ed., Cambridge: Cambridge University Press (=2009, 菊池理夫訳『リベラリズムと正義の限界』原著第2版, 勁草書房).

Sandel, Michael J. (2012) *What Money Can't Buy : The Moral Limits of Markets,* Allen Lane: New York (=2012, 鬼澤忍訳『それをお金で買いますか――市場主義の限界』早川書房).

第15章 現代労働政治研究の外延

篠田　徹

1　メシア的労働運動

　アメリカの労働運動家で，自ら育てた強力な合同繊維労組（ACWU）とともに，大恐慌後の社会復興を牽引した産別会議（CIO）の結成に尽力する一方，産別会議・民主党ブロックを固めつつルーズベルト大統領を支え，第二次世界大戦中は戦時生産委の労働代表となる等，偉大な労働政治家と呼ばれたシドニー・ヒルマン（Sidney Hillman, 1887-1946）は，亡くなる直前，労働運動ほど利己主義，搾取，組織の横暴から社会を救う理想と精神的器量と政治的気概を体現するものはないと終生確信していたと組合の同志に告げた（Frazer 1991：575）。人類の苦悩を大きく引き受け救世主たらんとするメシア的労働運動を目指した彼が21世紀の今も生きていたなら，どんな事や人に関心を持っただろう[1]。こうした問題関心から，この小論では近年刊行された英語文献で，従来の労働政治研究と接点を持ちながら必ずしもそこに含まれてこなかったテーマを広く取り上げながら，現代労働政治研究の外延について考えたい。

2　労働政治研究のグローバル化

　第二次世界大戦中，国際労働政治の渦中にいて世界と渡り合ったヒルマンなら，まず現代労働政治のグローバル化に心を巡らせたであろうことは間違いなかろう。近年の労働政治研究もその期待に応えられる充実ぶりを見せており，以上はそのほんの一端である。
　例えば現代労働のグローバル化の象徴ともいうべき，電話による国際カスタマー・サービスは，時差と労働条件差を利用したインドを中心とした非欧米地域英語圏の労働者が担っている。Mirchandani はこれを階級，人種，ジェンダーの角度から分析した（Mirchandani 2012）。因みに日本の外資系銀行のカスタマー・サービスも告知義務があるらしい担当者の名前がしばしば沖縄固有のものだったり

第 15 章　現代労働政治研究の外延

するのもその日本的現象だろうか。

　労働のグローバル化といえばやはり頭に浮かぶのは中国だが，Kato and Shu は現代中国の繊維工場職場における労働者の競争と出身地意識の関係を描いた興味深い実態研究を去年刊行している。因みにこれはハーバードのビジネス・スクールでの調査研究報告書である（Kato and Shu 2013）。

　こうした現代のグローバル経済に関する最新の実態研究に加えて，最近元共産圏での様々な労働政治に関する研究が登場しているのも最近の傾向だ。例えば Andreas, Brown, Kudayarova らのそれぞれの研究に見られる如く，中国の文化大革命時やソビエト時代のロシアにおける建前上は脇役に置かれた技術者達や都市の，それとは裏腹の「実権派」ぶりについてベールが剥がされつつある（Andreas 2009 ; Brown 2012 ; Kudayarova 2010）。

　従来，欧米中心だった労働政治研究のグローバル化は，これにとどまらない。例えば Love と Bear は新興国の一つで，近年労働運動による民主化の成功例とされたブラジルのルラ前大統領時代の労働政治の実態を明らかにした（Love and Bear 2009）。Zieger らは，奴隷制以来労働運動を排除することで，とりわけ人種・階級交叉連合に基づく反差別の労働運動の広がりを牽制することで，長年世界の労働政治の鍵を握ってきたアメリカ南部の第二次世界大戦後の様子を描いた（Zieger 2012）。さらに Belton と Hamid はイスラム青年の労働生活についての，Thiessen はカナダを初め北米に多く在住するクリスチャン・マイノリティの労働政治と宗教の関係についての，それぞれ貴重な労作を発表している（Belton and Hamid 2011 ; Thiessen 2013）。

　他方近年は，これまで研究上は労働者という枠組みに半ば無理にでも嵌められがちだったが，その労働生活条件は無論のこと，本人達の意識も労働者という枠組に収まらない従業員や給与所得者の歴史や現状が，労働政治並びに研究上の重要なテーマになりつつある。例えば Dasqupta は日本のサラリーマンをジェンダー，セクシュアリティの視点から再検討する（Dasqupta 2013）。López と Weinstein は中産階級の世界史に挑戦している（López and Weinstein 2012）。さらに Vinel は従業員の政治史を描いている（Vinel 2013）。

　この他に変り種だが，Cupers は使い手から見た建築史に挑んでおり，従来の労働環境史を越えた労働空間論の可能性が垣間見える（Cupers 2013）。いずれにせよ労働政治のグローバル化がそれぞれの国や地域の枠組み自体を揺るがせているのと同様，労働政治研究のそれも従来の研究枠組みの再検討を，時空間の双方

に亘って迫っている。

3　古くて新しい労働政治のエージェント

　近年社会科学の一大思考である社会的，歴史的構成主義（social, historical constructionism）の名を持ち出すまでもなく，世の中で流布する言葉の意味は，その場所と時代によって異なるのは，労働政治研究が対象とする労働や労働運動においても同様である。その伝で言えば元々労働運動はその発祥時とされる時代は，様々な治安，公衆衛生，隣保，慈善等の行為や仕事と未分化であり，その担い手の属性も多様であった。その少なからずの部分を担っていたのが，今日の職業で云う所のソーシャル・ワーカーであり医療，介護労働者で，その大多数は女性である。

　近年日本では高齢者の介護やケア，生活困窮者のパーソナル・サポート，家庭内暴力や児童虐待等からの救済，医療，教育，就労でのカウンセリング等，働く人々やその家族を巻き込む様々な生活場面で，その問題解決のヘルプやガイド役が求められているが，欧米ではそれらの多くがソーシャル・ワーカーや各種の医療，介護の専門職によって担われており，その大半が女性によって担われている。そしてこれらの人々の役割が従前に増して重要になっていると同時に，これまで労働運動が関わってきた労働や生活における社会正義の実現にとって不可欠な人々になっている。このことを伝えているのが以下の研究だ。

　RamanathanとDuttaは現代世界でソーシャル・ワーカーが果たしている役割とそのガバナンスのありようについて，俯瞰図を示している（Ramanathan and Dutta 2014）。Liebermanら，またDeddon, Henriksson, Niemeyerら，さらにBurnham，そしてCreeらはそれぞれに，この世界のソーシャル・ワーカーの人々がどの様な動機や経路でその仕事に就き，その後如何なる人生の展開を見たかを聞き取っている。（Lieberman 2010 ; Seddon Henriksson and Niemeyer eds. 2010 ; Burnham 2012 ; Cree ed. 2013）。他方Connellは，医療，介護労働者が現代世界の発動機役となりつつある移民の中の重要な構成部分となっていることを伝えている一方，この供給先である医療，介護後発地域から需要先である医療，介護先進地域への滔々たる流れがもたらす地球的規模の医療，介護格差やそれに伴う社会正義の偏差の行方を暗示している（Connell 2008, 2010）。そしてJohnsonとKhalidはそれが歴史的な経路依存性を持つことを示している（Johnson and Khalid 2012)。他方 Brennan らの研究はそうした地域毎における医療，福祉格差と社会正義偏差に対する一つの草の根的な対応例（Brennan 2013）である。最後に Giles らの著作は，ソーシャル・ワーカーら職業人の周縁で，同様な役割を広範な形で歴史的に担ってきた母親の現代における状況を描いている（Giles 2014）。

4　さまざまな労働運動

　では現代の労働運動は今そうしているのか。一言で言えば再生の苦闘の中にある。この中で Katz と Greenwald らはどうしたらいいかをアメリカの労働史の研究者を中心に知識人と活動家が議論を交わしているが，その答えは一様ではない（Katz and Greenwald eds. 2012）。Fletcher Jr., はアメリカでこれまで労働運動を巡って反対者から投げ掛けられ，年々国民の間で常識化してきた批判的神話に反論しているが，神話の根深さには矢張り考えさせられる（Fletcher Jr. 2012）。他方 Rubio は長い時間を掛けて人種的神話を繰り返し覆そうしてきた黒人労働者の闘いを，郵便局員という社会的職能のもう一つの物語にし，そうした動かさねばならない山の大きさに慄く者への一つの示唆を与えている（Rubio 2010）。

　こうした苦闘の中で，近年注目されているのが，労働運動が他の社会運動と連携して共同で社会正義を実現しようとする社会運動的ユニオニズムだ。これは労働運動が，前述した発祥期の機能未分化或いは社会運動連合の時代に復帰したとも考えられ，またそれはこの間労使関係に特化して制度化する労働運動において絶えることのない伏流として生きながらえた伝統であり，この労使関係制度が溶解する20世紀末に再び顕在化した動きだとも言える。いずれにせよ Choudry, Hanley, Shragge ら，Erice や Chateauvert，そして Dufour, Masson, Caouette らの研究はその最新例を明らかにしている。それらはこうした動きの一つの中心地がカナダであることと同時に，この重要な運動交点に性やジェンダーの問題があることを示している（Choudry, Hanley, and Shragge 2012；Chateauvert 2013；Dufour, Masson, and Caouette, 2010）。

　他方最近の労働政治研究のもう一つの新領域に文化がある。これは労働運動の文化運動であると同時に文化全体における労働や労働運動，そして社会運動的ユニオニズムの受容のあり方に関心が向けられている。例えば Greene は映画，Scott は小説，Memou は写真の分野で，それぞれ労働者やその運動がこれまでどう描かれているかを検証している（Greene 2010；Scott 2012；Memou 2013）。ま

たBurnsは労働歌や労働伝説など大恐慌以来アメリカ労働政治研究の特徴的分野となった労働民俗学の泰斗の軌跡を描いた（Burns 2011）。そしてStaufferとSoskisは英語圏での「インターナショナル」と呼ばれる「ソリダリティ・フォアレバー（Solidarity Forever）」の原曲で，南北戦争以来アメリカのもう一つの国歌となった「共和国賛歌」のユニークな遍歴を追っている（Stauffer and Soskis 2013）。

5　Food Studies

　最後に筆者が考える現代労働政治研究の最新フロンティアを紹介しよう。従来の労働政治研究は畢竟労働の生産過程とその対価に主な焦点を当て，その再生産過程を家庭や地域或いは消費や余暇といった別分野としてそこに立ち入ることを控えてきた。それは労働運動自身や現実の労働政治が元々カバーしてきた領域を他の運動や権力に委譲乃至献上してきたこの間の経緯と並行していることは言うまでもない。だからこそ冒頭のヒルマンのメシア的労働運動の歴史的意義がネガな形で確認されるのである。この流れを逆転する狼煙となった作品の一つにGordonの最単著がある。日本労働史研究の世界的チャンピオンの一人である著者が，この新家庭裁縫という労働の生産と再生産過程の交点の一つに踏み込んだ事の意味は大きい（Gordon 2012）。

　そしてもう一つの交点に食べ物がある。勿論これまでも労働史を中心に労働政治研究は産業としての農業労働の有り様に注目してきた。只近年それらの研究は，Mitchellのそれの様に景観や環境などという脱工業化時代の価値と結びついて新しい社会正義の観点から広がりと深まりを持ち始めている（Mitchell 2012）。またMukhijaとLoukaitou-Siderisが描くように，現代の食品生産販売は，しばしば都市のインフォーマル産業セクターの代表として，労働者というカテゴリーを遥かに越えた所で繁殖しつつある（Mukhija and Loukaitou-Sideris 2014）。さらにFairfax, Dyble, Guthey, Gwin, Moore, Sokoloveらの研究が示す様に，成分や育成過程を含む食べ物それ自体が，社会正義の対象となり，また運動形成の回転軸を構成しつつある（Fairfax, Dyble, Guthey, Gwin, Moore and Sokolove 2012）。

　こうして誰が何処で何をどう如何に育て，収穫し，料理し，食べ，満足するかという料理を含めた一連のフード・スタディーズが，労働政治研究の周縁領域として現在巨大化しつつある。因みにEdenの二つの著作とInnessらの研究はア

メリカにおけるジェンダーの観点からのその多様な模索例だ（Eden 2006, 2008；Inness 2001）。Ku, Manalansan IV., Mannur の編著は副読本となっていることから判る様に，人種主義やエスニシティ研究，特にアジア系アメリカ人のそれにおいて食べ物が重要なテーマになっていることが伺える（Ku, Manalansan IV., and Mannur 2013）。

Roberts, Wu と Cheung, Kershen，そして Cwiertka の諸作品は，中国料理やその店と料理人，更に食材流通，日本帝国主義と食文化の関係やこの日帝期や冷戦期を貫く食べ物から見た朝鮮半島の20世紀史等，非アジア圏を含むこのアジア系フード・スタディーズの巨大な後背地を覗かせている（Roberts 2002；Wu and Cheung 2002；Kershen 2002；Cwiertka 2007, 2012）。

他方 Biderman, David と Sutton, Timmerman, Belasco と Scranton らの研究は，Naccarato と Lebesco が『ディスタンクシオン』等の著書で有名なブルデューの日常の生活空間に存在する多様な資本蓄積の有り様とそこから見え隠れする錯綜した階級関係の理論化が明示的に食文化の面で試みた様に，何処で何を食べ飲むかという労働の再生産過程の根幹部分に多角的に分け入る。このフード・スタディーズは労働政治研究が，再びヒルマンが目指した包括性の精神を取り戻す契機になるかもしれない（Biderman 2013；Beriss and Sutton eds. 2007；Timmerman 2013；Belasco and Scranton 2002；Naccarato and Lebesco 2012）。

注

(1) 本章を，ヒルマンの生地リトアニアの対岸で，彼がアメリカで目指した合理的かつ包括的労働運動を成功させたスウェーデン労働運動に魅せられ，その日本的展開に尽力した岡澤憲芙教授に捧げる。自立した個人の連帯を極めた北欧社会の実験を分析し続けた教授の卓抜した業績を，労働政治研究と見なす人は少ない。だがヒルマンなら頷くかもしれない。なぜなら北欧社会が達成したものは，「利己主義，搾取，組織の横暴から社会を救う理想と精神的器量と政治的気概を体現する」労働運動なくしては考えられないからである。

参考文献

Andreas, Joel (2009) *Rise of the Red Engineers: The Cultural Revolution and the Origins of China's New Class*, Stanford: Stanford University Press.

Belasco, Warren and Scranton, Philip eds. (2002) *Food Nations: Selling Tastes in Consumer Societies*, London and New York: Routledge.

Belton, Brian and Hamid, Sadek eds. (2011) *Youth Work and Islam: A Leap of*

Faith for Young People, Rotterdam and Boston: Sense.
Beriss, David and Sutton, David eds. (2007) The Restaurants Book: Ethnographies of Where We Eat, Oxford and New York: Berg.
Biderman, Bob (2013) A People's History of Coffee and Cafés, Cambridge: Black Apollo Press.
Brennan, Virginia M. ed. (2013) Free Clinics: Local Responses to Health Care Needs, Baltimore: The John Hopkins University Press.
Brown, Jeremy (2012) City Versus Countryside in Mao's China: Negotiating the Divide, New York: Cambridge University Press.
Burnham, David Michael (2012) Social Worker Speaks: A History of Social Workers through the Twentieth Century, Farnham and Burlington, Ashgate.
Burns, Sean (2011) Archie Green: The Making of a Working-Class Hero, Urbana, Chicago, and Springfield: University of Illinois Press.
Chateauvert, Melinda (2013) Sex Workers Unite: A History of the Movement from Stonewall to Slutwalk, Boston: Beacon Press.
Choudry, Aziz; Hanley, Jill; and Shragge, Eric eds. (2012) Organize!: Building from the Local for Global Justice, Oakland: PM Press.
Connell, John ed. (2008) The International Migration of Health Workers, New York: Routledge.
Connell, John (2010) Migration and the Globalization of Health Care: The Health Worker Exodus?, Cheltenham: Edward Elgar.
Cree, Viviene E. ed. (2013) Becoming a Social Worker: Global Narratives, Second edition, New York: Routledge.
Cupers, Kenny ed. (2012) Use Matters: An Alternative History of Architecture, London and New York: Routledge.
Cwiertka, Katarzyna J. (2007) Modern Japanese Cuisine: Food, Power and National Identity, London: Reaktion Books.
Cwiertka, Katarzyna J. (2012) Cuisine, Colonialism, and Cold War: Food in Twentieth Century Korea, London: Reaktion Books.;
Dasgupta, Romit (2013) Re-Reading the Salaryman in Japan: Crafting Masculinities, London and New York: Routledge.
Dufour, Pascale; Masson, Dominique; and Caouette, Dominique eds. (2010) Solidarities beyond Borders: Transnationalizing Women's Movements, Vancouver and Toronto: UBC Press.
Eden, Trudy (2006) Cooking in America, 1590-1840, Westport: Greenwood Press.
Eden, Trudy (2008) The Early American Table: Food and Society in the New World, Dekalb: Northern Illinois University Press.
Fairfax, Sally K.; Dyble, Louise Nelson; Guthey, Greig Tor; Gwin, Lauren; Moore,

Monica; and Sokolove, Jennifer (2012) *California Cuisine and Just Food*, Cambridge and London: MIT Press.
Fletcher Jr., Bill (2012) *They're Bankrupting Us!: And 20 Other Myths about Unions*, Boston: Beacon Press.
Frazer, Steven (1991) *Labor Will Rule: Sidney Hillman and the Rise of American Labor*, Ithaca and London: Cornell University Press.
Giles, Melinda Vandenbeld ed. (2014) *Mothering in the Age of Neoliberalism*, Bradford: Demeter Press.
Gordon, Andrew (2012) *Fabricating Consumers: The Sewing Machine in Modern Japan*, Berkeley: University of California Press.
Greene, Doyle (2010) *The American Worker on Film: A Critical History, 1909-1999*, Jefferson and London: McFarland & Company, Inc. Publishers.
Inness, Sherrie A. ed. (2001) *Kitchen Culture in America: Popular Representations of Food, Gender, and Race*, Philadelphia: University of Pennsylvania Press.
Johnson, Ryan and Khalid, Amna eds. (2012) *Public Health in British Empire: Intermediaries, Subordinates, and the Practice of Public Health, 1850-1960*, New York: Routledge.
Kato, Takao and Shu, Pian (2013) *Competition and Social Identity in the Workplace: Evidence from a Chinese Textile Firm*, Harvard Business School.
Katz, Daniel and Greenwald, Richard A. eds. (2012) *Labor Rising: The Past and Future of Working People in America*, New York: New Press.
Kershen, Annie J. ed. (2002) *Food in the Migrant Experience*, Aldershot and Burlington: Ashgate.
Ku, Robert Ji-Song; Manalansan IV., Martin F.; and Mannur, Anita eds. (2013) *Eating Asian America: A Food Studies Reader*, New York: New York University Press.
Kudayarova, Diana (2010) *Unintended Community: A Social History of Soviet Engineers, 1945-1970*, Ph. D. Thesis, Department of History, Harvard University.
Lieberman, Alice ed. (2010) *Women in Social Work Who Have Changed the World*, Chicago: Lyceum Books, Inc.
López, Richard and Weinstein, Barbara eds. (2012) *The Making of the Middle Class: Toward a Transnational History*, Durham: Duke University Press.
Love, Joseph L. and Bear, Werner eds. (2009) *Brazil under Lula: Economy, Politics, and Society under the Worker-President*, New York: Palgrave Macmillan.
Memou, Anigoni (2013) *Photography and Social Movements: From the Globalization of the Movement (1968) to the Movement against Globalization (2001)*, Manchester: Manchester University Press.
Mirchandani, Kiran (2012) *Phone Clone: Authenticity Work in the Transnational*

Service Economy, Ithaca: ILR Press.

Mitchell, Don (2012) *They Saved the Crops: Labor, Landscape, and the Struggle over Industrial Farming in Bracero-era California*, Athens: University of Georgia Press.

Mukhija, Vinit and Loukaitou-Sideris, Anastasia eds. (2014) *The Informal American City: From Taco Trucks to Day Labor*, Cambridge: MIT Press.

Naccarato, Peter and LeBesco, Kathleen (2012) *Culinary Capital*, London and New York: Berg.

Ramanathan, Chapthapuram S. and Dutta, Subhabrata eds. (2014) *Governance, Development, and Social Work*, New York: Routledge.

Roberts, J. A. G. (2002) *China to Chinatown: Chinese Food in the West*, London: Reaktion Books.

Rubio, Philip F. (2010) *There's Always Work at the Post Office: African American Postal Workers and the Fight for Jobs, Justice, and Equality*, Chapel Hill: University of North Carolina.

Scott, William (2012) *Troublemakers: Power, Representation, and the Fiction of the Mass Worker*, New Brunswick: Rutgers University Press.

Seddon, Terri; Henriksson, Lea; and Niemeyer, Beatrix eds. (2010) *Learning and Work and the Politics of Working Life: Global Transformations and Collective Identities in Teaching, Nursing and Social Work*, London and New York: Routledge.

Stauffer, John and Soskis, Benjamin (2013) *The Battle Hymn of the Republic: A Biography of the Song that Marches On*, Oxford: Oxford University Press.

Thiessen, Janis L. (2013) *Manufacturing Mennonites: Work and Religion in Post-War Manitoba*, Toronto, Buffalo, and London: University of Toronto Press.

Timmerman, Kelsey (2013) *Where Am I Eating?: An Adventure through the Global Economy*, Hoboken: Wiley.

Vinel, Jean-Christian (2013) *The Employee: A Political History*, Philadelphia: University of Pennsylvania.

Wu, David Y. H. and Cheung, Sidney C. H. eds. (2002) *The Globalization of Chinese Food*, Honolulu, University of Hawai'i Press.

Zieger, Robert H. ed. Forward by Richard Greenwald and Timothy J. Minchin (2012) *Life and Labor in the New South*, Gainesville: University Press of Florida.

第16章 少子高齢社会と市町村福祉行政のあり方

長倉真寿美

1 高齢者保健福祉の在宅化・地域化

　日本は，1963年に「老人福祉法」が成立し，要介護高齢者対策の充実が図られることとなったが，この時点ではまだ介護は私的な問題という色彩が強く，家族内で解決できない場合に施設入所するという状況であった。

　その後，1970年に高齢化率が7％となり，高齢人口の増加とそれに伴う寝たきり高齢者数の増加，介護する家族の負担が社会問題化するなど，高齢者介護サービスが一般的・普遍的なニーズであることを示す状況が顕在化してきた。しかし，入所施設の定員数は圧倒的に不足していたため，1971年を初年度とする「社会福祉施設緊急整備5か年計画」が策定されるなど，1970年代半ば頃までは施設整備に重点が置かれていた。

　それ以降は1978年に老人短期入所生活介護事業，1979年に日帰り介護事業の創設が行われ，1962年に既に創設されていた老人家庭奉仕員事業と併せ，介護保険制度施行前まで介護が必要な高齢者の在宅生活を支える上で必要不可欠なサービスとして位置づけられていた，いわゆる「在宅3本柱」が揃った。さらに，1989年12月に「高齢者保健福祉推進十か年戦略（ゴールドプラン）」が策定され，数値目標を設定して在宅福祉事業が進められるようになったことは，在宅介護充実の大きな節目となった。

　さらに1990年の福祉関係八法の改正で，「市町村重視の原則」のもとに高齢者に対する保健福祉の環境整備が進められることになった。具体的には，都道府県及び市町村に「老人保健福祉計画」策定が義務づけられ，市町村で在宅及び施設サービスが一元的かつ計画的に提供できるような体制が整えられたこと，福祉施設等への入所措置権が町村へ移譲されたことが挙げられる。

　1990年代に入り高齢者保健福祉の基盤整備が強化されたが，従来の公費による措置制度では，予算の制約があること，また行政機関がサービスの必要な人を選別して内容を決める行政処分という仕組みのため，介護ニーズの実態に合わせて

速やかにサービスを拡充することが難しかった。また，措置制度では，世帯収入に応じた利用者負担があったことで，中高所得層にとっては利用しにくい面があった。老人医療でも，所謂社会的入院の問題があり，限られた資源が医療本来の機能のために有効に使われていないという課題を抱えていた。

　これらの問題を踏まえ，高齢者介護を一部の限られた人の問題として捉えるのではなく，社会全体で支える仕組みとしての介護保険制度が2000年4月から施行された。要介護認定を受ければ，利用者とサービス提供事業者間の利用契約に基づいて介護サービスが受けられ，利用者の自己選択や自己決定が尊重される。この変革により，介護サービスの利用に対する「低所得者がお上の世話になること」といった従来のイメージが払拭され，サービスの一般化・普遍化につながったと言える。

　介護保険制度は，住民に最も身近な地方自治体である市町村（一部広域連合）が保険者となって運営や財政責任を担い，市町村ごとに給付と負担が連動する地方分権的な仕組みとなっている。各市町村が地域内の介護サービスの見込み量を積み上げた介護保険事業計画を策定し，それぞれの介護サービスの見込み量に基づいて保険料を算出している。また，保険給付の範囲を超える上乗せサービス，横出しサービス[1]について市町村の選択による実施を認めているなど，地域の実情に応じたサービスが可能で，介護保険制度が「地方分権の試金石」と呼ばれる所以でもある。

2　介護保険サービスの利用状況と地域格差

(1) サービス利用の拡大と地域包括ケアシステムへの流れ

　介護保険制度は，2014年4月現在で，施行後15年が経過したが，その間サービスの受給者数は大幅に増えている。1カ月の平均値でみると，2000年に184万人（居宅124万人，施設60万人）だったのが，2012年には458万人（居宅338万人，施設87万人，地域密着型33万人）と，13年間で274万人（149％）増加している。特に居宅サービスの伸びが大きく，214万人（173％）増加している（厚生労働省 2014：2）。

　今や介護保険制度は，介護が必要な高齢者やその家族にとって無くてはならないものになっているが，利用者の増加は，給付費（総費用額）の増加に直結する。2000年度は3.6兆円であったが，2013年度には9.4兆円と急激に増加している。厚生労働省の試算によると，団塊の世代が75歳以上になる2025年には，現状のサー

ビス利用状況や単価をそのまま将来の人口構成に適用した場合で約16兆円，サービス提供体制等について充実と重点化・効率化等の改革を行った場合で約20兆円に膨らむとされている。また，保険料も第1期（2000～2002年度）が月額2,911円（全国平均），第5期（2012～2014年度）が4,972円であったが，2025年は8,200円程度になると推計されている。

　また，介護保険制度は，発足以来3回の改正を経ているが，2011年は，地域包括ケアの推進が主要な改正点となっている。

　地域包括ケアシステムの定義は，「地域包括ケア研究会　報告書」では，「ニーズに応じた住宅が提供されることを基本とした上で，生活上の安全・安心・健康を確保するために，医療や介護のみならず，福祉サービスを含めた様々な生活支援サービスが日常生活の場（日常生活圏域。具体的には30分でかけつけられる，中学校区を基本）で適切に提供できるような地域での体制」とされている（地域包括ケア研究会　2009：6）。

　厚生労働省は「地域包括ケアの理念と目指す姿について」の中で，地域包括ケアの実現には，次の5つの視点での取り組みが包括的・継続的に行われることが必須としている。5つの視点とは，①医療との連携強化，②介護サービスの充実強化，③予防の推進，④見守り，配食，買い物など，多様な生活支援サービスの確保や権利擁護など，⑤高齢期になっても住み続けることのできるバリアフリーの高齢者の住まいの整備である。

　しかし実情は，このような地域包括ケアシステムを実現するのに必要な体制が整備されている市町村ばかりではない。例えば，5つの視点のうち，「②介護サービスの充実強化」について言えば，サービス受給者数は年々増加しているものの，利用水準には大きな地域格差があり，それらは必ずしも地域ニーズを適切に反映した結果ではないという問題がある。福祉行政の基本的なノウハウにも大きな地域格差があり，厚生労働省が地域包括ケアの考え方や留意事項を示しただけでは，具体的に何から，どのように着手すればよいのか分からないという市町村も少なからずある。[(2)]

（2）サービス利用指数の推移からみた地域格差

　また，サービス受給者数の増加は，必ずしも必要な人に必要なサービスが届いていることを意味しておらず，利用されているサービスの種類や水準には市町村ごとに大きな差がある。

筆者は，「介護保険事業状況報告」(厚生労働省)の2002〜2010年度のデータを使い，各保険者(市町村。一部広域連合あり)の居宅4サービス(①訪問介護，②訪問看護，③通所介護と通所リハビリテーション〔以下，通所リハビリ〕を足したもの，④短期入所)，施設サービス(①介護老人福祉施設，②介護老人保健施設，③介護療養型医療施設)，施設＋居住系サービス(3施設及び特定施設入居者生活介護)，地域密着型サービス(①夜間対応型訪問介護，②認知症対応型通所介護，③小規模多機能型居宅介護，④認知症対応型共同生活介護，⑤地域密着型特定施設入居者生活介護，⑥地域密着型介護老人福祉施設入所者生活介護)それぞれについて，要支援・要介護認定者(以下，要介護認定者)1人当たりの利用件数を偏差値化し，ランキングを行った。[3]

サービスの利用件数を偏差値化して指標としたのは，単純な利用件数や費用額の比較では分からない，全体でどれぐらいの位置にいるのかという水準が把握でき，異なった時点での比較も可能だからである。

この結果から各サービス利用指数の最大値と最小値の差を経年でみてみると，居宅4サービスと施設サービスの利用指数の差は非常に大きい。居宅4サービスは，最も差が小さかった2007年度は105.7，最も差が大きかった2004年度は167.6となっている。施設サービスは，最も差が小さかった2005年度は77.7，最も差が大きかった2007年度は176.8である。施設・居住系サービス，地域密着型サービスの利用指数の最大値と最小値の差は，居宅4サービス，施設サービスとの比較で言えば小さい。しかし，施設・居住系サービスは最も差が小さかった2005年度で35.5，最も差が大きかった2010年度で55.4，地域密着型サービスは，最も差が小さかった2009年度で32.3，最も差が大きかった2006年度で39.6と，保険者間の差は決して小さくない(表16-1)。

このように保険者間の差が大きい理由を，指数の最大値・最小値の差が最も大きい居宅4サービスでみると，[4]2010年度の居宅4サービス利用指数が最大の61.9である長野県小海町は，要介護認定者が262人で，1人当たりの利用件数は，訪問介護が2.939(指数56.4)，訪問看護が2.370(指数64.8)，通所介護＋通所リハビリが6.947(指数62.3)，短期入所が1.939(指数64.3)である。利用指数が最小の−70.8である東京都御蔵島村は，要介護認定者が10人で，居宅4サービスのうち利用があったのは，訪問介護の13件である(表16-2)。人口303人の御蔵島村には，福祉，医療資源として，福祉保健センター仲里，国民健康保険直営御蔵島診療所があり，居宅介護支援，訪問介護，訪問看護，通所リハビリ，居宅療養管理指導，予防サービス等は受けられるが，短期入所については，三宅島にある特別

第16章　少子高齢社会と市町村福祉行政のあり方

表16-1　介護保険制度のサービス別利用指数の最大値・最小値の推移

年度		居宅4		施設		施設+居住系		地域密着	
2002	最大値・最小値	62.3	−59.2	91.8	9.3	83.8	43.4	—	
	指数の差	121.5		82.5		40.4			
2003	最大値・最小値	65.9	−58.1	95.7	−5.1	79.8	42.2	—	
	指数の差	124.0		100.8		37.6			
2004	最大値・最小値	65.4	−102.2	95.4	−12.1	75.2	39.6	—	
	指数の差	167.6		107.5		35.6			
2005	最大値・最小値	65.2	−47.2	95.1	17.4	71.5	36.0	—	
	指数の差	112.4		77.7		35.5			
2006	最大値・最小値	65.8	−50.0	88.0	20.5	68.7	27.1	78.3	38.7
	指数の差	115.8		67.5		41.6		39.6	
2007	最大値・最小値	64.9	−40.8	92.5	−84.3	67.5	23.5	76.5	38.0
	指数の差	105.7		176.8		44.0		38.5	
2008	最大値・最小値	65.2	−45.1	103.3	9.1	67.5	21.6	72.0	37.3
	指数の差	110.3		94.2		45.9		34.7	
2009	最大値・最小値	65.4	−46.1	98.9	−12.5	69.3	18.1	69.4	37.1
	指数の差	111.5		111.4		51.2		32.3	
2010	最大値・最小値	61.9	−70.8	97.9	7.9	70.7	15.3	69.6	36.8
	指数の差	132.7		90.0		55.4		32.8	

出所：2009～2011年度文部科学省科学研究費補助金基盤研究(c)「要介護高齢者の地域生活を可能にする地域ケアシステムの構造に関する研究」(研究代表者：長倉真寿美)、2013～2016年度文部科学省科学研究費補助金基盤研究(c)「保険者類型別地域包括ケアシステムの構築方法に関する研究」(研究代表者：長倉真寿美)のデータを使用。

表16-2　2010年度　居宅4サービス利用指数最大値・最小値の保険者の比較

ランキング	都道府県	保険者	要介護認定者数（第1号被保険者）(人)	訪問介護			訪問看護			通所介護+通所リハビリ			短期入所			居宅4サービス利用指数
				利用件数	1人あたりの利用件数	指数	利用件数	1人あたりの利用件数	指数	利用件数	1人あたりの利用件数	指数	利用件数	1人あたりの利用件数	指数	
最大値（1位）	長野県	小海町	262	770	2.939	56.4	621	2.370	64.8	1,820	6.947	62.3	508	1.939	64.3	61.9
最小値（1581位）	東京都	御蔵島村	10	13	1.300	37.5	—		−8.4	—		−225.6	—		−86.8	−70.8

出所：2013～2016年度文部科学省科学研究費補助金基盤研究(c)「保険者類型別地域包括ケアシステムの構築方法に関する研究」(研究代表者：長倉真寿美)で2013年度に実施した研究のデータを使用。

養護老人ホームあじさいの里に委託しており、利用のためには御蔵島を離れることになる。なお、2002〜2009年度については、通所リハビリ以外の3サービスのうちのいずれか、もしくは全ての利用実績がある。

つまり、居宅4サービスは、全国的にみれば最も提供基盤が整備されており、サービスが万遍なく高い頻度で利用できているところと、一部のサービスのみ少ない頻度で利用されているところまで幅広く存在しているため、指数の差が非常に大きくなる。

住民に最も身近な市町村にほとんど全ての社会福祉の権限が委譲されたという福祉の地域化の動きは、高齢者を一人の人間として捉え、その人が住み慣れた家庭や地域で生活をする上での問題を迅速かつ的確に把握し、適切なサービスが総合的かつ継続的に提供される仕組みを、それぞれの地域の事情に合わせて構築するためには理に適っている。

しかし現実には、前述のように、どこに住んでいるかによって受けられるサービスに大きな違いがある。厚生労働省は『平成17年版 厚生労働白書』の中で、「市町村の選択、判断の結果として生じている介護サービス量」は「本来あるべき地域差」としている。ただしそれは、「市町村の選択、判断の結果」が、実態把握や住民のニーズ調査を十分に行った上で検討されたものであること、選択、判断の過程に住民が関われるような情報開示や参加の仕組みをとっていることが前提になっていなければならないはずである。しかし、厚生労働省が2012年度に全保険者を対象に実施した「第5期介護保険事業計画の策定過程等に係るアンケート調査」によると、「要介護者やサービス見込み量の推計に当たって、日常生活圏域ニーズ調査結果等から把握した圏域ごとの課題や地域診断の結果を反映させた」と回答した保険者は2割弱であり、「市町村の選択、判断の結果」に住民のニーズが反映されているとは言い難い実態がある。

3　市町村をめぐる変化

「市町村の選択、判断の結果」には、厳しい地方財政の影響も考えられる。

国と地方の財政の悪化、地方分権の進展、国と地方の財政関係の不均衡という状況に対し、国の関与を縮小し、地方分権を一層推進することを目指し、国庫補助負担金改革、税源移譲、地方交付税の見直しの三種類の改革を同時に進める、所謂三位一体改革が、2002年6月「経済財政運営と構造改革に関する基本方針

2002」の閣議決定により決まった。

　その後の三位一体改革の推進に伴って，2004～2006年度には，約3兆円の税源が国税から地方税に移るという成果があった一方で，地方交付税及び臨時財政対策債の総額は約5.1兆円削減された。これにより，地方自治体は財源不足という大きな問題を抱えることになり，人件費の抑制や基金の取り崩しで財源不足に対応しているが，厳しい財政運営を迫られている。市町村合併推進のために国が設けた財政上の特例の期限切れが迫っていることで，合併した市町村の財政運営が一層厳しくなることが予測される。

　さらに，人口減少，少子高齢化が進行する中，市町村が地方分権の担い手となるにふさわしい行財政基盤が確立できるようにするという目的で，1999年以来，全国的に市町村合併が積極的に推進された。その結果，1999年4月に3,229（市671，町1,994，村577）であった市町村数が，旧合併特例法（市町村の合併の特例に関する法律：昭和40年法律第6号）による合併特例債による財政支援措置の経過措置の適用期限である2006年3月には1,821市町村（市777，町846，村198）に減少した。新合併特例法（市町村の合併の特例等に関する法律：平成16年法律第59号）の期限2010年3月31日で合併推進の動きは一区切りついたが，同年4月には，市町村数は1,727（市786，町757，村198）と，さらに100ほど減少した。

　この変化に伴い，介護保険制度の保険者数も，2002年度は2,863だったが，2005年度には1,681になり，3年間で41.3％減と急激に減少した。その後も微減は続いたが，2009，2010年度ともに1,587と，落ち着いてきている。保険者の行政区分別構成割合は，2002年度は町の割合が58.1％で最も高く，それに次ぐ市の割合21.7％を大きく引き離していたが，2005年度には市の割合が42.1％に増え，町の43.8％とほぼ同割合になった。2005年度は市町村数の激減が一段落した年であり，その後は行政区分の構成割合に大きな変化はなく，2010年度は，政令指定都市・特別区2.6％，市44.9％，町41.0％，村9.0％，広域連合2.5％となっている。

　合併については，立場によって様々な評価がある。全国町村会では，合併のプラス効果として「財政支出の削減」「職員の能力向上」を，マイナス効果としては「行政と住民の連帯の弱まり」「財政計画との乖離」「周辺部の衰退」を挙げている（道州制と町村に関する研究会 全国町村会 2008：19-31）。

　介護保険事業の運営について言えば，合併により市の割合は増えたが，必ずしも様々な経費を削減し，介護保険財政を効率化させるだけのスケールメリットを

生んだところばかりではない。合併により市町村の平均人口は，1999年3月31日に3万6,387人であったものが，2010年3月31日に6万8,947人に増加しているが，地方自治法上の市の人口の要件である5万人に満たない市町村が1,185で全体の約7割を，そして人口1万人未満の小規模市町村が459と全体の約3割を占めている（全市町村数1,730）。さらに，市町村の地域類型別の合併パターンを見た場合，都市で合併したのは4割にとどまっているのに対し，平地及び中山間の7割弱が合併し，中山間で合併したもののうち半数以上は，中山間同士の合併であった（総務省 2010：6-7）。中山間地域は，都市と比較すると経済的なデメリットが大きく，少子高齢化が深刻な地域である。一定以上の人口規模があり，市町村内の移動や近隣の市町村とのアクセスに問題が無い場合は，民間事業者も参入するが，そうでなければ，介護保険サービス提供事業所とマンパワーを自ら用意しなければならない。一方，人口の多い都市であっても，高齢化は更に深刻さの度合いを増す。2010年から2025年までの15年間で，75歳以上の高齢者の増加数が上位の6都府県（東京都，神奈川県，大阪府，埼玉県，千葉県，愛知県）をみると，増加数約373.4万人と，この間の全国の増加数約759.2万人のおよそ半分を占めると予測されている（厚生労働省 2013：1）。介護・医療サービスが必要になるリスクが高まる75歳以上の高齢者の絶対数が急増するということは，急激に高まるサービスニーズへの迅速な対応が迫られることを意味している。都市，中山間地域ともに，サービスが必要な人ばかり増え，ニーズに対応できないとなれば，まさに「保険あってサービスなし」の状態に陥る危険性がある。

4　地域包括ケアシステムの実現に向けて

　このような問題点を解決し，様々な生活支援サービスが日常生活圏域で適切に提供できるような地域包括ケアシステムを構築していくためには，ステークホルダーで，地域全体の「あるべき姿」を決定し，統一的なルールと公私の役割分担に基づき，計画的にそれを実現していく体制が求められる。

　国の施策の中に，地域包括ケアシステムが出てきた背景には，高齢者数，要介護高齢者数の増加により，かかる費用が急激に増大するため，介護保険をより効率的・効果的な制度にする必要に迫られているということがある。特に施設サービスの利用増加は財政悪化や利用者の保険料にも跳ね返るため，地域への流れが強調されているといった側面もある。

しかし財政的に厳しいから、行政が出来ないことを住民にやってもらうという責任転嫁の姿勢では、住民の納得と協力は得られない。複雑化・高度化する住民の問題に対し社会資源を有効に連携させ、包括的サービスを提供する地域ケアシステムを実現していくために市町村が行うべきことは、老人保健福祉計画、介護保険事業計画だけでなく、各種行政計画のPlan（計画），Do（実施），Check（評価），Action（再実施）という策定・実施過程の様々な段階での、多様な参加を可能にする仕組みを作ることである。そして、市町村行政の「見える化」を徹底することである。高齢者介護で言えば、市町村が「ここまでのレベルにはこれぐらいかかる」といった情報提供を行った上で、住民と「どのレベルを目指すのか」「誰がどれぐらい負担をするのか」という議論をする必要がある。その際、分かりやすい資料を作成・提示することや、ホームページ上でのパブリックコメント（意見公募）の募集に留まらず、直接説明し、意見交換できる機会を可能な限り設けることに努めなければならない。

地域包括ケアシステムを構築し、実効性のあるものにしていくためには、まずは到達目標とそれを可能にするための負担について住民との合意形成が前提になる。その上で、保険者である市町村が主体となり、公助として、介護サービスの必要量を的確に把握し用意すること、予防が必要な人を早期に発見して予防事業につなぐこと、医療と介護の連携強化のために関係機関をつなぐ仕組みづくりやコーディネートをすること、さらに福祉施策等の展開とあわせ、地域住民のニーズに対応した住宅・まちづくりを行う必要がある。さらに、高齢者の健康増進等の自助努力をサポートしつつ、高齢者を含む地域住民同士で見守りを行う等、互助の体制を地域の中で作ることが肝要である。

福祉先進国スウェーデンが、高福祉を国民の高負担によって実現している理由を岡沢は、「給付と負担の関係が見える工夫を政治や行政がすることで、新しい税金観・税金哲学を樹立したとしか考えようがない」としている（岡沢2009：261）。

日本においても、少子高齢化、人口減少が待ったなしで進む中、シビルミニマムすら保障できないという最悪の事態を回避し、住民の満足度を高める地域包括ケアシステムを構築していくためには、給付と負担の関係が見えるように政治や行政が地道な努力をすることが必須である。また、自治体の政策形成過程に住民が関われる仕組みを整備し、一つひとつ着実に、公私の役割分担の合意をとっていくという積み重ねが、最も確実に結果を出す方法である。

注
(1) 市町村は条例によって支給限度基準額を上回る額を支給限度額として設定でき（上乗せサービス），配食，移送，おむつの支給等の保険対象外のサービスを独自の保険給付として提供することが出来る（横だしサービス）。
(2) 2013～2016年度文部科学省科学研究費補助金基盤研究(c)「保険者類型別地域包括ケアシステムの構築方法に関する研究」（研究代表者：長倉真寿美）で，サービス利用パターンの違う3つのグループに属する344保険者（広域連合を含む）に実施したアンケートの自由回答結果による。
(3) 2009～2011年度文部科学省科学研究費補助金基盤研究(c)「要介護高齢者の地域生活を可能にする地域ケアシステムの構造に関する研究」（研究代表者：長倉真寿美），2013～2016年度文部科学省科学研究費補助金基盤研究(c)「保険者類型別地域包括ケアシステムの構築方法に関する研究」（研究代表者：長倉真寿美）のデータを使用。
(4) 2010年度の「介護保険事業状況報告」に保険者名があるのは1,587あるが，東日本大震災の影響により，調査が実施困難であった福島県広野町，楢葉町，富岡町，川内村，双葉町，新地町は，サービス利用に関するデータの記載がないため，ランキングから除外している。
(5) 御蔵島村在宅高齢者等短期入所（ショートステイ）事業実施要綱（平成11年3月31日　要綱第1号）。
(6) 市数は政令指定都市を含み，特別区数を含まない。
(7) 総務省ホームページ（http://www.soumu.go.jp/gapei/gapei2.html, 2014年4月8日アクセス）。
(8) 各年度の「介護保険事業状況報告（年報）」（厚生労働省）のデータから算出。

参考文献
岡沢憲芙（2009）『スウェーデンの政治――実験国家の合意形成型政治』東京大学出版会。
厚生労働省（2013）『都市部の強みを活かした地域包括ケアシステムの構築（都市部の高齢化対策に関する検討会報告書）』。
厚生労働省『平成24年度介護保険事業状況報告（年報）』（2014年4月4日公表）。
総務省（2010）『「平成の合併」について』。
地域包括ケア研究会（2009）『地域包括ケア研究会　報告書――今後の検討のための論点整理』（平成20年度老人保健健康増進等事業）。
道州制と町村に関する研究会　全国町村会（2008）『「平成の合併」をめぐる実態と評価』。

第 4 部　グローバル化時代の行政学

第17章 グローバル化時代の統治機構のあり方
—— 日本型「州構想」をめぐって

佐々木信夫

1 グローバル化時代と集権体制

　グローバル時代の一つの特徴は，ボーダレスと表現されるように国家の垣根が次第に低くなり，大都市や地方都市がそれぞれの国の都市と直接結びつくようになる点にある。これを統治システムに着目して表現すると，ヒト，モノ，カネ，情報が中央政府を通すことなく，地方政府同士で簡単に行き交うようになると言い換えてもよい。21世紀社会はその特徴がより鮮明になると見てよかろう。

　だとすれば，20世紀の日本型統治スタイル，すなわち中央集権体制の下で国が行財政の仕組みを巧みに操り，公共政策の多くの分野を仕切ってきた時代の終焉も意味する。

　これまで日本は，国の政治や行政を信頼し，外交や国防はもとより，公共生活や経済，産業のあり方まで多くを国に委ね，その指導力に期待し発展してきた。中央集権と官僚依存の体制がうまく機能してきたといってもよい。

　しかし，それも20世紀の終わる1990年代半ばまでであった。ひととき酔いしれたバブル経済が泡のように消え去ったその後，日本の政策対応は大きな過ちを犯す。ケインズ経済学の亡霊を追うことになる。内需拡大政策を続けると景気はよくなると考え，鷲づかみのように国債増発を続けた。しかし，この政治のやり方は数多く打つ鉄砲も的外れとなり，法外な借金の山が残ってしまったのである。その間，高速道，高速鉄道，空港，公共施設などのハードインフラは相当程度整備された。田中角栄の『日本列島改造論』（日刊工業社，1972年）を下敷きに，職住近接，分散型国土の形成を合言葉に1950年代に始まる全総から第4全総まで，約半世紀の土建国家形成の政治が続いた。田中の構想は「工業再配置と交通・情報通信の全国ネットワークの形成をテコにして，人とカネとモノの流れを巨大都市から地方へ逆流させる"地方分散"を推進すること」にあった。

　だが現実は，ハードインフラの整備が進めば進むほど，東京一極集中が加速し，ストロー効果が如何なく発揮されることとなっていく。網の目のように張り巡ら

された国の法規制，許認可，税財政，行政指導のすべてが中央集権体制というソフトインフラのもとで有効に機能し，分散型国家の形成という狙いとは逆の結果を生み出した。過疎と過密を同時併存させる結果となったのが，20世紀型日本の国家政策の結末である。

　本来，世紀が変わるときは何かが大きく変わる。私たちはそのことに気付くべきである。国家の有り様を国に委ね，あたかもそれが全知全能であるように錯覚している，この認識を改めるべき時が来ているにも拘らず，その動きはじつに鈍い。大学に進む者が1％にも満たなかった，「学士さま」が国家エリートとして扱われた時代の統治システムを，あたかも今も有効だと考えてきたこと自体が間違いである。

　半数近い若者が大学に進み，高等教育が一般化している現在，私たちは自分たちの頭で国家の有り様を考えるべきだし，それができる素養を持つようになっている。21世紀のあり方，国の有り様を議論しないまま，なし崩し的に延長線上で新しい世紀が始ってしまった。その結果，経済は低迷し競争力の弱体化で「失われた20年」が過ぎ，2011年に未曾有の東日本大震災に見舞われ，放射能汚染に苦しむ大惨事となった。これは天災というより人災という面が強い。戦後60年余，戦争に見舞われなかった日本人は幸せであったが，しかしどこか平和ボケになってしまっている。

2　中央集権から地域主権へ

　もはや日本は，国民から遠い政府が国家全体を仕切る中央集権体制も官僚依存体制のいずれも限界にきている。国の政治能力は著しく劣化し，国家のあり方より自らの保身を考える政治家が増えてしまった。かつて優秀と褒め称えられた官僚集団も省庁の既得権を守ることに汲々とし，自己保身に走る始末である。誰も国の行く末を考えなくなった，これこそ中央依存の危険な状態である。これを作家の堺屋太一は明治維新，第二次世界大戦に続く「第三の敗戦」と表現している（堺屋 2011）。まさに正鵠を射た表現だと思う。

　筆者は，本章で「新たな国のかたち」として地域主権の国づくり，脱中央依存と道州制を掲げたい。ここでいう脱中央依存とは，中央集権と官僚依存からの脱却を意味する。

　道州制は，140年余を経た47都道府県体制を廃止し，それに代え，地域が主体

的に統治権を行使する約10の道州を内政の拠点として広域自治体を設置し，広域政策を展開する政策官庁をつくること。内政の拠点性を道州に求める以上，当然，各省出先機関のみならず，国交，厚労，文科，総務（自治関係局）各省の本省も廃止ないし縮小の対象となる。また現在の市町村も，基礎自治体の規模と能力が伴うよう改編を伴う。それは中央集権体制に代え，そうした地域主権体制の国が望ましいと考えるからである。こうした統治機構改革を総称し，筆者は「日本型〈州構想〉」と呼んでおきたい。

　ここでいう「地域主権」（regional sovereignty）とは，あえて「地方分権」（decentaralization）と対峙させる意味で使っている。地方分権は中央集権体制を前提に国から権限，財源を分け与えると意味で使われるが，地域主権は中央集権型の統治体制を根本的に改め，国民一人ひとりが自助の精神を持ち，地域の政治行政に主体的に参加し，みずからの創意と工夫で地域の特性に応じた地域づくりを行える統治体制と定義できる。

　道州制でいうと，集権体制を補完する道州制でもなく，連邦体制をめざす道州制でもなく，第3の広域地域圏に統治権を与え，各圏域が自立的な政策主体として活動する地域主権型の道州制ということになる。47府県体制に代わる，広域の約10の道州に権限，財源，人間の3ゲンを与える地域主権型道州制へ移行することで，従来の垂直型の統治システムから水平型の統治システムへ移行することになり，そこで公共部門に地域間競争が起こり，道州間に疑似的な市場メカニズムが働くようになる。それが日本再生の道につながる。そうした時代に合うよう公共分野のあり方を再設計するのが現代政治の役割と言える。

3　道州制の経緯と構想

　もとより，道州制の問題は日本の統治機構のあり方として幾度も議論されながら，いまだ実現していない。これまでもその構想は何度も浮上しては消え，消えては浮上してきている。ただ，一括りに「道州制」と呼んでも，中身は多種多様である。最初の構想は1927年，田中義一内閣の「州庁設置案」に始まる。戦後まもなく，1945年には地方総監府設置案，第4次地方制度調査会の「地方庁」案（1957年）と続き，その後も，経済界や国，自治体，民間団体，シンクタンクなど，各種の機関から種々の道州制案が繰り返し提唱されてきた。最近では，第1次安倍内閣で内閣官房に「道州制ビジョン懇話会」が設置され，地域主権型道州制移

行の制度設計が「中間報告」として出されている。その後，民主党政権への交代でひと時中断するが，自民党政権が再び誕生したことで，現在，第2次安倍内閣に総務大臣を道州制担当と兼務させ，積極的に取り組む姿勢を示している。国会にも超党派で「道州制懇話会」（議員連盟）が発足し，170名近い国会議員が道州制実現に向け参画，発言，啓蒙活動をしている。道州制は，いま日本改革の切り札として，これからのわが国の飛躍のための，大きなうねりの始まりに入ってきた。

　これら「道州制」案に共通しているのは「現行の都道府県の区域より管轄区域の広い道ないし州と呼ばれる新しい機関または団体を設置しよう」（西尾 2007：151）という構想である。しかし，100を超える構想が続きながらなぜ実現しないのか。理由は様々だが，地域間の利害対立もあり，格差拡大を懸念する国民の声も強い。また大胆な改革であることから，権力を奪われる官僚の抵抗も強く，国会でも強い政治力を持つ内閣が形成できなかったことだ。

　とはいえ，2000年以降，政治主導で地方分権改革が進み始め，従来の政治環境とは大きく変わり，道州制移行も視野に入ってきている。事実，ここにきて，道州制推進基本法案の提案を主要政党が公約し，既に一部政党は当該基本法案を国会に提出済みであり，与党もその方向で足並みが揃ってきている。今後，国会で本格論戦が生まれ，内閣官房に道州制国民会議を設置し，3年余を掛けて実現に向けた本格的な設計が始まる様相にある。

　道州制移行の理由は，概ね3点にある。

　第1に，未曾有の大震災，大津波，原発事故からの「大震災復興」が待ったなしの状況にあり，併せて国力の低下を防ぎ，総力を上げて経済の活性化を図る必要があること。

　第2に，1000兆円超の政府債務返済に，大胆な政府システム（国，府県，市町村）の簡素化で経費削減を図る「財政再建」が待ったなしであること。

　第3に，21世紀は中央集権体制ではなく，地方分権改革を進め（手段），地域が主体となって国づくりを行う「地域主権国家」の形成が不可欠であること（目的）。

　実際に2000年からの地方分権改革で，国と地方を上下主従関係に固定し各省大臣が知事，市町村長をあたかも部下として差配する機関委任事務制度は全廃され，「地域のことは地域で決める」体制への移行が始まっている。その受け皿づくりとしてまず市町村合併が行われ，この10年でその数は半減している。一方で，政

令市，中核市，特例市といった府県機能を併せ持つ都市自治体が増え，東京23特別区を含め，いまや国民の50％余が事実上一層制の大都市地域に暮らす形になっていることである。

　国の役割は国でなければできない事柄に限定し，日本の各地域が地域住民の生活や地域の振興に関し独自の決定をなしうる権限を有し行使できる，地域の主体的な統治体制，これを「分権型国家」の体制と定義するなら，道州制はまさにその根幹をなす姿と言えよう。

　東京一極集中，中央集権体制ではなく，47都道府県に代わる新たな約10の道州と基礎自治体が独自の権限と税財源を持ち，それぞれが自己決定，自己責任のもと，自立して地域圏の経営に当たる体制に移行する，これが21世紀の「新たな国のかたち」と言えよう。

4　道州制をめぐる論点

　道州制に実際移行するには，多くの改革論点がある。ここでは統治体制に関わる点に限定してだが，少し多角的な観点から論点を述べてみたい。

(1) 道州制の性格をどうするか

　「道州制」といっても，そのイメージするものは様々である。日本のこれまでの提案を大別すると，大きく3つに分かれる（表17-1）。第1は，議会を公選としながらも国の大臣に相当する官選知事ないし任命制の知事をおき，自治権の小さな「地方府（庁）」とする考え方。第2は，憲法改正をせず，府県に代えて，都道府県の合併と国の出先機関を包括し，国からの行財政権限を移すことで権限の大きな広域自治体を「道州」とする考え方。第3は，憲法を改正し，アメリカ，ドイツ，カナダのような連邦制国家に移行し，独立した地方政府を「道州」とするという考え方である。

　いずれにも特徴はあるが，筆者は本章で実現可能性のあるものとして第2の型を挙げる。

(2) 道州の所掌事務をどうするか

　「道州」の所掌事務の範囲をどうするか。国と地方の役割分担をめぐる議論は昔からああるが，道州制に移行するなら，あらゆる仕事に国がくちばしを挟む，

表17-1 道州制の類型

類型	知事	議会	役割	自治権	性格
①地方庁	官選	公選	不完全自治体	△	集権型道州制
②道州制	公選	公選	広域自治体	○	分権型道州制
③連邦制	公選	公選	独立地方政府	◎	連邦型道州制

出所：佐々木（2013）。

表17-2 国・道州・基礎自治体の役割分担案

国
①皇室 ②外交・国際協調 ③国家安全保障・治安 ④通貨の発行管理・金利政策 ⑤通商政策 ⑥資源・エネルギー政策 ⑦移民政策 ⑧大規模災害対策 ⑨最低限の生活保障制度 ⑩国家的プロジェクト ⑪司法，民法，商法，刑法等の基本法に関すること ⑫市場競争の確保 ⑬財産権の保障 ⑭国政選挙 ⑮国の財政 ⑯国の統計・記録，など

道 州
①広域の公共事業 ②科学技術・学術文化の振興，対外文化交流，高等教育 ③経済・産業の振興政策，海外交易 ④地域の土地生産力の拡大 ⑤能力開発や職業安定・雇用対策 ⑥広域の公害対策，環境の維持改善 ⑦危機管理，警察治安，災害復旧 ⑧電波管理，情報の受発信機能 ⑨市町村間の財政格差の調整 ⑩公共施設規格・教育基準・福祉医療基準の策定，など

基礎自治体
①住民の安全安心，消防，救急 ②社会福祉（児童福祉，高齢者福祉など），保育所・幼稚園 ③生活廃棄物収集・処理，公害対策，保健所 ④小中高等学校，図書館 ⑤公園，都市計画，街路，住宅，下水道 ⑥戸籍，住民基本台帳 ⑦地域振興に関わる産業・文化行政全般，など

出所：道州制ビジョン懇談会「中間報告」（2008年3月）に一部加筆。

補助金によってコントロールする体制は採用しないことである。例えば国の役割を外交ほか対外政策と国内的統一事務に限定し，あとは道州と基礎自治体の地方2層制に委ねるという考え方である（表17-2）。

（3）道州の区割りをどうするか

　国民が最大の関心を示すと思われる争点が区割りである。いろいろな区割り案があるが，現在の府県を分割しない前提に立つと9～13通りぐらいになる。静岡，長野，三重など分割した方が利便性は高まるといった県の意見を入れると30通りの案を示すことも可能であり，第28次地制調は3つの区割り例（案）を示している（第28次地方制度調査会「最終答申」〔2006年2月〕）。以下，主要な3案を示す。

　第1は9道州に分ける案である。これはほぼ国のブロック機関の管轄区域に相当する例で北海道，東北，北関東甲信越，南関東，中部，関西，中四国，九州，

沖縄の9つ。

　第2は11道州に分ける案である。北海道，東北，関西，九州，沖縄は第1と同じだが，北陸，北関東，南関東，東海，四国，中国という区割りが違う。

　第3は13道州に分ける案である。第2をベースとしながら，さらに東北を北東北と南東北に，九州を北九州と南九州に分けて13とする。

　このうち，いずれの例（案）でも「東京」をどう扱うかが問題となっている。道州の区割りは9つの例でいうと人口を約1,000万人，経済規模で40〜50兆円（国内総生産），1人当たり税収で50〜60万円が概ね標準となる。その場合，東京，埼玉，千葉，神奈川の4都県の東京圏は1人当り税収こそ他の区域と均衡しているが，人口で3,500万人，経済規模で164兆円と3倍から4倍の規模になる。そこで，東京圏に係る道州の区域については，東京都区部のみをもって一の道州（特別州）とすることも考えられる。

　いずれにせよ，人口や経済規模だけに着目し，平均化するように区割りが望ましいかどうか。物流，人の流れなど都市圏のエリアを一つに捉えることが必要である。東京圏の4都県は一つの大都市圏として一体的に活動しており，日常の生活圏として相互補完関係から成り立っている。これを分離した場合，果たして広域政策はうまくいくのかどうか。

　4都県で環境政策として共同で行っている「ディーゼル車規制」の例を一つみても，国土面積のたった3.6%を占める東京圏を分割することは道州制の移行価値を損ねる可能性がある。ただ，東京一極集中の結果，税収等が極端に東京圏に集中しているだけに，税制などを通じてそれをどうバランスさせるかは大きな課題であることも間違いない。

（4）制度の柔軟性，移行方式をどうするか

　道州制を全国一律の「標準型」に統一するのか，それとも東京圏や北海道，沖縄といった特殊な背景を持つ区域については「特例型」を認めるのか，東京特別州のような例外を認めるのか。その際，かつてのワシントンDCのような政府直轄区域といった統治形態の例外まで認めるのか，この面でも議論の課題はたくさんある。

　移行手順についても，①国は道州の予定区域を示す，②都道府県は，その区域の市町村の意見を聴き，一定期限内に，協議により当該予定区域に関する意見（変更等）を定めて，国に提出できる，③国は，当該意見を尊重して区域に関する

法律案等を作成するといった流れが想定されるが、国主導でいっせいに移行しないで、「条件の整った区域から順次道州に移行すべきである」といった意見もある。

筆者は前者の一斉移行の考え方に賛成したい。というのも、市町村の平成大合併は「自主合併」を原則として進められたが、民主性を尊重するあまり、区域がまだら模様のような合併状況になってしまった（佐々木 2002）。よって今後「合併しない宣言」（道州不参加）の県が出てくる可能性もあろう。そうしたことで新たな国のかたちができるかどうか、疑問となる。

漸進的な移行方式ではなく、関係都道府県の意向を尊重しながらも、最終的には道州設置法（仮称）といった一般法の制定で全国一斉に移行する方式が望ましいのではないか。

（5）市町村と道州の関係をどうするか

基礎自治体と道州の関係をどう設計するかも重要な問題である。

1つ目は、道州制へ移行する際、都道府県から市区町村への所掌事務の移譲をどう進めるかという点。2つ目は、20都市まで増えてきた政令市、さらに中核市、特例市も加え国民全体の50％をカバーするまでになった都市自治体の扱いをどうするかという点。3つ目は、逆に小規模な自治体として残る町村と道州との関係をどうするかという点である。

特にこの3つ目の小規模町村の問題だが、一つの考えとして1万人未満の小規模町村については、国から義務付ける事務権限の範囲を窓口業務等に限定し議員を無報酬にするなど総じて身軽な自治体に改める、特例団体（特例町村）を創設するという考え方もあろう。そこで特例町村には義務付けないことになった基礎自治体の事務は、道州が垂直補完するか、近隣の都市自治体が水平補完するか、いずれかの仕組みをとったらどうか、という議論である。地理上の理由等から小規模町村が残ることは事実として認めざるを得まい。

とすると、この垂直補完か水平補完かという方式論はともかく、何らかの形で市町村業務の補完機能を果たさざるを得ない。その場合、道州という、いま以上に広域化した自治体に果たして補完機能を求めることができるかどうか。近隣の都市自治体の水平補完方式が有力な選択肢になるのではないか。

（6） 道州の組織設計をどうするか

　これまでの道州制論議の中で大きく欠落しているのが，この州政府の統治機構のあり方に関する設計である。大きくは立法権，行政権の大幅な権限移譲を前提とした州政府の設計を考えなければならないが，司法権についてはどうか。ほとんど議論はないが，基礎自治体，州レベルに限定される州条例違反などの裁判は「州高等裁判所」で処理できるようにしたらどうか。簡易裁判所，家庭裁判所の役割も道州の裁判所に吸収したらどうか。

　道州の統治機構については，例えば，①議会制度，選挙制度はどうするか（議員数。小選挙区と比例区の組み合わせか，中選挙区か），②執行機関は大統領制にするとして，州知事の権限，特別職の範囲と数をどうするか，③州公務員の制度設計として国家公務員と地方公務員の融合，閉鎖型か開放型かいずれの公務員制度を採用するか，その数をどうするか，④司法権の権限移譲として州高等裁判所の創設などが柱立てとなろう。

　広範な立法権を持つ道州制とする場合，州議会の構成をどうするのか。州議会の規模にもよるが（例えば人口1,000万人州は80議員とか），選挙制度をどうするか，現在の都道府県議会のように中選挙区制を維持するのか，それとも小選挙区制ないし比例代表制を入れるのか，ないしそれらを組み合わせるのかも大きな争点となりそうである。

（7） 税財政格差をどう調整するか

　さらに難問は新たな税財政制度の構築である。地方交付税制度をどうするかとも関連し，現行制度でも格差問題は捉え方によって多様な意見がある。道州制移行反対の主要な理由として，財政力格差の拡大を懸念する声も強い。租税民主主義の立場からすれば，受益と負担はどこに住んでいようと原則的にはイコールなはずである。しかし実際は，島根県や鳥取県と東京都では税還元率で10倍近い開きがある。税還元率は島根県を3.0とすれば，東京都は0.3。人口の多い地域の比率が低いのはある程度分かるが，ここまで差が開くと，還元率の高い地方には国に対する依存心が次第に強くなってくる。逆に還元率の低い都市住民には，どうせ自分の地域には返ってこないという気分が蔓延し納税意識が低下する。

　こうした税財政基盤の大きな格差がある中で，どうすれば道州制をスムーズに導入できるか。道州制導入で税制システムの最大の変化は，道州を構成する各州が独自の課税権を持つと言うこと。この場合，自立が大前提となる。その自立に

は自分以外のものから助けを受けず支配も受けず，自分だけでやっていくという意味と，もう1つ，自律と表現されるように自分の気ままを抑え，自分の立てた規範に従ってセルフコントロールを続けるという2つの意味が大切となる。ここでは省略するが既に幾つかの試算が出ている（江口 2010）。

（8）国政改革をどうするか

当然だが，道州制移行は国政改革と連動する。議論し始めると膨大になるが，ここでは項目だけを列挙しておきたい。

① 国土，農林，厚労，文部といった内政所管省は廃止ないし縮小，道州へ移管。
② 外交，安全保障，危機管理，経済政策といった対外機能強化へ省庁再編。
③ 国会の改革（定数削減で衆議院300，参議院150名）をどうするか。
④ 旧自治省の機能は残すのか，会計検査院は外部監査か，人事院廃止か。
⑤ 地方財政計画は必要か，国と地方の基本的な税財政制度の抜本改革。
⑥ 州議会・州知事の政治機関創設と州公務員制度など公務員制度全体の抜本改革。
⑦ 国と基礎自治体の関係，大都市制度のあり方など。

5　道州制の導入——阻む高い壁

以上，いくつか主要な論点を述べてきたが，これは明治維新，戦後改革に次ぐ第3の大改革になることは間違いない。それを実現できるかどうか，いくつかの越えるべき高い壁がある。

① そもそも国民は道州制導入を望んでいるか。
② 道州間格差，特に財政格差をどう解決するか。
③ 国会議員，官僚，知事，府県議会が果たして賛成するか。
④ あまり州を強くすると国全体がバラバラにならないか。
⑤ 一体いつ頃導入するか，政治主導の内閣はできるか。

政権交代が起こるなど政府基盤が流動化する中で，はたして強力に道州制を推

進できる内閣をつくれるのか，地方分権改革すら充分政治主導でできないという評価もあり，道州制など無理ではないかという意見もあろう。しかし，るる述べたように問題は山積しており，他の選択肢によって問題解決が可能ならともかく，その明確な他の選択肢がない以上，道州制問題は避けて通れない問題ではないかと考える。「地方創生」を主要政治課題とする以上，垂直型から水平型統治機構へのパラダイム転換を図り，各地域圏が自らの統治権をもって主体権に地域づくりに取り組む仕組みに変えない限り，地方創生はない。自らの力で高い壁を乗り越えてこそ，21世紀のグローバル化時代の日本に未来は拓ける。

参考文献
江口克彦監修（2010）『地域主権型道州制』PHP総合研究所。
堺屋太一（2011）『第三の敗戦』講談社。
佐々木信夫（2002）『市町村合併』ちくま新書。
佐々木信夫（2004）『地方は変われるか』ちくま新書。
佐々木信夫（2006）『自治体をどう変えるか』ちくま新書。
佐々木信夫（2010）『道州制』ちくま新書。
佐々木信夫（2013）『新たな「日本のかたち」――脱中央依存と道州制』角川SSC新書。
西尾勝（2007）『地方分権改革』東京大学出版会。
David Wilson and Chris Game (1998) *Local Government in the United kingdom*, 2nd. London: MACMILLAN.

第18章 日米安保体制と沖縄

江上能義

1 米軍再編の動向

　1951年のサンフランシスコ平和条約が締結された際，旧安保条約が結ばれ，米軍は占領終了後も日本にとどまった。1960年には新安保条約に改定された。この条約に基づく日米同盟は，旧ソ連を仮想敵国とした日本有事の際の共同防衛を目的とするものだった。だが，1996年の日米安保共同宣言で，冷戦後の情勢変化を踏まえて日米同盟を再定義し，アジア太平洋地域での日米関係の重要性を明記，さらに，米軍再編最終合意を受けた日米の共同声明は，アジア太平洋地域にとどまらず，「世界の平和と安全を高める上で」日米同盟が極めて重要としている。

　世界の軍事（国防）支出の半分を占める米国は，2007年度政府予算案で国防予算は4,800億ドル（日本の国防費は約5兆円）だったのが，2011年度（2010年10月〜2011年9月）の国防予算では，7,080億ドル（約64兆円）に膨張し，米メディアによると，国防予算要求額としては過去最大規模となった。このうち，イラクやアフガニスタンの戦費は1,560億ドルを計上した（図18-1）。しかし近年，米連邦議会が軍事予算削減を要求するようになり，オバマ政権も軍事予算を削減してきている。だが同時に，オバマ大統領は新国防戦略で，重要なアジア地域の軍事予算は削減しないと明言した。

　冷戦の終結後，米国はその軍事力と在外米軍基地の見直しを数回，行った。在欧米軍や在韓米軍の縮小や，米国本土基地の統廃合などがそうである。しかし，これらの削減や閉鎖は，冷戦の終結により直接的脅威が消滅したため，当面不要になった部隊の削減や基地の閉鎖を行ったに過ぎない。冷戦時代の40年にわたって，ソ連を中心とする東側（共産圏）を取り巻くように建設し配備されてきた基地や部隊には，基本的に大きな変化はなかったのである。

　そのために21世紀の米国戦略に適応できるように，根本的な在外基地と部隊の再編成の必要性が認識されるようになった。冷戦構造の崩壊と1990年代に急速に進んだ軍事技術革命（Revolution in Military Affairs: RMA）を背景に，9.11が引

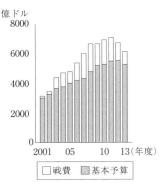

図18-1 米国防予算の推移

注：出典は新米国防戦略など。11～13年度は要求ベース。年度は米会計年度。
出所：『Electronic Tournal』2013年6月3日，http://electronic-journal.seesaa.net/archives/20130603-1.html（2014年10月14日アクセス）。

き金となって，ブッシュ政権は米軍のTransformation（変革）に本格的に乗り出した。米国内外の基地再編は，この変革の流れと軌を一にした動きである。

・2001年8月：「グローバルな再配置」（Global Posture Review：GPR）。
・2001年9月11日：同時多発テロ事件。
・2002年1月：「基地の再編成と閉鎖」（Base Realignment and Closure：BRAC^{ブラーク}）
・2004年11月：「米軍戦力構成に関する4年次見直し」（Quadrennial Defense Review 2005：QDR）。
・2005年10月：中間報告「日米同盟：未来のための変革と再編」
・2006年5月：在日米軍再編最終報告。
　2014年までに普天間飛行場返還と名護市辺野古の代替施設建設。
　2014年までに海兵隊8,000人グアム移転など。

　一方，日本はイギリスと並んで，米軍の全世界展開を支える最も重要な戦略展開拠点と位置づけられる。米軍は必要な時に日本を，太平洋を越えた兵站補給，部隊展開の前進拠点にしようと考えている。在日米軍司令部よりも広範な地域を統合する『北東アジア司令部』構想が語られる所以である。リチャード・マイヤーズ元統合参謀本部議長（空軍大将）は，米軍の長期戦略について，次のように述べている。

　「アジア太平洋地域における我々の長期的利益を考えれば，日本がより『同格』であることは明確だ。そうした（同格の）関係をもっと考えていく必要が我々にはある。」（春原 2008：215）

　また軍事評論家の江畑謙介は米国の在外米軍編成の基本方針について以下の3点が強調されていると指摘している（江畑 2005：9）。

① 米軍部隊は担当地域，配備地域にとらわれず，全世界に展開する。
② その地域の安定，米軍作戦の支援などに同盟国，友好国の軍隊をできるだけ活用する。
③ 外国の基地や施設は，建設費，維持費を可能な限りその国に負担させる。

2　冷戦終結後の沖縄

(1) 湾岸戦争と大田革新知事の誕生

　"As Okinawa Goes, So Goes Japan"という言葉が，沖縄返還交渉にあたった米国政府関係者の間で頻繁に使われ，秘密文書にも暗号のように使われたと仲里効は指摘している。「日本は沖縄次第」という意味であるが，米国の戦略的思考のキーワードを示唆している。(1)

　1989年11月にベルリンの壁が崩壊し，12月にマルタ島で米ソ首脳会談による冷戦の終結が宣言された。冷戦終結を受けて，1990年4月に発表された国防総省「東アジア戦略構想」(East Asia Strategy Initiative: EASI) では，1990年からの3年間に10～12％の兵力削減を計画しているとし，実際，日本からは沖縄を中心に6,000人が削減された。ヨーロッパでは40万人から10万人へ，アジア太平洋地域では13万5,000人から10万人へと削減する計画だった。

　冷戦構造下の沖縄では，米軍基地は仮想敵国・ソ連に対する備えとして不可欠であると常々，喧伝されてきた。したがって冷戦構造が終結しソ連という国家も消滅したのだから，在沖米軍基地は不要となって撤去されるのではないかと期待を，県民の多くが抱いた。

　ところが1990年8月に湾岸危機が発生し，在沖米軍基地からは次々と戦闘機が中東に向けて飛び立っていった。沖縄の人々の期待は瞬く間に不安へと変った。そして1991年1月17日に湾岸戦争が始まり，3月3日，戦争は終結した。

　この湾岸危機と湾岸戦争の狭間に実施された1990年11月の県知事選で，現職で4選を目指した西銘順治自民党知事を破って，大田昌秀革新知事が誕生した。両候補への支持が拮抗する中で，当時，大きな争点となっていたPKO協力法案に，いったん西銘知事が率先して賛同した発言が県民の反発を買った。湾岸危機への県民の不安が，平和研究者として実績のあった大田教授を当選させたといえよう（江上 1994 : 22）。

　湾岸戦争は米軍の戦略を大きく変えた。1995年2月，国防総省は「東アジア戦

略報告」(EASR) を公表した。ジョセフ・ナイ国防次官補が中心となって作成されたので,「ナイ・レポート」と称される。過去2回（1990年，1992年）の戦略報告では，冷戦後の状況を踏まえて今世紀末までアジア太平洋地域の兵力削減を続けるとしていたが，この報告の序文で，ウィリアム・ペリー国防長官は，兵力削減を止めて，現有勢力（兵力10万人体制）を維持するとの方向転換を打ち出した。

このナイ・レポートに大田知事は，以下の記述からもわかるように，大きな衝撃を受けた。

> 「歴代政府は口では絶えず『基地問題を解決する』といいながら，本腰を入れて実行するとは到底思えなかった。ナイ氏の『東アジア戦略報告』によって，日本政府の意向が縛られてしまうなら，この先，『予見し得る将来』にわたって，沖縄の基地が整理・縮小されることもありえまい。こうして私は沖縄からこれまで以上に強く異議を申し立てない限り，基地問題の解決を促進することはできないと考えるようになった。ちなみに同年3月に総理府が発表した県民意識調査の結果によると，54.3％が在沖米軍基地の存在を否定していることが判明した。」（大田 2000：160-161）

（2）米兵による少女暴行事件と10・21県民総決起大会（1995年）

「東アジア戦略報告」が公表された1995年の9月初旬に明るみに出た3米兵による少女暴行事件に対して沖縄で激しい怒りが渦巻き，わが国のみならず世界中に沖縄の怒りは報道されて大きな反響を呼んだ。米兵による性的暴力に最初の怒りの声をあげたのは女性たちだった。この事件を契機に，これまで抑制され，蓄積されてきた米軍基地問題への不満や怒りが爆発して，沖縄は復帰後，最大の転換点を迎えた。復帰後も米軍基地の重圧は依然として変わらず，基地に起因する事件や事故や爆音などが頻発して沖縄県民の生活を脅かし続けてきた。犯罪を犯した米兵は日米地位協定を盾に基地内に逃げ込み，そのうちに帰国するといったケースは枚挙にいとまがない。こうした"軍事植民地状態"がいまなお持続している現実があるから，「日本に主権は本当にあるのか」という批判の声が続出した。

抗議運動は拡がりと激しさを増し，次第に大きな波となっていった。同年10月21日，普天間基地に隣接する宜野湾海浜公園で開催された抗議の県民総決起大会には，5万人の事前の予想を大きく上まわる8万5,000人の人々（主催者発表）が

参加した。同日、宮古や八重山でも3,000人規模の抗議集会が開かれた。途中で駆けつけた大田知事の「行政の責任者して、幼い少女の尊厳を守れずに申し訳ありません」という言葉には、会場から轟音のような反響が返ってきた。「軍隊のない平和な島を返してください」と訴えた女子高校生の叫びは、参加者たちの心に響いた。

　大会では、①米軍人の綱紀粛正と犯罪根絶②被害者への謝罪と完全補償③日米地位協定の見直し④基地の整理縮小、の4項目を盛り込んだ決議を採択した。[2]だが、日米地位協定や日米安保条約の見直し、そして米軍基地の具体的かつ大規模な縮小計画を養成するために上京した代表団に対して、河野外相などの対応は拒絶するだけのきわめて冷淡なものであり、それがまた沖縄側の怒りを買った。

　冷戦が終結した後も、なぜ沖縄に巨大な米軍基地が居座り続けるのか、西欧からは米軍は大幅に撤退しているのに、なぜ沖縄から撤退しないのか、日本政府の思いやり予算は米軍をひき留めるためなのか、半世紀にわたって米軍基地との共存を押し付けられ続けてきた沖縄県民の心中で、21世紀を目前にしても一向に変らない基地の現状に、こうした疑念は強まっていった。

　このような沖縄の世論を背景に、同年9月28日、大田知事は未契約軍用地強制使用手続きに伴う土地・物件調書への「代理署名」を拒否すると公表した。その理由として、同年2月に米国防総省が発表した東アジア戦略や11月の日米首脳会談で予定されている日米安保の再定義などで、沖縄の基地機能が強化、固定化される危険性が十分あるからだと知事は説明した。[3]首相が初めて県知事を訴えることになった「職務執行命令訴訟」（代理署名訴訟）の発端となった。沖縄の米軍基地問題が法廷の場で争われることになり、村山首相は12月7日、大田知事を相手に米軍用地強制使用の職務執行命令訴訟を提起した。沖縄県と日本政府は真っ向から対立することになった。復帰後、最大の全県的な反基地運動へ発展し、復帰以前の土地闘争や復帰運動と並ぶ"島ぐるみ闘争"となった。

（3）普天間飛行場返還合意（1996年4月12日）

　1996年1月、村山首相から政権を引き継いだ橋本首相は、沖縄の基地問題を解決する策を模索した。そしてその解決策として決断したのが、県内移設条件付きの普天間基地返還であった（五百旗頭・宮城編 2013：63-73）。普天間返還は大田知事も要望していた。大田知事は橋本首相からの電話で、「協力すべき点は積極的に協力いたしますが、しかし協力できないこともあります」と述べた（大田

2000：208)。

　普天間返還合意が沖縄に伝えられた当初，沖縄の人々は驚き，にわかに信じがたいという反応だったが，その合意が事実であるとわかると，朗報としてとても喜んだ。しかしそれもつかの間，「県内移設条件付き」であることが伝わると，「やっぱりねえ」と失望に変わった。基地問題で苦悩してきた沖縄の人々は，この条件がいかに困難なものであるか，直観的にわかっていたのだろう。

　1996年4月，橋本・モンデール会談で5年から7年までの間に普天間基地が全面返還されることが決まったのだが，この合意は嘉手納基地と岩国基地への機能移設が前提条件となっており，とりわけ東洋一と称される嘉手納基地周辺の住民は，爆音禍や事故などで忍耐の限界にきていて，ただちに強い反発の声が上がった。この後，移設先は二転三転していく。

　同年8月28日，米軍用地の強制使用手続きをめぐる職務執行命令訴訟の上告審で，最高裁大法廷は，駐留軍用地特措法は憲法に違反しないと，事実上，初の「合憲」判断を示し，国側勝訴の一審判決を支持し，大田知事の上告を棄却した。これによって大田知事の敗訴が確定した。実は，大田知事敗訴は当初より予想されていて，下河辺淳元国土事務次官と吉元副知事の間で，水面下で政府と沖縄県の和解のシナリオが練られていた(4)。その鍵は，大田県政が打ち出した「国際都市形成構想」にあり，この構想の実現には国の強力な支援が不可欠であった。下河辺メモと副知事メモを読めば，同年8月15日にこの構想支援を主軸に，橋本政権と大田県政は和解案に到達していた。

　最高裁判決直後の9月8日，大田知事支援のために，かねてより連合が中心となって準備してきた県民投票が実施された。自民党沖縄県連は，事前に県民投票反対のキャンペーンを展開し，オール沖縄の一角が崩れ始めた。県民投票の結果は，「日米地位協定の見直し及び基地の整理縮小」に「賛成」が91.26％に達した。注目された投票率は59移設の。53％と伸びず，日本で初めての県レベルでの住民投票は，大きなインパクトを与えることができなかった。(5)県民投票から5日後の9月13日，50億円の調整費と沖縄政策協議会の設立を目玉に，大田知事は代理署名の応諾を表明した。「沖縄は結局，カネが欲しかったのか」と，それまで大田知事に同情的だった国内世論は失笑し，「密室の取引」に大田知事を支援してきた多くの県民は失望した。「基地と振興策は関係ない」という公式見解とはうらはらに，両者の密接な結び付きが強まった発端となった。17日に橋本首相が撤去可能な海上ヘリポート案の検討を表明した。10月，国とのパイプ役を果たしてき

た吉元副知事の再任が県議会で否決された。

　候補地が米側の主張するキャンプシュワブ沖合となって名護市の動向が焦点となり，1997年12月，海上ヘリ基地建設をめぐって，4択の名護市民投票が実施された。その結果，「反対」計52.85％，「賛成」計45.31％となって，海上ヘリ基地建設への反対が賛成を上回った。投票率は82.45％と高かった。[6] しかし市民投票の結果に反して，唐突にも比嘉名護市長は，海上ヘリ基地建設の受入れを表明して辞任し，混乱が広がった。1998年2月の名護市長選挙を目前に，方針を明確にしてこなかった大田知事が初めて「拒否」を表明した。直後の名護市長選では，比嘉市長の助役を務めた岸本建男が，海上基地建設に見解を表明しないまま当選した。

3　稲嶺保守県知事の誕生と海上基地容認

　大田知事が海上基地建設に反対を表明すると，橋本政権と再び対立し，沖縄政策協議会も止まった。そのことによって経済振興策や雇用確保など沖縄経済が行き詰まり，閉塞状況に陥る懸念がとくに経済界に拡がった。"県政不況"とも揶揄された。経済界は「このまま大田県政が続いたら，沖縄は沈没する。代えなくてはならない」と一致結束した（稲嶺 2011：118）。1995年10月の県民総決起大会では，沖縄経済界の代表として大田知事と共に壇上にいた稲嶺惠一は，3年後の1998年11月に県知事選で大田知事に挑むことになった。

　普天間代替施設として海上基地建設を拒否した大田知事に対して，稲嶺候補は「15年期限付き」「軍民共用」を条件に，海上基地建設を容認した。3期目を目指した大田知事を破って経済界出身の知事が初めて誕生した。12月，米軍機の飛行制限を含む基地使用協定など7条件をつけ，確実に実行されなければ撤回することを市民に約束して，岸本名護市長は海上基地の受入れを表明した。しかしその後，沖縄側の受入れのための諸条件を巡って国と沖縄の溝は埋まらず，普天間の辺野古移設問題はなかなか進展しなかった。

　2003年11月，ラムズフェルド国防長官は，在日・在韓米軍の編成を抜本的に見直す方針を明らかにした。11月16日，現職の国防長官としては13年ぶりに沖縄県の駐留米軍基地を視察した。[7] これが在日米軍再編のきっかけとなる。彼は普天間基地について，「この基地は，早くどこかへ移転する必要がある」と発言した。停滞していた沖縄基地問題に新たな推進力を与えた。

ローレス国防次官補代理は，アジアにおいて勢力拡大が予想される中国をにらんだ戦略態勢を考えたとき，沖縄の米軍基地では中国に近すぎる。そこでグアム基地を戦略基地化するために増強することで，「沖縄―グアム―ハワイ」という重層的な防衛線を強化しようと考え，この流れに普天間基地の移設問題を乗せることとした。

　すなわち，グアムの海軍・空軍の増強に加えて，海兵隊も増強することにするため，普天間基地を含む沖縄の海兵隊基地から司令部機能をグアムに移し，あわせて海兵隊の兵力9,000人，家族2万人程度も移転させる。そうすれば，沖縄の負担軽減という日本に対する政治的な問題もクリアでき，グアム移転経費の大半を日本に負担させることも可能になる，これが「ローレス・プラン」の概要だった（森本 2010：226）。

　普天間移設問題を含めた沖縄の米軍基地の整理・縮小という問題は，2003年頃からグローバルな米軍再編という機会をとらえて新たに動き出した。米軍再編によって普天間基地問題が息を吹き返した，と森本敏は指摘する（森本 2010：227）。2004年8月，普天間基地に隣接する沖縄国際大学構内に海兵隊のヘリコプターが墜落，炎上し，普天間飛行場の危険性が再認識され，早期移設・返還の必要性が叫ばれた。

　2006年4月，普天間移設問題は，政府が名護市および宜野座村と話し合った結果，名護市キャンプ・シュワブ沿岸部（辺野古）移設で合意した。沿岸案施設にV字型2本の滑走路を設置することで日本政府と名護市側が合意した。政府は基本計画について海上案からシュワブ陸上案へと大幅な修正を図ったのである。政府側の額賀防衛庁長官と守屋次官および島袋名護市長の協議で決まり，人家への騒音への配慮から，沖合を主張していた沖縄県は関与を許されなかった。この決定には強い反発を呼び，稲嶺知事も不快感をあらわにした。この新たなV字方滑走路沿岸案について，沖縄県民意識調査では「反対」が71％，「賛成」が27％と，"集落への近さ" などから，反対意見がはるかに強かった。新沿岸案で政府と基本合意した島袋名護市長の判断については，「不支持」が59.0％と，「支持」の27.6％を大きく上回った。稲嶺知事が「従来案以外なら県外移設」との要求を維持し，新沿岸案を容認しない姿勢を続けていることについては，「従来の立場を貫くべきだ」と支持する声が46.0％と最も多かった。次に多い「名護市との共同歩調」の20.8％を大きく引き離し，名護市への厳しい反応とは対照的な結果となった[8]。政府の強引なやり方も県民の反発を強めた。

資料18-1　普天間飛行場代替施設の位置・形状

出所：防衛省資料。

　この合意を受け，2006年5月，前述したように，日米両政府は，最終報告「再編実施のための日米のロードマップ」(「ロードマップ合意」)を発表し，代替施設に関しては，1,800mの滑走路を辺野古岬とこれに隣接する大浦湾と辺野古湾を結ぶ形で設置し(形状はV字の滑走路〔V字案〕)，2014年までの完成を目標とした。海兵隊8,000人グアム移転やそれによって生じる嘉手納以南の土地返還がパッケージとなっていた(笹本 2013：92)。

　だが，この頃から辺野古移設合意への県民の反発や沖縄県内の亀裂が再び，目立ち始めた。2008年6月の県議会議員選挙で多数を占めた野党は7月，普天間飛行場の辺野古移設に反対する決議と意見書を可決した。

　2009年8月30日衆議院選挙で鳩山民主党代表の「国外，最低でも県外」の選挙公約で，辺野古移設容認の自民党は全滅した。4選挙区とも辺野古移設反対の民主党(2)社民党(1)国民新党(1)が勝利を収めた。しかし鳩山民主党政権が誕生後，鳩山首相は辺野古移設に転換，沖縄側に謝罪し辞職した。代わった菅政権，野田政権も辺野古移設を継承し，辺野古移設反対の沖縄との溝が深まった。

4　仲井真県知事再選と辺野古移設反対の稲嶺名護市長の登場

　2010年1月，名護市長選で辺野古移設反対の稲嶺進氏がV字滑走路移設容認の現職市長を破った。2月，沖縄県議会は全会一致で県内移設反対，国外・県外移設を求める意見書を可決した。9月，名護市議会議員選挙でも移設反対の市長派が大勝した。

　その矢先に尖閣諸島沖で中国漁船衝突事件が起き，尖閣諸島問題の引き金となった。11月，沖縄県知事選で移設容認から県内移設反対へと基本方針を転換させた保守系の仲井真知事が再選された。最大の焦点だった普天間飛行場移設問題で，仲井真氏は，移設先を名護市辺野古とした日米合意を見直し，「県外移設」を訴えた。この後，「沖縄の人間は日本政府に対するごまかしとゆすりの名人」（メア日本部長）や「これから犯す前に犯しますと言いますか」（田中防衛部長）などの暴言が続出し，沖縄県民の神経を逆なでした。

　沖縄の米軍基地問題に新たな問題が生じた。騒音が激しく，事故の多い垂直離着陸輸送機オスプレイの普天間飛行場への配備問題である。2012年5月，毎日新聞社と琉球新報社の合同世論調査によれば，沖縄県内回答者の9割が「オスプレイを配備すべきではない」（普天間飛行場を抱える宜野湾市は97％が反対）と答えた。[10] 9月9日，宜野湾海浜公園で開催されたオスプレイ配備に反対する県民大会に10万1,000人（主催者発表）が参加し，米軍基地に抗議する県民大会としては復帰後，最大の抗議大会となった。しかしながら圧倒的多数の県民の声は無視され，10月にオスプレイ12機が普天間飛行場に配備され，訓練が開始された。

　2012年12月，民主党政権を破って安倍自公政権が成立すると，尖閣諸島問題をめぐる日中対立激化を背景にしながら，政府は日米合意の履行のために，再び辺野古移設に向けて沖縄側への説得と交渉を加速化していく。だが，2013年9月，仲井真知事，普天間飛行場の名護市辺野古移設に向けた埋め立て申請承認の拒否を示唆した（9月26日，県議会答弁で）。辺野古移設について，「現実に難しいと知りながら，（日米合意で）県内移設にしたのは，判断ミスであったとすら思う」とすら述べた（9月13日，定例記者会見で）。

　しかしこうした言葉とはうらはらに，政府の仲井真知事説得工作は着実に効果を上げていた。

5　2014年前後の転換期の動向

　2013年12月27日,仲井真知事はついに政府が申請していた普天間飛行場移設のための辺野古埋め立てを承認した。安倍政権は振興策で仲井真知事を巻き込んで,辺野古移設の道を切り拓いた。ただちに埋め立てへの具体的な作業を進めるだろう。しかし最近の世論調査でもおよそ7割という多数の県民が反対している辺野古移設が容易に進むとはとても思えないが,それでも日本政府は知事の承認で県民が賛成に転じる,もしくはあきらめることを期待して,説得や切り崩しにかかるだろう。

　政府の思惑通りになるのか,それとも「不屈」の運動が広がり,仲井真知事の決断を一蹴して県民があくまで辺野古移設反対を貫きとおすのか,2014年1月19日の名護市長選挙が沖縄県民の信念と結束が問われる正念場となった。

　選挙結果は稲嶺市長が大差で再選され,辺野古の基地建設を名護市民ははっきりと拒否した。沖縄県民の意志が反映されたこの選挙は今後,しばしば振り返って語られる歴史的な選挙となるだろう。選挙前日の打ち上げ式で,「名護市のことは名護市民が決める」「海にも陸にも新しい基地は造らせない」と主張する稲嶺市長の言葉に歓声と拍手が湧いた。

　「東京新聞」は1月14日付の社説で「日米安全保障体制の恩恵を国民が等しく享受しながら,その負担を沖縄という一地域に押し付けていては民主主義国家とは言えまい」「在日米軍基地問題は突き詰めれば日本の主権の問題だ。今回の市長選は名護市民のみならず,すべての日本国民にも,民主主義のありようを問うているのである」と喝破している。

　安倍政権の強引な姿勢に沖縄が拒絶反応を示した選挙結果といえよう。アメとムチで基地建設を迫る日本政府の旧態依然の手法もこの選挙は拒絶した。アメの極めつきは石破幹事長の500億円基金構想の発言だった。公職選挙法に違反するのではないかと思わせる露骨なアメの提示だった。「バカにするな」というメールが名護の子供たちの間でさえ飛び交ったそうだ。それほど名護市民の心を傷つけた発言だった。アメで心は売らない,という決意を多くの名護市民に固めさせた象徴的な発言だった。

　昨年末,政府の経済振興策と引き換えの仲井真知事の辺野古埋め立て承認によって,日本国民は,「アメをあげれば沖縄は基地を受け入れる」と思いこんだ。

この選挙結果は，変節した知事とは対照的に，沖縄の人々の生きる誇りを国内外に高らかにアピールしたといえよう。

　日米両政府の在沖米軍基地政策に対して，沖縄の県知事や市長たちは協調と対立の姿勢を絶えず繰り返して示してきたことがわかる。それは，日米安保体制を安定的に運用したい日米両政府と，沖縄の基地を抜本的に縮小して未来の世代のためにも平和の島としたいという沖縄県民の切なる悲願の反映とも言える。辺野古移設はこの悲願に逆行すると沖縄県民の多くは考えている。いま正念場にいるのは沖縄の人々なのか，それとも日米両政府なのか，いずれ判明する時が来るだろう。

注

(1) 特集「沖縄から」〈10〉日米安保体制，「読売新聞」沖縄版，http://www.yomiuri.co.jp/e-japan/okinawa/kikaku/022/10.htm（2006年9月25日アクセス）。
(2) 沖縄タイムス社編（1996）『50年目の激動——総集　沖縄・米軍基地問題』沖縄タイムス社を参照。
(3) 「琉球新報」1995年9月29日。
(4) 詳細は，江上能義「沖縄問題を解決するために——下河辺メモを読む」（上・中・下）「琉球新報」（2007年8月11日，13日，14日）を参照。
(5) 詳細は，江上能義（1998）を参照。
(6) 「琉球新報」「沖縄タイムス」1997年12月22日。
(7) 稲嶺知事は席を立とうとするラムズフェルドに対して，日米安保体制の下でこの狭い沖縄に基地が集中し，県民に大きな影響を与えていると食い下がった（稲嶺2011：30）。
(8) 「琉球新報」2006年4月15日。
(9) 「沖縄タイムス」「琉球新報」2008年7月19日。
(10) 「琉球新報」2012年5月9日。
(11) 2013年4月の沖縄タイムス社・琉球朝日放送による全県の世論調査によれば，普天間飛行場の名護市辺野古移設について「反対」が74.7％に達し，「賛成」は15.0％，「どちらとも言えない」は10.3％だった（「沖縄タイムス」2013年4月12日）。

参考文献

五百旗頭真・宮城大蔵編（2013）『橋本龍太郎外交回顧録』岩波書店。
稲嶺惠一（2011）『稲嶺惠一回顧録——我以外皆我が師』琉球新報社。
江上能義（1994）「沖縄県政と県民意識——復帰20周年を迎えて」『琉大法学』第52号。
江上能義（1998）「沖縄の県民投票」『政策科学・国際関係論集』創刊号。
江上能義（2007）「沖縄問題を解決するために——下河辺メモを読む」（上・中・下）

「琉球新報」（8月11日，13日，14日）。
江畑謙介（2005）『米軍再編』ビジネス社。
大田昌秀（2000）『沖縄の決断』朝日新聞社。
笹本浩（2013）「普天間飛行場移設問題の経緯と最近の動向」『立法と調査』No. 342。
春原剛（2008）『在日米軍司令部』新潮社。
森本敏（2010）『普天間の謎──基地返還問題迷走15年の総て』海竜社。

第19章 日本スポーツ行政のフロンティア
―― 2020年東京五輪・復興五輪事業に注目して

中村祐司

1 スポーツ事業におけるスポーツ行政の役割

　国内外の政治，経済，社会における諸課題の解決に，そもそもスポーツは何らかの貢献ができるものなのであろうか。たとえばプロ野球が「文化的公共財」であるといった場合，それは何を意味するのか。社会にはプロ野球に関心のある人もない人もいるだろうし，ファンとはいっても，その立ち位置（プロ野球との距離の置き方）はさまざまであろう。それでも公共財といわれるのは，自らがプレーするかしないかにかかわらず，ファンは選手のプレー，記録，勝敗に一喜一憂し，そのことが生活の質の面での存在感となって現れるからであろう。

　プロ野球のような市場性のある興行スポーツではなく，競技者人口もファン数も相対的に少ないマイナースポーツであっても，いわゆる「する，見る，支える」がそのスポーツが成り立つ要件であることに変わりはない。そうであるならば，たとえスポーツ競技間で練習や試合を行うための施設や資金，ノウハウといったスポーツ環境に大きな差があったとしても，それらは普及の度合いや展開の規模の差異であり，すべてのスポーツ競技は文化的公共的な性格を有しているといえるのではないだろうか。さらに，スポーツ諸活動を支えるハード（施設など）やソフト（人材や運営手法など）にも公共的な価値があるといえよう。

　スポーツ事業を広く捉え，地域社会での草の根的なスポーツ活動，スポーツに関わるマーケティングやイベントの開催，スポーツ施設の建設や付帯設備の設置，スポーツ放送やスポーツ用品の提供，スポーツ団体の運営なども含めるとすれば，どのようなスポーツ事業であっても，それらは楽しみ，生きがい，健康づくり，生活の質の向上，雇用の維持・創出，市場の展開といった社会の営みに何らかの形で貢献し得ると考えられる。

　スポーツ事業の社会への貢献を前提とした場合に，行政の果たすべき役割は，スポーツ事業が社会に対してポジティブな影響を及ぼすかどうかを見極めた上で，行政の有する資源を用いて支援を提供することである。それは，スポーツ活動の

場の提供，資金の拠出，広報支援，専門的・技術的知識の提供，正当性の付与，人員の派遣などである。行政は当該スポーツ事業の社会的価値を認知した上で，他の政策領域とのバランスを慎重に勘案しながら，行政活動の一環としてスポーツ事業を支援する。

2　スポーツ事業におけるステージと機能的特質

　スポーツ事業は，国際・国家・地域・コミュニティといった各層レベルのいずれかあるいは複数の各層レベルにまたがって展開される。スポーツ事業のステージ（stage）はマクロ・メゾ・ミクロの各層に存在することになる。当該スポーツ事業に掛かる諸費用，人材，専門知識，法的正当性，社会的関心・インパクト，市場規模・効果などはさまざまである。片や営利を追求するスポーツ事業もあれば，片やボランティア活動の成果としてのスポーツ事業もある。

　目的の違いに加えて，スポーツ事業の対象者数や対象者の年齢層，メディア活用の仕方，情報伝達媒体などはまさに千差万別であり，国際・国家（政府）・地方（広域自治体と基礎自治体）・地区・コミュニティの各層レベルに拠点を置く行政には，こうした質量をめぐる多種多様なスポーツ事業の特質を把握する力量が問われることとなる。

　スポーツ事業の機能もまた千差万別である。事業の担い手や事業に関わる関係者・関係機関（アクター。以下関係者）の相互作用における機能・動態に注目した場合，①機能不全，②機能停滞，③寡占独占，④対等均衡，⑤相互補完，⑥協働拡充，の6類型が挙げられる。

　機能不全は，事業における責任の主体が不明確であったり，あるいは関係者間の摩擦・対立・牽制によって，事業そのものが機能不全の状態あるいはそれに近い状態にあることをいう。機能停滞は，事業機能の発揮は見られるものの，顧客の嗜好の変化など時代の趨勢に合わせた柔軟な対応ができず，部分的機能不全が増加しつつある状況を指す。独占寡占は，単一あるいは少数の関係者が事業を独占的に機能させており，比較的安定はしているものの，事業の改善等をめぐり新規参入者は拒絶されるような状況をいう。

　対等均衡は，影響力や発言力などが関係者間で相対的に対等・均衡状態にあるものの，関係者間での役割分担を超えた相互の補完作用は見られず，相互の調整が必ずしもうまく作動していない状況をいう。相互補完は，関係者の主体性が維

表19-1 スポーツ事業におけるステージと機能の枠組み

	機能不全	機能停滞	寡占独占	対等均衡	相互補完	協働拡充
国　際	紛　争	通貨危機	資源集中	不干渉	国際協力	普遍的価値の創出
国　家	統制不能	経済破綻	官民癒着	分権分離	官民協力	基本法の理念追求
広域自治体	民意離反	中央依存	権限集中	自　立	資源相互調達	独立型地方政府
基礎自治体	財政破綻	前例踏襲	行政主導	自　律	地域密着	地域資源活用の好循環
地　区	過　疎	行政依存	公　助	分　散	一体性	地区主導
コミュニティ	無関心	地区依存	近隣依存	自　助	近隣自治	共助・協助

出所：筆者作成。

持されるのに加えて，当該事業の性格に応じて相互に補完し合う事業機能が見られる状況をいう。協働拡充においては，相互補完レベルを超えて事業機能を向上させ，創造性の発揮につながるような関係者間の協働が展開される。

このように，機能不全から協働拡充までの6類型において，前半の三つの類型はスポーツ事業をめぐる機能的課題（ネガティブ機能）を指摘したものであるのに対して，後半の三つの類型は理念型である協働拡充に至るポジティブ機能に注目したものとなっている。

表19-1は，縦軸にはスポーツを含む事業が展開されるステージとして，国際，国家，地方（広域自治体と基礎自治体の2層），地区，コミュニティの六つの層を設定し，横軸には事業をめぐる関係者間の相互作用動態の特徴として，前述①から⑥までの六つの類型を設定したものである。なお縦欄と横欄が交錯する個々の枠内の用語は，各々の機能的特質におけるキーワードである。

表19-1中の協働拡充（網掛部分）は，事業がどの段階のステージで展開されるかにかかわらず，フロンティア・ポジティブ機能といえるものであり，日本スポーツ行政が推進しなければならないスポーツ事業貢献のフロンティアに位置するものである。そこで，協働拡充の萌芽であるところの四つの2020年東京オリンピック・パラリンピック事業（以下，東京五輪事業）と六つの復興五輪事業に関する新聞報道に焦点を当てる。そして，諸事業が有する機能的特質について，その達成をめぐる課題も含めて指摘することとする。

3　東京五輪事業における共生社会の萌芽

第1のケースは，政府が2017年に世界各国の政治，経済界のトップリーダーや

アスリート，文化人らが東京に一堂に会し，スポーツや文化・芸術の可能性・課題について話し合う「スポーツ・文化版ダボス会議」（ダボス会議はスイスのシンクタンク・世界経済フォーラム〔WEF〕が毎年1月に開く年次総会）を検討していることである。政治，経済，スポーツ，文化，芸術などに関するリーダーや有識者を，世界各国から3,000人規模で東京に集め会議を開催する。子供から高齢者，障害者など，あらゆる層を想定し，スポーツと高齢化社会の関係や観光との融合，政府に頼らないスポーツ・文化振興の可能性などを議論する。2020年東京大会終了後も地域での実践や情報発信につなげ，日本がスポーツや文化における世界的拠点となることを目指すとされている。(1)

　五輪の東京開催を原動力に，スポーツ世界の枠を超え，政治，経済，文化，芸術といった領域に議論の射程を広げ，同時にスポーツの有する価値の国内外への発信力を向上させようとする政府主導の国際事業となっている。

　第2のケースは，文化・芸術の祭典としてのオリンピックである。オリンピック憲章にはオリンピズム（Olympism）の原則としてスポーツを文化や教育と融合させることがうたわれている。オリンピズムは，肉体と意志と知性を兼ね備えた総体としての人間を築くための哲学であり，複数の文化・芸術プログラム（カルチュラル・オリンピアード）を同時開催することが求められている。2012年のロンドン大会では五輪までの4年間にイギリス全土で開催された文化イベントの数は約17万8,000に達し，大半が無料で，4,300万人以上が参加した。204の国・地域から集まったアーティストは4万人を超えた。世界各国の劇団が集まり，シェークスピア劇を37の言語で上演する演劇祭も催された。文化関係者の間でも2020年東京五輪開催への期待は高く，「オリンピックは，文化へ投資するチャンス」と捉えられ，文化省の創設を求める声も挙がっている。(2)

　五輪はスポーツと文化の祭典であり，スポーツ界に関わるステークホルダー（Stakeholder. 利害関係者）だけではなく，文化・芸術領域の関係者も五輪の担い手となると捉えている。所管省庁レベルにおいて両者を見るならば，文部科学省の外局としてスポーツ庁が設置されれば，行政組織的には文化庁と水平的に併存することになる。政策の実現可能性の面から，スポーツ省と文化省の両省設置ではなく，文化スポーツ省（ないしはスポーツ文化省）の設置が今後，議論の俎上に載る可能性がある。

　第3のケースは，2014年4月に障害者スポーツ強化の所管が厚生労働省から文部科学省に一元化されたことである。日本の障害者スポーツは，これまで厚生労

働省の自立支援振興室が担当し，リハビリや福祉の色合いが濃かった。1964年東京パラリンピックで初参加の日本は病院や施設で暮らし，体力のある人を寄せ集めて選手団を編成した。それから50年を経て，障害者スポーツがリハビリの延長ではなく，競技スポーツとして一元化されたのである。また，「オリパラ」の同時開催を主張する声もある。選手宿泊施設や審判員の確保といった課題はあるものの，オリンピックは水泳から始まり，陸上に至るので，パラリンピックを陸上，水泳の順番にすればできるという主張である。他にもたとえば柔道競技の体重別と同じように，陸上100ｍ走に「一般の部」「視覚障害の部」「聴覚障害の部」「車いすの部」といった階級があってもいいという考えもある。その背景には，もはや障害者スポーツは観戦に堪える純粋な競技スポーツになっていることが挙げられる。[3]

障害の有無にかかわらずトップスポーツ選手が同じ練習拠点施設を使用できるようなったこと，オリンピックとパラリンピックを同時開催する提案があること，たとえば100ｍ走を階級制を導入することで一つの競技種目として取り扱うこと，これらはいずれもが共生社会の実現に関わる問題提起でもある。バリアフリーやユニバーサルデザインは，2020年東京五輪がその達成を掲げる柱の一つである。人々の意識変容も含め協働の拡充をめぐる課題となっている。

第4のケースは，地方自治体レベルにおける選手育成事業である。東京都のトップアスリート発掘・育成事業では基礎体力に優れた中学生を選抜し，競技人口が少なく，トップを目指しやすい競技に転向させる。若手発掘事業は，福岡県などでも行われている。文部科学省は，2014年度予算で，「2020ターゲットエイジ育成・強化プロジェクト」（約14億円）を投じる。スポーツ予算全体でも前年度比12億円増の252億円で過去最高額になった。[4]

広域自治体（都道府県）や基礎自治体レベル（市町村）での選手育成事業が，メダル獲得に向けた国策事業と重複する傾向にあることがわかる。育成選手の全人格的な成長や，地元密着ならではの選手と住民との間の好循環，さらには共生を実現していけるかが問われている。

4　復興五輪事業をめぐる協働社会の萌芽

第1のケースは，東京五輪の大会組織委員会が，2015年度に東日本大震災の被災地復興支援チームを発足させ，被災地での聖火リレーや参加国の事前合宿誘致

など具体的な計画づくりに乗り出すとしている点である。福島県は2014年1月に，宮城県は同年4月に部局を横断した推進本部を設置した。同県石巻市では同年2月に，地元企業，商工会議所，NPO法人などが集まり，聖火リレーの出発地を誘致する組織を発足させた。同県栗原市では市内に2カ所あるホッケー競技場について，今後2年間で人口芝を張り替えるほか，海外チームを試合に招くことも計画している。⁽⁵⁾

これは復興五輪における具体的な事業着手と位置づけられる。今後は大会組織委員会，各県の推進本部，県内被災基礎自治体の相互連携が実を伴った形でどのように事業に反映されるかが問われる。

第2のケースは，地元の生徒たちの発案による運動会事業である。宮城県東松島市では震災の影響で，2013年に鳴瀬第1中と鳴瀬第2中が統廃合され鳴瀬未来中となった。運動会における聖火リレーで，同中に生徒が上がる小学校は地域に4つあることから，地域の融合を表すため生徒たちの案で，4カ所で火をおこし，最後に一つにまとまる採火式を行った。「運動会は木と一緒では？」「後輩が引き継ぎ，いつまでも年輪を重ね，太くなる」「『地域の木』が大きくなれば，その木陰には多くの人が集まる」といった考え方が生徒たちによって打ち出された。[6]

復興五輪の主役は被災現地におけるあらゆる世代の人々である。理念の実践である学校生徒たちによるこうした地道な取り組みに注目していく必要がある。復興五輪は全国の地域社会における小さな実践の積み重ねの延長上にあるはずである。

第3のケースは，高校部活動事業である。岩手県宮古市の宮古高，宮古商の両ヨット部が，2013年夏の全国高校総体セーリングFJ級デュエットで各々1位と2位を獲得した。3年生部員にとっては，2011年の東日本大震災は中学卒業と高校入学を控えた時期に起きた。両部の活動拠点であるリアスハーバー宮古も崩壊し，ヨットはすべて流された。部活動をできるめどがたたず，宮古商では新年度が始まっても部員の募集を見合わせた。全国からヨットなどが寄贈され，宮古で活動できる態勢が整ったのは同年7月ごろであった。復旧が進むリアスハーバー宮古は6月ごろには利用開始できる見通しだが，周辺のかさ上げ工事などはその後も続く予定である。[7]

震災は学校部活動にも多大な影響を及ばしたが，それでも部活動を続けようとした生徒と教員の存在があって，これに全国や地域からの支援が相俟って，競技成績の面でも結果を出したことになる。先輩と後輩といった人的ネットワークを

通じた復興プロセスの貴重な事例である。
　第4のケースは，地方における大規模スポーツ大会の招致事業である。クラブチーム「釜石シーウェイブス」の支援活動を行うために，2011年5月にNPO法人「スクラム釜石」が設置された。その活動は徐々にラグビーを通じた復興支援活動全体に広がるようになり，2012年からは，子どもに焦点を当てた活動として東北6県の小学生たちが1泊2日で試合やキャンプファイアなどを行う「ともだちカップ」を開始した。岩手県釜石市は，日本で2019年に開催されるラグビーのワールドカップ（W杯）の誘致を検討しているが，W杯誘致に絡む市の取り組みにも協力し，イベントなどでアピールするほか，釜石でのOB戦開催なども計画している。[8]
　NPOが行政活動を支援する構図となっている。地元クラブチームへの支援に加えて，ラグビーW杯の地元開催を後押しすることが，「ラグビーの街」の伝統と相俟って復興支援事業として機能し始めている。
　第5のケースは，企業チームによる復興事業である。日本製紙石巻硬式野球部は震災直後から，グラブやバットを地元の子どもたちに贈る活動などを続けてきた。小学生を対象にした野球教室も重要な地域貢献の一つになり，石巻市における復興のシンボルともいえる存在になっている。地元紙「石巻日々新聞」の常務は，「震災直後に泥かきしていた姿を知っているから，なおさら応援したくなる。彼らは，石巻の頑張りを表現してくれているんだ」と述べている。練習で使う石巻市民球場の隣には，今も仮設住宅が立ち並ぶが，街に支えられ，街と共に歩んでいる。[9]
　被災現地の社会人企業チームが野球教室などを通じて子どもたちとつながっている。どのような競技種目であってもスポーツチームには地域密着が求められる時代的趨勢の中で，先導的な役割を果たしている。
　第6のケースは，まちづくりへの貢献事業である。「大槌花道プロジェクト」は，岩手県大槌町におけるバスケットボールを通じたまちおこしである。2011年11月に発足し，町民を中心に20～50代の約15人で活動している。2012年5月に，コートの半分を使い1チーム3人で行うゲーム「スリー・オン・スリー」の大会を開催し，計4回で延べ700人以上が参加した。県内外からのファンが宿泊や飲食にお金を使い，楽しみながら復興を支援する。障害者と一緒に車椅子バスケを体験できる試合もした。常設コートを設けるため，参加費の一部や大会DVDなどの売り上げ，募金など（目標は1,000万円）を積み立てている。このプロジェク

トと並んで,「桜の花道」設置のための植樹活動も大槌町桜木町内で進められている。NPO法人さくら並木ネットワークの支援で計約100本を植える計画である。[10]

　気軽に参加できるスポーツ大会を通じて,復興支援を積み重ねている。障害者との共生や活動拠点の設置,さらには桜植樹のプロジェクトと連動する復興事業となっている。

5　スポーツ行政フロンティアの実践を

　以上のように本章では,スポーツ事業におけるステージと機能の枠組みを提示した上で,とくにその理念型である協働拡充機能に注目し,その萌芽として四つの東京五輪事業と六つの復興五輪事業を紹介した。取り上げた10の事業はあくまでもスポーツ事業における断片的な事例であり,こうした僅かな素材をもとに21世紀日本スポーツ行政の未来図を論じるのは暴論であるとの誹りは免れないかもしれない。

　しかし,いずれの事例も東京五輪・復興五輪という特異なダイナミズムを有するスポーツ事業の各ステージ(表19-1参照)で展開されているし,各ステージ間での相互の連結や結節点を見て取ることができる。さらにいずれも日本スポーツ行政による調整・支援が不可欠な事業であるし,いずれの事業にも相互補完にとどまらず,協働拡充の萌芽に至っている。

　東京五輪事業との関連でスポーツ版ダボス会議が開催されれば,まさに国際レベルでのスポーツ世界をめぐる知恵が,文化・芸術はもちろん,政治や経済といった従来はスポーツと比肩し難い世界と対等関係を結ぶ形で表出・発信できるようになるかもしれない。さらには,各々の領域世界の知見を吸収し合うことで,人類にとって困難な課題解決につながる知見の相乗的産出が可能となるかもしれない。一方で,国家によるプロパガンダの場と化してしまう危うさもある。事業のスケールが大きくなればなるほど,政治や経済をめぐる紛争や摩擦などネガティブな影響をまともに受ける場ともなるからである。

　東京五輪をスポーツだけではない,文化や芸術の世界的祭典にできれば,平和や相互理解への貢献において,政治力や経済力を凌駕するパワーが生まれるかもしれない。パラリンピックの成功があらゆる領域での共生社会実現の先導役となるかもしれない。広域自治地体レベルでのトップ競技選手の育成は,五輪終了後の競技スポーツと生涯スポーツとの垣根を低くするだけではなく,トップ選手が

地域に密着する好循環のコアとして活躍するような地域社会を出現させる可能性がある。

　一方で，スポーツ・文化・芸術の祭典にセキュリティや治安面から規制・コントロールがかかり過ぎると事業自体が萎縮し，共生社会の強調が一過性のスローガンで終わってしまう危うさもある。またメダル獲得が実質的な至上命令となると，候補選手の人間的成長を阻害してしまうおそれがある。

　復興五輪についても同様である。大会組織委員会の被災地復興支援チームは，被災した広域自治体（宮城県，福島県）と基礎自治体（宮城県栗原市），さらには地域のNPO法人（石巻市体育協会）とのスポーツを通じた復興事業の結節点となり得る。学校・地区レベルでの復興五輪の理念を体現したかのような取り組み（宮城県東松島市鳴瀬未来中の運動会）や学校運動部（岩手県宮古市宮古高・宮古商ヨット部）の復活は，オリンピック教育モデルの全国津々浦々でのこれからの展開を期待させる。地元ラグビークラブチーム（釜石シーウェイブス）とNPO法人（スクラム釜石），行政（岩手県釜石市），住民の協力によるラグビーW杯大会誘致は，それ自体が復興事業と一体化しているし，社会人野球部（宮城県石巻市の日本製紙石巻硬式野球部）は被災地の地域総合力のシンボル的存在となっている。さらにコミュニティレベルでの外に開かれた形での復興事業（大槌花道プロジェクト）は，町の住民と県外からの参加者との協働事業となっている。

　復興五輪を字面で終わらせないためにも，あるいは政府認識の一方的押し付けで終わらせないためにも，そして，震災3年以上が経過し風化現象が懸念されるようなった今こそ，日本スポーツ行政は，ここで取り上げたような地道な復興事業を継続し，実際に積み重ねていける後押しに徹するべきである。その意味で21世紀日本スポーツ行政のフロンティアは，東京五輪事業と復興五輪事業の実践とその積み重ねにかかっているように思われる。

注
(1)　「毎日新聞」2013年12月29日付朝刊「スポーツ版『ダボス』開催」。
(2)　「日本経済新聞」2014年3月8日付朝刊「五輪　文化振興も担う」，「朝日新聞」2014年4月19日付朝刊「お寿司博覧会はいかが」。
(3)　「朝日新聞」2014年4月22日付朝刊「五輪と強化一本化」，「毎日新聞」2014年4月23日付朝刊「『オリパラ統合』への期待」，「下野新聞」2014年4月10日付朝刊「雷鳴抄」。
(4)　「読売新聞」2014年4月24日付朝刊「五輪メダル80個への道筋」。

(5) 「毎日新聞」2014年3月14日付朝刊「被災地復興へ支援チーム」。
(6) 「朝日新聞」2014年3月9日付朝刊「運動会『地域の木』となれ」。
(7) 「産経新聞」2014年3月13日付朝刊「『感謝忘れず』3年生旅立ち」。
(8) 「産経新聞」2014年3月14日付朝刊「スクラム釜石　W杯誘致で復興を発信」。
(9) 「読売新聞」2014年3月9日付朝刊「街と歩む『石巻力』」。
(10) 「毎日新聞」2014年3月7日付朝刊「バスケで復興を支援」。

第20章 2050年に向けた観光政策

藤本祐司

1 人口減少が観光に及ぼす影響

（1）観光を構成する要素

　観光は，「人」がある「場所」に「移動する」ことから発生する。

　「人」とは，観光客のこと。観光需要は，日本の人口や世界を移動する外国人数の増減から影響を受ける。

　「場所」とは，ある目的で観光客が訪問する地域や施設のこと。その場所は，国立公園や世界遺産という広い規模の観光地から，名勝地や寺社・教会，美術館・博物館，ホテル・旅館およびそれらに付随するサービスなどを言う。

　「移動」とは，人が観光地を訪問する際の出発地から到着地までの行為である。移動は，徒歩や自転車であり，車，鉄道，船，飛行機などの交通機関等によって行われる。

　なお，人はある目的である場所に移動する際，その人の欲求を満たすであろう場所や移動方法等に関する情報を求める。観光情報とは，旅行ガイド本，ウェブサイト，あるいは口コミなどである。こうした観光情報がその人の満足度に影響することから情報手段を観光の構成要素と考えることもできる。

（2）観光政策の焦点となる「人」

　観光需要は，その需要を支える「人」に左右されることを踏まえ，本章では昨今変化が著しい「人」に焦点を当てる。

　顕著な変化の一つは，外国人の国際間移動である。UNWTO（国際連合世界観光機関）によると，1950年に2,528万人であった全世界の外国人渡航者（到着者）数は，2000年には27倍の6億8,800万人に増加し，2012年には史上初めて10億人を突破した。さらに UNWTO は，2030年には全世界の海外渡航者が18億人に達すると予測している。

　2つ目の大きな変化は日本の人口減少である。日本の人口は2014年の1億

2,695万人から2050年には現在の4分の3の9,708万人まで減少すると推計されている。ただ，高齢者人口はしばらくの間はむしろ微増する。2014年時点で約3,300万人の高齢者は，2042年に3,878万人まで増加し続ける。その後は減少に転じて2050年には3,768万人となると推計される。

若年・中堅層はどうだろうか。64歳未満の人口は，2014年の約9,387万人から2050年には5,940万人へと約37％も激減する。若年・中堅層に対して何も策を講じなければ観光需要は確実に縮小する。近年は観光全体に占める家族旅行の割合が一定しているため，少子化とともに家族旅行の同行者数は少なくなる。そのため，全体の観光消費額が減少する可能性がある。

(3) 今後の観光消費の推移

現在の観光消費全体のうち，およそ95％は日本人による観光消費であり，日本を訪れる外国人観光客（以下，訪日外客）による観光消費はわずか5％程度に過ぎない。

2050年の日本の人口は2014年の4分の3程度にまで減少するため，何も策を講じなければ2050年の日本人の国内観光消費も同程度減少する計算だ。日本国内での観光消費全体はおよそ23.8兆円である。日本人による観光消費は，23.8兆円のうち22.5兆円であることを踏まえると，人口減少によって2050年には訪日外客による消費を除く国内観光消費はおよそ17兆円まで縮小することになるだろう。

縮小する日本人の国内観光消費を補う観光客は訪日外客である。現在の訪日外客の日本国内の観光消費は1.3兆円。訪日外客数はおよそ861万人。訪日外客数が2,000万人に増加すれば，訪日外客による国内観光消費は単純計算で1.3兆円の2.3倍の2.99兆円となる。さらに2050年の訪日外客を3,000万人と仮定すると4.6兆円となる。

つまり，2050年の観光消費，日本人の国内観光消費額の17兆円に訪日外客の国内消費額の4.6兆円を加えた21.6兆円となる。これは2010年の全体の観光消費額よりも2.2兆円少ない。2050年においても現在の規模を維持しようとすると，この減少する2.2兆円をどこからか調達しなければならない。今後は，その2.2兆円をどこから調達するかにかかってくる。

そこで，本章では観光消費に影響を及ぼす「人」，具体的には「外国人」「高齢者」「若年・中堅層」の3つの属性に焦点を当てる。

2　訪日外客の観光需要の拡大

(1) わが国の外客誘致機関および国際観光政策の変遷

　近年のわが国の観光政策の中心は国際観光，特に外客誘致策であった。明治維新以降，産業革命や植民地政策などによって海外旅行が活発になり，訪日外客は増加した。このような中，渋沢栄一や益田孝らが中心となり，1893年に日本初の訪日外客を迎えるための民間組織である「喜賓会」が設立された。その後，1912年2月，外客誘致及び訪日外客の便宜を図る目的の「ジャパン・ツーリスト・ビューロー」が設立された。

　国の行政組織としては，国際観光政策を検討するために，1916年に大隈重信内閣は「経済調査会」を設置し，1927年に田中義一内閣は「経済審議会」を設置した。さらに"観光"を冠につけた日本初の行政組織である国際観光局が1930年の浜口雄幸内閣時に鉄道省の外局として設置された。

　太平洋戦争後も，敗戦後の日本の国際的地位を回復するためにも国際観光を振興する必要性が生まれ，1963年に「観光基本法」が制定された。その後，1964年の東京五輪や1970年の大阪万国博覧会を経て，近年まで外貨獲得という貿易面のみならず，国際親善や国際交流という観点からも国際観光がわが国の観光政策の中心であった。

　一方で，所得倍増計画などによりわが国の経済力が向上するに伴い，1970年には日本人の海外渡航者が訪日外客を上回った。その後，バブル経済をきっかけに日本人の海外渡航者は増加の一途を辿り，訪日外客との差は開くばかりであった。

　その後，バブル経済が崩壊し，円高が進むにつれて製造業の海外移転が進む中，国家政策としての外客誘致を積極的に検討し始めた。こうした中，小泉純一郎内閣総理大臣は，2003年の第156国会で，いわゆる観光立国宣言を行い，「ビジット・ジャパン・キャンペーン」などの施策を進めた。また，2007年1月1日には「観光基本法」を全面改正した「観光立国推進基本法」が施行された。

　観光立国宣言後，順調に訪日外客は増加し続けたが，2008年秋のリーマンショックや2011年3月11日に発生した東日本大震災等の影響で622万人へと激減したものの，2013年には目標の1,034万人を達成した。

（２）外客誘致政策の基本的な考え方

　拡大する海外渡航者の増加の効果を享受するには，まずは海外諸国・地域のニーズを正確に把握することが必要である。

　外国人は，何に興味を持って日本を訪問するのか，どんな欲求を持ち，その欲求を日本が満たすことができるのか。この海外のニーズの把握がまず外客誘致の第一歩である。当然，国や地域によってニーズや欲求は異なる。年齢や属性などによっても興味や関心が異なる。

　　「対外観光宣伝に当たっては相手国の地理的位置，文化の程度，国民性又は経済力等に応じて宣伝の方法を変えることが必要である。北米合衆国と南米諸国とに一律の宣伝を行うことは不可である。英仏独伊への宣伝と，中央アジア諸国民への宣伝とは当然に相異なるべきである。」（国際観光局 1939：3）

　これは，前述した国際観光局の下に設置された国際観光委員会での1931年当時の議論である。まさに現代にも通じる議論である。当時と比べて現在はマーケット・ニーズを正確に把握する手法やインターネットなどを使った技法などが発達している。より詳細で正確な，かつニーズの急速な変化に対応するデータを収集，分析することは可能である。

（３）訪日外客誘致に向けた課題

１）五輪開催効果の吸収

　国は，東京オリンピックとパラリンピック（以下，東京五輪）が開催される予定の2020年に2,000万人の訪日外客の誘致を目標に掲げた。全世界の外国人渡航者（到着者）数の伸びから考えると，この目標は決して不可能ではないだろう。実際，ロンドン五輪や北京五輪等の例を見ると，五輪誘致が決定した直後から海外からの観光客は徐々に増え始め，開催2年ほど前から急上昇し，五輪終了後も継続して増加傾向にある。

　また，シドニー五輪では，観光需要がシドニー以外の地方にも波及した。メルボルン，ブリスベン，アデレード，パース，ダーウィンなどは五輪開催までのトレンド以上に観光客が伸びた。五輪をきっかけに地方の魅力をアピールし，地方に外客を誘致することが期待される。

2） 外客誘致のターゲット国・地域

　移動や滞在には，ある程度の資金を要する。そのため，特に海外渡航は経済的にゆとりのある人の行為である。よって，短期的な観点ならびに中長期的な観点から，今後生じると推測されるアジアを中心とした経済成長の新たな構造変化を考慮するとともに，今後の世界経済の動向を注視しつつ，訪日外客誘致のターゲットとする国や地域のニーズを正確に理解したうえで，他国と差別化できる競争戦略を検討することが重要である。

3） 航空政策上の課題

　現在の世界の海外渡航者の移動手段は約5割が航空機，車が4割，船舶が6％である。日本の場合は，航空機による出入国がほとんどであるため，訪日外客を増加させるには，受入れの玄関口である空港が重要な機能を果たす。

　2014年度中には羽田空港と成田空港を合算すると首都圏空港の発着枠は年間74.7万回となる。2010年の航空政策の転換により「羽田は国内，成田は国際」という制約を緩和した結果，羽田空港の需要は拡大した。[11]

　しかし，その航空政策に関しては課題もある。1つは東京上空の空域の混雑度の問題である。東京上空の渋滞を考慮するとさらに発着枠を拡大することは簡単ではない。LCC[12]などによる海外と地方空港とを直接結ぶ航空路線の開設が必要となる。今後は，地方の魅力を海外に発信することで地方空港に直接訪日外客を誘致することが必要となろう。

　また，操縦士（パイロット）不足も中長期的な課題である。世界的な航空需要の増大に伴い，2030年には世界的には現在の46万3,000人から2倍以上の98万人の操縦士が必要となると推定されている。特にアジア・太平洋地域での需要が大きく，当該地域に限っては約4.5倍の操縦士が必要とされる。[13] 操縦士の育成が急務である。

3　高齢者の観光需要の拡大

（1） 高齢者の観光需要の前提

　人口が減少する中で，高齢者数は2042年までは増加し続ける。その時に高齢者の中で自由に観光ができる人がどの程度の規模になっていくのか。

　65歳以上の高齢者のうち，介護を要する人の割合は全体でおよそ16％。年代別にみると70歳未満は2.6％，70歳以上74歳までが6.3％，75歳以上79歳までが13.7

％，80歳以上84歳までが26.9％，85歳以上では53.8％である[14]。

仮に高齢者が旅行に出かけられる一つの指標を介護認定とすると2040年から45年までは高齢者の観光需要は拡大し続ける。より現実的にみて介護認定が急上昇する前の84歳までを観光の潜在需要人口と仮定しても，2050年まではその人口は減少しない。つまり，高齢者の観光潜在需要人口は，現在の2,457万人から2045年には2,549万人へと僅かではあるが増加する。今後30年ほどは高齢者マーケットに限っては縮小しない。

（2）高齢者の観光需要拡大の可能性

高齢者は現役の社会人と比べ，時間の使い方の自由度が高い。時間に余裕がありかつ身体が自由に動けば，旅行に出かける可能性は高くなる。その他の条件は金銭面の余裕度である。

高年層を中心として保有される家計の金融資産は約1,600兆円。しかし，近年は60代以上世帯の貯蓄残高が減少している[15]。このことは高齢者による観光需要にとっては懸念材料の一つとなる。

時間的には余裕ができても，経済的に厳しくなれば観光需要は伸びない。高齢者の観光需要を拡大できるか否かは，年金，医療，介護等の高齢者福祉制度に対する信頼性と今後の経済動向次第であろう。

とは言え，人口面から考えると，高齢者は今後の日本の観光需要を支える中心となっていくであろう。旅行には転地効果（リフレッシュ効果）があると言われる。高齢者が容易に旅行ができる環境を作ることが高齢者福祉の視点からも重要である。

地域には観光客である高齢者を受け入れる体制づくりが求められる。町をあげてのバリアフリー化，多様な高齢者ニーズにあった食事の量と質の対応などだ。細やかなマーケティングが重要である。

4 若年・中堅層の観光需要の拡大

（1）観光の容易化

64歳未満の人口減少は，観光需要に大きな影響を及ぼす。若年・中堅層の観光需要を維持・拡大するためには，一人当たりの観光機会を増やすことと一回当たりの滞在日数を増やすことなどの方策が必要となる。

現在の国民一人が宿泊旅行に出かける回数は年間1.4回，また，国民一人当たりの宿泊数は2.24泊である。人口減少を補完しつつ需要を拡大するには，国民一人当たりの宿泊旅行回数や宿泊数を増やすことが求められよう。そのため，一回当たりの観光にかかる費用を下げることや可処分所得を上げること，さらには観光機会を増やすために休日を取りやすくすることなどが考えられる。

　「観光立国推進基本法」第19条において「観光の容易化」が規定されている。この規定は，休日を取得しやすくして観光シーズンの集中を緩和しようということを想定している。日本では，5月の連休（以下，GW），お盆（8月中旬），年末年始に観光需要が集中する。そのため，高速道路を中心に激しい交通渋滞が発生する。また，新幹線や航空機等の切符の取得が困難になる。さらに，需要過多により宿泊費が高額になる。要するに「どこに行っても混んでいて高い」となる。集中している観光時季を平準化すれば観光に関する費用は下がるうえ，時間の有効活用につながる。

　世界，特にヨーロッパをみると，国をいくつかのブロックに分けて，ブロック毎に学校の休日を分散させている例がある。(16)このように休日を分散化することによる観光時季の集中緩和策は，観光の容易化につながる有効な施策の一つである。

（2）休暇時季の平準化のメリット

1）観光地の質の向上

　日本の場合，観光客は，GW，お盆，年末年始には価格が高くても宿泊旅行をする。この時季は，受入れ側の営業努力や誘客努力とはさほど関係なく観光客が増加する。一方で，それ以外の時季は努力をしても観光客は増加しない。そのため，利益を度外視した価格で誘客するため激しい価格競争をもたらし，健全な競争が成り立たない環境を作り出してしまう。

　観光需要の集中が緩和され，時季が平準化することで，努力の成果が見えるようになる。営業努力やサービス向上に向けた努力が成果と連動し，努力するインセンティブと労働へのモチベーションは向上する。

2）新たな雇用機会の創出とサービスの向上

　ホテルや旅館などの観光事業者は，需要にあわせて労働者を雇用する。固定費を削減するために需要が小さい時季にあわせて正規労働者を雇用し，繁忙期は短期あるいは一時雇用の非正規労働者で賄う。短期あるいは一時的であるが故に，その非正規労働者にはサービス技術が身につきにくい。観光客側の観点から見れ

ば受けるサービスは低下する。

　換言すれば，休暇時季の平準化によって，正規労働者が増え，地域に新たな正規雇用が生まれ，サービスの質が向上する可能性が高くなる。雇用政策の側面からも休暇取得時季の平準化は有効である。

（3）若年・中堅層の観光需要拡大に向けた課題
　日本の有給休暇の消化率は欧米等の先進国と比較して極端に少ない[17]。フランス，ドイツ，スウェーデンなどには，初等教育機関をいくつかのブロックに分けて休日を分散させ，親は有給休暇を取得する制度がある。現在の日本の有給休暇の取得状況を考えると，フランス等では成功している制度であっても日本では定着しない恐れがある。日本では「子どもは休み，親は出勤」という現象が起こりかねない。
　一方で，日本の祝日はヨーロッパより多い[18]。さらに祝日が日曜に重なった場合の振替休日の設定やハッピーマンデー制度の創設[19]などによって，国が休日を設定している。日本は，個人の自由意思に任せるのではなく，国や企業など"お上"に休日を決めてもらっているのだ。
　そのため，日本の場合，休暇時季の平準化には企業や事業者の努力が必要となる。有給休暇の計画的付与の強制力を強めることや子どもがいる親には学校の休日にあわせて有給休暇を優先的に取得させる制度，あるいは有給休暇消化率の高い人に特別功労金等を付与する制度など多様な価値観を認める制度が想定される。意識改革と有給休暇と時短による生産性向上などのメリットを実感させる施策が必要だ。

5　観光需要拡大への展望

　わが国は，2013年度末には国・地方の長期債務残高が対GDP比で220％を超える977兆円にも上った。今後ますます非効率な公共投資は抑制し，継続的に需要拡大が見込まれる分野に投資を行うことが必然である。今後継続的に需要拡大が見込まれる分野の一つに観光分野がある。観光は，多額の財政出動を要しない[20]という点でも財政状況が悪化しているわが国のリーディング産業として注目される。
　しかし，観光需要の拡大に人口減少が障害となる。訪日外客や高齢者だけでは

補完しきれないだろうが，まずは，魅力ある観光地を創っていくことが重要である。「観光立国推進基本法」においても，国内国外を問わず，観光客ニーズや欲求を満たす魅力ある観光地や観光施設づくりの重要性を定めている。

　観光需要の拡大へのキーワードは"らしさ"だ。地域の魅力を開拓するには，外国人が喜ぶ日本らしさや高齢者が欲する地域らしさとは何かを理解して，"らしさ"を提供することが鍵である。日本らしさ，地域らしさを見失っていては継続的に観光客を誘致することはできないだろう。

注

(1)　UNWTOはスペインのマドリッドに本部を置く観光に関する国際機関。World Tourism Organizationが正式名称。

(2)　2005年から2012年にかけては，欧米の伸び率が2％台であったのに対して，アジアとアフリカは6％台の伸びであった。

(3)　日本の宿泊観光旅行は家族旅行が46％であり，家族と知人や友人の旅行が12.5％である。この傾向は近年さほど変化がない。

(4)　日本人による全観光消費のうち，宿泊旅行と日帰り旅行をあわせて日本人による国内観光消費が全体の約89％。また，日本人の海外渡航に関する国内での観光消費が5.4％ほど。

(5)　直近の統計は東日本大震災が発生した2011年の数値であるため，本章ではその直前の2010年の統計の数値を参考にした。なお，2013年には訪日外客は1,000万人を達成したが，観光消費に関する数値が確定していないため，ここでは2010年の数値を用いた。

(6)　訪日外客数も注(5)と同様に理由により2010年の数値を利用した。

(7)　2,000万人は861万人の約2.3倍。1人当たりの消費額を一定とした場合，訪日外客の国内観光消費額は861万人時点の2.3倍の2.99兆円となる。同様に3,000万人達成すると消費額は4.55兆円（約4.6兆円）となる。

(8)　国際観光とは，日本への外国人訪問客の誘致（インバウンド＝訪日外客誘致）と日本人の海外渡航（アウトバウンド）の両方を指す。

(9)　小泉総理は施政方針演説で「2010年に1,000万人の外客誘致を目標とする。」と述べた。

(10)　ロンドン五輪開催中の約1カ月間は，混雑や宿泊費の上昇を回避するため，観光需要はむしろ減少する傾向にあった。

(11)　世界179の国と地域が加盟する空港運営団体である国際空港評議会（ACI ― Airports Council International）によると2012年に世界で最も旅客数が多かった空港は，米国のアトランタ国際空港で年間旅客数は約9546万人。2位は中国の北京首都国際空港，3位はイギリスのロンドン・ヒースロー空港。4位の羽田空港の利用客は約

6,680万人と前年比6.7％の増加。アメリカのシカゴ・オヘア国際空港を抜き，一つ順位を上げた。
⑿　Low Cost Carrier の略。徹底した効率化による低価格かつ簡素化された航空輸送サービスを提供する格安航空会社のこと。
⒀　ICAO「Global and Regional 20-year Forecast: Pilots・Maintenance Personnel・Air Traffic Controllers」を基に作成した国土交通省資料による。
⒁　厚生労働省（平成25年7月）「平成24年度介護給付費実態調査」
⒂　貯蓄残高の減少の主な要因としては，高齢化の進展で60代以上世帯の中でも相対的に貯蓄残高が低い後期高齢者世帯が増加していることと低金利・株安など運用環境の悪化等が考えられる。
⒃　フランスでは，国土を3つのゾーンに分けて2月〜3月と4月〜5月の年の休日を分散している。例えば2012年2月〜3月の場合は，ゾーンAが2月12日（日）〜26日（日），ゾーンBが2月26日（日）〜3月11日（日），ゾーンCが2月19日（日）〜3月4日（日）と設定された。
⒄　厚生労働省「就労条件総合調査（平成25年）」によると，日本の労働者一人当たりの年次有給休暇日数は18.3日。その消化日数は8.6日であり，消化率は47.1％。一方，フランス，イギリス，ドイツ，スペイン，スウェーデンなどのヨーロッパ諸国の有給休暇消化率はほぼ100％。しかも，25日から30日の年次有給休暇を付与しているため，日数換算すると日本の3倍から4倍である。
⒅　日本の祝日は15日（2014年3月現在）。フランスは11日，イギリスは8日，ドイツは11日（但し，州が別途設定する祝日がある）。
⒆　祝日法第2条で「成人の日」「海の日」「体育の日」「敬老の日」を第二，または第三月曜日と定め，土・日・月曜の3連休が創設された。
⒇　箱物を整備することで観光客を誘致するというのでなく，地域のありのままの姿こそがその地域の魅力であるという発想で観光客を誘致することが効果的であるため，多額の財政出動は必要ない。

参考文献

石森秀三（2008）「観光立国時代における観光創造」石森秀三編『大交流時代における観光創造』北海道大学。
大塚恒雄（1972）「経済集志（日本大学経済学研究会）42巻2号『経済史からみた日本観光事業史』」神戸大学。
岡沢憲芙（2004）『ストックホルムストーリー──福祉社会の源流を求めて』早稲田大学出版部。
国際観光局（1939）『国際観光事業概説』。
内閣総理大臣官房審議室編（1980）『観光行政百年と観光政策審議会三十年の歩み』。
みずほ総合研究所（2013）『2020東京オリンピックの経済効果』。
Philip K., John B. and James, M. (1996) *Marketing for Hospitality & Tourism,*

Prentice Hall.
UNWTO "Tourism Highlights (2013 Edition)"
VisitBritain "Visit to Counties and Towns : Visits to Town-Detailed Data"
国立社会保障・人口問題研究所「日本の将来推計人口(平成24年1月推計)」。
観光庁(平成25年版観光白書)。
国土交通省・観光庁(2013)「旅行・観光産業の経済効果に関する調査研究」。
第156回国会衆議院本会議議事録(2003年1月31日)。
厚生労働省(平成25年11月)「就労条件総合調査(平成25年)」。
厚生労働省(平成25年7月)「平成24年度介護給付費実態調査」。

第21章	民主的な都市ガバナンスの可能性 ――住民参加の都市間比較

岡本三彦

1　都市ガバナンスと住民参加

　本章は、住民参加を中心に都市自治体の比較研究を通じて、民主的な都市ガバナンスの可能性と課題について検討する。

　今日では、社会に生起するさまざまな問題に対して政府（ガバメント）だけでは迅速に対処できなくなっていることから、政府以外のセクターも共に統治をおこなうガバナンスという用語が使われるようになっている。日本でも、とくに1990年代後半から「ガバメントからガバナンスへ」というフレーズで良く知られるようになった。地方自治の文脈で考えた場合、このフレーズは、ローカル・デモクラシーの本質と明らかに密接な関係がある。ガバナンスはステークホルダー（利害関係者）が統治に参加することを意味しており、地方自治体、都市という枠組においては、当然、そこに居住する住民も含まれることになる。その意味で、都市ガバナンスとは、住民参加（市民参加）を伴うことになる。

　本章では、都市ガバナンスにおける住民参加、とくに政治的意思決定への参加を中心に、筆者が2010年から2011年にかけて実施した自治体議会議員アンケートの結果にも言及しつつ、民主的な都市ガバナンスの可能性と課題について考察する。

2　ローカル・デモクラシーと都市の政治機構

(1) ローカル・デモクラシーと民主的な都市ガバナンス

　民主的な都市ガバナンスを論じるにあたって、まずその前提となるローカル・デモクラシーについて考えてみたい。ローカル・デモクラシーは、デモクラシーと同様に多義的である。一般にデモクラシーのプロセスでは、①定期的に実施される（強制と脅しのない）選挙、②自らの意見を表明し、政策決定過程に影響力を及ぼす権利、③権力者を交代させられること、④市民権と参政権の尊重・保障、

などが重要なものとして理解されている（Sisk et al. 2002：12）。これらのことは，ローカル・デモクラシーにもそのまま当てはまる。

さらに，ローカル・デモクラシーにとって，①シティズンシップとコミュニティ，②討議，③政治教育，④良い政府（good government）と社会福祉が，鍵となる概念として指摘されている（Sisk et al. 2002：13）。

まず，シティズンシップとコミュニティについては，地域コミュニティへの参加がシティズンシップの基礎になる，ということである。より直接的なデモクラシーの形態である地域共同体における参加制度と意思決定の手続きによって，普通の人びとが自らの声を最も容易に届けることができるからである。

次に，討議，議論，対話は，コミュニティで生起する問題を解決するために必要である。デモクラシーにおける討議は，市民の不満を聞くだけではなく，コミュニティにおける利害関係者間の重要な決定と行為について相互に対等な意見交換となるからである。

また，ローカル・デモクラシーは，政治教育を容易にする。人びとは，住民参加によって，コミュニティの問題に関して公職者や専門的な行政官が有する知識を得ることができる。多くの情報を与えられ，また教育された市民が，デモクラシー，つまり人びとによる意思決定を可能にし，より有効にする。つまり，参加は，政治的「エリート」とコミュニティのメンバーの隙間を埋めるのである。

最後に，良い政府と社会福祉についてである。参加デモクラシーの主唱者たちは，民衆の徳と知性の解放が，良い政府を養い，社会福祉を促進する，と論じている。ローカル・デモクラシーは，自立と公共心のある社会を構築し，市民間の良好な関係を強化する傾向があるという。

ここで述べられている内容は，これまで地方自治の意義について語られる際にしばしば示されてきたことと同様であるが，その意味で，地方自治はまさにローカル・デモクラシーそのものであるといえる。そこで次に，とくに参加を中心に，民主的な都市ガバナンスについて検討していく。

（2）都市デモクラシーと政治参加

ここ数十年で地方自治をめぐる状況は大きく変化し，地方自治の制度も変化した。デンターズとローズは，地方自治をめぐる潮流として，「都市化（Urbanization）」「グローバル化（Globalization）」「ヨーロッパ化（Europeanization）」[1]「新たな実質的な要求（New substantive demands）」「新たな参加の要求（New participatory demands）」を指摘している（Denters and Rose 2005：8）。ヒト，モノ，カネ，情報が従来の自治体という区域を越えていくようになり，境界線は曖昧になっている中で，地方自治のあり方が問われている。

　こうした状況において，ヨーロッパ各国の地方自治体では，執行機関，首長の役割が強化されている。イギリス（イングランド）では，執行機関を強化するために地方政府にさまざまな選択肢が用意され，とりわけ2000年の地方自治法改正によって首長の直接公選制または間接制の選択が可能になった[2]。ドイツでも，統一後，強市長制（strong mayor model）が全国的に採用されるようになった。スイスでは，以前から住民が直接選挙で首長を選んでおり，直接民主制により統制されているが，加えて執行部はその規模を縮小し，責任を拡大することで機能を強化しようとする試みがある。また，決して多くはないが，市長を職業化（専業化）するところもある（Denters and Rose 2005：248-250）。

　その一方で，住民と地方政府の関係も変化している。そのことは，政治参加の伝統的な形態である選挙や政党本位の政治がかつてほど重要ではなくなり，ローカル・ガバナンスの新たなシステムが総合的な政府としての地方自治体に圧力をかけている，ということからもわかる。例えば，イギリスでは，保守党政権の下で，消費者としての市民に権限が付与され，また労働党政権の下では，より広範な市民協議（citizen consultation）という新しい手法を伴った構想があった。ドイツでは，新たな参加，諮問的イニシアティヴ，電子参加（e-participation）の実験などがある。また，選挙された代表者を解職する権利，住民投票と住民発議も多くの自治体で認められている。スイスでは，多くの自治体で住民総会が実施されているのに加えて，広範な住民投票や住民発議があり，公職者を解職する権利もある。さらに，参加の新たな試みとして，住民投票での否定的な結果を招くリスクを減らすため，情報伝達を改善し，住民を積極的に計画の過程に取り込むようになっている（Denters and Rose 2005：258-259）。例えば，チューリヒ市でも都市計画の分野で「協力・参加プロセス（Mitwirkungs-und Beteiligungsprozesse）」などを導入して，住民参加を強調している（Ladner 2010：206）。

　このように，1990年代以降の変化の中で，各国の自治体はそれぞれ新しい試みを行ってきた。とりわけ，住民が直接的に自らの意見を表明する機会を求める傾向にあって，多くの自治体において直接民主制的な仕組み，制度が導入されるようになっている（Cain, Dalton, Scarrow 2003：58）。

　では，こうした住民参加の動きに対して，住民による選挙で選ばれ，間接民主

表21-1 アンケート調査に回答のあった6自治体

	渋谷区	大津市	水俣市	ルイシャム区	フライブルク市	チューリヒ市
人口（人）	204,492	337,634	26,978	275,900	214,234	390,082
議員定数	34	38	16	54	48	125
回答数	10	16	10	33	23	93
回答率	29.4%	42.1%	62.5%	61.1%	47.9%	74.4%

出所：日本の自治体の人口については2010年国勢調査のデータ，諸外国については2011年の各国Censusのデータである。

制の代表として「ガバメント」を担ってきた議員はどのような意識を持っているのであろうか。

3 自治体議会議員の住民参加に対する意識

(1) 議員意識調査

筆者は，2010年から2011年にかけて，二元代表制，つまり首長直接公選制を採用する5カ国[3]の都市自治体における議員に対する意識調査（アンケート調査）を実施し，各国の比較を試みた[4]。今回の調査でアンケートを実施し，有効な回答のあった自治体は，日本の東京都渋谷区，滋賀県大津市，熊本県水俣市，イギリスのロンドン・ルイシャム特別区（London Borough of Lewisham），ドイツのフライブルク市（Freiburg im Breisgau），スイスのチューリヒ市（Zürich）[5]の6自治体であった（表21-1参照）。

以下では，アンケート調査の中から，とくに意思決定・住民投票に関する項目を中心に，主な設問について検討する。

(2) 参加に対する議員の意識

本アンケート調査を実施した理由の一つが，都市議会の議員が住民参加などの直接民主制にどのような意識を有しているのか，明らかにすることであった。

民主的な都市ガバナンスを考えた場合，都市自治体の事項に関する住民の参加は不可欠である。住民が主権者である民主政治では，住民・有権者は政治的意思決定過程においても重要なアクターであるはずである。有権者が直接的に意思決定過程に参加できるという点で，住民投票は民主政治において重要な手段の一つであるといえよう。ところが，議員の中には，住民投票のような直接民主制を否

表21-2 直接民主制について(「そう思う」の回答率)

	渋谷区	大津市	水俣市	ルイシャム区
政治的意思決定に有権者が参加するのは当然である。	70.0%	56.3%	40.0%	48.5%
議員が最高の意思決定者であるのは当然である。	50.0%	50.0%	60.0%	18.2%
有権者は政治的意思決定に参加すべきではない。	10.0%	0.0%	20.0%	30.3%

表21-3 住民投票について(「そう思う」の回答率)

	フライブルク市	チューリヒ市
住民投票の結果が議会の議決に優越するのは当然である。	73.9%	97.8%
しばしば議会の議決が住民投票の結果よりも優れている。	26.1%	12.9%
住民投票の大部分は放棄すべきである。	17.4%	3.2%

定的に捉える向きがないわけではない。直接民主制は，議員にとっては自分たちの権限を制約するものと思われるからかもしれない。

そこでまず，間接民主制である代議制の「主役」であり，「住民代表」である議員が，直接民主制について，どのように捉えているのか，議員の意識を尋ねた（表21-2参照）。ただし，住民投票が制度化されているフライブルク市とチューリヒ市については，住民投票について尋ねた（表21-3参照）。

「政治的意思決定に有権者が参加するのは当然である」と考えている議員は，渋谷区で7割（70.0%）を占めており，大津市でも56.3%と半数を超えている。それに対して，ルイシャム区は半数を下回っており（48.5%），水俣市も4割（40.0%）と比較的少ない。

「議員が最高の意思決定者であるのは当然である」と考えている議員は，日本の自治体ではいずれも半数を超えているのに対して，ルイシャム区では2割を下回っている（18.2%）。

「有権者は政治的意思決定に参加すべきではない」という意見に対しては，いずれも否定的であり，もっとも多いルイシャム区でも30.3%にとどまっている。

フライブルク市とチューリヒ市については，ここで住民投票について尋ねている。まず，「住民投票の結果が議会の議決に優越するのは当然である」という考えには，チューリヒ市では97.8%が賛成しており，フライブルク市でも73.9%が同意している。

また，「しばしば議会の議決が住民投票の結果よりも優れている」という考え

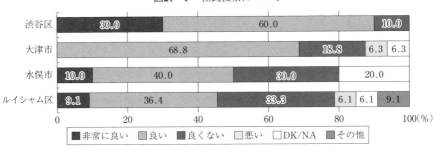

図21-1　住民投票について

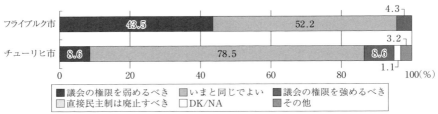

図21-2　今後の住民投票と議会のあり方について

注：図21-1～2中の構成比は小数点以下第2位を四捨五入しているため，合計が100.0％にならない場合がある。

について賛成する意見は，いずれも少数となっている。

さらに，「住民投票の大部分は放棄すべきである」という考えについては，チューリヒ市では3.2％の賛同しかなく，フライブルク市でも17.4％と少数である。

つぎに，住民投票制度に対する考えを尋ねた（図21-1参照）。ただし，フライブルク市とチューリヒ市については，今後の住民投票と議会のあり方について尋ねた（図21-2参照）。アンケート調査の結果からは，住民投票等の直接民主制については，本調査を実施した都市の議員は，必ずしも否定的なわけでなく，いずれの都市においても肯定的な回答が過半数を超えている。ルイシャム区では肯定的な回答と否定的な回答がいずれも拮抗していた。

住民投票が制度化されているフライブルク市とチューリヒ市の議員は，住民投票と議会との関係について現状維持の回答が多かった。また，チューリヒ市議会議員の回答からは，住民投票が定着していることがうかがえる。

以上の調査結果からは，都市議会議員は，必ずしも住民の政治参加に否定的であるわけではないことがわかる。また，住民投票などが制度化されている自治体の方が，そうでない自治体よりもより住民の意思決定への参加に積極的であるこ

ともわかった。とくに，住民投票が頻繁に実施されているチューリヒ市では，議員の中にもこれに対する肯定的な意見が多かった。フライブルク市でも肯定的な意見が多かったが，ルイシャム区では意見が分かれた。ルイシャムは，住民投票によって首長公選制を導入したが，住民投票制度など直接民主制に対しては積極的ではない。だが，今回の調査では，いずれの都市においても，住民が政治的意思決定に直接参加する住民投票には肯定的な意見が多いことがわかった。

4　都市における住民参加と都市ガバナンス

(1) 住民参加をめぐる問題

　今日，多くの都市において，何らかの住民参加の仕組みが採られている。今回のアンケートを実施した都市の例でいえば，チューリヒ市では，意思決定型の住民投票 (Gemeindeabstimmung) 制度が確立しており，有権者は年に何件もの政治的判断を求められる。市に関する案件は，(1990～2013年までのうち) 最も少ない年でも5件あり，さらに州の案件，連邦 (国) の案件についても判断を求められる。加えて，各種の選挙があるので，合わせると同市の有権者は年間20件以上の政治的判断を求められることがある。住民投票については，チューリヒ市ではすでに長い歴史を有しており，住民が政府や政党に直接働きかけることができる仕組みとして機能してきた。このことが，住民が政府をコントロールするという機能を果たしているといえる (岡本 2012)。

　また，フライブルク市では，参加型予算配分 (Beteiligungshaushalt) 制度を採用している。この制度は，1989年にブラジルのポルト・アレグレ市で開始され，その後，南米，アフリカ，北中米，ヨーロッパに広がったものである。フライブルク市は，その他に，都市開発計画や土地利用計画などに市民の参加を可能としており，さらに住民投票 (Bürgerentscheide) も実施している[6]。

　このように，多くの都市で何らかの住民参加制度があるものの，いずれの都市においても，議会や首長の選挙については，投票率は決して高くない。投票率，参加率の低下傾向は，日本のみならず欧米諸国においてもみられる。イギリスやスイスはもともと投票率が高いわけではないが，チューリヒ市をはじめスイスでは住民投票も長期低落傾向にある (岡本 2005)。実際に，スイスでは，参加の制度は構築されているにもかかわらず，投票率が低いことが問題となっている。あまりにも頻繁にたくさんの政治的判断を求められることが原因として考えられな

いわけではないが，それについては十分に検証される必要があろう（Cain, Dalton, Scarrow 2003：38）。

しかしながら，直接的に住民が決定に参加できるような制度の廃止や利用の要件を厳しくすることに対してほとんど支持は得られていない。むしろ，先述したように，最近は選挙などの伝統的な参加の仕組みではなく，より直接的に住民の声が政策に反映するような仕組みの拡充を求める傾向がある。

（2）民主的な都市ガバナンスに向けて

民主的な都市ガバナンスが機能するには，ステークホルダーの参加が必要であり，とくに住民による統制が不可欠である。その一方で，都市をめぐる状況は大きく変化している。都市は，人口と財が集中し，経済，流通の中心として突出した存在であるとされてきた。だが，複雑に絡み合った問題を，区域の限られた一つの都市だけで解決するのは困難である。都市は水平的にも垂直的にも広がりをもつようになっている。

水平的な広がり，つまり，自治体間の連携，連帯といった水平的なガバナンスとしては，都市間ネットワークが考えられる。中心都市を核として「都市圏」が広がっているところもある。チューリヒ市はチューリヒ都市圏の中核となっている。それぞれの都市圏では，都市間連携を強めており，都市政策についてネットワークを構築している(7)。

その一方で，都市は，制度的にもより広域的な地方自治体や中央政府，国家，さらにはそれを超える国際的な連合からの影響を受けるようになっている。ただし，それは単なる垂直的で権力的な統治関係ではなく，相互に連携しながら統治するガバナンスとして存在する。都市自治体は，一つの区切られた単位（区域）に存立する一方で，縦方向，横方向に連携をとりながら問題解決のための政策を実施していく。そこで問題となるのは，縦・横に広がるガバナンスの中で，ステークホルダーである住民・国民の参加は可能であるか，ということである。

スイスがヨーロッパ連合（EU）に加盟しない理由の一つに，国民，住民が直接影響を受けることになる政策の決定に自ら参加できる仕組みがないことが挙げられている。また，EU加盟国の中にも，EUの「首都」であるブリュッセルですべてを決定することに対して反発がある。この点からも，住民（市民）による自己決定の仕組みについて検討する必要があろう。

加えて，もう一つは規模の問題である。区域が拡大することに伴って，住民

（市民）がそれぞれのイシューに対して適切に判断を下せるだけの能力を持てるか，ということである。かつての村落共同体であれば，構成員の数も少なく，一人の判断がその共同体を左右するほどの重みがあったのかもしれない。しかし，都市，とくに大都市では，コミュニティの規模が拡大し，関係者が増えるのにともなって，一人当たりの比重は相対的に軽くなる。その点で，政治的有効性感覚が低下していくことになるであろう。その一方で，規模が拡大すればするほど，検討しなければならない項目が多くなり，関連する情報量は多くなるのであって，それを処理するための十分な時間と能力が求められる。政治教育，あるいはシティズンシップ教育をどうするのか，難しい課題に直面しているのである。

5　参加の範囲とさらなる課題

　本章では，ローカル・デモクラシーから議論をスタートして，民主的な都市ガバナンスの可能性について考察した。その際，都市自治体の議員アンケートの結果を踏まえながら，住民参加に対して一定の理解が得られていることを確認した。

　しかしながら，それはあくまでも限られた区域を前提とした都市自治体におけるガバナンスであった。今日のように，ステークホルダーが区域を越えて（あるいは重複しながら）存在している場合，ローカル・ガバナンス，都市ガバナンスのみならず，マルチレベルでの参加が課題となる。その際に，参加者を何らかの要件によって制限するのか，または参加者が関与できる対象事項を制限するのか，あるいはもっとオープンに利害関係者でなくても希望者であれば誰でも関与を認める，ということも考えられよう。このように住民参加とガバナンスの関係についてはさらに検討しなければならない課題は多いが，それについては別のところで議論することにしたい。

付　記

　本章は，平成21〜23年度科学研究費（基盤研究(C)）「日米欧諸国の基礎的自治体における二元代表制と民意の反映に関する比較研究」（代表者：岡本三彦）および平成24〜26年度科学研究費（基盤研究(C)）「日本と欧米諸国の基礎的自治体における住民参加に関する制度と実際についての比較研究」（代表者：岡本三彦）の成果の一部である。

注

(1) ここで「ヨーロッパ化」とは主として EU（ヨーロッパ連合）のことを指しているが，それを一般化するならば国家を超えた「地域化」と言い換えることができよう。

(2) 2013年7月現在，15自治体が首長直接公選制を採用している。Mark Sandford, Directly-elected mayors—Commons Library Standard Note, 16 July 2013.（http://www.parliament.uk/business/publications/research/briefing-papers/SN05000/directlyelected-mayors，2014年5月27日アクセス）。

(3) 当初，アメリカ合衆国のボストン市（Boston）でもアンケート調査を実施したが，議員から有効な回答が得られなかったことから，シアトル市（Seattle）に変更して調査を実施した。同市では議員からの回答は得られたものの，他都市との比較が可能な十分なデータが得られなかったため，本章では除外した。

(4) 今回，各都市で実施したアンケート調査は，原則としてすべての都市で同じ調査項目について実施した。設問は14問で，①市議会の機能，議員の役割といった主に議会制度にかかわる質問，②意思決定過程，住民投票に関する質問，③議員自身の事柄に関するもの，と大きく三つに分けることができるが，設問の中にはさらに細かく質問しているものがある。調査対象は，いずれの都市においても議会の全議員で，全員に調査用紙を送付した。

(5) チューリヒ市に関しては，2001年に同市で実施した調査と今回の2010—11年調査で得られたデータと比較するなど，時系列的変化についてすでに考察している。それについては，岡本三彦（2013）「スイスの地方議員の地方自治に対する意識の変化——チューリヒ市議会議員意識調査から」『東海大学紀要政治経済学部』第45号，1-25頁を参照されたい。

(6) フライブルク市の住民投票は，意思決定型であり，諮問型ではない。ただし，これまでに実施された住民投票は4件（1988年，1995年，1999年，2006年）で，スイスの自治体などと比べると少ない。

(7) このような都市圏では，公共交通政策で，複数の交通・運輸会社の料金を統一して，共通の切符や定期で相互に利用できるようにしている例もある。

参考文献

岡本三彦（2005）『現代スイスの都市と自治』早稲田大学出版部。
岡本三彦（2012）「自治体の政策過程における住民投票」『会計検査研究』第45号。
山本啓（2014）『パブリック・ガバナンスの政治学』勁草書房。
Cain, Bruce, Russell Dalton, and Susan Scarrow (eds.) (2003) *Democracy Transformed?*, Oxford, Oxford University Press.
Denters, Bas, and Lawrence Rose (eds.) (2005) *Comparing Local Governance: Trends and Developments*, New York, Palgrave Macmillan.
Heinelt, Hubert, Daniel Kübler (eds.) (2005) *Metropolitan Governance: Capacity, democracy and the dynamics of place*, London; New York, Routledge.

Klöti, Ulrich, Peter Knoepfel, Hanspeter Kriesi, Wolf Linder, Zannis Papadopoulos (eds.) (2006) *Handbuch der Schweizer Politik*, 4.,überarbeitete Auflage, Zürich, Verlag Neue Zürcher Zeitung.

Kübler, Daniel, Michael A. Pagano, "Urban Politics as Multilevel Analysis". In Karen Mossberger, Susan E. Clerk, and Peter John (eds.) (2012) *The Oxford Handbook of Urban Politics*, Oxford, Oxford University Press.

Ladner, Andreas, "Switzerland: Subsidiarity, Power-sharing, and Direct Democracy". In John Loughlin, Frank Hendriks, Anders Lidström (eds.) (2010) *The Oxford Handbook of Local and Regional Democracy in Europe*, Oxford, Oxford University Press.

Sisk, Timothy D., et al. (2001) *Democracy at the Local Level : The International IDEA Handbook on Participation, Representation, Conflict Management, and Governance*, Stockholm, International Idea.

Stone, Clarence, N., "Who Is Governed?" In Jonathan S. Davies and David L. Imbroscio (eds.) (2009) *Theories of Urban Politics. Second Edition*, London, Sage.

第22章　ドイツにおける住民投票
―― 「もっと民主主義を！」

野口暢子

1　1990年代以降のドイツにおける住民投票

　東西ドイツ統一後，1990年代半ば以降のドイツでは州民投票制度の導入や改革，市町村レベルにおける住民投票を求める動きが活発化し，その状況については日本でもすでにいくつかの文献において紹介がなされている（稲葉 1996, 1997a, 1997b；山内 1997, 1998；村上 2001；坪郷 2009など）。

　ワイマール期やナチス期の国民投票制度・州民投票制度については，河村又介[(1)]『直接民主政治』（1934）や大石義雄『国民投票制度の研究』（1939）などの著作に記されているが，戦後ドイツにおける直接民主的制度についての紹介は，あまりなされておらず，ドイツにおける直接民主的制度は，1990年代に「もっと民主主義を！（Mehr Demokratie e. V.）」という団体の運動が活発化して以降，日本でもふたたび注目を浴びることとなった。

　本章では，1990年代から現在までのドイツにおける直接民主的制度，とくに州民発議・州民投票，住民発議・住民投票制度の改革に着目し，考察したい。

2　州民発議・州民投票，住民発議・住民投票制度の導入

　ドイツは，ワイマール期やナチス期の経験により直接民主的制度の導入に慎重な国であると言われてきた。しかし，「旧西ドイツにおいては，直接民主主義的な制度と社会主義化が結びつくのを恐れ，とくに国レベルにおける国民投票制度の導入に慎重な姿勢がとられてきたのではないか」という意見もある[(2)]。しかし，それでも，州レベルにおける州法の制定や改廃を求める州民発議・州民投票制度は，戦後すぐの時期に旧西ドイツの六つの州（バイエルン州〔1946年〕，ヘッセン州〔1946年〕，ラインラント＝プファルツ州〔1947年〕，ブレーメン〔1947年〕，ベルリン〔1949年〕[(3)]，ノルトライン＝ヴェストファーレン州〔1950年〕）で導入され，その後，バーデン＝ヴュルテンベルク州（1974年），ザールラント州（1979年）でも採用されてい

る。また，ドイツ統一後には，シュレスヴィヒ＝ホルシュタイン州（1990年）や東ドイツ5州でも制度化され，1996年5月のハンブルクを最後として，現在では，ドイツ16州のすべてで州民発議・州民投票制度が導入されている（Heußner and Jung 2009：210-211；Mehr Demokratie e. V. 2013b：15；村上 2001：14）。

しかしながら，第二次世界大戦後のドイツで市町村レベルにおける政策の是非を問う住民発議・住民投票制度を有していたのは1956年に法が施行されたバーデン＝ヴュルテンベルク州のみであった[4]。同州では，投票率が50％以上でないと住民投票が成立しないとされていたのを全有権者の30％以上の支持を得れば住民投票が成立することとするなど，有権者がより利用しやすい制度への改革も1975年に実施されている[5]。

それ以外の州で市町村レベルにおける住民投票制度が導入されたのは，1990年代に入ってからである。中でも，1995年2月に「自治体における住民投票の導入に関する法律案」の州民発議の署名運動が行われ，1995年10月に州民投票によって市町村レベルにおける住民発議・住民投票制度を導入したバイエルン州の事例は注目を浴びた[6]。バイエルン州は，現在，他州と比して圧倒的な数の市町村レベルにおける住民投票が実施される州となっている。その後，1997年にザールラント州で市町村レベルの住民投票制度が導入されたことで都市州以外のすべての州において市町村レベルにおける住民投票制度が整備され，三つの都市州でも1998年にハンブルクの区で，2005年にベルリンの区で区民投票制度が導入され[7]，ドイツ16州のすべてで市町村レベル（ベルリンとハンブルクでは区レベル）の住民発議・住民投票制度が導入されることとなった[8]。

この動きの背景には1988年に設立され，1990年代半ばからドイツ各地において活発に運動を行った「もっと民主主義を！（Mehr Demokratie e. V.）」という団体が中心となった直接民主的制度の拡充運動がある（Mehr Demokratie e. V. ホームページ）。

3　直接民主的制度の拡充と「ランキング」の存在

1946年以降2012年末までにドイツ16州で278件の直接民主的制度を使った運動があり[9]，そのうち，1989年以前に実施されたのは28件のみであり，それ以外の250件は1990年代以降になされている。また，19件の「下からの（州民発議による）」州民投票のうち15件がバイエルン州（6件），ハンブルク（6件），ベルリン

表22-1 直接民主主義度ランキング（2013年）

	全体		州レベル		市町村レベル
1	ハンブルク	1	ハンブルク	1	バイエルン州
2	バイエルン州	2	ブレーメン	2	テューリンゲン州
3	ブレーメン	3	バイエルン州	3	シュレスヴィヒ＝ホルシュタイン州
4	シュレスヴィヒ＝ホルシュタイン州／テューリンゲン州	4	ノルトライン＝ヴェストファーレン州	4	ベルリン
		5	ザクセン州	5	ハンブルク
6	ベルリン	6	シュレスヴィヒ＝ホルシュタイン州	6	ブレーメン
7	ノルトライン＝ヴェストファーレン州	7	テューリンゲン州／ベルリン／ザクセン＝アンハルト州	7	ノルトライン＝ヴェストファーレン州
8	ザクセン州			8	ザクセン州
9	ラインランド＝プファルツ州			9	ラインランド＝プファルツ州／ヘッセン州
10	ヘッセン州	10	メクレンブルク＝フォアポメルン州		
11	ブランデンブルク州	11	ラインランド＝プファルツ州／ブランデンブルク州／ニーダーザクセン州	11	ブランデンブルク州
12	メクレンブルク＝フォアポメルン州			12	メクレンブルク＝フォアポメルン州／ニーダーザクセン州
13	ニーダーザクセン州				
14	ザクセン＝アンハルト州	14	ヘッセン州	14	バーデン＝ヴュルテンベルク州
15	ザールラント州	15	ザールラント州	15	ザクセン＝アンハルト州
16	バーデン＝ヴュルテンベルク州	16	バーデン＝ヴュルテンベルク州	16	ザールラント州

出所：Mehr Demokratie e. V., *Volksentscheids-Ranking 2013*. S. 8.

（3件）で実施されたものである。ちなみに1995年以降に市町村レベルで行われた住民投票約2,800件のうち1,300件は，バイエルン州で実施されている。

　それ以外に，州憲法の制定や政策の是非を問う「上からの」州民投票も2012年末までに計40回実施されている。

　州民発議（Volksbegehren）や州民請願（Volkspetition）がなされたテーマは，教育・文化（27％），民主主義・組織・内政（22％），経済政策（13％），社会政策（13％），環境・消費者保護・健康（8％），交通政策（7％），その他（9％）である。

「もっと民主主義を！（Mehr Demokratie e. V.）」では，2003年，2007年，2010年，2013年に「ランキング」を発表している（表22-1）。各州における州レベルの州民発議・州民投票制度（表22-2），市町村レベルの住民発議・住民投票制度を比較し，ランク付けするこの「ランキング」がさらなる「より住民が利用しやすい」直接民主的制度への改革を後押ししている。

「ランキング」は，①テーマとなる対象の範囲が広いかどうか，②発議の必要署名数が少なくてよいかどうか，③署名収集期間の長さ，④投票成立要件（投票率，得票率）がない，もしくは低く設定されているか，⑤役所で署名をするのか，自由に署名ができるのかなどの条件，つまり有権者にとってより使い勝手のよい制度であるかどうかを基準に作成されており，「ランキング」が出されるたびにより上位に位置づけられている州の制度よりさらに「有権者にとって使い勝手のよい」制度を目指す運動が各州で展開されてきた。

2003年から2013年まで，つねに1～3位の上位を占めている州は，ハンブルクやバイエルン州で，下位となっているのが，バーデン＝ヴュルテンベルク州やザールラント州である。2003年に最下位であったベルリンでは，区民投票制度の導入や署名方法の変更などの大幅な改革が行われ，2007年と2010年の「ランキング」では1～2位を占めることとなった。2013年の「ランキング」でも「改革の波は，続いている」と分析されており，今後も各州で制度改革が実施されそうである。

このように改革が続けられているドイツの直接民主的制度であるが，たとえば，ブランデンブルク州で2013年4月10日から10月9日まで行われた「大学（Hochschule）の維持――ラウジッツにおける大学合併反対」に関する州民発議は約1万8,000人（有権者の約0.9％）の署名を集めたが，州民発議の成立要件である8万人以上（有権者の約3.9％）という署名数を満たさず，成立しなかった。また，2013年2月11日から2013年6月10日までベルリンにおいて実施された「ベルリンのための新エネルギー」という州民発議は，有権者の9.2％の署名を集め，2013年11月3日に州民投票が実施されたが，不成立となっている。

最近の州民発議による州民投票の成立例としては，2013年9月22日に連邦議会議員選挙と同日に行われたハンブルクの「私たちのハンブルク・私たちのネット――ハンブルクのエネルギーネットの再公営化について」が挙げられる。この州民投票では，有権者の68.7％にあたる88万8,300人が投票し，50.9％が賛成，49.1％が反対という結果になった。同じようなテーマに関する州民投票が連邦議会議

表22-2　州民発議・州民投票の成立要件（2013年12月31日現在）

州	州民発議（Volksbegehren）		州民投票（Volksentscheid）	
	州民発議の署名数	署名収集期間	州民投票の成立要件	州憲法の改正に関する州民投票の成立要件
バーデン＝ヴュルテンベルク州	約16.6%	14日間（役所での署名）	33%	50%
バイエルン州	10%	14日間（役所での署名）	成立要件なし	25%
ベルリン	7% 20% （州憲法の改正）	4カ月間（役所での署名と自由な署名）	25%	50%と3分の2の多数
ブランデンブルク州	約3.9%	6カ月間（役所での署名と郵送による署名）	25%	50%と3分の2の多数
ブレーメン	5% 10% （州憲法の改正）	3カ月間（自由な署名）	20%	40%
ハンブルク	5%	21日間（役所での署名と自由な署名と郵送による署名）	成立要件なし（20%の成立要件が設けられる場合もある）	成立要件なしで3分の2の多数
ヘッセン州	20%	2カ月間（役所での署名）	成立要件なし	州憲法改正の州民投票はできない
メクレンブルク＝フォアポメルン州	約8.9%	期間の定めなし（自由な署名の他に2カ月間の役所での署名も可能）	33%	50%で3分の2の多数
ニーダーザクセン州	10%	基本的に6カ月間で延長が認められる場合もある（自由な署名）	25%	50%
ノルトライン＝ヴェストファーレン州	8%	1年間（自由な署名と最初の18週間，役所での署名）	15%	50%の投票率で3分の2の多数
ラインラント＝プファルツ州	約9.7%	2カ月間（役所での署名）	25%（投票率）	50%
ザールラント州	7%	3カ月間（役所での署名）	25%	50%の投票率で3分の2の多数
ザクセン州	約13.2%	8カ月間（自由な署名）	成立要件なし	50%
ザクセン＝アンハルト州	11%	6カ月間（自由な署名）	25%（議会の意向で，成立要件が設けられない場合もある）	50%で3分の2の多数
シュレスヴィヒ＝ホルシュタイン州	5%	6カ月間（役所かその近くの場所での署名）	25%	50%で3分の2の多数
テューリンゲン州	10% （自由な署名） 8% （役所での署名）	4カ月間（自由な署名） 2カ月間（役所での署名）	25%	40%

出所：Mehr Demokratie e. V., *Volksbegehrensbericht 2013*, S. 10.

員選挙と同日実施ではない2013年11月3日に実施され，83.2％の人々が州民発議による提案に賛成票を投じたにもかかわらず，29.1％の投票率，24.1％の人々の賛成にとどまり，25％以上の有権者の賛成で成立という要件を満たさず，不成立となっていたベルリンの事例とは対照的な事例である（Mehr Demokratie e. V. 2013a：22-23）。

　市町村レベルにおける住民発議に関しても，未だに高い成立要件が設けられているため，住民発議による住民投票が実施されても，住民投票が成立しない事例が各州で続出している。また，テーマが住民投票にそぐわないとされ，却下される事例もある。

　市町村レベルにおける住民投票の実施事例は，そのすべてを把握できているわけではないようであるが，ヴッパータール大学とマールブルク大学の研究所と協力して「もっと民主主義を！（Mehr Demokratie e. V.）」がドイツ国内の自治体の状況を調べたデータが公表されている。それによると，1956年から2013年末までにドイツ国内で実施された市町村レベルの住民発議と議会発議は6,447件，住民投票は3,177件である。それらのうち約40％にあたる2,495件が1995年以降にバイエルン州で行われており，活発さがうかがえる。反対に，最も活発でないザールラント州では，1997年に制度が導入されてから15の住民発議が行われただけで住民投票は一度も実施されていない。

　2013年にも，ブレーメンで州憲法の改正についての州民発議の成立要件を20％から10％に下げる法改正が行われ，ザールラント州でも，州民発議の成立要件を20％から7％にし，署名収集期間は2週間から3カ月に延長するという改革があった（Mehr Demokratie e. V. 2013a：28）。「ランキング」で下位に位置づけられているバーデン＝ヴュルテンベルク州でも，州民発議の成立要件を約16.6％から10％にし，州民投票における成立要件も33.3％から20％に引き下げようとする動きがある（Mehr Demokratie e. V. 2013：29）。

　現在，「もっと民主主義を！（Mehr Demokratie e. V.）」が力を入れているのはドイツ連邦共和国基本法に国民投票制度を導入するための運動である。連邦議会議員選挙が行われた2013年には「60年間，CDUが国民投票制度の導入に反対してきた」という真っ黒なポスターが街にたくさん貼られていた。さらにEU市民によるEUレベルでの直接民主的制度の導入についての運動も展開されている。

4 「もっと民主主義を！」

多様で，その地域にあったシステムが構築されるべき地域における住民自治の制度について，ある評価者がある方向性による視点でランキング付けを行い，改革案を提示することにより，本来，内発的に行われるべき改革が阻害されてしまう危険性があることには注意を払うべきであろう。ある評価者の視点による「ランキング」が豊かな自治を育むのではなく，同じような制度の導入を促し，地域の個性を損なうことにつながることに関しては，その問題性を認識する必要がある。

ドイツにおける直接民主的制度の改革において，「もっと民主主義を！（Mehr Demokratie e. V.）」が作成した「ランキング」が改革の牽引役となっているのは事実である。しかし，各州の改革にはそれぞれに個性があり，また，活用のされ方にも地域性がみられることは，興味深い部分である。例えば，市町村における住民発議・住民投票制度を持っていた唯一の州であり，1975年の改革の際にも議論を尽くし，熟慮の積み重ねの結果，制度を構築したバーデン・ヴュルテンベルク州が過去の「ランキング」で最下位であることの意味は重い。

首長・行政機関や議会の決定が住民の意思に基づいたものでない場合，住民発議に基づく住民投票によって，それをストップすることができる。また，州民発議というかたちで住民から法律を提案することもできる。つまり，円熟した政治をつくる合意形成の道具として直接民主的制度は活用できるのである。「上からの（首長や行政からの）」住民投票制度の導入は，日本でも進められている。しかし，その問題性について議論が深まっているようには思えない。

例えば，川崎市の住民投票条例は，約5年間かけて行政が作成した条例案が議会によって修正可決され，成立したものである。住民にとって使い勝手のよい制度ではないことが影響しているのかもしれないが，その常設型住民投票条例を使って住民投票を請求する住民の動きはこれまでない。そして，この常設型住民投票条例の改正を求める運動もおきていない。行政主導で常設型住民投票条例が制定されている他の多くの自治体も同様で，常設型住民投票条例を使おうという住民の動きは，日本ではまだまだにぶい。また，常設型住民投票条例の制定を求める直接請求が行われた事例も，埼玉県旧児玉町，東京都府中市，長野県信濃町など，ほんの数例しかない状況である。

「下からの（住民からの）」，直接民主的な制度を求める動き，ドイツにおける「もっと民主主義を！（Mehr Demokratie e. V）」が作り出したうねりのような，「住民にとって使い勝手のよい道具」としての住民投票制度を求める運動が必要である。その際，1990年代以降のドイツ16州における住民投票制度の制度設計や改革の提案，実例は日本においても参考になると考える。

注
(1) ワイマール憲法では，国民発議・国民投票の制度が認められていたが，現在のドイツ連邦共和国基本法では「連邦領域の再編についての投票」しか定められておらず，憲法改正に関する国民投票も制度化されていない。
(2) 2014年3月に「もっと民主主義を！（Mehr Demokratie e. V.）」の事務所でオリバー・ヴィーマンにインタビュー調査をしたところ，このような考えがあるとのことであった。
(3) ベルリンでは，1975年に同制度が廃止されたが，統一後，1995年に再び制度化されている。
(4) 稲葉馨（1997a）「ドイツにおける住民（市民）投票制度の概要(4)(5)」『自治研究』73(2)，73(5)。
(5) 稲葉馨（1997a）「ドイツにおける住民（市民）投票制度の概要（5）」『自治研究』73(5)。
(6) 稲葉馨（1997b）「ドイツ・バイエルン州の住民（市民）投票制度」『法学志林』94(4)。Seipel, Michael and Mayer, Thomas (1997) *Triumph der Bürger! Mehr Demokratie in Bayern und wie es weitergeht*, Mehr Demokratie e. V., München
(7) ブレーメンはブレーメン市とブレーマーハーフェン市からなる都市州であり，2つの市は別々に住民発議・住民投票制度を定めている。
(8) Mehr Demokratie e. V. (2013) *Volksentscheids-Ranking 2013*, S. 6.
(9) Mehr Demokratie e. V. (2013) *Volksentscheids-Ranking 2013*, S. 10.
(10) ibid. S. 5, 10.
(11) ibid. S. 5.
(12) ibid. S. 11.
(13) ibid. S. 10.
(14) ibid. S. 6-7, 坪郷編著（2009：122）。
(15) ベルリン・ハンブルク・ブレーメンは都市州であるが，都市州であるベルリンとハンブルクの区における制度は，都市州でない州の市町村における制度と比較されている。
(16) Mehr Demokratie e. V. (2013) *Volksentscheids-Ranking 2013*, S. 9.
(17) ibid.
(18) Mehr Demokratie e. V. (2013) *Volksbegehrensbericht 2013*, S. 21.

⒆　ibid. S. 21.
⒇　Mehr Demokratie e. V.（2014）Bürgerbegehrensbericht 2014, S. 7.
㉑　ibid.
㉒　Mehr Demokratie e. V.（2014）Bürgerbegehrensbericht 2014, Berlin.
㉓　ibid. S. 7.
㉔　ibid. S. 16.
㉕　「朝日新聞」2013年8月22日付朝刊でもこの運動が紹介されている。

参考文献
稲葉馨（1996；1997a）「ドイツにおける住民（市民）投票制度の概要（1）～（6・完）」『自治研究』72⑸・⑻・⑼，73⑵・⑸・⑻。
稲葉馨（1997b）「ドイツ・バイエルン州の住民（市民）投票制度」『法学志林』94⑷。
上田道明（2011）「住民投票制度，個性の競い合い始まる──法制化の前に地域の実績積み上げを」『日経グローカル』180。
大石義雄（1939）『国民投票制度の研究』日本評論社。
岡本三彦（2012）「自治体の政策過程における住民投票」『会計検査研究』45。
金井利之（2011）「直接参政制度に関する諸問題」『都市とガバナンス』16。
金井利之（2013）「常設型住民投票条例の制定論理」『都市問題』104⑻。
川崎市（2006）「住民投票制度の創設に向けた検討報告書」。
河村又介（1934）『直接民主政治』日本評論社。
木佐茂男（1990）「もうひとつの地方自治改革──民主主義を強化する西ドイツ地方制度」『都市問題研究』42⑽。
北住炯一（1995）『ドイツ・デモクラシーの再生』晃洋書房。
木下英敏（1998）「住民投票制度の諸問題（一）（二）」『レファレンス』48⑸，⑽。
坪郷實編著（2009）『比較・政治参加』ミネルヴァ書房。
坪郷實・ゲジーネ・フォリャンティ＝ヨースト・縣公一郎編（2009）『分権と自治体再構築──行政効率化と市民参加』法律文化社。
東京都議会事務局（1981）『西ドイツの地方自治制度』東京都。
成田頼明（1974）『西ドイツの地方制度改革』良書普及会。
野口暢子（2012）「『お任せ型住民投票』の意義と課題──長野県内における住民投票を中心として」『長野県短期大学紀要』67。
森田朗・村上順編（2003）『住民投票が拓く自治──諸外国の制度と日本の現状』公人社。
村上英明（2001）『ドイツ州民投票制度の研究』法律文化社。
村上弘（2003）『日本の地方自治と都市政策──ドイツ・スイスとの比較』法律文化社。
山内健生（1997：1998）「ドイツにおける国民投票制度及び市民投票制度について（一）～（五）」『自治研究』73⑺・⑻・⑽・⑾，74⑴。
Butler, D. and Ranny, A.（ed.）（1994）*Referendum around the World : the Growing*

Use of Direct Democracy, Palgrave Macmillan.

Cronin, T. E. (1989) *Direct Democracy : The Politics of Initiative, Referendum, and Recall*, Harvard UP.

Heußner, Hermann K. and Jung, Otmar (Hrsg.) (2009), *Mehr direkte Demokratie wagen* (2. Aufl.), OLZOG.

Mehr Demokratie e. V. (2003), *Volksentscheud-Ranking. Länder und Gemeinden im Demokratie-Vergleich*, Berlin.

Mehr Demokratie e. V. (2007), *Zweites Volksentscheud-Ranking. Länder und Gemeinden im Demokratie-Vergleich*, Berlin.

Mehr Demokratie e. V. (2010), *Volksentscheids-Ranking 2010*, Berlin.

Mehr Demokratie e. V. (2012) *Bürgerbegehrensbericht 2012*, Berlin.

Mehr Demokratie e. V. (2013a), *Volksbegehrensbericht 2013*. Berlin.

Mehr Demokratie e. V. (2013b), *Volksentscheids-Ranking 2013*, Berlin.

Mehr Demokratie e. V. (2014), *Bürgerbegehrensbericht 2014*, Berlin.

Mehr Demokratie e. V. ホームページ (http://www.mehr-demokratie.de)

Schiffers, Reinhart (1971), *Elemente direkter Demokratie im Weimarer Regierungssystem*, Droste Verlag.

Schiller, Theo and Mittendorf, Vloker (Hrsg.) (2003), *Direkte Demokratie : Forschung und Perspektiven*, Westdeutscher Verlag.

Seipel, Michael and Mayer, Thomas (1997) *Triumph der Bürger ! Mehr Demokratie in Bayern und wie es weitergeht*, Mehr Demokratie e. V., München.

第5部　グローバル化時代の国際政治

第23章 グローバリゼーション下の中国とアフリカ

青木一能

1 冷戦後の新たな状況

　ほぼ半世紀にわたった冷戦の終結は国際社会を一気に地殻変動期に向かわせた。グローバリゼーションと呼ばれる状況が出現する一方，それまでに沈殿していた民族や宗教を核とする自己主張や対立が顕在化した。冷戦後に顕著になったグローバリゼーション，あるいはグローバル化という動態過程は，「広大な平野がフェンスや壁で仕切られ，方々に袋小路がある状態」（Freedman 1999＝2000：29）の解消とともに，情報や運輸技術の革命的発達と相俟って，地球をかつてない稠密なネットワークの下に結びつけた。そのネットワークを支える思想原理は，冷戦の「勝者」たる西側欧米諸国の価値観であり，政治面での自由民主主義，経済面での市場競争主義であった。

　政治面では，世界銀行やIMFの構造調整政策の下でアフリカなど多くの開発途上国が民主化へ舵を切った。しかし，欧米諸国の価値観とは伝統的に馴染まない固い文化を持つ一部の国は拒絶反応を示し，対立感情を露わにした。政教一致の共同体（ウンマー）に至高の価値をおくイスラーム諸国はその急先鋒であり，むしろ宗教的原点に戻ろうとする原理主義への傾斜を強めている。他方，市場主義に基づく世界経済のネットワーク化はいまや不可逆的といえる勢いをみせている。「市場主義という土俵が世界中に広がること」（World Bank ed. 2004＝2004：序文）とする世銀の定義は分かりやすい。世界貿易の年々の拡大に象徴されるように，ヒト，カネ，モノ，そして情報などの移動・流通はめざましく，これまで誰も経験したことがないレベルに至っている。

　多くの研究分野の解釈も参照して定義すれば，グローバリゼーションとは「世界が相互かつ複合的に結合し，超大陸的で稠密なネットワークを作り出している過程であり，さらにそれらのネットワークが地球内のさまざまな領域や空間に連鎖的に影響を及ぼしている動態過程」といえよう（青木 2006：11）。ただし注意すべきは，それらのネットワーク化は地球上に均質に行き渡っているのではなく，

第23章　グローバリゼーション下の中国とアフリカ

グローバリゼーションのもたらす影響にも正負両面がある。つまり，調和のとれた地球社会の実現とは言い難く，いわばまだら模様の結合状態にあるといえる（Held and Mcgrew 2002＝2003：5）。正負いずれの影響が勝るかによって，世界は繁栄か混乱の道を辿ることになるだろう。

2　グローバリゼーションと中国

(1) 中国の改革開放と経済的躍進

　中国はそのグローバリゼーションの恩恵を十分に受け，利用している国といえる。そこに至る前段期において，中国経済を大きく転換させたのは1978年12月の第11期3中全会（中国共産党第11期中央委員会第3回全体会議）後の体制内改革であった。いわゆる改革開放路線の採用であり，この間の改革の中心は農業部門での私有制，そして対外貿易部門での市場メカニズムの導入であった。

　大躍進と文化大革命と続く長い混迷期のなかで悪化した経済状態から脱し，経済の活性化を図ることが中国政府にとって急務の課題であった。農業部門では人民公社による集団農業から農家の生産請負制に，貿易部門では深圳などの「市場メカニズムを主とする開放的経済特区」における税制上の優遇措置，港湾整備，交通運輸インフラ建設などを通じて外資の導入を図った。直接投資ではとくに香港，マカオ，台湾が積極的に参入した結果，海外技術の導入と同時に低賃金の労働力を利用する労働集約型輸出産業の育成が進んだ。

　こうした対外開放路線により，中国は初歩的ではあるが市場経済体制に向かい，生産性の大幅な向上を背景に経済の活性化を成し遂げた。それを表したのが図23-1～2である。

　しかし，社会主義政治体制との整合性の問題は残されており，1989年6月の天安門事件後の保守派の台頭は市場よりも国家重視の動きを強めさせた。1992年1月の鄧小平による「南巡講話」はその動きを制し，1992年10月の共産党第14期中央委員会第3回全体会議で一層の改革開放政策の推進が提起された。ここに中国は社会主義市場経済体制を採用することになる。まさに中国流の論理に基づいた体制といえるが，商品市場をはじめ労働，金融，資本財といった各市場などの整備を通じて市場経済システムの確立を目指すことになった。

　その後，価格改革（統制価格から自由価格へ），投資改革（国家の投資を公益的投資に限定し，インフラ整備などの基礎的投資は政府の政策的投融資，地方政府や企業の共同

第5部　グローバル化時代の国際政治

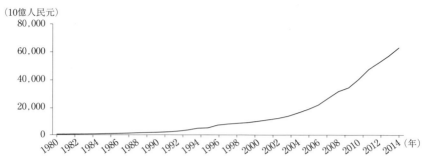

図23-1　中国の名目GDPの推移

出所：国民経済計算マニュアルのデータより作成。

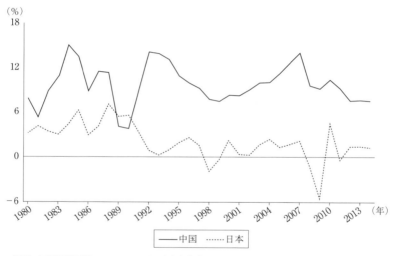

図23-2　中国，日本の経済成長率の推移

出所：国民経済計算マニュアルのデータより作成。

出資に），そして世界経済への連繋強化といった諸政策が実施された（唱 2002：18-21）。とくに世界経済との連繋強化は中国経済のゆくえを左右するものであった。1985年のプラザ合意以降，日本や韓国などが生産拠点の海外移転を強めたために大量の外資が中国に流入し，その成果として工業製品輸出の急増をもたらした。その後も欧米系の多国籍企業の直接投資が続き，中国経済は著しい飛躍を遂げることになった。

第23章　グローバリゼーション下の中国とアフリカ

しかし反面で，これら市場経済体制は政府による強制的措置によって行われたため，中央，地方を問わず政府権限を巡る「レント・シーキング」（贈収賄）や腐敗の土壌を培うことになった。さらに，いわゆる「先富論」の下で生じた沿岸地区と内陸地区の間の経済格差について，1995年9月の共産党第14期5中全会では「共富論」の提起と格差縮小のための諸方針が打ち出された。しかし，市場主義の恩恵を受けた先行グループの富裕化への速度は著しく，格差縮小策は実効性に乏しく，現在に至るまで格差とそれによる社会的フラストレーションは中国政治体制の不安定化要素になっているといえる。

（2）経済成長と海外依存

改革開放の下で国内に様々な問題を潜在化させていくものの，中国経済は留まることなく躍進を続けてきた。1995年以降の加盟交渉を経て，2001年に中国はWTO（世界貿易機構）に加盟した。それはグローバリゼーションの潮流を世界経済の発展的趨勢であり不可避の客観的現実であるとの中国側の認識を物語っている。

中国においてグローバリゼーションは「全球化」と訳される。その内容は，全球化は金融と生産の一体化を基礎とした経済，政治，文化の同質化の過程，とする（段 2006：408）。だからこそ経済面での全球化のメリットを最大限に獲得しようとするものの，政治，文化面での欧米の影響を最小限に抑えることに腐心し，後述するように，対アフリカ関係においても欧米に対抗する開発戦略を主張してきた。

しかし，国際的相互依存関係に見られる一般的状況のように，中国が世界経済に密接に結びつくことは同時に中国の対外的な依存度を深めることを意味する。外国資本や技術の導入，輸出市場の確保，さらには原油を含む資源の確保などが持続的かつ最重要な課題になる。そうした一種の脆弱性は，国内の諸々の問題と深く連動しており，中国政治体制の統治能力あるいは持続にとって死活的な影響を与えかねない。経済成長に伴う所得格差の拡大とその是正，大学卒業者や農村余剰労働力などへの雇用対策，エネルギー需要の増大とその確保，環境問題の深刻化，など問題は山積する。

それらへの対処策として中国政府はより一層経済の全球化を進めることを選択している。2000年には「走出去」（海外進出）戦略を打ち出し，中国産業の競争力増強を主眼として中国の対外直接投資の拡大，中国系企業の海外進出，さらには

中国人労働者の海外派遣(移民)などを積極的に推し進めてきた。その海外進出戦略の下で,中国のアフリカ進出も一層強化されたといえる。そこでの成否は現状の体制維持に影響を与えることはいうまでもない。

3 中国・アフリカ関係の継続と変化

(1) 改革開放前の中国・アフリカ関係

　1956年,中国はアフリカで最初の国交をエジプトと結び(470万ドルの経済・技術支援を約束),アフリカ外交の出発点とした。その後,1960年代のアフリカの独立期に伴って,中国の国交関係は広がった。冷戦時代の中国の姿勢は反植民地主義や反帝国主義が掲げる一方,①反欧米,②中ソ対立を背景にした反ソ連,③中国の正統性を得るための反台湾,④国連加盟への集票,といった目的があった。しかし,貧弱な経済力の他,国内で生ずる政治運動や権力闘争に追われる中国はその活動を消極的なレベルに留めていた。

　1963年12月,周恩来首相は2カ月にわたるアフリカ10カ国の訪問を行った。その際に同首相は対アフリカ関係の基本的指導綱領として「平和5原則」を掲げ,同時に「中国対外経済技術支援8原則」を提起した。バンドン会議宣言であった5原則は爾来今日に至るまで,中国側の対アフリカ関係の前提をなす綱領として継続されている。この内政不干渉原則を堅持する中国に対して,欧米諸国はアフリカの内政状態を顧みず,専ら利己的な行動に走る中国の姿勢に強い嫌悪感を表すことになる。

　その後,1982年末には趙紫陽首相がアフリカ11カ国を歴訪し,改めて5原則を表明する一方,発展と技術協力に関する4原則を提示した。この協力4原則が現在の中国の対アフリカ協力の指導綱領になっているといえる。

　こうした原則提示を中国首脳が行ったものの,中ソ対立と重なった冷戦期において中国がとった姿勢は,反ソ連を優先して欧米西側諸国の支援するアフリカの政治勢力に協力するという事例も見られた。例えば,1975年に始まったアンゴラ内戦では,ソ連が現地の社会主義政府を支援したのに対して,中国は反政府武装勢力を欧米諸国や周辺の国々とともに支援した。当時の中国にとっては社会主義の大儀よりも反ソが優先事項であったのである。現在はそのアンゴラ政府と中国は蜜月関係にある。中国が内戦時に支援した反政府勢力はさかんにベンゲラ鉄道の破壊を行っていたが,いまやその鉄道を中国が修復するという皮肉な光景もあ

る。

　一方，当時の中国の経済支援の代表的事例がザンビアとタンザニアを繋ぐタンザン鉄道（Tazara: Tan-Zan Railway）の建設であった。1970年の議定書締結に始まる全長1,860 km の鉄道建設は，中国人労働者1万3,000名が投入され，短期間で完工，1976年に開通した。同鉄道は労働者の食料も自足するなど，全て中国側の負担で行われた。この鉄道建設は今日まで中国の対アフリカ支援の金字塔的存在になっている。

　とはいえ，この鉄道建設を除けば，中国の経済技術協力は実際には僅かなものであった。それ以外は多くのアフリカ人留学生の受け入れや人的な相互交流といった比較的経費負担の少ない分野に限られていた。なぜなら改革開放前の中国はサハラ以南アフリカ諸国よりも貧困状態にあり，一人当たり GDP はエチオピアとタンザニアを除くアフリカ諸国の平均よりも下回っていたとされる（de Beule and den Bulcke 2009：31）。また，1956年から1978年までの期間に中国の援助総支出額の56.86％をアフリカ44カ国に配分したが，財政支出比でいえばその額は僅か0.49％に過ぎなかった（李 2001：27）。

（2）改革開放後の中国・アフリカ関係

　開放後の経済的躍進と軌を一にして中国の対アフリカ関係は急速に拡大・深化してきた。1990年代に年率10％を超える成長率を記録するなかで，国家主席を筆頭に外相など中枢部の人物のアフリカ訪問が慣例化されるなど，「成長に輝いた顔を見せる」外交はアフリカにおける中国の存在感を十分高める効果をもったと思われる。

　関係の緊密化のなかで，総じて中国側の目的として次のような点が指摘できよう（van Dijik 2009：11-12；Alden 2012：11-13）。すなわち，①石油を中心とする各種資源の確保，②中国製品の輸出市場の確保，③中国向け食糧生産のための農地の確保，④一般中国人および労働者の派遣（移民）先の確保，⑤アフリカ諸国からの外交的支持の拡大，⑥欧米型に替わる開発モデルの提示，⑦欧米諸国に替わる開発協力の提供，⑧超大国としての中国の存在感の強化，である。

　なかでも最重要なのは，資源，とりわけ石油の安定確保である。中国は本来原油生産国であり輸出国でもあったが，急増する国内需要は自国生産量を遥かに上回るペースで増加してきた。1993年に石油全体（原油と石油製品）で純輸入国に，1996年には原油も純輸入国に転じた。例えば，1995年時の約1億6,000万トンの

第5部　グローバル化時代の国際政治

図23-3　中国の石油・非石油輸入額の推移

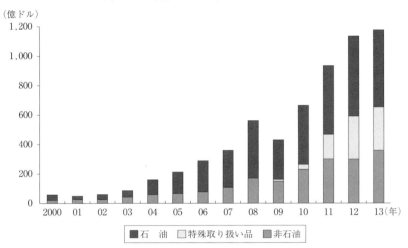

出所：中国海関統計，財務省，中国国務院新聞弁公室。

図23-4　中国の品目別輸入額（2013年）

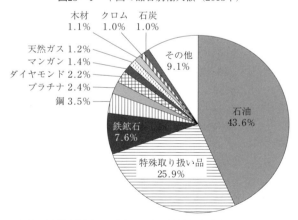

出所：中国海関統計，財務省，中国国務院新聞弁公室。

需要量は2011年に約4億8,000万トン（自国産は約2億1,000万トン）に膨らんでいる。今後もさらなる増加が見込まれており，2015年には5億3,500万トン（海外からの輸入量は3億2,500万トン），2020年には6億300万トン（同じく3億9,000万トン）との予測もある。⁽⁴⁾

　石油以外でも中国はクロム，コバルト，銅，鉄，鉄鉱石，マンガン，ニッケル，プラチナ，カリの純輸入国になっており，中国自身が世界で最も多く産出している錫（2008年に純輸入国になる），鉛（同じく2009年）も海外依存度が拡大している。

（3）「ウィン・ウィン」経済協力の成立

　中国側の資源獲得の要請が強まる一方，アフリカもまた今日のグローバリゼーションのなかで世界的に急増する資源需要は自らの経済成長に拍車をかけることになった。アフリカは21世紀に入るとGDP年率平均5.2％の成長率を記録し，2010年代後半もそれ以上の成長率が期待されている。その結果，消費人口も増え，「世界最後の有望市場」として注目を集めている（青木 2011：44-48）。

　しかし，アフリカの多くの国が豊富な天然資源に恵まれているものの，その恩恵を十分に活用できていないのはインフラの不足であり，貧困のサイクルから抜け出すための資金の不足であった。アフリカの場合，現在あるインフラのほとんどは植民地時代からのもので，そのうちの重要な部分が度重なる内戦でダメージを受けたり，保守作業がされないことで十分な機能を果たしていない。インフラのなかでとくに電力や輸送部門（道路，鉄道，港湾など）が弱体である。例えば，アフリカでは1,000 km^{2}に平均204 kmの道路（世界平均は944 km）があるが，そのうちの僅か25％しか舗装されいない（Alves 2012：18）。道路と鉄道，港湾などの連結も悪く，大陸全体に深刻な流通問題を生み出している。こうした問題はアフリカ自身の金融市場における信用度を減じ，さらに商品価格の低下や投資不足という悪循環を招いてきた。それ故，グローバリゼーション下でアフリカの資源に注目が集まると海外直接投資も増え始め，成長率の上昇，さらに新たな資源探査や開発に弾みを与え始めている。

　こうした情勢のなかで，中国のアフリカ進出はアフリカ諸国にとって欧米諸国に替わる資金導入の強力な選択肢を提供することになった。中国の協力の方式は極めて実利的な性格をもち，平等，無条件性，共同開発と共同利益を原則に，資金供与（補助金，無利子の融資，譲与的条件貸し付けのタイプがある）の見返りとして

第5部　グローバル化時代の国際政治

図23-5　中国，日本の対アフリカ貿易の推移

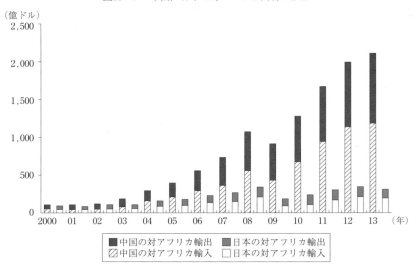

出所：中国海関統計，財務省，中国国務院新聞弁公室より作成。

図23-6　中国，日本の対アフリカ直接投資

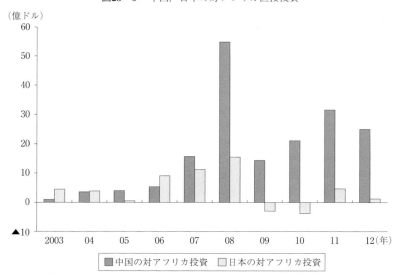

出所：中国海関統計，財務省，中国国務院新聞弁公室，JETRO。

資源を獲得するというものである。協力の内容は技術協力，人的資源開発，医療援助などがあるが，その中心をなすのは資金供与であり，主にインフラのための貸し付けである。借り手側は資源を担保に資金を得る一方，中国は資源の獲得と資産を入手することになる。「資源を見返りとしたインフラ」契約はアフリカ大陸に拡がっており，2008年段階で中国はサハラ以南アフリカのうちの35カ国と契約した（Alves 2012：22-23）。なかでもナイジェリア（融資総額の34％），アンゴラ（同じく20％），スーダン（8％）の石油産出国3カ国に3分2が集中していた。この3カ国はアフリカのなかで最も有望な石油産出国である。

　なお豊富な外貨準備を背景に中国の融資は中国輸出入銀行など国有系銀行が担い，インフラ建設はやはり中国の大手建設企業が請け負い，建設機械や資材，設備機器なども全て中国製，さらには労働者も中国人を投入するパターンが一般的である。このようにして中国の海外進出戦略たる「走出去」政策と歩調を合わせ，インフラ整備融資はとくに建設と資源 SOE（国有系企業）が地歩を固め，その他商品市場でも中国企業がうまくビジネスを展開し拡大できる状況を作り出している。

　この先鞭をつけたのがナイジェリア，アンゴラでの融資であったが，その後ガボンやコンゴ民主共和国などで資源の採掘権と供給，さらに未開発地域のインフラ整備などのパッケージ取引を展開してきた。いうまでもなくアフリカ諸国にとっては，これまで必要な資金を十分に獲得できなかっただけに，中国の融資は極めて望ましく，多くのアフリカ諸国が歓迎したのは当然の成り行きだった。

4　ワシントン・コンセンサスと北京コンセンサスの乖離

　こうしたウィン・ウィン関係に対して欧米諸国からは批判の声が上がっている。中国のインフラ融資の前提にあるのは「平和5原則」であり，なかでも内政不干渉原則がある。それを根拠にアフリカの国内状況には全く関わりをもたず，人権抑圧や非民主的な政治体制であっても中国は自らの利益を確保するために当該国政府との関係を強化している，との批判である。さらに中国のインフラ建設はアフリカに雇用機会を創出しないばかりか，中国の労働慣行や「レント・シーキング」を含めた文化を持ち込み，アフリカのなかに新種の腐敗を醸成している，と。欧米諸国がアフリカのなかで定着させようとする行動基準，いわゆるワシントン・コンセンサスを中国は踏みにじっていると批判する。では両者の間の違いと

表23-1 ワシントン・コンセンサスと北京コンセンサス

ワシントン・コンセンサス	北京コンセンサス
〈経済領域〉	
1．自由市場・民間部門の役割の重要性 2．厳格な条件の下での融資 3．プロジェクト：雇用創出のために現地企業を採用 4．技術・知識・経験の移転 　　（キャパシティ・ビルディング）	1．国家の役割の重要性 2．ソフトローンの無条件貸し付け 3．中国の企業と技術，中国人労働者の採用 4．知識・経験の移転はなし
〈政治領域〉	
1．民主主義 2．自由化 3．政権の任期 　　（例えば，5年2期）	1．台湾の非承認 2．国連その他の機関での中国支持の獲得 3．安定を重視

出所：van Dijik（2009：22）．

はどのようなものか。表23-1はそれらの要点を整理したものである（van Dijik 2009：22）。

これらを見れば，両者の姿勢の違いは明らかであり，とくに中国側の主張としては，アフリカにおける経済開発に欧米流の政治システムが不可欠であることはなく，アフリカ的な問題解決の方法を選択すべき，とする。そのための要件として安定かつ有効な国家体制が必要であり，それなくしては貧困と未開発を解決できないし，欧米諸国が自らの基準をアフリカに押しつけること自体傲慢である，との主張がある。

両者の意見の違いは今後ともアフリカを挟んでの対立争点になって行くであろう。またアフリカの一部では，急激な存在感の高まりに加え，自国の文化や慣行に則り行動する中国に対して反感が広がっていることも事実である。シノ・フォビア（中国脅威論）とさえいわれ，ザンビアでは現地労働者と最低賃金法を無視した中国企業管理者との流血騒ぎが頻発するなど，中国側の遵法姿勢を求める声も上がっている。とはいえ，中国にとってアフリカを含む国外での資源の獲得，市場の拡大は経済成長を持続させる上で不可避の課題であり，さらに成長への軌道が狂えば，現体制の存続を揺るがす可能性もある。中国は二国間の関係の強化を図る一方で，2000年からは「中国・アフリカ協力フォーラム」（Forum for China-Africa Cooperation: FOCAC）を起ち上げ，アフリカ諸国との政策協議の場として活用してきた。加えて孔子学院やテレビ局の設立などソフトパワー分野でも積極的な進出を図っており，中国のアフリカ進出は今後とも拡大し続けること

は間違いない。

　そうしたなかで，日本もまたアフリカの開発協力に貢献してきた国である。1993年より協力プラットフォームとして国際的に認知されてきた日本政府主導の「東京アフリカ開発会議」(Tokyo International Conference of African Development: TICAD) を5年に一度開催し，多くの政策分野での協力を協議，実践してきた。日本の場合，TICADを通じて掲げるのは「貧困削減そして人間開発のための開発」であり，ワシントン・コンセンサス，北京コンセンサスとはまた異なる方向を追求してきたといえる。こうした協力の方向は大いに評価するのだが，中国の突進の前に影が薄くなっていることも事実である。そのためにはジャパン・コンセンサスをより浸透させるための持続的戦略を早期に発信していくべきである。そのために政策決定者や行政府，そして社会全般での関心と認識を高めていくことが肝要といえるだろう。

注
(1) 5原則は①領土・主権の相互尊重，②相互不可侵，③相互内政不干渉，④平等互恵，⑤平和共存，からなる。1964年のマリとの共同宣言で発表された「経済技術支援8原則」は，平等互恵に基づく支援，主権を尊重し，被支援国に特権を求めない，無利息・低利息による経済支援，被支援国の自力更生と自立的発展を促す，効率的な支援による歳入増加と資金蓄積を補助する，などがある。
(2) この4原則とは，①協力に関して団結友好・平等互恵，主権尊重，内政不干渉の原則に基づき，政治的条件や特権を求めない，②双方のニーズや実行可能な条件下で，少投資，短工期，高効率を基本とする，③技術研修，管理者の派遣，合弁経営など多岐わたる協力を供与する，④相互扶助，自力更生などを目的とする。
(3) 青木一能 (2001)『アンゴラ内戦と国際政治の力学』芦書房，とくに61-75頁。
(4) 「ますます高まる中国の石油依存度とエネルギー安定供給への取り組み」『JPECレポート　2012年度　第7回』2014年5月，3-5頁。
(5) 劉鴻武 (2012)「アフリカにおける国家能力の建設と発展の展望——国家発展における主要な障害を如何に克服するのか」青木一能編『中国のアフリカ政策の分析』日本大学文理学部総合文化研究室，57-62頁（なおこの報告書は科学研究費に基づくワークショップにおける報告ペーパーである）。

参考文献
青木一能 (2006)「グローバリゼーションがもたらす危機への対応」青木一能編『グローバリゼーションの危機管理論』芦書房。
青木一能 (2011)『これがアフリカの全貌だ』かんき出版。

唱新（2002）『グローバリゼーションと中国経済』新評論。

段瑞聡（2006）「［全球化］の衝撃と中国の対応」青木一能編『グローバリゼーションの危機管理論』芦書房。

李恩民（2001）「アフリカにおける中国対外援助の展開」『アジア・アフリカ研究』400, アジア・アフリカ研究所。

Alden, Chris (2012) "China and Africa: from engagement to partnership" In Power, Marcus & Alves, Ana C. eds. *China & Angola: A Marriage of Convenience?*, Pambazuka Press.

Alves, Ana C. (2012) "China's win-win cooperation: unpacking the impact of infrastructure-for-resources deals in Africa" In Kazuyoshi Aoki ed., *Analysis of China's Africa Policies*, published by the Department of General Studies, College of Humanities & Science, Nihon University.

de Beule, Filip and den Bulcke, D. V. (2009)" China's Opening up, from Shenzhen to Sudan" In Meine Pieter van Dijik ed. *The New Presence of China in Africa*, Amsterdam University Press.

Freedman, Thomas L. (1999) *The Lexus And The Olive Tree: Understanding Globalization*（＝2000, 東江一紀・服部清美訳『レクサスとオリーブの木（上）』草思社）.

Held, David and Mcgrew, T. eds., (2002) *Globalization and Anti-globalization*（＝2003, 中谷義和・柳原克行訳『グローバル化と反グローバル化』日本経済評論社）.

van Dijik, Meine Pieter (2009)" Introduction: objectives of and instruments for China's new presence in Africa" In Meine Pieter van Dijik ed. *The New Presence of China in Africa*, Amsterdam University Press.

World Bank ed. (2004) *Globalization and Economic Development*（＝2004, 新井敬夫訳『グローバリゼーションと経済開発』シュプリンガー・フェアクラーク東京）.

第24章　グローバリゼーションと日本の外交戦略

片岡貞治

1　国際社会と外交

　国際社会は，絶えず変化してきた。今日，日本を取り巻く国際社会の外交安全保障環境も大きな変化にさらされていると言える。ボヘミアにおけるプロテスタントの反乱をきっかけに，神聖ローマ帝国を主な舞台として繰り広げられた三十年戦争を終わらせた1648年のウエストファリア講和会議が，主権国家をその構成員とする近代国際社会の成立と見做されてきた。以来，世界政治は様々なサイクルを経験してきた。本章は，第二次世界大戦後からグローバリゼーションの影響下にある現在に至る国際社会秩序の歴史を鳥瞰しつつ，現在の日本外交の課題を整理し，且つ分析することを目的とする。

2　国際社会の秩序の変遷

　第二次世界大戦後の国際社会秩序は，戦勝国であった連合国軍の協調という構想は直ぐに崩れ，戦後超大国となった米ソ間の対立が始まる。アメリカを盟主とする自由主義・資本主義諸国の勢力と，ソ連を中心とする共産主義陣営とに二分され，相互に対立するという状態であった。これが東西対立と形容され，その状態を冷戦体制あるいは冷戦構造と表現されてきた。その構造が崩壊したとされる1989年以来の国際政治経済システムの加速度的展開は，構成するアクターの多様化と，戦略的な大変換を齎す事象の多量発生によって特徴づけられ，外交政策，外交活動の根本的なレビューを必要としていると考えられる。

　1945年から1989年の二極時代，即ち冷戦構造時代のスキームは，二極体制，東西均衡，南北問題，「恐怖の均衡」，国家のヒエラルキー構造，「封じ込め政策」といった数々のキーワードを中心として構成されていた。この国際秩序を構成した力学においては，「主権国家」が主要な原動力であり，主役であり，正しく国家の時代であった。そして北大西洋条約機構（NATO）とワルシャワ条約機構

（WTO）ががっぷり四つで正面から対峙していたヨーロッパが，当時の国際システムの構造的対立の震央と見做されていた。

この対立の象徴的存在が，東西に分断されたドイツであり，ベルリンであった。ドイツは，大戦末期のヤルタ協定などの取り決めによって，ナチスの敗戦後，連合国軍4カ国（アメリカ，イギリス，フランス，ソ連）によって，それぞれ分割統治されるという決定が下されていた。首都ベルリンに関しては，ソ連の占領地区にあったが，4カ国で分割管理することになった。ところが1948年，ベルリンの西部，米英仏3カ国が管理していた地区のありとあらゆる地上交通路をソ連が封鎖し，電力や食料品の供給を止め，物流を完全に麻痺させた。これに対しアメリカをはじめとした西側参加国は，ピストン空輸で対応し，ベルリン危機を回避した。この事件は，東西対立を決定的にする。その後，ドイツは東と西の2カ国に分断されて独立を果たす。このため，ベルリンの西側地区は東ドイツに浮かぶ陸の孤島となってしまう。1961年に，東ドイツ政府によって，東西ベルリン間のすべての道に壁が建設された。この東西に分裂したドイツと東西を分断するベルリンの壁が，この冷戦構造の象徴であった。

しかし，この冷戦構造という秩序も，それを終了せしめる米ソ間の直接的な軍事衝突が一切勃発することもなく，冷戦以前に国際社会を支配していた国際秩序同様に，あっけなく姿を消していった。近代国際社会の成立と見做されるウエストファリア体制以来の歴史を鳥瞰すると国際社会の秩序の変化には，大規模な戦争を伴うことが多かった。大規模戦争の勝利者或は戦勝国側が，戦争に勝利したという正統性をかざしつつ，戦後秩序の支配者となり，自らに有利になるような秩序を構成し，その正統性を維持させ，継続させるといったことが往々にしてあった。その秩序に挑戦する者が現れ，戦争となり，その戦争が収斂する過程で新たな秩序が見出されるという歴史が繰り返されてきた。

フランス革命後の混乱を収拾して権力を奪取したナポレオンは，フランスを恐れるヨーロッパ諸国の対仏包囲網，いわゆる対仏大同盟(2)をバネに，ヨーロッパの覇権（秩序）に挑戦した。しかし，最終的には，ナポレオンの野望は失敗に終わった。

そのナポレオン戦争の実質的な勝利者メッテルニヒは，ウィーン会議を主宰し，バランス・オブ・パワー（勢力均衡）を巧みに操り，協調的な秩序を構築する。メッテルニヒは，ウィーン体制の維持のためフランスに対抗したイギリス，ロシア，プロイセン，オーストリアの四国同盟を作り，さらにはフランスを加えて五

国同盟を結成するという離れ業をやってのけた。

　第一次世界大戦後の表向きの戦勝国は，イギリスとフランスであった。両国は，ヴェルサイユ条約において，ドイツを徹底的に悪者化し，弱体化させていった。一方，14 points を提案したウィルソンは，バランス・オブ・パワーを毛嫌いし，集団安全保障を提唱する。しかし，国際連盟は，上院の反対で第一次世界大戦の実質的な勝利者であるアメリカを欠いたままスタートした。第一次世界大戦の戦後処理に躓き，国際連盟はその秩序を維持することはできず，ナチスの台頭を生じせしめ，第二次世界大戦を招いてしまった。

　第二次世界大戦の戦勝国はアメリカとソ連であったが，戦勝国間の協調は長続きせずに，戦勝国間で構造的に対立していった。そして，この「超大国」間の対立が冷戦構造という逆説的に比較的安定した秩序を生みだしたのである。

　この秩序の基盤となっていた米ソ対立という二極性が多くのリファレンスを長期間に亘って世界中に残したためか，その後の国家間同士の如何なる組み合わせ (configuration) もこの構造的な秩序に取って代わるには至っていない。

　冷戦構造崩壊後の新たな状況を形容することに関して，これまで，多くの仮説が提案されてきたが，説得力のあるものは存在しなかった。1989年に，フクヤマは，「歴史の終わり」という論文を発表し，「国際社会においては，自由民主主義と資本主義経済が最終的に勝利し，民主政治が政治体制の最終形態となる」と論じた。1993年に，ハンチントンは，『フォーリン・アフェアーズ』誌に掲載した「文明の衝突」において，「新しい時代における紛争は，イデオロギーや経済的なものではなく，文化的なものである。文明上の断層ラインが，今後の紛争のラインとなるであろう」と論じた。彼らは，巨視的な視点から冷戦後の世界の将来を読み解こうとした。こうした論文が，大きなインパクトを与え，一大センセーションを巻き起こしたことから見られるように，冷戦構造崩壊後の世界秩序に多くの知識人が活発な議論や論争を展開した。

　「ポスト二極世界」「一極支配」「単極構造」「単独行動主義」「パックス・アメリカーナ」といった表現は，冷戦の一方の雄であるソ連が崩壊したことによって，冷戦の戦勝国であるアメリカの政治軍事経済上の絶対的優位性が揺るぎないものとなったことを表象するものであった。1991年の湾岸戦争に勝利を収めたブッシュ大統領は「新たな世界秩序」の萌芽の可能性を示唆した。しかし，唯一の超大国となったアメリカは，「Restore Hope」作戦と命名し，自ら主導して行った1992年からのソマリア介入の失敗で，大きな方向転換を余儀なくされる。1993年，

モガディシュにて、アメリカ軍とソマリア民兵が衝突し、アメリカからは19名の犠牲者を出し、それがきっかけとなり、アメリカはソマリアから撤収した。結果、ソマリアは「破綻国家」として泥沼化していった。この介入の失敗はアメリカの外交政策に大きな影響を与えた。アメリカの権威は大いに失墜し、冷戦後の新たな国際秩序を構成し、それを持続させるまでにはいたらなかったのである。

さらに、アメリカは、2001年の9.11テロ攻撃、それに続く対アフガニスタン戦争、2003年のイラク戦争と終わりや出口の見えない「長い戦争」を経験する。アフガニスタンに至っては、14万人規模の軍で10年以上駐留し続けたが、未だにアフガニスタン全土での治安の安定化には結びついていない。2014年現在、アメリカは未だに世界最大の軍事大国であり、経済大国であり、世界に責任を有する大国であるものの、年々その力の衰えを見せてきており、「一極支配」という構造上の頂点に立ち、国際社会のありとあらゆる問題に関与できる国家ではもはやなくなっていることは明白である。

他方で、「多極化世界」「多極構造」「多極体制」という秩序も万人の支持を得ているわけではなく、完全に支配的なものとなってはいない。「多極体制」は、未だにその極を構成するアクターを確定できない状況にあるからである。新興国と言われる中国、インド、ブラジルも、アメリカと肩を並べる存在にはなっていないし、国際社会に対してアメリカ程の責任を有さないし、国際社会全体の問題に対して責任ある対応をしていない。嘗ての超大国であるロシアは、世界の主要なエネルギー供給国（石油生産の12％、天然ガス生産の20％）であり、エネルギー大国として、また重要なアクターとしての地位を維持したいという確固たる意思を有しているにもかかわらず、シリア問題への曖昧な対応などからもみられるように、近隣地域における国益の確保に腐心し、その地位にふさわしい振る舞いを行っていない。また、2014年3月にはクリミア半島を併合し、正しく力による国境線の変更を公然と行い、現在の国際秩序に挑戦しようとしている。

したがって、国際社会は1989年以来、冷戦構造に変わる国際秩序を見出せないまま、ヒト・モノ・サービス・カネが国境を越えて急速に行き交うグローバリゼーション時代に突入してしまったと言える。「単極構造」でも「多極構造」でもなく、方向性を失った世界、羅針盤を欠いた世界に我々は生きている一方で、新たな国際社会の秩序が構築していくという極めて重要な時期にいると捉えるべきである。

3　グローバリゼーションと情報革命

　グローバリゼーションと情報革命が国際社会秩序に与える影響も軽視できない。アメリカで商用インターネットが始まったのは，1988年のことである。以降，急速に発展したコンピュータやインターネットなどの情報通信技術は国際社会や人間の生活のスタイルに劇的な変化をもたらしている。21世紀に入り，ブロードバンド回線やデータ通信端末，Wifi，高機能携帯電話などの普及により，常時インターネットに接触できる環境が整ってきた。

　2014年現在のデジタル情報技術の新たな潮流の申し子が，スマートフォン，ビッグデータ，ソーシャルメディアであろう。スマートフォンの登場は，この情報革命に拍車をかける。リサーチ・イン・モーションが発売した「BlackBerry」は2004年ごろから，アメリカのビジネスマンを中心に普及していった。しかし，この頃のスマートフォンは重く，高額で，軽薄短小を好み，デザインを重視する一般ユーザーからは魅力に欠けるところが多かった。最大の転換点は，2007年にアップルが発表した「iPhone」の発売である。デザインも機能もシンプルで，アプリケーションの種類も多種類多様に用意されたiPhoneの登場は，スマートフォンを急激な勢いで一般化した。

　また，同時にソーシャルメディアの発展も世界を大きく変えつつある。Facebook，Twitter，Lineなどである。それぞれの利用者数は，2014年現在で，Facebookが約12億人，Twitterが5億人，Lineが4億人である。この数字は増加傾向にある。ソーシャルメディアとは，インターネット上で展開される情報メディアのあり方で，社会において相互方向性を通じて広がっていくように設計されたメディアである。個人による情報発信や個人間のコミュニケーション，人の結びつきを利用した情報流通などといった社会的な要素を含んだメディアである。即ち，ソーシャルメディアは，人々の情報発信が作り出すメディアであり，換言すれば公開化したコミュニケーションや対話である。それは主権国家からのプレスリリースの様な一方通行的なものではなく，双方向的なものである。インタラクティブな対話のなかから，新たな価値やアイデアが生み出されるということが往々にしてある。

　ビッグデータとは，単純に言えば，従来のデータベースシステムでは記録や保管，解析が難しい程の巨大で大容量で多種多様なデータ群を扱う新たな仕組みの

事である。明確な定義はなく，情報システム会社のマーケティング用語として多用され，これまでには考えられなかったような新たな仕組みやシステムを産み出す可能性が高まるとされている。この巨大なデータ群は，国際社会に様々な分野で有形無形の大きな影響を与えるであろう。

　ソーシャルメディアでは，個人の情報発信が多くの人々に伝わる可能性を秘めている。ソーシャルメディアはインタラクティブで大きな広がりを持つ。人々が情報を公開することで，会話や考え，つながりが可視化されるのである。ソーシャルメディアの発達により，ありとあらゆる個人が政府の報道官となり，プレスリリースを発出することができ，それに基づいて議論をすることもできる。また，YouTube等により，如何なる個人もスマートフォンを使って，情報を発信することができ，誰もが「情報ステーション」の役割を担え，10億総ブロガー時代に入ってきていると言える。

　こうした情報技術の急速な発展により，如何なる個人も，世界中の何処にいても，指先一つで，リアルタイムで無限の情報を得ることが出来，更にその情報を地球の裏側にいる人々にも供給できるようされるようになったということである。情報取集と伝達を瞬時に行うことができるばかりか，個人の使用するソーシャルメディアによって，幅広い範囲で議論を巻き起こすことも可能となっている。2011年の一連の「アラブの春」で，とりわけ，チュニジアやエジプトにおいて，若者たちのデモの呼びかけや動員に関してソーシャルメディアが果たした役割は大きいとされた。

　こうした状況に対して，主権国家は明らかに遅れをとっていると考えられる。各国政府も，FacebookやTwitterのアカウントを有しているが，広報の観点から使用しているだけで，双方向的な機能を十分に使い切っておらず，戦略的なパブリック・ディプロマシーとはなっていない。未だに，このソーシャルメディアの拡大に如何に対応していくか，どのような利益をもたらすか，如何なるデメリットがあるのかという基本的な問題の自問自答に終始している。ソーシャルメディアが，今後の国際社会の秩序のあり方に如何なる影響を与えるかは，さらなる慎重な分析が必要であるが，膨大な数の一般市民に影響力を与える可能性を秘めていることは留意しなければならない。

図24-1　2014年現在のパワーシフト

| 旧先進国（G7）
アメリカ，EU諸国
日本 | BRICS
中　国
ロシア
インド | G20

韓　国 |

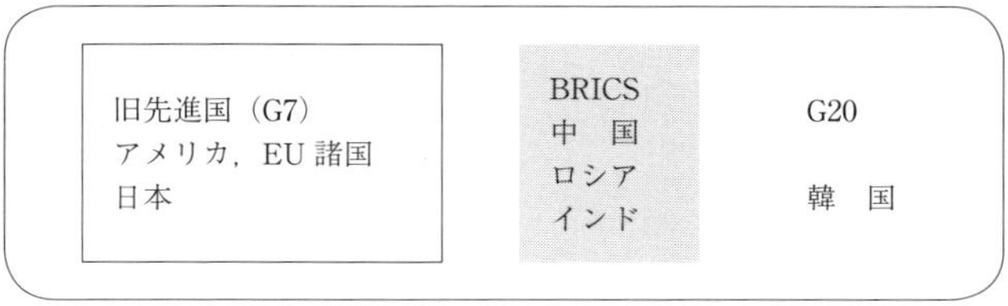

4　新興国の台頭と国際秩序

　2度にわたる世界大戦，その後の東西冷戦という2極構造の終焉，21世紀初頭の9.11テロ攻撃を経て，グローバリゼーションの時代を迎え，欧米の主権国家を中心とした国際社会の構造は大きく変容を遂げた。グローバルに世界がつながり，国の境界があいまいになりつつあるなか，西欧社会，とりわけ，アメリカが主導してきた第二次世界大戦後の国際社会の構造が，中国やインドなどの台頭と膨張で大きく揺らいでいると考えられる。即ち，2014年現在，国際社会においては，パワーの再分配，パワー・シフトが起こりつつある状況にあると言える。歴史を鳥瞰すると，急激なパワー・シフトが起こるときに，即ち大国の力の相対的低下及び新興国の急激な台頭とともに，国際社会の構造自体を変えるような新たな大規模な紛争が勃発することが多い。「ナポレオン戦争」「第一次世界大戦」「第二次世界大戦」など，その例は枚挙にいとまがない。そうした新興国の台頭と国際規範や秩序のチャレンジが，大規模戦争に繋がってきたことを歴史が証明している。

　2014年現在のパワー・シフトとは，とりわけアメリカやEU，あるいはG7といった自由民主主義諸国を中心とした西欧諸国による支配的な構造が変容し，旧東側の代表であるロシア，そして中国やインドといったアジア諸国が飛躍的に台頭してきたことを意味する。また，ただ単に台頭してきただけでなく，西側諸国が長きにわたり作り上げてきた規範にチャレンジしているという点が新たに投げかけられた課題である。

　2014年現在，いわゆるBRICS（ブラジル，ロシア，インド，中国，南アフリカ）の人口は30億人に迫り，全人口の約半数を占め，経済規模も中国を筆頭に世界の中でのシェアを拡大してきている（表24-1）。軍事力でもシェアの拡大をみている

表24-1　各国のGDPの推移

各国	2003年	2013年
アメリカ	11兆5106億ドル	16兆7680億ドル
日本	4兆3029億ドル	4兆8985億ドル
ドイツ	2兆4284億ドル	3兆6359億ドル
フランス	1兆8516億ドル	2兆8073億ドル
中国	1兆6505億ドル	9兆4691億ドル
ロシア	4320億ドル	2兆967億ドル
インド	6183億ドル	1兆8760億ドル

出所：IMFの統計より作成。

表24-2　各国の国防費の推移

各国	2003年	2013年
アメリカ	5077億ドル	6402億ドル
日本	614億ドル	486億ドル
ドイツ	492億ドル	487億ドル
フランス	647億ドル	612億ドル
中国	573億ドル	1884億ドル
ロシア	391億ドル	878億ドル
インド	291億ドル	473億ドル

出所：SIPRIの統計より作成。

（表24-2）。BRICSやG20が国際社会におけるプレゼンスを拡大する中で，「旧」先進国（G7）を中心とする西側先進国が作り上げてきた，従来の規範が修正を余儀なくされてきている。

2014年3月，オランダのハーグでBRICS外相会談が開催され，議長声明が採択された。その中で，「BRICS諸国は，より公平な新たな国際秩序の形成をめざして変革へのプロセスの中でInclusive Change実現のため，積極的な触媒としての役割を果たしていくこと[9]」に合意した。まさに今後の世界秩序・ルール作りに意欲的な発言であるといってよい。

環境問題や国際テロ問題等，世界経済の不安定性への対応，サイバーテロ等，国際社会が直面する地球規模的課題――1国のみでは対応しきれないグローバルな課題などを解決するためには，西欧先進諸国と新興国が協調して対処していかなければならないが，多くの面で齟齬が生じつつあるということが明らかになってきている。中国やインドのような新興国は，発展途上国としての利益を主張し，「旧」先進国が築き上げてきた「国際ルール」を唯々諾々と受け入れることは少ないということである。温暖化及び環境問題においては，世界全体に占める排出量の割合が大きい中国，インドらと先進国との対立が起こっている。安全保障においては，中国とロシアの対応は，より先鋭化している。

2014年2月のソチ五輪以降に実行された，ロシアのクリミア半島併合に対して，アメリカをはじめとした西欧諸国は無力であった。アメリカの対応に同盟国の間には大きな動揺が広がった。ウクライナは1994年に米英とロシアが署名した文書「ブダペスト覚書」で，核放棄と引き換えに，独立や領土保全の保証を得ていた。しかし，ロシアはその合意文書をいとも簡単に力で破った。国際的規範への挑戦の一つの例である。

第24章　グローバリゼーションと日本の外交戦略

　これまで論じてきたように，もはや「パックス・アメリカーナ」の時代ではなくなり，軍事力の行使に躊躇し続けるオバマ率いるアメリカの隙を中国も，ロシア同様に見逃さない。ロシアのクリミア併合後，王毅外相は訪中したラブロフ外相との共同会見で「アジアの安全はアジアの国々で解決できる」と強調した。両外相はプーチンが訪中して上海で開く「アジア信頼醸成措置会議」(Conference on Interaction and Confidence Building Measures in Asia: CICA) を「最優先事項」と位置づけ，「アジアの新しい安全保障観を打ち立てる」と捲し立てた。アメリカ不在の安全保障体制をアジアで築くという意思を事実上明確にしたに等しい。
　さらに，中国政府は5月20，21日に上海でロシア及び韓国などで構成する「アジア相互協力信頼醸成措置会議」を開催した。中国側は今回の会議でアジアの新安全保障観の確立を推進し，共通の安全保障，総合安全保障，協調的安全保障，持続可能な安全保障を提唱し，アジアの安全保障と協力の新たなメカニズムの確立を議論した。今回のCBM会議の結果調印された「上海宣言」では，「主権，独立，領土保全の尊重，内政不干渉など国際関係の基本原則を厳守すべきである」と明言された。中国とロシアこそがこれらの原則を侵犯している当該国にほかならないにもかかわらず。
　こうしたイニシアティブは，アジア太平洋地域での多国間協力の新たな枠組みとしての「アジア新安全観」の樹立で，アメリカが打ち出すアジア太平洋回帰の「リバランス政策」をけん制することを目的としている。20年以上にわたり国防費を増額し続けている中国は，空母の建造やミサイル開発を着々と進め，アジア太平洋地域の米軍に対抗しようとしている。
　貿易投資の問題においても，同様の問題が起こっていると考えられる。1980年代以降，海外直接投資は世界的に急速に拡大してきた。新興国の経済的な発展や資源・エネルギー開発のグローバル化等により，海外投資は金額的に大規模なものとなるばかりでなく，投資受入国の多様化も進んでいる。世界経済の発展においても，日本企業の事業活動展開においても，海外投資は極めて重要なものとなっている。他方で，日本企業の対外進出先の規模の拡大や地理的広がり及び進出形態の多様化に伴い，日本企業が投資先国の制度や環境の不安定性に直面することが多くなっている。投資家を保護し，投資を相互に促進するための投資協定に関する機関仲裁の国際的枠組みであるICSIDが存在する。しかし，2007年から南米諸国の一部が，ICSIDから脱退しはじめている。南アフリカはアパルトヘイト撤廃後間もない時代に調印された投資協定を自動更新しないことを決定して

いる。インドは紛争解決の仕組みが変わらない限りアメリカとの投資協定に調印しないと明言している。ブラジルは投資協定そのものにまったく関与したことがない。

これらの事例は、欧米支配の西欧世界だけではなく、ロシア、中国、インド、ブラジル、南アフリカなどの新興国を入れた新たな「ゲームのルール」の策定が急務となっている現実を如実に表している。

そもそも国際社会のルールや慣習国際法というのは、長い時間をかけて作られてきたものである。しかし、新興国の急激な台頭により、欧米諸国が確立してきた国際的なルールが崩壊しつつある現実に我々は直面しているのである。「海洋の自由」や人権問題、領土問題などが議論になるとき、中国やロシアがことさら反発するシーンが多くなってきている。かつての国際規範が変容し、新興国の主張も考慮した新たな意思決定のメカニズムを構築する必要性が生じてきているのである。グローバリゼーションの進展により、様々な国家や非国家主体が外交に関与して、正義も価値も多様化している。かつてないほど、外交的な合意形成の基盤の構築や、国際的な原理原則の策定が難しくなった時代になってきたと言える。

現在の国際社会における様々なグローバル・イシューや伝統的な慣習国際法や成文化した国際ルールに対する新興国のスタンスや問題意識、行動規範、或は「挑戦」を多角的に分析していく必要がある。また、新興国も一括りにすることはできない。中国とロシアも経済などの面で利害対立も抱え、決して一枚岩ではない。BRICSも同様である。

2014年1月に安倍首相はインドを訪問し、両国間で環境・投資問題を含め、地球規模の問題についても幅広く協議し、両国の友好関係を深化させた。両首脳の共同声明の中で、「事由、民主主義、法の支配といった普遍的価値を共有するアジアの民主主義国」として、両国の「グローバル・パートナーシップをさらに進化させ、地球環境の変化を考慮に入れ、地域の平和、安定及び繁栄のために共に貢献していく決意を再確認[12]」した。今後、中国・ロシアの台頭により、「旧」先進国が築いてきた国際秩序・ルールが問い直され、修正されていく可能性のある中で、自由・民主主義を共有するインドとの連携が日本にとっても戦略的な重要性を持ってくる。

5　日本が取るべき外交戦略

　新興国の急速な台頭により，日本を取り巻く外交安全保障環境も大きく変化している。東アジアでは，取り分け，このパワーバランスの変化が急速に進展している。アジア太平洋地域では，アメリカが「リバランス」政策で関与を深め，急激に台頭した中国は東シナ海で防空識別圏を設定し，南シナ海でも実効支配を強める動きに出て周辺国との軋轢を引き起こしている。また，韓国も経済力を高め，自信を深めている。中国と韓国の関係も飛躍的に進展している。10年前には，中国のGDPは日本の4割程度で，国防費も日本より低かった。しかし，中国のGDPは，2011年に日本を抜き，2014年現在では日本の倍近くになり，2020年にはアメリカのGDPをも超えて行くと試算されている。日本の国力の相対的な低下により，中国や韓国の日本に対する態度も変化したと考えられる。また，中韓とは日本は，尖閣諸島，竹島，歴史認識問題，従軍慰安婦問題など多くの困難な問題を抱えている。北朝鮮とは核問題や拉致問題などを抱えている。こうした中で，嘗ての北東アジアの自明のパワーバランスの構図は，「日米韓」対「中朝」であったが，それが現在崩れてしまっている。

　こうしたアジア太平洋地域の状況を踏まえつつ，グローバリゼーションと情報革命が席巻する現代の国際社会において，「単極構造」でも「多極構造」でもなく新たな秩序の構築が模索されている現在，日本が採るべき道は明白である。まずは日本は確固たる自画像を描き，戦略的な外交政策を打ち立てていかなければならないであろう。パブリック・ディプロマシー及び対外発信力を強化し，諸外国の世論を味方につけることによって，スマートフォン時代の情報戦を制していかなければならない。

　また，国際社会が，パワーバランスの変化に伴う大規模な紛争の勃発や各国が群雄割拠する無秩序状態に陥るのを避けるためにも，日本としては，新興国を含めた新たな国際的な枠組みや規範作りに，参画する意思を持ち，主体的な役割を果たすべきである。各新興国の国際社会のルールに対する認識と各行動様式を歴史的に分析し，現在の状況と未来の展望を踏まえたうえで，日本がこうした諸国とどのように関わっていくのかという課題について検討していかなければならない。日本の安全保障にとって好ましい国際秩序や国際政治経済環境の創設の道を如何にして切り拓いていくか，そのために日本が選択すべき方向性と具体的な処

方策を提示していかなければならないであろう。それは，新たな国際秩序構築に向けて，価値観を共有する仲間を増やしていくことである。その意味で現政権の「地球儀を俯瞰する外交」は適切であり，時宜にかなっていると言える。総理の外遊が多いことは喜ぶべきことである。総理が多くの諸国に出かけ，様々な諸国の首脳と友好関係を築いていくことは，他の諸国との関係を深めて行くことであり，極めて自然な多数派の構築に繋がるからである。価値を共有する仲間を増やし，多数派を構築することこそが，日本にとっての最良の外交カードとなるのである。

注

(1) この年号の付与には，様々な解釈があり，説明を要する。事実上，米ソ両陣営の対立が深刻化したのは，1946年或いはトルーマン・ドクトリンが発表された1947年3月からと認識されることが多い。また，冷戦構造の崩壊も，ゴルバチョフが政権の座に就いた1985年から段階的に始まったと見る向きもあれば，1989年11月9日のベルリンの壁の崩壊を持って象徴的に終焉したと考える識者も多い。或いはレーガンとゴルバチョフのマルタにおける頂上会談が終焉を正式に刻印したと考える者も多い。

(2) 第1次から第7次まで続く。フランス語では，Première Coalition から Septième Coalition と呼ばれる。

(3) Francis Fukuyama, "The End of History", *National Interest*, No19, 1989.

(4) Samuel P. Huntington, "The Clash of Civilizations", *Foreign Affairs*, Summer 1993.

(5) ハンチントンは，ウクライナで2014年現在起こっている事態を『文明の衝突』として鋭く予見していたとも言える。

(6) そもそも operation と名付けられたものは，失敗は許されないものであった。

(7) 1993年10月3日，首都モガディシオでアイディード派幹部逮捕に向かったアメリカ軍とアイディード派の間で戦闘が勃発した。米軍のヘリ，ブラックホークがソマリア民兵によって撃墜されるなど，双方で多数の死傷者を出す激しい市街戦となった。アイディード派や一般市民が米兵の遺体を引きずり回す映像が CNN などを通じて，全世界に放送された。このショッキングな映像を見た国民からは撤退論が噴出し，クリントンは撤退を余儀なくされる。

(8) 2014年末には，米軍の戦闘部隊の撤退が決定している。その後もより少数の治安部隊は残留することが決まっている。

(9) BRICS サミットホームページ (http://www.brics5.co.za/)。

(10) The Diplomat (http://thediplomat.com/2014/04/china-russia-seek-enhanced-mutual-political-support/，2014年4月30日アクセス)。

(11) Yomiuri Online (http://www.yomiuri.co.jp/world/20140429-OYT1T50065.html，

2014年4月30日アクセス）．
(12) 日印首脳声明（外務省仮約）外務省ホームページ（2014年4月29日アクセス）。

参考文献
篠田英朗（2007）『国際社会の秩序』東京大学出版会。
ナイ，ジョゼフ・S. Jr.（2012）『国際紛争』有斐閣。
ハンチントン，サミュエル（1998）『文明の衝突』集英社。
細谷雄一（2012）『国際秩序』中公新書。
Aron, Raymond（1962）*Paix et guerre entre les nations*, Calman-Lévy.
Badie, Bertrand（2013）*La Diplomatie de Connivence*, La découverte.
Bailin, Allison（2005）*From Traditional to Group Hegemony*, Ashgate.
Baldwin, David（1995）"Security Studies and the End of the Cold War", *World Politics*, 48, p. 117-141.
Bull, Hedley（1977）*The Anarchical Society*, Palgrave.
IFRI, *Ramsès 2014*, Dunod, 2013.
Morin, Jean-Frédéric（2013）*La Politique Etrangère*, Armand Colin.

第25章 「安全保障共同体」としてのEU
―― 2012年ノーベル平和賞受賞の意義

中村英俊

1　EUと平和・安全保障

　2012年10月12日，ノルウェーのノーベル委員会は，2012年の平和賞をEU（ヨーロッパ連合）に授与すると発表した。同委員会は，EUへの授賞理由として，まず，「［EU］およびその前身の諸機構が，60年以上にわたって，ヨーロッパにおける平和と和解（peace and reconciliation），民主主義と人権（democracy and human rights）の向上に貢献してきた」事実を指摘した[1]。はたして，ノーベル委員会の事実認識は正確なのだろうか，EUは「平和賞」を受賞するに値する実態を伴っているのだろうか。

　本章では，ノーベル平和賞の歴史とEU・ヨーロッパ統合の歴史を振り返りながら，次のようにEU・ヨーロッパ統合の意義を捉えたい。すなわち，ヨーロッパ地域の人々が，域内諸国間で真の意味での「安全保障」（security）を確立してきたこと，すなわち，EUおよび主要加盟国が「安全で安心して暮らせる共同体」を制度的に創造・維持・発展させてきたことに注目したい。

2　ノーベル平和賞の歴史

　ノーベル平和賞は，いつの時代においても論争的かつ政治的である。「平和」という概念が，いつの時代でも論争的である限り，ノーベル平和賞も政治的な論争を惹き起こさざるを得ない。

（1）政治家への授与

　日本の政治家でノーベル平和賞を受賞したのは佐藤栄作一人だけだが，その評価は大きく分かれる。1974年授与式の際にノーベル委員会委員長（当時）のリオネス（Aase Lionæs）は，佐藤首相が「非核三原則」という「平和政策」を導入した事実，沖縄返還に際して米軍基地に核兵器を配備しないと日米間で決めた事

実などを授賞理由として挙げている。リオネス委員長は，ヒロシマとナガサキを経験した「唯一の被爆国」への授賞意義を述べる前に，「平和」という概念の定義が困難な作業であること，それだからこそ，過去のノーベル平和賞が様々な人々——国際交渉に関与した政治家，人権の擁護者，国際法の専門家，反逆者，人道主義者，理想主義者，実用主義者，夢想家——に授与され，論争を惹き起こしてきたと指摘する。実際，佐藤へのノーベル平和賞授与については，当時から批判的な意見は多かったし，前年のノーベル平和賞受賞者キッシンジャー（Henry Kissinger）が若泉敬とともに，ニクソン（Richard Nixon）大統領と佐藤首相に交わさせた「核持込に関する密約」の存在が広く知られるようになった現在では，その授賞意義は小さくなったと言えるかも知れない。しかし，1970年代の当時にも「核拡散」の危険性があった事実（そして日本による「核拡散防止条約」の批准を促進した事実）や「非核三原則」が日本の国是であると世界に伝えた事実（そして日本自身の核オプションを束縛した事実）などを鑑みると，授賞意義は今でも決して小さくない（吉武〔2010〕，岡沢・小森〔2007：79-82〕などを参照）。

2009年にオバマ大統領がノーベル平和賞を受賞した際には，特に「核兵器のない世界」へ向けた彼のヴィジョンが評価された。たしかに，同年4月5日のプラハ演説などを通して，現職のアメリカ大統領が「核廃絶」へ向けたメッセージを発したことの意義は大きい。しかし，ヒロシマやナガサキの被爆者が長く続けている「核廃絶」運動ではなく，アメリカ大統領のヴィジョンの方が受賞に値するかと問われれば，答えに窮しても不思議ではない。

歴史を振り返れば，ノーベル平和賞はしばしば，各国の政治家に授与されてきた。いずれの場合も，ノーベル委員会による業績評価（事実認識）の正確さが疑問視された。他方で，ノーベル委員会が受賞者や国際社会への期待を明らかにすることの意義が大きい場合には，特定の政治家へ平和賞が授与されることも容認すべきかもしれない。

（2）国際機構への授与

1901年以降，歴代のノーベル平和賞受賞者には，個人だけでなく国際的な団体や機構も含まれてきた。赤十字国際委員会は，1917年，1944年，1963年と3回受賞している。INGO（国際的非政府機構）としては，地雷禁止国際キャンペーン（1997年）や国境なき医師団（1999年）も受賞を果たした。国際法学会（1904年）や常設国際平和局（1910年），核戦争防止国際医師の会（1985年）やパグウォッシュ

会議 (1995年) のような団体も受賞している。

　第二次世界大戦後は, 国連難民高等弁務官事務所 (1954年と1981年), 国連児童基金 (1965年), 国際労働機関 (1969年) などの国際機構 (政府間機構) が受賞している。2001年には国際連合が K. アナン事務総長とともに受賞し, 2005年には IAEA (国際原子力機関) が M. エルバラダイ事務局長とともに受賞した。

　ところで, 国際機構が受賞する場合, ノーベル平和賞の賞状やメダルを物理的に受け取るのは誰なのだろうか。2001年12月の授与式で, アナン事務総長とともに, 国連に授与される賞状を受け取ったのは, 韓昇洙 (ハン・スンス) 国連総会議長だった。2005年12月には, エルバラダイ IAEA 事務局長とともに, IAEA 理事会議長だった天野之弥・在ウィーン国際機関日本政府代表部大使 (当時) が授与式に臨んだ。

3　EU 受賞の意義

　ノーベル委員会は,「ヨーロッパにおける平和と和解, 民主主義と人権の向上に貢献してきた」主体が EU であると認めた。たしかに, 第二次世界大戦後の (西) ヨーロッパ地域では「統合」が進展して, 19世紀の「ヨーロッパ協調」とも, 1920年代の「相対的安定期」とも異なった状況が醸成されてきた。ヨーロッパ域内では, 狭義の「平和」(＝国家間戦争の不在) が保たれただけでなく, 主要国間で真の意味での「安全保障」(＝安全で安心して暮らせる状況) が確立されてきたと言える。ノーベル委員会は, このような「ヨーロッパ統合」を促進している主体として EU を評価したと言って良いだろう。

(1) 授与式で EU を代表した 3 人

　2012年ノーベル平和賞は, 政治家など特定の個人でもなく, 運動団体でもなく, グローバルな国際機構でもなく, EU という史上に「前例のない独自の (sui generis) 政体」(中村民雄 2005) へ授与されることになった。

　EU は, 国家でもなければ, 国連のような単なる国際機構でもない。2012年12月10日の授与式で, 平和賞を実際に受け取ったのは, 三つの EU 諸機関の Presidents だった。すなわち, ファン＝ロンパイ (Herman Van Rompuy) 欧州理事会常任議長, バローゾ (José Manuel Barroso) 欧州委員会委員長, シュルツ (Martin Schulz) 欧州議会議長の 3 人が EU に授与される賞状やメダルを受け取った。フ

ァン=ロンパイは「EU 加盟27カ国の首脳も出席できるとよいのに」とつぶやいた（Twitter で10月18日に発信）が，キャメロン（David Cameron）英首相など数カ国の首脳は参加せず，メルケル（Angela Merkel）独首相やオランド（François Hollande）仏大統領などがオスロの授与式会場に集った。EU という政体そのものが，地域統合の「実験場」として様々な史上初めての意義を有しており，ノーベル平和賞の授与式への出席者を誰にするかをめぐっても，前例は存在しなかった。

（2）EU だけが「ヨーロッパ統合」を促進してきたのか

「ヨーロッパ統合」という現象がノーベル平和賞に値するものであるとしても，EU という政体が受賞することの是非については，議論の余地があるだろう。1950年5月9日に「仏独の歴史的和解」の必要性を説き，ECSC（ヨーロッパ石炭鉄鋼共同体）の設立を謳う歴史的演説をしたシューマン（Robert Schuman）仏外相が受賞すべきだったと言う人もいるだろう（シューマンは1963年に死去して，受賞の機会を逸した）。ECSC の最高機関（High Authority）初代委員長でもあったモネ（Jean Monnet）が受賞者として相応しかったと言う人もいるだろう（モネは1979年に死去）。

あるいは，元来ヨーロッパにおける「民主主義と人権」の向上を図ってきたのは，ヨーロッパ評議会（CoE: Council of Europe）だったので，この機構こそが受賞に値すると言う人もいるだろう。もっとも，2009年からノルウェー・ノーベル委員会委員長を務めているヤーグラン（Thorbjørn Jagland）は，CoE の事務局長も兼務しているので，自らが賞状やメダルを受け取ることになるような決定は下し難かっただろう。

第二次世界大戦後の「ヨーロッパ統合」の歴史を鑑みれば，ノーベル平和賞が，統合を促進した様々な個人や団体，あるいは，EU 以外の国際機構などに授与されても不思議ではなかった。実際，過去の平和賞候補者の中には，「ヨーロッパ統合」を促進しようと試みた団体や個人がいた。ノーベル財団は，初回の1901年から1956年までの間の候補者と推薦者を公表している。そのデータベースによれば，1951年には，イギリス，スイス，スウェーデン，ベルギー，ギリシャの議員たちが推薦して，1948年に始まった「ヨーロッパ統合運動」（European Movement）が候補になっていた。それに先立つ1920年代から「パン・ヨーロッパ運動」の旗を振って，「ヨーロッパ合衆国」の創設を訴えたクーデンホーフ=カレ

ルギー伯爵（Count Richard Nicolas Coudenhove-Kalergi）は，1931-1935年，1937-1938年，1941年，1946年，1948-1952年，1956年と15回も候補になっている（1972年に死去）。例えば，オランダ議会の数名が1948年に，アメリカの下院議員が1949年に，西ドイツ議会の数名が1952年に，彼を推薦している。他にも，1946, 1949, 1950, 1951年の4度，クーデンホーフ＝カレルギー伯爵を推薦したニューヨーク大学の政治学教授は，パン・ヨーロッパ運動からEEC創設に至るまでの統合に関する著書を公刊して，彼の業績を讃えている（Zurcher 1958）。しかし，「ヨーロッパ統合運動」も，クーデンホーフ＝カレルギー伯爵も，受賞できなかった。

　ECSC創設に大きな役割を果たしたシューマンやモネについては，少なくとも1956年までの間には，候補として推薦すらされていない。その後，両者が何度か候補になったことは知られているものの（Stenersen et al. 2004：117），ECSCが正式発足してから60年経った2012年になって，ようやく，その後継機構としてEUが栄誉に輝くことになったのである。

4　「安全保障共同体」概念と1950年代の「ヨーロッパ統合」

　それでは，EUはノーベル平和賞に値する実態を伴っているのだろうか。受賞者としてのEUが抱える今後の課題は何なのか。なぜ，2012年にEUへ授与する必要があったのか。

（１）ドイッチュの概念
　このような問いを考えるために，国際政治学（特に国際統合理論）の重要概念に依拠してみよう。それは，1950年代にドイッチュ（Karl W. Deutsch）がプリンストン大学で主導した共同研究プロジェクトの成果を通して広く知られ，アメリカ国際政治学界に定着した「安全保障共同体（security community）」概念である（Deutsch et al. 1957; Nakamura 2013などを参照）。

　この概念は「共同体」に力点を置いており，ドイッチュは軍事安全保障問題をめぐり各国が協調するような地域機構（伝統的な「同盟（alliance）」を含む）を「安全保障共同体」と表層的に呼んでいない。「安全保障」という概念自体についても，複数の国家を横断する領域における治安，つまり，内的安全保障（internal security）に関心を寄せており，国内類推が可能なセキュリティ，あえて言い換

えれば，国内政治でしばしば使われるような「安心・安全」という意味で理解していると言ってよい。これは，例えば，敵国を想定するような外的安全保障（external security）とは異なる概念の理解である（Van Wagenen 1952 : 10-11）。ドイッチュたちは，「統合は，防衛目的の緊密な共同体を作る一つの方法ではあるが，その主たる目標はあくまでも『内的な』平和にある」と述べ（Deutsch et al. 1957 : 161），「軍事同盟」を結成するだけでは統合（安全保障共同体の完成）には役立たないと述べる（Ibid.: 202-203）。「安全保障共同体」とは，「世界のある地域における主要国間で，長期間にわたって戦争の可能性が考えられなくなり，安全で安心して暮らせる（と多くの人々が感じることができるような）共同体」と定義することができるだろう。

　この概念に従えば，フランスとドイツを中核とするEUの主要国間では，単に「国家間戦争の不在」が観察できるだけでなく，戦争の可能性が考えられない「共同体」が作り出されてきたと評価できる。ノーベル委員会委員長のヤーグランは，EUへの授与式演説で，仏独が歴史的和解を果たしたことの意義を強調している。その現代的意義を際立たせるように，彼は，1926年と1927年のノーベル平和賞が仏独両国の政治家と個人活動家に授与されたにもかかわらず，第二次世界大戦が勃発してしまった歴史に言及した。たしかに，1926年には，当時仏独両国の外相としてロカルノ条約締結などの成果をあげた，ブリアン（Aristide Briand）とシュトレーゼマン（Gustav Stresemann）が共同受賞した。翌年には，フランスで人権運動や仏独和解の促進に尽力したビュイソン（Ferdinand Buisson）とドイツの平和運動家で第一次世界大戦前に仏独の和解を試みたクヴィデ（Ludwig Quidde）が共同受賞した。しかし，当時のノーベル委員会の期待に反するように，仏独は再び戦火を交えてしまった。1927年の授与式の際，「大衆心理（psychology of masses）」の中に戦争の脅威が宿った過去を乗り越える重要性が指摘されていた。ドイッチュたちも，人々の間に「共同体意識」が醸成されることが「安全保障共同体」形成には不可欠であると述べている。

　このような負の歴史を鑑みると，仏独の和解を中核にした「ヨーロッパ統合」の実態こそが，ノーベル平和賞に値したと言えるだろう。ただし，上述したように，1950年5月9日シューマンは，仏独和解を実現するためにも，戦略物資だった石炭や鉄鋼の共同管理を可能にするECSCの創設を訴えていた。なぜ，第二次世界大戦直後1950年代の，例えばECSC創設のタイミングで，平和賞が授与されなかったのだろうか。

（2） 1950年代の仏独関係

　1950年代に実施されたドイッチュたちのプリンストン・プロジェクトは，特に「北大西洋地域」における統合の事例研究を展開した。しかし彼らは，上述のような概念の理解に従って，NATO（北大西洋条約機構）の加盟国が「安全保障共同体」の構成国であるかどうかを直接的に問うわけではない。まずは，当該地域を構成する国家について，それを地理的に北大西洋ないしは北海に接している国々，および，それら諸国と陸続きの国々で，ソ連・社会主義圏の国々を除く19カ国と定義する（Deutsch et al. 1957 : 9-10）。プリンストン・プロジェクトは，あくまでも当時の「北大西洋地域」における統合の実態を考察したものであり，当時すでに設立していたECSCやCoEなどの地域機構や「（西）ヨーロッパ統合」の実態には，限定的に言及するだけだった（Deutsch et al. 1957 : 160など）。

　1950年代の時点で，ドイッチュたちは以下のように考察していた。

> 「北大西洋地域のいくつかの国々の間では，戦争が上品な行為でなくなっただけでなく，戦争が考えられなくなった。こうした国家間関係は，定義上，安全保障共同体，あるいは，ほぼそのような共同体と呼ぶことができる。例えば，ノルウェー・スウェーデン・デンマーク，アメリカ・カナダ，アメリカ・イギリス，そしてフランス・ベルギーなどの国家間関係がそう呼べるだろう。実のところ，この地域における現時点で唯一の深刻な問題は，西ドイツと他の諸国との関係である。…（中略）…シュトレーゼマンの時代について，当時はむしろ無難に平和への見通しを立てることができると思われたが，その後の結果はいかなる預言者にも再考を促すことになる。たとえ仮にドイツ問題が解決されたとしても，全地域に及ぶ統合が達成されたとは必ずしも言えないだろう。なぜなら，私たちの定義では，統合とは平和的変更に関する『長』期間にわたる『信頼可能な』期待が『確保されている』状況を意味するからである。
>
> 　要するに，北大西洋地域において国々が互いに戦争を遂行したがらない状況は強まっている。ただし，ドイツは例外である可能性があり，このような意図が今のところはまだ不鮮明である。」（Deutsch et al. 1957 : 156）

　たしかに，第二次世界大戦後，EDC（ヨーロッパ防衛共同体）をめぐる紆余曲折が示すように，分断された西側のドイツを「封じ込める」方法が直ぐに見いださ

図25-1　ドイッチュたちの「安全保障共同体」：類型と事例

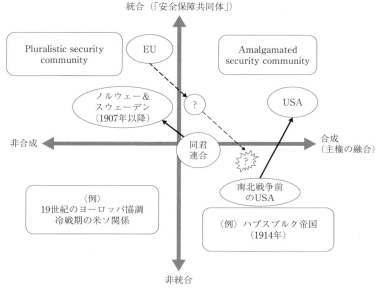

出所：Deutsch et al. (1957：7) に基づき筆者作成（EUについては，筆者が加筆）。

れた訳ではない。仏独両国は，少なくとも1963年のエリゼ条約までの間，本格的な（不可逆の）和解を果たしたと言えなかった。したがって，仏独が戦後すぐに「安全保障共同体」の中核を占めるようになったとも言えない。

（3）「安全保障共同体」の類型——合成と統合

　ドイッチュは多くの歴史研究者との共同研究として「安全保障共同体」に関するプロジェクトを展開していた。彼らは，歴史上存在してきた様々な国家間関係あるいは国家としての「共同体」に関して，特に8つの事例を詳細に研究した上で（Deutsch et al. 1957：16-17），「安全保障共同体」概念を「多元型（pluralistic）安全保障共同体」と「合成型（amalgamated）安全保障共同体」の2つに類型化した。図25-1のように，ドイッチュたちは統合を達成しているか否かを考察するだけでなく，「安全保障共同体」を2つに類型化した。ここで，「合成（amalgamation）」とは複数主体（の主権）が一つに融合される状況を意味する（Ibid.: 6-7）。

　歴史上存在してきた「合成型安全保障共同体」の典型例として，アメリカ合衆国（USA）が取り上げられている。イギリス統治下にあった13の北米植民地が合

衆国として1776年7月4日に独立を宣言し，独立戦争，フィラデルフィア憲法制定会議などを経て，1789年4月には「連邦国家」の初代大統領が就任することになる。しかし，ドイッチュたちによれば，アメリカは，1781年（ヨークタウンの戦い）から暫くの間，13の州から成る「多元型安全保障共同体」をむしろ構成していたのであり，1789年時点で「合成」を果たしたものの，1860年に始まる南北戦争を前に「安全保障共同体」は瓦解して，内戦後のレコンストラクションが終結する1877年までは，今日のような「（合成型）安全保障共同体」に変容していなかったと考察する（Ibid.: 29）。

（4）「多元型安全保障共同体」としてのスウェーデン・ノルウェー

ドイッチュたちは，もう一つの類型としての「多元型安全保障共同体」の典型例として，1950年代の時点で，スウェーデン・ノルウェーの2国間関係を取り上げていた（Deutsch et al. 1957 : 6-7）。

ところで，医学生理学賞や経済学賞など5つのノーベル賞がスウェーデンのストックホルムで授与されるのに対して，ノーベル平和賞はノルウェーのオスロで授与される。この慣習は，ストックホルム生まれのノーベル（Alfred Nobel）が1895年11月27日にパリで書いた遺書に基づいている（毎年授与式が開催される12月10日はノーベルの命日である）。ノルウェー・ノーベル委員会は，現在，ノルウェー議会（Storting）によって任命された5名から構成され，ノルウェー・ノーベル研究所所長（1990年からルンネスタ Geir Lundestad）が事務局長を務めている。なぜ，ノーベル平和賞がノルウェーで授与されるのか。「その理由に関しては諸説あるが，そのうちの一つは，ノーベルが遺言を作成した当時，スウェーデンとノルウェーは，ノルウェーの分離独立をめぐって緊張関係にあり，ノーベル賞の授賞という名誉をノルウェーにも分け与えることによって，この緊張関係が幾分でも緩和されることをノーベルが望んだとしても不思議ではない，というものである」（岡沢・小森 2007 : 79）。

そもそも，スウェーデン史上最後の国家間戦争となったナポレオン戦争の終盤に締結された，1814年1月キール条約により，ノルウェーはデンマークからスウェーデンに譲渡されることになった。同年5月にノルウェーは，自ら「エイッツヴォル憲法」を採択するが，独立の動きは承認されなかった。むしろ，ノルウェーは孤立し，7月にスウェーデンの軍事的圧力を受けて，8月のモス条約によりノルウェーはスウェーデンとの（物的）同君連合に組み込まれることになった

（小川 2004：16-17；百瀬ほか 1998：194-197）。その後19世紀の大半，スウェーデン・ノルウェーは一つの「国家」として，軍事・外交などで「主権の融合」（ドイッチュたちの言う「合成」）を果たした。

ただし，1814年の憲法は保持され，ノルウェーは一定の政府機能を持った。ところが，「ノルウェー国民」という意識は直ぐに醸成されず，むしろ伝統的な官僚層による統治が暫く続くことになる。19世紀前半，「ノルウェー国民」を代表すべき人々は，1つは官僚層，2つはロマン主義的ナショナリスト，そして3つはポピュリズム的ナショナリストに分裂していた（Neumann 2002：97-98）。1848年フランス二月革命に影響されたノルウェー最初の社会主義運動も，国民意識の醸成には直ぐに繋がることがなかった。19世紀後半に入っても，1855年から1871年の間には，ノルウェーとスウェーデンの同君連合関係を強化して，「合成」の度合いを強めようという試みさえあった（Deutsch et al. 1957：95, 107）。しかし，徐々に農民が自らを代表する政治勢力を生み出して，農民と都市急進派から成る野党・自由党（左翼党）が誕生する。同党は，スヴェルドルップ（Johan Sverdrup）をリーダーに，「反同君連合」ナショナリズムも惹起して，大きな政治勢力を形成していく。やがて，自由党は1882年選挙で勝利を収め，政府・国王によるクーデターの可能性にも直面するが，1884年にはスヴェルドルップ自由党内閣を実現させる（小川 2004：18-20）。この政治的展開は，ロマン主義的ナショナリストとポピュリズム的ナショナリストとが連携に成功したことの象徴であり，ノルウェーという「国民国家」を生み出す重要な契機となった。もっとも，ロマン主義的ナショナリストは，元来，官僚層に属していた人々だったので，新たなノルウェー国家の建設にあたって官僚層を排除する立場は取っていなかった（Neumann 2002：99）。

やがて自由党は穏健派と急進派に分裂して，1888年の選挙以降，自由党と保守党（右翼党）との間で頻繁に政権交代が繰り返される。このようにノルウェー内政が流動化する中，スウェーデンとの連合問題が議会で大きな論争を惹き起こす。ノルウェーとスウェーデンの交渉が「浮き沈み」を繰り返す一方で，ノルウェーが「万一の場合に備えて国境の堡塁建設や海軍の建設などの防衛準備を始め」てしまう（百瀬ほか 1998：280）。このように軍事的な緊張も高まる状況下で，1905年，ノルウェーとスウェーデンの交渉は失敗に終わり（2月7日），ノルウェーの挙国一致内閣は国王の拒否権の行使にも強硬に対応して，議会も独立を決議（6月7日），独立は国民投票による圧倒的な支持を得て（8月13日），9月23日のカー

ルスタード協定の調印に至る（百瀬ほか1998：280-282；大島2011）。カールスタード協定は，国境の非武装化へと帰結した（Wiberg 1993：210）。

　1905年にノルウェーがスウェーデンから分離・独立を果たすまでの過程において，軍事作戦が功を奏したとは言えず，むしろ，ノルウェー議会を重要な舞台とした「独立を目指す人々の闘争」という平和的手段が奏功したと評価される（Neumann 2002：102）。この年，スウェーデン国内でも武力行使という政策選択は支持を集めることがなかった。スウェーデン政府は軍事的な威嚇によってノルウェーの独立を牽制しようと試みたが，国王自らがスウェーデン議会に対して「武力を行使してまでノルウェーとの連合を維持する価値はない」と述べたり，インターナショナリズムの影響を受けた社会民主党党首が「スウェーデンがノルウェーに対して武力を行使すれば，国内でゼネストを実施する」と述べたりするなど，スウェーデン国内でも平和的手段が支持を集めた（Archer 1996：453）。

　このような平和的過程を経たからこそ，ノルウェーとスウェーデンは，2つの主権（国民）国家に分離した後1～2年もすると，両国間で「多元型安全保障共同体」を形成したとドイッチュたちは考察したのである（Deutsch et al. 1957：29, 35）。

5　「ヨーロッパ統合」の歴史・現状と今後の課題

　ドイッチュたちの概念に従えば，EUそれ自体を「安全保障共同体」と呼ぶことはできるのだろうか。それとも，EU加盟28カ国およびヨーロッパ地域における他のEU非加盟国の間には，複数の「安全保障共同体」が並存していると解すべきだろうか。

（1）統合戦略——北欧型と西欧型

　モウリッツェン（Hans Mouritzen）によれば，1905年のノルウェー独立，1921年のオーランド（アハベナンマー）諸島をめぐる紛争の平和的解決などの事例で，スウェーデンが「寛容な中核国家」として，北欧における「安全保障共同体」形成のイニシアティブを発揮した。彼は，ノーベルの遺言に従って平和賞が実際にノルウェーで授与されるようになったことも，北欧における「安全保障共同体」の発展を自ら強化する上で貢献したと述べている（Mouritzen 2001：299-302）。

　モウリッツェンは，どのように「安全保障共同体」形成へ向けた過程が始まる

第25章 「安全保障共同体」としてのEU

かという点に着目して，ボトムアップ型とトップダウン型という2つの始動方法を分類した。彼によれば，北欧諸国間では，スウェーデンが「寛容な中核国家」としてイニシアティブをとりつつボトムアップ型の「安全保障共同体」が形成され，EC/EU加盟諸国間では，ジャン・モネなどのエリートが統合を主導したトップダウン型の「安全保障共同体」が形成された。独仏などの西欧諸国では，ECSCなど明示的な制度・機構の創設が「安全保障共同体」形成を促した。その一方で，北欧諸国は20世紀初頭に「安全保障共同体」を形成した後，国境を越えた草の根レベルの協力関係を深めて，ようやく第二次世界大戦後の1952年に政府間機構として北欧理事会を創設した（Mouritzen 2001：304）。

　第二次世界大戦後暫くの間，どのような方法でヨーロッパにおける統合過程を始動するかについては，次のように大きく二つの戦略がせめぎ合っていた。イギリスや北欧諸国のリーダーが機能主義的な立場から統合戦略を提示する一方で，大陸の西欧諸国のリーダーは連邦主義的な立場をとる傾向があった。北欧型の機能主義者は，制度としての各国主権を脅かすような統合は構想せず，機能的な必要の高まりに応じてそれに対処する新たな制度を創出しようとした。一方，西欧型の連邦主義者は，主権の壁を大きく突破して，一気に連邦的な諸制度を創出しようとした。実際には，1950年にシューマンが打ち出した構想に従って，ECSCが創出される。ECSCは，石炭と鉄鋼という機能的な分野に限定した機能主義的構想を実現したようにも見えるが，最高機関という連邦主義的な制度を内蔵した地域機構でもあった。機能主義の衣をまとった連邦主義という意味で「新機能主義」と呼びうる戦略が採用されたと言ってよい（Kitzinger 1976；中村1991：22）。

　1950年代という「ヨーロッパ統合」の初期段階には，北欧型の統合戦略と西欧型のそれとが，しばしば対立していた。その対立は1960年代になると具体的に，EEC（ヨーロッパ経済共同体）とEFTA（ヨーロッパ自由貿易協定）の「角逐」となって現れた。デンマーク，スウェーデン，ノルウェーといった北欧諸国は，イギリス，スイス，ポルトガル，オーストリアとともに，EFTAを創設したからである。ただし，1973年にはイギリスやアイルランドとともにデンマークがEECに加盟し，1995年にはスウェーデンがオーストリアやフィンランドとともにEUに加盟することになる。すなわち，EUおよびその前身の諸機構が，西欧の原加盟6カ国から，1973年に9カ国，1980年代に12カ国，1995年に15カ国，2000年代に27カ国（そして2013年に28カ国）と拡大を続けてきた事実は，北欧型の機能主義的アプローチの限界を示しているようにも見える。

このような見方は，果たして妥当なものなのだろうか。今一度，「ヨーロッパ統合」の本質が，「安全保障共同体」の形成にあるという立場から考えてみよう。

（2）西欧の「安全保障共同体」

北欧諸国では，20世紀初めから，ボトムアップ型の方法で「安全保障共同体」が形成されてきた。それでは，仏独を中核とする（そしてイギリスも加えた）西欧諸国間では，「安全保障共同体」が形成されていると言えるのだろうか。言えるとして，その形成過程はどのように描くことができるのだろうか。

コペンハーゲンの国際政治学者ヴェーヴァ（Ole Wæver）は，「安全保障化（securitization）」あるいは「脱安全保障化（desecuritization）」の概念を「安全保障共同体」研究に取り込んで，西欧地域の事例を考察している。彼は，「西欧が安全保障共同体である」として，この達成を可能にしたのは，共通の安全保障の構造や制度を打ち建てたからではなく，もっぱら「脱安全保障化」のプロセスを通して，他の問題に比べて，相互の安全保障問題を極力脇に追いやったからである，と述べている（Wæver 1998：69）。彼は，「西欧統合」の起源に関する議論と統合が持続した要因に関する議論とを分ける必要性，「安全保障共同体」と「不戦共同体」を区別する必要性，「安全（保障）」や「不安全（insecurity）」と同時に「没安全（a-security）」を考察する必要性，安全保障問題に取り組む制度・機構と「安全保障共同体」を区別する必要性，安全保障問題以外の問題に専念することが健全な安全保障戦略になることを示す必要性などを主張した（Wæver 1998：71）。彼は，北欧における「安全保障共同体」形成も鑑みて（Wæver 1998：72-74），以上のような必要性に言及している。

このように「安全保障共同体」を捉えたヴェーヴァは，20世紀後半の「（西）ヨーロッパ統合」の史的展開を次の4期に分けて論じる。すなわち，①1940年代-1950年代，②1960-1985年（新機能主義とゴーリズムの時期），③1985-1992年（ヨーロッパ統合の再活性化，東欧革命の前後），そして④1992年以降（統合への恐れと分裂への恐れが顕在化した時期，ヨーロッパの安全保障アイデンティティが台頭した時期）の4期に分けて，それぞれの時期が，①「不安全」と「安全保障」が統合を推進した時期，②まずは「不安全」な状況が影を薄めて，東西間でも「安全保障」が確立して，「脱安全保障化」によってむしろ「没安全」な状況になった時期，③「再安全保障化（resecuritization）」が進むが，国家を指示対象として脅威を受ける（伝統的な安全保障化の進展）と言うよりは，人々が環境問題，移民問題，組織

犯罪，テロリズムなどによって脅威を感じるような状況が生まれた時期，そして④ゴーリズムのような立場から国家主権を擁護するような言説が発せられるのではなく，各国政治の非主流（傍流）勢力がナショナル・アイデンティティを護る立場からの言説を発して「分裂」の恐れが生じたことに対して，「ヨーロッパ統合」が推進された時期であると論じた（Wæver 1998：79-91）。

（3）EUの拡大・深化と「安全保障共同体」

　ヴェーヴァは，1961年のベルリン危機や翌年のキューバ危機を転換点に，上記の第2期において「脱安全保障化」が進展したことが，西欧の「安全保障共同体」の形成に寄与したと考えている。「安全保障共同体」の形成を促進したのは，NATOという安全保障機構ではなく，EU（その前身の諸機構）である。そして，西欧のEU加盟諸国は，「（外的）安全保障」政策の協調を深めることによってではなく，むしろ「脱安全保障化」を図ること，つまり，「安全保障」活動以外の分野でテクノクラートが新機能主義的な統合を進めることによって，「安全保障共同体」を確立したのである（Wæver 1998：91-93）。このような文脈で1963年1月にエリゼ条約を締結した仏独は，両国の和解を不可逆なものとして，「安全保障共同体」の中核的な位置を占めるようになったと言える。

　冷戦後のヨーロッパも，ネオ・リアリストが予測したように「多極」の不安定な時代へ回帰することはなく，EU（あるいはNATO）を中心に，ヨーロッパ諸国が同心円的に（東欧諸国，バルト諸国，バルカン諸国，ウクライナやグルジアなどの国々，ロシア）配置されるような形である程度の安定が保たれると予測できた（Wæver 1998：99）。ただし，ヴェーヴァも，EUそれ自体が「安全保障共同体」であるとは論じていないし，東方拡大を前にしたEU加盟15カ国ですら，それら諸国が一つの「安全保障共同体」を構成していたとも論じてはいない。たしかに，EU東方拡大の際のコペンハーゲン基準は，加盟申請国に民主化や人権尊重など西欧諸国と同質の政治的価値を受け容れることを加盟条件として課すものだった。しかしながら，EUに加盟する（できる）ことが，直ぐに同じ「安全保障共同体」のメンバーになることを意味するわけではない。そもそも，コペンハーゲン基準で明示された政治的価値は，EUの直接的な前身となる諸機構ではなく，むしろフランスやベネルックス諸国だけでなくイギリス，スウェーデン，ノルウェーなども原加盟国とするCoEで育まれてきた価値であった。

　すべてのEU加盟国間で一律に同質の「共同体意識」が醸成されてきたとは言

えないだろう。正確には，ヨーロッパ地域のEU加盟国と非加盟国の間で，複数の「安全保障共同体」が重なりながら存在していると理解すべきであろう。

　EUは，拡大の一方で，深化してきた。つまり，EU加盟諸国は様々な政策領域で統合を深めようとしてきた。シェンゲン協定やユーロ（経済通貨同盟）など，一部のEU加盟国が先行して，各国主権を超国家的制度へ移譲するような統合を深める場合もある。しかし，特にギリシャに端を発しユーロ圏に広がった債務危機をきっかけに，このような統合の深化が，むしろEUに崩壊という最後の審判を下すことになってしまうという危惧の念に駆られる人を増やすことになった（Zielonka 2014）。EUという政体がしぶとく存続するとしても，連邦国家を目指す「統合」を語る時代は終焉した（遠藤 2013）。

6　ノルウェー・ノーベル委員会による決定の意義

　それでは最後に，ノルウェーのノーベル委員会が，EUへ平和賞を授与したことの意義とインプリケーションを考えたい。

　そもそも，ノルウェーは，1972年と1994年の2度，政府がEEC/EUへの加盟条約を調印したにもかかわらず，国民投票の結果，同条約を批准できなかったという歴史をもつ。2度の国民投票に際して，加盟反対派の一部は，歴史上の「連合」（デンマークおよびスウェーデンとの「連合」）に言及して，「連合」からの独立で勝ち得た主権がEEC/EU加盟によって（再び）失われることになるというキャンペーンを張っていた（Neumann 2002 : 113, 123）。ところで，2度目のEU加盟条約を調印したのはノルウェー労働党の単独少数党政権で，その政権を1996年に引き継いだのが現ノーベル委員会委員長のヤーグランだった。こうした歴史的背景もあるため，EUに平和賞を授与するというヤーグラン委員長の決定は，ノルウェー国内で批判された。

　そのような批判はあるものの，本章で論じてきたように，EUはノーベル平和賞に値する実態を伴っていると考えることができる。

　ここで，ドイッチュの「安全保障共同体」概念に立ち返って，内的安全保障（治安）を優先的に考えるという概念把握の仕方を思い返す必要がある。EUという政体（地域統合機構）が崩壊しなくても，EUの多くの加盟諸国が構成員である「安全保障共同体」は瓦解してしまう可能性がある。逆に，EUの諸制度や機構それ自体が仮に崩壊したとしても，それが直ぐに「安全保障共同体」の崩壊を意

第25章 「安全保障共同体」としてのEU

味しない。図25-1で位置づけたように、EUの主要国は長い間、「多元型安全保障共同体」を維持してきた。しかし、その共同体メンバーの一部が「統合の深化」を試みて、その延長上でEUの「合成型安全保障共同体」へのバージョンアップを図っているとしよう。シェンゲン協定やユーロの延長線上に「連邦国家」の誕生を描いている人々を考えればよい。その上で、ドイッチュたちが「スウェーデン・ノルウェー」の歴史事例で提起した問題を考えてみればよい。「連合」という政体を維持することのみに腐心する連邦主義的な解決策が、むしろ「安全保障共同体」を崩壊の方向に導いてしまうかもしれないという危惧を正しく抱いておくことは重要であろう。

注

(1) 'Announcement: The Nobel Peace Prize for 2012', Oslo, 12 October 2012 (http://nobelpeaceprize.org/en_GB/laureates/laureates-2012/announce-2012/, 2014年5月5日アクセス).
(2) 'The Nobel Peace Prize 1974: Presentation Speech', Oslo, 10 December 1974 (http://www.nobelprize.org/nobel_prizes/peace/laureates/1974/press.html, 2012年10月14日アクセス).
(3) 例えば、1906年のT・ルーズベルト（米）、1919年のW・ウィルソン（米）、1920年のL・ブルジョワ（仏）、1937年のセシル卿（英）、1953年のG・マーシャル（米）、1971年のW・ブラント（西独）、1978年のベギン（イスラエル）とサダト（エジプト）、1990年のゴルバチョフ（ソ連）、2000年の金大中（韓国）などの政治家を列挙することができるだろう。
(4) AFPによれば、イギリス、スウェーデン、チェコなど6カ国の首脳が招待されたが出席しなかった（'18 EU leaders accept Nobel peace invite, 6 decline', http://www.thejournal.ie/18-eu-leaders-accept-nobel-peace-invite-6-decline-695470-Nov2012/, 2014年5月5日アクセス）。
(5) 'The Nomination Database for the Nobel Peace Prize, 1901-1956' (http://www.nobelprize.org/nomination/archive/peace/database.html, 2014年5月5日アクセス).
(6) 'The Nobel Peace Prize 1927: Presentation Speech', Oslo, 10 December 1927 (http://www.nobelprize.org/nobel_prizes/peace/laureates/1927/press.html, 2014年5月5日アクセス).
(7) 「北大西洋地域」の19カ国は、オーストリア、ベルギー、カナダ、デンマーク、フィンランド、フランス、西ドイツ、アイスランド、アイルランド、イタリア、ルクセンブルク、オランダ、ノルウェー、ポルトガル、スペイン、スウェーデン、スイス、イギリス、そしてアメリカである。オーストリア、アイルランド、スウェーデン、ス

イス，フィンランド，そしてスペインの 6 カ国は，この時点で NATO 加盟国ではなかった（Deutsch et al. 1957: 10, 127）。

参考文献

遠藤乾（2013）『統合の終焉——EU の実像と論理』岩波書店．
大島美穂（2011）「ノルウェー——内外の変容の中での独自路線の模索」津田由美子・吉武信彦編著『北欧・南欧・ベネルクス』（世界政治叢書 3），ミネルヴァ書房，47-69頁．
岡沢憲芙監修，小森宏美編著（2007）『日本・ノルウェー交流史』早稲田大学出版部．
小川有美（2004）「議会政治史」岡沢憲芙・奥島孝康編『ノルウェーの政治』（叢書ワセダ・リブリ・ムンディ36），早稲田大学出版部，15-30頁．
中村民雄編（2005）『EU 研究の新地平——前例なき政体への接近』ミネルヴァ書房．
中村英俊（1991）「EC の『政治統合』に関する一考察——J・S・ナイの概念の再検討(1)」『早稲田政治公法研究』第34号，17-50頁．
中村英俊（2010）「地域機構と『戦争の不在』——E・ハースと J・ナイの比較地域統合論」山本武彦編『国際関係論のニュー・フロンティア』成文堂，134-164頁．
百瀬宏・熊野聰・村井誠人編著（1998）『北欧史』山川出版社．
吉武信彦（2010）「ノーベル賞の国際政治学——ノーベル平和賞と日本：序説」『地域政策研究』（高崎経済大学）第12巻第4号，21-43頁．
Archer, Clive (1996) 'The Nordic Area as a "Zone of Peace"', *Journal of Peace Research*, Vol. 33, No. 4, November, pp. 451-467.
Deutsch, Karl W., Sidney A. Burrell, Robert A. Kann, Maurice Lee, Jr., Martin Lichtenman, Raymond E. Lindgren, Francis L. Loewenheim, and Richard W. Van Wagenen (1957) *Political Community and the North Atlantic Area: International organization in the light of historical experience* (New Jersey: Princeton University Press, 1957; reprinted, Westport, CT: Greenwood Press, 1969).
Kitzinger, Uwe W. (1976) *The Politics and Economics of European Integration: Britain, Europe, and the United States* (Westport, Conn.: Greenwood).
Mouritzen, Hans (2001) 'Security Communities in the Baltic Sea Region: Real and Imagined', *Security Dialogue*, Vol. 32, No. 3, September, pp. 297-310.
Nakamura, Hidetoshi (2013) 'Regional Security Communities', in Mario Telò (ed), *Globalisation, Multilateralism, Europe: towards a better global governance?* (Farnham: Ashgate), pp. 333-348.
Neumann, Iver B. (2002) 'This Little Piggy Stayed at Home: Why Norway is not a member of the EU', in Lene Hansen and Ole Wæver (eds.), *European Integration and National Identity: The challenge of the Nordic states* (London: Routledge), pp. 88-129.
Stenersen, Oivind, Ivar Libaek and Asle Sveen (2014) *Nobel: The Grand History*

of the Peace Prize（Atlanta: Whitman Publishing）

Van Wagenen, Richard W.（1952）*Research in the International Organization Field : Some notes on a possible focus*（New Jersey: Princeton University Press）.

Wæver, Ole（1998）'Insecurity, Security, and Asecurity in the West European Non-War Community', in Adler, Emanuel and Barnett, Michael（eds.）*Security Communities*（Cambridge: Cambridge University Press）, Chap. 3, pp. 69-118.

Wiberg, Håkan（1993）'Scandinavia', in Richard D. Burns（ed.）, *Encyclopedia of Arms Control and Disarmament : Volume I*（New York: Charles Scribner's Sons）, pp. 209-226.

Zielonka, Jan（2014）*Is the EU Doomed ?*（Cambridge: Polity）.

Zurcher, Arnold（1958）*The Struggle to Unite Europe, 1940-1958 : An historical account of the development of the contemporary European movement from its origin in the Pan-European Union to the drafting of the treaties for Euratom and the European Common Market*（New York University Press）.

第26章 グローバル化時代の安全保障

金子　譲

1　冷戦の終焉と安全保障の新たな課題

　宗教戦争に端を発する三十年戦争を終結に導いた1648年のウェストファリア条約を契機に，対等な主権を持つ国家が並存する近代国際システムが誕生して以降，現実的な勢力均衡を追求するにせよ，集団安全保障の理想を掲げるにせよ，安全保障の課題はこのシステムの主体を構成する国家の安全保障であった。そこでは戦争と平和，国家主権を守るための領域防衛（territorial defense）問題に関心が集約されたのである。

　ところが，第二次世界大戦後の世界を半世紀にわたって二分した冷戦の終焉とともに，安全保障の課題は様相を一変した。人類を破滅に導く米ソ核戦争の危険の大幅な減退に反比例する形で，あるいは，平和で安定した国際社会の創造に向けた国際協調の可能性に光が差したのも束の間，別の新たな課題が浮上したからである。冷戦の時代，二つの陣営の頂点に立つ米ソがイデオロギーの衣を纏った力比べを展開する中で，統治（ガバナンス）能力の欠如した国家や，仮に合法であれ，正統性の疑わしい強権的な政府に向けられた政治・経済・軍事面に亘る広範な支援は，自らの陣営を拡大し，結束を強化するといった戦略的意味を持っていた。けれども，冷戦が終わり，その戦略的重要性の低下に符合する形で，冷戦構造の中に巧みに封じ込められてきた上述の矛盾がこれら諸国の内政不安となって表面化すると，既存の国家の枠組みを崩す宗教・民族紛争が一挙に顕在化したのである。こうして今日，安全保障の課題は，従前の国家の安全保障に加え，破綻した国家や社会の建設，さらには，帰属する場所を失った市民の安全保障へと拡大することになった。

　冷戦後の国際社会が最初に直面した試練は，ユーゴスラビアで勃発した民族紛争であった。米ソ対立の狭間にあって，国内の民族主義を封じ，独自の社会主義国家建設路線を追求したカリスマ指導者ヨシップ・チトーが死去した後，多民族国家ユーゴスラビアでは政治的凝集力が急速に失われ始めていた。そして，冷戦

時代の緊張が解けると、東欧諸国で平和裡に進んだ民主化革命の機運は、同国ではセルビア人への政治権力の集中に反発する民族主義の擡頭や宗教の異なる民族相互の対立に繋がっていった。こうして1991年6月、民族主義政党に率いられたスロベニアとクロアチアがユーゴ連邦からの分離独立を宣言したことに端を発し、内戦が勃発した。これに対し、国連安全保障理事会は翌92年2月、停戦監視やユーゴ人民軍のクロアチアからの撤退監視などを主任務とするUNPROFOR（国連防護軍）の創設を決定した。けれども、3月に独立を宣言したボスニア・ヘルツェゴヴィナへと戦火が拡大し、深刻な人道問題が惹起されると、国際社会は国家間紛争の調停を目指して構想された従前のPKO（国連平和維持活動）を超える、新たな対応を迫られることになったのである。

　PKOの前提に据えられてきた（当事者）同意の原則は、各勢力の度重なる停戦違反によって踏みにじられた。また、戦闘が続く錯綜した状況の下では非強制の原則を遵守することも難しく、中立の原則に則り活動するUNPROFOR自体が紛争当事者からの報復の対象となる危険も増した。国際社会にとって、民族浄化（エスニック・クレンジング）の舞台と化した同地の紛争を終結させ、平和を回復するためには、歯止めの効かない暴力を抑える強制力を備えた部隊の投入が不可欠であった。

　既に1992年6月の時点でNATO（北大西洋条約機構）はCSCE（全欧安保協力会議）の責任（responsibility）の下に遂行される平和維持活動を支援する方針を明示するとともに、12月には国連安全保障理事会の権威（authority）に基づく同活動を支援する用意がある旨、表明していた。こうして1993年3月末に安全保障理事会が武力行使を容認する決議を採択したことを受けてUNPROFORへの側面支援を開始したNATOは、遂に1994年4月、最後通告に応じないボスニア領内のセルビア人勢力に対して空爆を敢行した。1995年12月の和平協定に至る紛争終結の道程においては、NATOの空爆がもたらす戦火の拡大が地上で活動するUNPROFOR部隊を危険に晒したことを契機に、ブトロス・ブトロス＝ガリ国連事務総長が国連の主導的役割の復活に固執する場面もあった。また、紛争の早期解決の切り札と期待されたNATO地上戦闘部隊の派遣を巡っては、本格的な戦闘となった場合に生じる自国軍の負担や損害を危惧する関係各国の思惑も絡み、紆余曲折を経ることになるが、この事案は冷戦後の新たな軍事力の役割を象徴する出来事となった。他方、和平協定の円滑な履行を目的に、国連憲章第7章の下に創設されたIFOR（平和実施部隊）の中核を担うことになったNATOにとって、

危機管理 (crisis management) と呼ばれるこうした一連の活動は，冷戦後の軍事同盟の新たな姿を映し出すことになったのである。

国連が主導する平和活動はソマリアでもその限界を露呈することになった。米ソ代理戦争の様相を呈したエチオピアとのオガデン戦争の後，両超大国の緊張緩和の流れに符合して同国で勃発した内戦の収拾を目指し，1992年4月に設立された国連憲章第6章に基づく伝統的なPKOであるUNOSOM I（第一次国連ソマリア活動）は，紛争当事者の協力を得られず失敗した。そのために12月，安全保障理事会は加盟国に対し，国連憲章第7章に基づき，人道支援を可能とする安全な環境を構築するために必要な措置を執ることを求め，これにより米軍を中核とするUNITAF（統一タスク・フォース）が結成された。

この間，6月に国連の機能強化の一環として，紛争の平和的解決に失敗した場合に重装備の平和執行部隊（peace enforcement forces）を投入する趣旨を謳った『平和への課題』(Boutros-Ghali 1992) を安全保障理事会に提出したブトロス＝ガリ国連事務総長は，翌1993年3月，UNITAFの国連指揮下への移管とUNOSOM Iへの強制力の付与を安全保障理事会に要請した。だが，こうして結成されたUNOSOM II（第二次国連ソマリア活動）が，同国の治安回復を果たせないままに，逆に，紛争当事者からの攻撃によって米兵を含む多くの死者を出して1995年3月に終了すると，冷戦後の国際社会が国連に抱いた希望と期待は一挙に萎んだのである。1995年1月にブトロス＝ガリが国連創設50周年に際して公表した『平和への課題・追補』(Boutros-Ghali 1995) は，平和活動を主導すべき国連の後退を象徴していた。この間，米国は急速に国連との距離を置き始めていった。

国際社会が協力して効果的な平和活動を遂行するためには二つの条件を満たさねばならなかった。一つは能力の強化であった。平和活動の主導的役割を担うべく，国連の再生を託されたコフィー・アナン事務総長は，2000年8月，PKOの包括的見直しの成果をブラヒミ報告と呼ばれる『国連平和活動検討パネル報告』(Brahimi 2000) として纏め，総会議長及び安全保障理事会議長に送付した。そして，この報告書には，紛争を予防するための調査体制の強化に加え，迅速な初動作戦を遂行するための国連待機軍制度の創設や加盟国の準備態勢の整備が謳われるとともに，軍事作戦の遂行に不可欠であるにも拘わらず，それまで国連が忌避してきた諜報活動についても，情報収集・分析能力の向上を図る必要があると説かれたのである。

もう一つは活動の正当性を支える根拠であった。カナダ政府の発議で2000年9

月に発足した「介入と国家主権に関する国際委員会」は，紛争発生地域の人権侵害が深刻であり，加えて当該政府にガバナンス能力がない場合，国際社会は武力の行使を最後の手段としながらも，人道的介入（humanitarian intervention）を実施する責務を負うとする保護責任（responsibility to protect）（International Commission on Intervention and State Sovereignty 2001）の理念を呈示した。そして，人権の擁護が国家主権の根幹部分を形成してきた内政不干渉の原則に勝るとするこの画期的な提案は，2005年9月の国連サミットで加盟諸国の同意を得ることになったのである。

ところで，上述の理念に沿って，冷戦後に頻発する宗教・民族紛争を有効に解決する方策はあるのだろうか。今日の国内紛争はその犠牲者を見れば明らかなように，対立する民兵（militia）同士の戦闘ではなく，彼らの一般市民への残虐行為，つまり民族浄化に変わっている。これこそが現代の戦争である。それ故，国際社会が彼らの代表を紛争当事者として遇すれば，その存在を正当化するばかりでなく，合意される停戦も一時的な休戦の意味しか持ち得ない。こうした事態を回避するためには真の市民の代表を捜し出し，交渉の席に招かねばならない（Kaldor 2001）。

ボスニア紛争の教訓をこのように総括したメアリー・カルドーは，2004年9月，EU（欧州連合）の求めに応じ，『欧州のための人間の安全保障ドクトリン』（Kaldor〔Convenor〕2004）と題する政策提言文書を座長として纏め，これをCFSP（共通の外交・安全保障政策）担当上級代表を務めるハビエル・ソラナに提出した。国際テロリズムやWMD（大量破壊兵器）の拡散，さらには地域紛争や破綻国家や組織犯罪に対する危機管理能力の向上を目指すこの構想の特徴のひとつは，民軍が一体化した活動単位の創設を謳った点にあった。すなわち，EU緊急展開軍の一部と警察官，法律専門家，開発・人権問題担当官，行政官等によって構成される多国籍の「人間の安全保障対応部隊（human security response force）」を創設し，この民・軍協働部隊を予防的関与の中核に据えることを提起したのである。それは，崩壊した国家や社会の原状復帰を図るのではなく，民事部門がボトム・アップの民主的手続きに即して公益に資する市民を支援し，人権や法に支えられた多元的共同体の建設を目指す一方，軍事部門は国連憲章第7章型の活動を視野に納めながら，前者の活動を阻害する紛争の再発を抑止するという構想であった。

しかしながら，こうした活動理念の精緻化にも拘わらず，国際社会がこれを遂行することは容易でない。国家の安全保障から市民（個人）の安全保障へと視座

が拡大する中で，国連改革の理想は今なおその実態と乖離している。国際社会が破綻した国家や社会を新たに構築するために要する時間とコストに耐えられる保証もない。また，文化や発展段階の異なる社会に対して近代民主主義の成果を性急に移植することも現実的ではない。むしろ，無理に押し付けられた価値や正義は新たな暴力の源泉にもなるだろう。あるいは，活動主体としての組織文化の異なる民と軍の合同チームの運用も実際には難しい場面が多いのである。

　国際社会が平和と安定を取り戻すためには，外側からの支援と同時に，当該国家や社会の内側からの変革による根本原因（root causes）の除去が不可欠である。アフガニスタン戦争後の国家建設や治安維持を担うNATOを中核に形成されたISAF（国際治安支援部隊）の努力にも拘わらず，同国が平和や安定や民主化の達成にほど遠い状態にあることが，これを如実に物語っている。

2　グローバル化世界と安全保障の新たな課題

　安全保障を巡る座標軸変化の一つが冷戦の終焉を引き金としたように，もう一つの変化が世界のグローバル化によってもたらされている。そして，相互依存関係の深化に併せ，既存の国家の枠組みを超えて世界が一体化に向かうこの動きを貿易や金融や労働移動などに現れた世界経済の拡大の文脈で捉えるならば，東西が厳しい対立を繰り広げた冷戦時代は，19世紀前半から急速に進んだ世界のグローバル化を押し止めた例外の時代と位置づけられるのかもしれない。事実，冷戦の終焉と時期を同じくして東側世界が崩壊し，さらにソ連解体後のロシアを始めとするこれら諸国が従前の社会主義経済原理を放棄して市場経済体制への移行を速めると，世界のグローバル化に再び拍車が掛かったのである。

　経済生活の条件が同質化してゆく今日の世界において，端的には，これを象徴する経済グローバリゼーションの進行に歩を併せ，主導的理念として登場したのが新自由主義（neoliberalism）と通称される経済思想である。世界恐慌の教訓を糧に，資本主義経済体制が本来的に内包する失業問題や富と所得の分配問題を是正するために，政府による市場調整機能を重視したケインズ経済理論に代わって登場したこの経済思想は，規制緩和，民営化，自由貿易の促進など，経済の活力を個人の自由な活動に求め，政府が介在する公共部門の縮小を唱える点に特色があった。そして，冷戦の終焉に10年ほど先立つ1970年代末の英国を嚆矢に，アメリカで力を得たこの市場を優先する思想は，情報や通信を始めとする飛躍的な技

術進歩に支えられ，また，冷戦の終焉による東西の分断の解消やその後のソ連の崩壊と社会主義体制の解体によって，揺るぎない地歩を築いたように思われたのである。

けれども，レッセフェールへの回帰を想起させるこの論理が，世界経済の綻びや人々の経済生活の不安定化に繋がっていることも事実である。国境を超えた金融の自由化は，適切な規制が設けられるとともに確実にこれが執行される保証がなければ，今後も2007年のサブプライムローン問題に端を発し，翌年のリーマン・ショックで頂点に達したような国際的な金融危機を繰り返すことになるだろう。また，国境を超えた経済競争は，一方では企業誘致を図るための法人税減税を余儀なくされる国家の財源確保を制約するとともに，他方では商品やサービスの価格を下げるための労働コストの削減を招き，国家や社会のセーフティネットが有効に機能しなければ，貧富の格差を拡大しながら中間層を疲弊させてゆくだろう。その結果，民主主義社会への信頼が薄れ，その凝集力が弱まれば，人々が守るべき価値や正義を体現する筈の国家の活力も徐々に失われてゆくに違いない。バラク・オバマ米国大統領が進める医療保険制度改革は，こうした危機感を反映したものである。

このような国内の民主主義と国際市場の間に生じる緊張関係を解くために，ダニ・ロドリックは，国際的な取引費用を極小化するために国際経済が引き起こしかねない経済・社会的損害に目を瞑って民主主義を制限するか，国内の民主主義の正当性を確保するためにグローバリゼーションを抑制するか，あるいは，国家主権を犠牲にして民主主義をグローバル化するか，の三つの選択肢を呈示するとともに，徹底したグローバリゼーションと民主主義と国家主権の確保の三者を同時には追求し得ないことを指摘した。そして，民主的な世界政府の樹立が非現実的であることを認め，国内の民主主義を重視するのであれば，主権国家がこうしたグローバリゼーションに一定の歯止めを掛ける必要があると説いたのである（Rodrik 2011：200-205）。この意味で，先に言及したように，破綻した国家や社会における内側からの改革を支え，平和で安定した民主社会の建設を成功に導くためには，ワシントン・コンセンサスと通称されるIMF（国際通貨基金）や世界銀行が定める徹底したグローバル化の経済ルールを一律に適用することは，相応しくないだろう。これによって社会発展の条件が失われることになれば，社会不安や内戦の危険が終熄することはなく，さらには，この間隙を縫って浸透する国際テロリズムに温床を提供することにも繋がるからである。

ところで，国家と国際市場を巧みに結び付けることによって飛躍的な経済成長を遂げ，世界のパワー・センターに躍り出た中国について触れておかねばならない。新自由主義思想の擡頭と時期を同じくして鄧小平が着手した改革開放政策に沿って，中国はその安価な労働力と広大な市場を糧に，外国資本を規制し，国際金融を排除し，自国の市場管理を徹底するといった，嘗てのブレトンウッズ体制を支えた保護主義的な方策を頑なに守ってグローバリゼーションに臨み，成功を手にした。既述した破綻国家は素より，発展途上の国家が無防備なままに一挙に国際資本市場に門戸を開けば，経済成長の恩恵に浴する暇もないままにリスクだけが待ち受けていることを理解していたからである（Rodrik 2011：110-111, 149-156）。

だが，こうして21世紀の経済大国として登場した中国が，国際社会の平和と安全に新たな課題を突きつけていることも無視できない。共産党による一党独裁の下で，政治と外交に奉仕する国家資本主義（state capitalism）の道を選択した中国が，富国強兵を目指した嘗ての重商主義を彷彿とさせる振る舞いを見せているからである。事実，GDP（国内総生産）の伸び率には陰りが見え始めているものの，米国を始めとする先進諸国が国防費の捻出に苦慮している現状を尻目に，2014年の予算案では8,000億元を超えた国防費が4年連続して二桁の伸び率を記録しており，制海権や制空権の強化を狙ったパワー・プロジェクション能力の急速な向上が，華夷秩序の構築に向けたゼロ・サム・ゲームの展開を危惧する国際社会の不信と不安を増幅しているのである。

グローバル化を不可避とする今日の世界にあって，国際社会の平和と発展は安定した主権国家の存在とその相互作用の上に築かれるに違いない。このような観点から，長期的視点に立った経済発展の条件を国家の指導層の資質と国内の民主主義の発展に求めたダロン・アセモグルとジェイムズ・ロビンソンは，次のように指摘した（Acemoglu and Robinson 2012：1-5）。国家が経済発展に失敗する理由は，その歴史や地理的条件ではなく，況んや，政治指導者の無知のためでもなく，一部の政治エリートが自らの利益を図るために規則（法）を不正に操作することにある。そして，政府が市民の政治的権利と平等な経済的機会を制度的に保証する根本的な政治改革が行われない収奪的制度の下では，永続的な繁栄は生まれない。

経済学者の視点から，国家や社会の発展を内側から阻害する根本原因をこのように捉え，制度改革の必要を論じたアセモグルとロビンソンは，また，中国の発

展についても次のように説いている（Acemoglu and Robinson 2012：420-427, 437-443）。自国の安価な労働力と外国の市場や資本や技術によって活力を得た中国経済は，市民の政治的自由や政治過程への参加の道を塞ぐ収奪的性格を色濃く残す限り例外とはなりえず，ヨーゼフ・シュンペーターの言う創造的破壊（creative destruction）の機会を著しく抑制し続けるのであれば，つまり，革新の原動力となるべき財産権や自由な労働移動を保証することなく，既存の技術と迅速な投資を組み合わせる現今の方策を継続する限り，長期的な繁栄を維持できない。中国の経済成長は，やがて市民の生活レベルが中位の国家レベルに達した段階で止まり，この時点で創造的破壊ができなければ成長率は減退するだろう。痛みを伴わずにこうした改革を実行に移すことは難しいが，それでも毛沢東の時代を振り返れば，収奪的な経済制度は大いに改善された。中国にとって，残る核心的課題は権威的で収奪的な政治制度からの脱却である。

国際経済を牽引する中国が華夷秩序の構築を目指すにせよ，逆に，その経済力を急速に減退させるにせよ，いずれこれがグローバリゼーションの恩恵に浴する中国自身をも巻き込む国際社会の混乱に繋がることが必定である。深刻な領域防衛問題が惹起される危険も無視し得ない。グローバル化が進む世界においては，国際社会が相互依存の関係に置かれている現実を認めねばならないのである。

3　リスク社会の安全保障

本章の最後に，グローバル化世界がもたらした人々の意識の覚醒によって着目されたもうひとつの安全保障の課題に触れることにしよう。

グローバル化する今日の国際社会はリスク社会でもある。過酷な自然を超克して築き上げられた近代社会の発展に必然的に組み込まれるとともに，やがてその社会自体の存続を危うくする要因をリスクと定義したウルリヒ・ベックは，環境破壊問題を念頭に，誰もが逃れることができずに等しく負荷を追うこの隘路から脱出するためには，国家の枠組みを超えた国際社会の団結が不可欠であると指摘した（Beck 1986＝1998）。彼は，富の分配問題が人々の間に不平等を生み出したのと対照的に，リスクは国境を超えて人々に等しく分配されるとともに，手を拱いていれば不可避的に拡大してゆく危険があることに警鐘を鳴らしたのである。

気候変動は深刻な世界的脅威である。温室効果ガスが発生する現状を放置すれば，毎年，世界の GDP の 5 ％，最悪の場合は20％以上が失われる。だが，毎年，

GDPの1％を温室効果ガスの削減対策に回すことができれば，最悪の結末を回避することができる。2006年10月末にトニー・ブレア英国政権の下でニコラス・スターンを中心に財務省が纏めた『気候変動の経済学』（Stern 2007）は，前述の趣旨に沿って地球温暖化対策が国際社会にとって急務であることを指摘した。確かにこの問題を巡る国際社会の意識は，既に1988年に設立された IPCC（気候変動に関する政府間パネル）や，2005年2月に発効した「気候変動に関する国連枠組条約の京都議定書」によって高まりを見せていたが，アル・ゴア元米国副大統領が主演したドキュメンタリー映画『不都合な真実（An Inconvenient Truth）』が2006年に上映され，大きな反響を呼んだことと相俟って，ブレア首相のイニシアチブによって作成されたこの大部の報告書は，人々に対して気候変動に対処するための簡潔で現実的な行動指針を呈示することによって，一層の議論を喚起することに成功した。その結果，2007年4月，国連安全保障理事会は，当時の議長国であった英国政府の奔走によって50カ国以上の加盟国の参加を見た公開討論会が開催されたことを受けて，史上初めて気候変動問題を新たな安全保障の課題と位置づけたのである。

　世界の人口が増加する中で，人々の生活の満足度を上げるためには経済成長が欠かせない。そして，これに失敗すれば，紛争や社会不安に直結する。他方，経済を成長させるためには，エネルギー源となる化石燃料をさらに必要とする。だが，一層の化石燃料を使うことになれば，それ自体が安全保障上のリスクとなる気候変動を加速させる。このジレンマを共有する国際社会は，問題解決に向けた叡智と結束力を試されることになったのである。

参考文献

Acemoglu, D. and J. A. Robinson (2012) *Why Nations Fail: The Origins of Power, Prosperity, and Poverty,* Crown Business.

Beck, U. (1986) *Riskogesellschaft: Auf dem Weg in eine andere Moderne,* Suhrkamp Verlag（＝1998, 東廉／伊藤美登里訳『危険社会――新しい社会への道』法政大学出版局）.

Boutros-Ghali, B. (1992) *An Agenda for Peace: Preventive Diplomacy, Peacemaking and Peace-keeping,* UN Doc. A/47/277, S/24111 (17 June 1992).

Boutros-Ghali, B. (1995) *Supplement to an Agenda for Peace: Position Paper of the Secretary-General on the Occasion of the Fiftieth Anniversary of the United Nations,* UN Doc. A/50/60, S/1995/1 (25 January 1995).

Brahimi, L. (2000) *Report of the Panel on United Nations Peace Operations,*

A/55/305 S/2000/809 (21 August 2000).

International Commission on Intervention and State Sovereignty (2001) *The Responsibility to Protect* (December 2001).

Kaldor, M. (2001) *New and Old Wars: Organized Violence in a Global Era*, Stanford University Press.

Kaldor, M. (Convenor) (2004) *A Human Security Doctrine for Europe: The Barcelona Report of the Study Group on Europe's Security Capabilities* (15 September 2004).

Rodrik, D. (2011) *The Globalization Paradox: Democracy and the Future of the World Economy*, W. W. Norton & Company.

Stern, N. (2007) *The Economics of Climate Change: The Stern Review*, Cambridge University Press.

| 第27章 | 日欧交流史 |

松園　伸

1　明治近代化以前の日欧交流

　日本とヨーロッパとの人的交流の歴史は長く，その対象も大きい。1300年頃マルコ・ポーロ（Marco Polo, 1254-1324）の『東方見聞録』によって，おそらく彼が中国で得たであろう「黄金の国ジパング」の情報がヨーロッパに紹介されて以来700年余が経つ。次いで西洋人の日本上陸の最も古い例の一つと考えられるポルトガル人，フェルナン・メンデス・ピント（Fernão Mendes Pinto）の来航が1540年代と推定されているので，これでも既に500年近くが経過している。他方，日本人にとっても知識としてのヨーロッパは中国経由で古くから既知の存在であった。中国の史書『後漢書』『魏略』には既にローマ帝国使節の訪問が記されており，唐代にはネストリウス派キリスト教寺院大秦寺が存在し名を馳せていた。そして16世紀の鉄砲，キリスト教伝来によって以前よりヨーロッパは遙かに近い存在となり，その頂点とも言えるのが九州キリシタン大名の名代としての天正少年遣欧使節であったのである。

　鎖国は日本人一般にとってヨーロッパの存在を再び遠いものにしたが，江戸幕府幕閣はオランダ商館長（カピタン）の江戸参府，かれの提出する『阿蘭陀風説書』によってかなり詳細な西洋の知識を得ていたのは疑いない。とりわけ新井白石（1657-1725）の『采覧異言』（1713年完成）と『西洋紀聞』（1715年頃脱稿），特に後者は，彼がヨーロッパの自然地理に止まらず，人文地理，さらには各国の政治情勢まで関心を有していたかを如実に示している。そして彼の知的関心がヨーロッパにおける勢力均衡，戦争による新しいヨーロッパ体制構築に向けられていたことが分かる。例えばポルトガルがかつて「番貨を海外諸国に通じてつねにアジア地方，ゴア・マカーラ・マロカ等の地に，其人をわかち置いて，互市の事を掌らしむといふ」と15-16世紀にアジアに展開したポルトガル重商主義政策を的確に理解している。さらに白石はイギリス，ブリテン島のなかに「アンゲリア」（イングランド）と「スコツテア」（スコットランド）があり，統一国家を形成しな

がらも前者の後者に対する優位が認められること，さらには「イベリニア」（アイルランド）のイングランドへの服従といった微妙な関係を見ているのである。加えて白石は，当時のヨーロッパ列強間の戦争を正確に覇権獲得のための戦争として把握している。⁽³⁾

　しかし江戸時代を通じて日本のヨーロッパへの窓はほぼオランダとオランダ人に限定されており，加えて交流の対象は天文学，農学，医学等に限定されていたのは周知の事実であり，政治的議論は徹底的に忌避された。トップクラスの幕臣のみが閲読を許された『阿蘭陀風説書』や，西欧政治，キリスト教の叙述を多く含む『西洋紀聞』はついに江戸期の一般人の眼に触れることは許されなかったのである。したがって幕臣といえどもヨーロッパとの交流は専ら自然科学，科学技術の方面に限定されざるを得ない。幕府天文方，高橋至時（1764-1804，1796年「寛政暦」を完成），至時の子で同じく天文方，高橋景保（1784-1829）などは暦家としての専門技術水準の高さを示すものであったが，彼らとて西洋学術の導入を己の専門に局限し，常に非政治的領域に留まることでその職を保っていたのである。一旦政治的領域に足を踏み入れると，幕府権力は容赦なく彼らを罰した。日本への西洋医学を伝えるに当たって多大の貢献のあったオランダ商館医シーボルト（1796-1866）が，伊能忠敬の作成した日本，蝦夷地の地図を持ちだそうとしたとき，その便宜を図った高橋景保は捕らえられ獄死したのであった。したがって幕末に至り幕府権力の求心力が低下し，身分を問わず開国，西洋との通商などをめぐり政治的議論が行われる「処士横議」の風潮が出てきて初めて比較政治学的な意味での日欧交流史の意義が生まれてきたと言っても過言ではないだろう。

　もっとも，幕末に至って西洋の科学的知識を深く学んだ知識人でさえも，その知識の価値を技術的な領域にのみ認め，なお伝統的な封建道徳がわが国の規範たるべきことを疑わなかった人物が多くいたことは事実である。江戸末期の代表的蘭学者，洋学者佐久間象山（1811-1864）の有名な言，「近来西洋人の発明する所の許多の学術は，要するに皆実理にして，まさに以って我が聖学を資くる足る」はこの知識人の立場をよく示している。いわゆる「西洋藝術，東洋道徳」の思想は，テクノロジーにおけるヨーロッパの優位を認めつつも，伝統的な倫理の動かざる地位を認めているのである。象山の立場は，維新以降富国強兵，殖産興業的な近代化には尽力するものの，西欧的政治理念への全面的なコミットメントを避け伝統的な道徳の価値を認める，明治以降の多くの知識人の立場を予感させるものであり興味深い。⁽⁴⁾だが，その象山自身が時勢の変化を自覚し鎖国肯定から開国

論を唱え，これに憤激した攘夷論者に暗殺されたのは悲劇と言うしかない。幕末—明治以後も西洋の技術的側面をのみ吸収しようとし，これを西欧政治思想と切り離す試みが見られた。しかし，こうした非政治的な立ち位置を取ること自体，一つの政治的行為とならざるを得ない。そして個人の社会の中での行為が何らかの形で「政治化」（politicization）される時代を，維新以来我々は生きてきたわけである。

2　現代における日欧交流史の課題

　本書の主題たる「比較政治学のフロンティア」という視点からすれば日欧交流史においては，幕末から明治維新を経て現在にいたる日本とヨーロッパの政治的諸関係が直接的な研究対象として認められるであろう。我が国の立場からすれば，明治国家，大正期の立憲的な政党政治期の国家，ファシズム期の国家，そして敗戦後の民主国家に生きた日本人はヨーロッパ政治から何を採り，何を採らなかったのであろうか？　前述の個々のレジーム自体がヨーロッパ政治思想，そしてそれに裏打ちされた政治体制の強い影響の元で構築されたのであり，日欧間の知的交流が果たした役割は極めて大きいと言わねばならないであろう。

　その際「よきをとりあしきをすてて外国(とつくに)におとらぬ国となすよしもがな」（明治天皇御製）に込められた思想は，装いを改めた「西洋藝術，東洋道徳」として長いあいだ多くの日本人の心的傾向ではなかったであろうか。西洋文明の日本における急速な浸透は，他方これを伝統的な国体への侵害と見る立場を生み，鹿鳴館（1882年竣工）に代表される極端な欧化主義への反発を招き国粋主義の擡頭を見た。また1905年に日露戦争が終結し，当面ヨーロッパ列強による帝国主義的侵略の可能性が後退すると，西洋文明，西洋思想を安易に受容する傾向が生まれることが（少なくとも政府内保守派内では）懸念された。そこで1908年「戊申詔書」が発布された。この詔書の西洋文明受容における意義は小さくない。すなわち詔書では「方今人文日ニ就(な)リ月ニ將(すす)ミ東西相倚リ彼此(ひしあひ)相濟(さい)シ以テ其ノ福利ヲ共ニス」と西洋の文物の導入が日本の文化，生活にも大なる向上をもたらしていることを認めた上で，「文明ノ惠澤ヲ共ニセムトスル固ヨリ内國運ノ發展ニ須(ま)ツ戰後日尚淺ク庶政益々更張ヲ要ス宜ク上下心ヲ一ニシ忠實業ニ服シ勤儉産ヲ治メ」と文明の恩沢を受けるには，あくまで国民の自助努力が第一義であり，西洋諸国への過度な期待を戒めたのであった。西洋の「よきをとりあしきをすてて」の立場

はこの戊申詔書でも堅持されているのである。

　さらにこの御製の意味するところは大きい。一体，外国と言ってもそれがもし欧州諸国ならば，それは具体的にヨーロッパでも特定国を指すのであろうか？明治期日本において多くの場合それがイギリス，ドイツ，フランスであることは疑いの余地がない。中でもイギリス人は明治政府雇用の知識人，研究者である「お雇い外国人」の過半を占め，それにフランス人，ドイツ人が次いでいたと見られる。明治初年の東京大学での教育が一部科目を除きほぼこれら外国人教師によって独占されたことで，学生が選択した外国語は単に学修のためのツールたるにとどまらず，その外国語が使われている国と学生を強く結びつけることになった。外国人による大学教育は，1886年の東京大学の帝国大学化の頃には後退し，邦人による授業が多数を占めるに至った。しかしながら学生の特定国への関心の傾斜は続いたと見られる。旧制帝国大学への予備門的存在であった旧制高等学校において文科，理科を問わず第一外国語（英語，ドイツ語，フランス語のいずれか）の時間数が，週総授業時間数30時間程度のなかで8～9時間程度を占め，この語学学修がかれらの教養形成に多大な影響を与えたということである。英語，独語，仏語の特定言語への関心の集中は，確かに当時の知的エリートの各国文化理解に貢献すること大であったが，他方，西洋の特定一国文化への過度な集中は，ヨーロッパの全体的な把握を阻害しがちとなり，各国研究のタコツボ化の一因となったのではないか。また上記三国に比して，北欧，東欧，南欧諸国への関心を不当に弱めたとも考えられるのである。(5)

　すでにこうした西洋研究の弊害は福澤諭吉（1834-1901）の『文明論之概略』（1875）においても指摘されている。まず，伝統的国体擁護の観点から西洋文明の流入を警戒する論者に対して福澤は，自国の政体等を尊重する「ナショナリチ」はヨーロッパでも広汎に見られるとする。但し西洋におけるナショナリチは家父長的秩序，血縁的紐帯（という名の神話）を必ずしも必要としないこと，スイス，ドイツのように文化，宗教宗派，言語が相違したとしても国家としての一体性が維持し得ることを明らかにするのである。そして国体が永遠に維持されねばならないとの議論を福澤は一蹴する。すなわちスコットランドとイングランドは本来全く別の国家で伝統も異にしながら，統一した国体を形成していること，反対にベルギーとオランダは元来同一の国体を成していたにもかかわらず，いまや袂を分かち，ナショナリチを別にしているのである。国体のあり方の変化は，文明の流入などではなく，自国の長い歴史の中で様々な要因によってもたらされる

と福澤は見ている[6]。

　次に福澤は日本の文化的状況と，西洋文明の相違に進む。かれはまず西洋文明のやみくもな美化を戒める。西洋にあっても「不徳の所業」を行う個人は決して珍しくない。英国は隣のアイルランドの飢餓を見てもこれを座視し，アイルランド人がただ「芋を喰う」に任せている。これは西洋文明が美徳を持たない証左のように見えるが，必ずしもそうとは言えない，と福澤は見る。政治はスタティックに理解してはならない。文明の優劣は現在の一時点における政治体制で計るのではなく，文明が進歩の方向に向かいつつあるか否かで判断すべきものであろう。ヨーロッパは個々の国家がナショナリチを持ちつつ対立・抗争する体制である。だがその一方で西洋文明は（いまは大いに問題を抱えているにせよ），徐々に自由，民主といった進歩を認識し，その方向に全体として向かいつつある点で共通項を有する存在と見ることができるのである[7]。

　以上，この小論においては，比較政治学の観点から見た日欧交渉史の意義について述べてきた。最後に指摘すべきは，使用する史料の問題である。幕末以後，現在までに限ってみても日本―ヨーロッパ間の交渉についての史料は汗牛充棟であろうが，まず邦人によって著されたものと，ヨーロッパ人によって残されたものに大別されるであろう。さらなる区別として，第一義的に政治的史料と見なせるもの，つまり職業的な政治家，官吏かそれに準じる人によって著されたものである。著名なものとしては，久米邦武の『米欧回覧実記』やアーネスト・サトウ『一外交官の見た明治維新』は周知の著作であろう。こうしたプロフェッショナルとして政治に関わった者ではなくとも，渡欧し，西洋の政治原理の十分な理解に立って，権力を批判的に分析した中江兆民の『三酔人経綸問答』なども一級の史料とみなされ得るのである。だがむしろこれに並んで史料的意義をもつものとして，直接政治に関与しているわけではないが，一市民として，市井の人として日本政治を観察した民間人もまたプロの政治家などのバイアスを持たない存在として大きな価値があろう。こうした史料を駆使することで，日欧交流史は比較政治学の格好のパートナーとして，過去の日本と西欧諸国の政治比較に貢献し得ることが期待されるのである[8]。

注
(1)　日英，日蘭，日仏といった二国間関係での日欧交流を論じたものは非常に多く現れているが，日欧交流史全般の分析をしたものはいまだ少ない。またこの事実自体，我

が国の西洋研究が特定国，特定地域についてのタコツボ的な研究に陥りがちな傾向と併せて考えると興味深い。短編ではあるが，日欧交流一般を扱ったものに，兵頭高夫「日欧交流史序説」，武蔵大学人文学部ヨーロッパ比較文化学科編（2005）『ヨーロッパ学入門』朝日出版社，400-417頁。
(2) 　鎖国という形で実質的に圧殺されたものの，カトリック宣教師およびキリシタンの日本文化への影響については，小峯和明企画（2009）『キリシタン文化と日欧交流』勉誠出版。
(3) 　新井白石著／宮崎道生校注（1968）『新訂　西洋紀聞』平凡社，34-45頁。
(4) 　西洋哲学の紹介に努めながら，内村鑑三の「教育勅語不敬事件」でキリスト教を攻撃した東京帝国大学哲学教授，井上哲次郎（1856-1944）はその典型であろう。丸山眞男は「学士会」講演で「近代日本の知識人」を語り，「インテリの技術化，専門化」が明治以降急速に進行し，自由に政治批判をする契機が失われていったことを指摘する。また丸山は山路愛山の言をひきつつ，「現代に時めける青年官吏は十中の九まで大学出身の学士にして，而して其の思想はただ"其の従事すべき仕事の上のみに集中せる。"正にこれ，英雄時代（註—幕末の志士の時代を指す）去りて『書生』の時代来たり，『書生』の時代去りて"専門家の時代に達せり"というべし」とし，知識人の官僚化がノンポリ的立場を加速したとする。この場合の官吏，官僚には当時の官立大学等の知識人も含まれよう。
(5) 　例えば東京大学文学部でロシア語ロシア文学専修課程，イタリア語イタリア文学研究室が正式に創設されたのは，それぞれ1971年，1979年のことである。その点，久米邦武編／田中彰校注（1979）『特命全権大使　米欧回覧実記』（岩波文庫）は明治初年に非常に鋭敏な眼でスイス，デンマーク，スウェーデンなどの政治状況を分析した著作として比較政治学的にも有用である。
(6) 　福澤諭吉（1995）『文明論之概略』岩波文庫，40-42頁。
(7) 　前掲書，56-73頁。
(8) 　たとえば，キャサリン・サンソム／大久保美春訳（1994）『東京に暮らす——1928-1936』（岩波文庫）がある。キャサリンの夫，ジョージ・サンソムは外交官で長く日本に滞在し，かつ著名な日本研究者であった。政治家，官吏など以外の市井人で多くの有益な史料を残している者に，明治期の様々なキリスト教ミッションがあり数多くの研究が上梓されている。例えばフランシスク・マルナス（1985）『日本キリスト教復活史』（みすず書房），中村健之介（1996）『宣教師ニコライと明治日本』（岩波新書）などは好例である。

参考文献

新井白石，宮崎道生校注（1968）『新訂　西洋紀聞』平凡社。
久米邦武編，田中彰校注（1985）『特命全権大使米欧回覧実記』岩波書店。
日独交流史編集委員会編（2013）『日独交流150年の軌跡』雄松堂書店。
日蘭学会，法政蘭学研究会編（1977，79）『和蘭風説書集成』吉川弘文館。

兵頭高夫（2005）『日欧交流史序説』武蔵大学人文学部ヨーロッパ比較文化学科編『ヨーロッパ学入門』朝日出版社．

福沢諭吉，松沢弘陽校注（1995）『文明論之概略』岩波書店．

『戊申詔書』文部科学省ホームページ（http://www.mext.go.jp/b_menu/hakusho/html/others/detail/1317938.htm，2014年10月21日アクセス）．

細谷千博，イアン・ニッシュ監修（2000-01）『日英交流史——1600-2000』東京大学出版会．

丸山眞男（1982）『後衛の位置から』未來社．脚注の「近代日本の知識人」他有用な論文収載．

綿貫健治（2010）『日仏交流150年——ロッシュからサルコジまで』学文社．

Dyer, Henry, 三好信浩序編（2006）*The Collected Writings of Henry Dyer : a collection in five volumes,* Edition Synapse．（「お雇い外国人」として工業化に尽力しつつ，それにとどまらず日本理解を深めたスコットランド人ヘンリ・ダイヤーの言説．

Nish, Ian ed.（1998）*The Iwakura Mission in America and Europe : a new assessment* Japan Library.

Stegewerns, Dick ed.（2003）*Nationalism and internationalism in imperial Japan : autonomy, Asian brotherhood, or world citizenship ?,* Routledgecurson.

おわりに——地球儀を抱いてフィールドへ

　21歳の時，世界を見たいと思った。海外旅行が国民に許された頃である。大蔵省に外貨使用申請書を出し，一人当たり500ドルの持ち出しが許された。1ドルが360円。貧乏学生にとって脱出ルートは二つだけであった。第一選択肢はMMラインの貨客船。インド洋から紅海経由でマルセイユを目指す。もう一つは，横浜からバイカル号に乗船し，ナホトカからシベリア鉄道経由でモスクワ，レニングラードを目指すルート。森の中をひた走る旅は悪くない。

　暇を見つけては海外に出た。放浪は苦にならない。移動も苦にならない。空腹は苦になるが，美味でなくても苦にならない。訪れた国の数は自慢したくない。履きつぶした靴の数と壊されたカメラの数は自慢できる。物騒な場所では有無を言わさずフィルムを抜かれたものである。21歳の旅では，トマトや玉子が飛んで来た国もあった。「日本人は上陸禁止。物騒です」。そんな警告を船長から聞かされた国もあった。フィールドは政治学のイキイキとした教室であった。嫌な思いも楽しい思い出も含めて，自然な流れに導かれて比較政治学の世界に入った。21歳の旅は，意思決定の旅であった。亡き父が，高校時代に，「困った時・悩んだ時は，GO WEST！」との助言をくれた。何の疑いもなく受け入れて，シベリア鉄道に乗った。旅順や大連の大和旅館に行く度に思い出すフレーズである。

　研究生活を支えてくださったすべての先生方の名をここで掲げ，感謝の意を捧げれば，長くなりすぎてしまう。大阪弁護士会の故・川見公直先生。故・後藤一郎先生，小林昭三先生。そして，片岡寛光先生。本当に有難うございました。

　本書の編集に当たっては斎藤弥生大阪大学教授が奮迅の努力をしてくださった。このメンバーの共同作業を調整する作業はさぞ大変だったろうなと今更ながら苦労のほどがしのばれます。感謝の言葉しかありません。ミネルヴァ書房編集部の音田潔氏の忍耐強い作業については，ひたすら頭が下がる思いです。感謝の意を表します。

2014年10月

岡澤憲芙

人名索引

あ行

アクィナス，トマス 196
アナン，コフィー 338
新井白石 346
アリストテレス 75, 196, 200
板垣退助 149
伊藤博文 149
犬養毅 155, 159
井上馨 150
ウィクリフ，ジョン 12
ヴェーヴァ，O. 330
ウェーバー，マックス 195
ウォルツァー，マイケル 192
エツィオーニ，アミタイ 193, 199, 200
大久保利通 149
大隈重信 149

か行

桂太郎 151
加藤高明 151
キーネ，ジョン 20
クーデンホーフ＝カレルギー，R. N. 321
グリーン，T. H. 196, 197
黒田清隆 149-151
ゲッツコウ，ハロルド 15
ゴベッティ，ピエロ 57, 61

さ行

西園寺公望 148
堺屋太一 225
佐久間象山 347
サルトーリ，ジョヴァンニ 67
サンデル，マイケル 192, 194, 196, 198, 200
シークフリード，アンドレ 76
ジェファソン，トーマス 12
シュンペーター 59
ジョンソン，リンドン 13

た行

高橋景保 347
高橋和之 70
田中角栄 224
田中義一 155, 159
ダン，ジョン 13
テイラー，チャールズ 192, 194
デュヴェルジェ，M. 70, 72, 76
ドイッチュ，K. W. 322-326, 328, 332
トリーペル，H. 73
ドルソ，グイード 57, 61-66

な行

ナポレオン 306
ノリス，ピッパ 14

は行

バーバー，ベンジャミン 16
バックラック，ピーター 59, 62
パットナム，ロバート 17
原敬 151
パレート，ヴィルフレード 57, 58, 61
ハンチントン，サミュエル 307
ヒッブズ，ダグラス 15
ヒルマン，シドニー 204, 208
ファン＝ロンパイ，H. 320
フィッシュキン，ジェームズ 19
福澤諭吉 349
フクヤマ，フランシス 307
ブッシュ大統領 307
ブトロス＝ガリ，ブトロス 337
ブルツィオ，フィリッポ 57
ブルデュー，ピエール 209
ヘルド，デイヴィッド 20
ボッビオ，ノルベルト 60, 63

ま行

松方正義 149
マッキーヴァー，R. M. 195
マッキンタイア，アラスディア 192, 198
マリタン，ジャック 195, 197
ミヘルス，ロベルト 57, 58, 66
宮沢俊義 71

メッテルニヒ 306
モウリッツェン，H. 328
モスカ，ガエターノ 57-62, 64, 66

　　　　　や 行

ヤーグラン，T. 321, 323, 332
山形有朋 149
山本権兵衛 152, 153, 157

米内光政 148, 156

　　　　　ら 行

リンカーン，アブラハム 12
レーヴェンシュタイン，カール 73-75
ローズ，リチャード 18
ロック，ジョン 14

事項索引

あ行

アカウンタビリティ 123
アクティベーション 35
アジア・ヨーロッパ世論調査 13
アジア系アメリカ人 209
新しい行政管理（New Public Mnagement） 129
新しい公共 37
新しい社会的リスク 30, 31
新しいタイプの専門家 171
新しい福祉政治 29
アナウンスメント効果研究 109
アメとムチ 245
アメリカ連邦議会 81-84, 87
新たな国のかたち 228
アラブの春 310
アリーナ型議会 79, 83
アルザス・ロレーヌ地方 188
安全保障 318, 320, 322
　　──共同体（security community） 322-325, 328-333
　　──問題 330
アンダードッグ効果 109
意義申し立て 137
イギリス議会 78, 81-85, 88
一頭型大統領制 91
一般投票 93
一般福祉税 178
意味論的憲法 74
イメージ形成 115
医療 206, 207
インターナショナル 208
インフォーマル産業 208
ヴィシー体制 181
ウィーン会議 306
ウィン・ウィン関係 301
ウェストファリア 306
　　──講和会議 305
失われた20年 225
運動会事業 253

エスニシティ 209
エンパワーメントされた参加ガバナンス 170
『老い』 176
『欧州のための人間の安全保障ドクトリン』 339
欧州理事会 320
沖縄政策協議会 240, 241
オスプレイ配備 244
オピニオン・リーダー 107
オリンピズム 251
オリンピック 252
オルドナンス 98

か行

改革開放路線 293
階級 204
介護 206
　　──特別給付 178
　　──保険制度 214, 215
　　──労働者 206
解散権 96
核廃絶 319
家族政策 36
家族手当 181, 184
家庭裁縫 208
ガバナンス 206
観光時季の集中緩和策 264
観光需要 258
観光消費額 259
観光の潜在需要人口 263
観光立国推進基本法 260
監視制民主主義 15, 19
慣習国際法 314
間接民制 273
議院内閣制 80, 82, 84-87, 91
議員立法 79
『気候変動の経済学』 344
議題設定機能 107
北大西洋条約機構 305, 324, 331
機能主義 329
機能不全 250
規範的憲法 74

357

喜賓会　260
決められない政治　112
救済ならびに福祉計画に関する件　186
救済福祉に関する政府決定事項に関する件報告　188
9.11テロ攻撃　311
給与所得者　205
共産圏　205
教書　99
共通善　195, 197, 198, 201
協働拡充　250
共同体（ウンマー）　292
共同体意識　323, 331
共同体制民主主義　15, 17
恐怖の均衡　305
共富論　295
協力ガバナンス　168
協力・参加プロセス　271
共和国賛歌　208
共和主義　194, 200
グッド・ガバナンス　119, 124, 130
クライエンテリズム　100
クリントン政権　199, 200
グローバリゼーション　292
グローバル化　126, 204, 205
　　──時代の民主主義　12
軍事技術革命　235
計画細胞会議　172
経済協力開発機構　124
経路依存性　206
元首　90
憲政会　153, 154, 159
憲政党　150
憲政の常道　148
憲政本党　151, 152
建設的不信任制度　97
建築史　205
憲法規範　72-75
憲法現実　72-74
憲法政治学　74
県民総決起大会　238, 241
県民投票　240
元老　148
コアビタシオン　93
後期資本主義諸国　132
合計特殊出生率　180

高校授業料無償化　143
高校部活動事業　253
『恍惚の人』　176
公私の役割分担　220, 221
公助　221
合成型安全保障共同体　325
合同繊維労組　204, 205
功利主義　196
高齢者保健福祉推進十か年戦略　213
国際観光委員会　261
国際観光局　260
国際治安支援部隊　340
国際都市形成構想　240
国際比較　176
国際連合世界観光機関　258
国際連盟　307
国政改革　233
国連開発計画　121, 122
『国連平和活動検討パネル報告』　338
国連防護軍　337
五国同盟　306
互助　221
国家資本主義（state capitalism）　342
国家中心主義（Statism）　127
国境線　188
個別自律手当　177
コミュニケーションの二段階の流れ　107
コミュニティ　195, 198, 199
ゴールドプラン　→高齢者保健福祉推進十か年戦略
コンセンサス会議　172

　　　　　さ　行

財源不足　219
再生産過程　208
財政力格差　232
サービス利用指数　215, 216
差別　205
サラリーマン　205
参加イノベーション　167
参加型開発　124
参加型地区発展計画　170
参加型予算配分　275
参加ガバナンス　165
参加とアカウンタビリティ　123
算定基礎月額　184

事項索引

産別会議　204
三位一体改革　218, 219
ジェンダー　204, 207, 209
　　——・セクシュアリティ　205
事後評価機能　49
自助　221
市場主義　199-201
市場部門　166
市町村合併　219
市町村重視の原則　213
執行機関優越　135
質問　96
シティズンシップ　270
　　——教育　277
シビルミニマム　221
市民運動　136, 138
市民活動　138
市民教育　170
市民協議　271
市民参加　136, 164
　　——の多様なレパートリー　172
市民社会　165
　　——組織　124, 166
　　——部門　166
市民団体　136
市民討議会　172
市民陪審　172
市民予算　170
市民連帯協定　182, 183
社会運動　207
　　——的ユニオニズム　207
社会救済　186
社会事業法　185
社会主義市場経済体制　293
社会人企業チーム　254
社会正義　206-208
社会的, 歴史的構成主義　206
社会的投資　25
社会的包摂　34, 35
社会の監視機能　106
社会福祉事業法　187
社会福祉法　187
社会保障と税の一体改革　33, 34, 145
社会保障法典　184, 188
ジャパン・コンセンサス　303
集会制民主主義　12

州高等裁判所　232
集団安全保障　307
州知事　232
州庁設置案　226
住民参加　269
住民投票　273-275
州民発議・州民投票　280
住民発議・住民投票　280
熟議手続き　168
熟慮型民主主義　15, 19
首相民主主義　94
首長直接公選制　272
首都圏空港　262
準リーダー　138
情意投合　151
障害者スポーツ　252
小規模町村　231
少子化危機突破タスクフォース　179
少子化社会対策会議決定　180
常設型住民投票条例　286
象徴大統領制　91
常任委員会　81-84, 87
職務執行命令訴訟（代理署名訴訟）　239, 240
新興国　205
新社会民主主義　38
人種　204, 207
　　——・階級交叉連合　205
新自由主義（neoliberalism）　38, 340
人種主義　209
人民主権　200
垂直補完　231
水平補完　231
数量化理論Ⅱ類　52
ステークホルダー　220, 269
スポーツ・文化版ダボス会議　251
スポーツ事業の機能　249
スポーツ事業のステージ　249
スポーツ省　251
性　207
生活保障　24
税還元率　232
政官癒着　100
政権交代　111
政策エリート　47
政策実効性　14
生産過程　208

政治的意思決定過程　272
政治的自由　136
政治的有効性感覚　277
政体循環　75
政府部門　166
『西洋紀聞』　346, 347
政令市　231
世界価値観調査　18
世界銀行　127
世界最後の有望市場　299
世界の祭典　255
積極的福祉　25
積極的労働市場政策　32
説明責任　→アカウンタビリティ
世論調査政治　106
尖閣諸島問題　244
全球化　295
戦後改革　233
先進工業諸国　127, 128
選択的接触仮説　107
選択的夫婦別氏制度　182
操縦士（パイロット）不足　262
走出法　295
ソーシャル・キャピタル　170
ソーシャル・ワーカー　206, 207
ソーシャルメディア　309
「措置」から「契約」へ　187
措置制度　214
ソリダリティ・フォアレバー（Solidarity Forever）　208
存在論的分析　74, 75

た 行

第一次世界大戦　307
代議制民主主義指標　40
代議制民主主義の「擬制」　40
代議制民主主義の「質」　40
代議制民主主義の機能　40
代議制民主主義の事後評価機能　41, 54
代議制民主主義の代議的機能　41, 47
代議制民主主義の民意負託機能　40, 47
大規模スポーツ大会　254
第3の大改革　233
第三の敗戦　225
大臣会議　94
大統領制　80, 84, 86, 91

第二次世界大戦　307
代表制民主主義　13-15
多元型安全保障共同体　326, 328
多元的な民主的価値　136
脱安全保障化（desecuritization）　330, 331
タンザン鉄道　297
地域差　215, 218
地域主権（regional sovereignty）　226
　　──国家　227
地域診断　218
地域包括ケアシステム　214, 215, 220, 221
地域民主主義　120, 131-137
地球儀を俯瞰する外交　316
地球市民制民主主義　15, 20
地方国家　130
地方制度改革　132, 137
地方中心主義（Localism）　127
地方分権（decentaralization）　120, 127, 129, 226
　　──改革　132, 137, 227
地方分権の試金石　214
中央集権　127, 133
　　──体制　224, 228
中央地方関係　132
中国・アフリカ協力フォーラム　302
中国対外経済技術支援8原則　296
直接デモクラシー手続き　168
直接民主主義　12, 15, 16
直接民主制　271, 273, 274
貯蓄残高　263
沈黙の螺旋理論　108
『ディスタンクシオン』　209
手続き的民主主義　15, 18
転地効果　263
討議型世論調査　172
東京アフリカ開発会議　303
東京一極集中　228
東京オリンピック　261
東京パラリンピック　261
同君連合（スウェーデン・ノルウェー）　326, 327, 332, 333
投資協定　313
道州　230
　　──制　225, 226, 228
　　──設置法　231
　　──の区割り　229
統治正当性　14

投票率　275
特別州　→道州
特例型（道州制）　230
土建国家形成の政治　224
都市ガバナンス　269, 276
都市圏　276
都市州　281
共分散構造分析　52
奴隷制　205

　　　　　な　行

内閣官制　149
内閣職権　149
内閣不信任決議　96
内大臣　154, 156, 158
名護市民投票　241
ナショナリズム　327
ナショナル・ミニマム　133
南巡講和　293
二重のバックラッシュ　27
日常生活圏域　215, 220
日米地位協定　239
日本型利益政治　26
日本スポーツ行政　255
『日本列島改造論』　224
人間の安全保障対応部隊（human security response force）　339
ネオ・コーポラティズム　26
ねじれ　113
ネット選挙運動　103
ネットワーク　129
　　──化された政策決定　119
農業労働　208
（ノルウェー・）ノーベル委員会　318, 319, 321, 326, 332
ノーベル平和賞　318-321, 323, 326, 328, 332

　　　　　は　行

バイエルン州　281-283
破綻国家　308
バーデン＝ヴュルテンベルク州　281, 283, 285
発展途上国　121, 312
ハッピーマンデー制度　265
パートナーシップ　129
パブリック・ディプロマシー　310
パラリンピック　252

バランス・オブ・パワー（勢力均衡）　306
半大統領制　91
バンドワゴン効果　109
ハンブルク　281-283
「東アジア戦略報告」　237, 238
非国家主体　314
被災地の地域総合力　256
非正規労働者　24, 264
『ピープルズ・チョイス』研究　106
標準型（道州制）　230
貧困の撲滅　125
風化現象　256
封じ込め政策　305
フォロワー　138
フード・スタディーズ　209
複合的都市型社会　165
福祉　207
　　──国家体制　128
　　──ショービニズム　28
　　──の地域化　218
復興五輪　253
復興支援事業　254
復興事業の結節点　256
『不都合な真実（An Inconvenient Truth）』　344
仏独の歴史的和解　321, 323, 325, 331
普天間返還合意　240
プラザ合意　294
フランスの家族手当　183
プリンシパル・エージェント関係　129
プリンシパル・エージェント理論　125
ブレア政権　199, 200
フレーミング効果　111
プロ野球　248
ふわっとした民意　114
文化　207
文化大革命　205
文化的公共財　248
分散型国家の形成　225
『文明論之概略』　349
分離・独立　328
平均寿命　177
米軍再編　235, 236, 242
米国国際開発庁　123
平和　319, 320
　　──執行部隊（peace enforcement forces）　338

──実施部隊　337
『──への課題』　338
『──への課題・追補』　338
北京コンセンサス　303
ベーシックインカム　35
辺野古移設　241, 243-245
ベルリン　281, 283
──の壁　306
変換型議会　79, 81
ベンゲラ鉄道　296
偏差値化　216
法実証主義　72, 73
訪日外客　259
補完性原理　126
ポケット・ヴィトー　99
保護責任（responsibility to protect）　339
ポジティブ機能　250
「戊申詔書」　348
ポピュリズム　28
ボランティア活動　249

ま 行

マス・コミュニケーションの効果研究　106
マルクス主義　192
マルチ・レベル・ガバナンス　137
ミニ・パブリックス　172
ミレニアム開発目標　121, 122
民意負託機能　42
民営化　129
民間委託　129
民間団体　184
民主化　205
「民主主義，人権，ガバナンス」のプログラム　123
民主主義の赤字　126
民主主義の質　13
民主的リーダー　134
民事連帯契約　182
明治維新　233
名目的憲法　74
メディア政治　103
メディア戦略　105

や 行

ヤルタ協定　306
有給休暇の計画的付与　265
有給休暇の消化率　265
郵政選挙　105, 111
ユネスコ　→国際連合教育科学文化機関
ヨーロッパ行政学会　216
ヨーロッパ石炭鉄鋼共同体　321-324
ヨーロッパ統合　318, 320, 321, 323, 329
ヨーロッパ評議会　321
ヨーロッパ連合　→EU
予備選挙　93
四国同盟　306

ら 行

ランキング　283, 286
リーダー　138
立憲君主制　90
立憲政友会　151
立憲同志会　153
立憲民政党　155
立法府と行政府の関係　95
リバタリアニズム　192, 196
リベラリズム　192, 196
両院関係　78, 86, 87
領土問題　314
冷戦　305
レント・シーキング　295
連邦主義　329, 333
労使関係　207
労働運動　204-209
労働環境　205
労働史　208
労働条件　204
労働生活条件　205
労働政治　204, 205, 208
──研究　204-207, 209
ローカル・ガバナンス　119
ローカル・デモクラシー　269, 270
ローレス・プラン　242
ロジスティック回帰分析　42, 51
ワークフェア　35

わ 行

ワシントン・コンセンサス　301, 341
湾岸戦争　237, 307

欧 文

ACWU　→合同繊維労組

事項索引

APA →個別自律手当
Association 187
BlackBerry 309
BRICS 311
CDU 285
CSG →一般福祉税
DLG 調査 134
DLG の研究 125
DLG の調査 126
EASR →「東アジア戦略報告」
ECSC →ヨーロッパ石炭鉄鋼共同体
EGPA →ヨーロッパ行政学会
EU 276, 318, 320, 323, 328, 331-333
Facebook 309
Gallup Internatinal 21
GHQ 186
ICSID 313
IFOR →平和実施部隊
iPhone 309
ISAF →国際治安支援部隊

IT 時代の選挙運動に関する研究会 103
JESV 42, 52
JESV データ 52
Line 309
logememt-foyer 179
Mariage pour tout 183
NATO →北大西洋条約機構
NGO 124, 136
NPO 124, 136
OECD →経済協力開発機構
PACS →市民連帯協定
PSD →介護特別給付
Twitter 309
UNDP →国連開発計画
UNPROFOR →国連防護軍
UNWTO →国際連合世界観光機関
USAID →米国国際開発庁
Wifi 309
You Tube 310

執筆者紹介（所属，執筆分担，執筆順，＊は編者）

＊岡澤　憲芙（編著者紹介参照：序章）
猪口　孝（新潟県立大学学長：第1章）
宮本　太郎（中央大学法学部教授：第2章）
小林　良彰（慶應義塾大学法学部教授：第3章）
池谷　知明（早稲田大学社会科学総合学術院教授：第4章）
小林　幸夫（玉川大学教育学部教授：第5章）
大山　礼子（駒澤大学法学部教授：第6章）
大谷　博愛（拓殖大学政経学部教授：第7章）
岩渕　美克（日本大学法学部教授：第8章）
新川　達郎（同志社大学大学院総合政策科学研究科教授：第9章）
山井　和則（衆議院議員：第10章）
小西　德應（明治大学政治経済学部教授：第11章）
坪郷　實（早稲田大学社会科学総合学術院教授：第12章）
久塚　純一（早稲田大学社会科学総合学術院教授：第13章）
菊池　理夫（南山大学法学部教授：第14章）
篠田　徹（早稲田大学社会科学総合学術院教授：第15章）
長倉　真寿美（立教大学コミュニティ福祉学部准教授：第16章）
佐々木　信夫（中央大学経済学部教授：第17章）
江上　能義（早稲田大学政治経済学術院教授：第18章）
中村　祐司（宇都宮大学国際学部教授：第19章）
藤本　祐司（参議院議員：第20章）
岡本　三彦（東海大学政治経済学部教授：第21章）
野口　暢子（長野県短期大学多文化コミュニケーション学科助教：第22章）
青木　一能（日本大学文理学部教授：第23章）
片岡　貞治（早稲田大学国際学術院教授：第24章）
中村　英俊（早稲田大学政治経済学術院教授：第25章）
金子　譲（防衛省防衛研究所統括研究官：第26章）
松園　伸（早稲田大学文学学術院教授：第27章）

編著者紹介

岡澤憲芙（おかざわ・のりお）
1944年　上海生まれ。
1967年　早稲田大学政治経済学部卒業。
現　在　早稲田大学社会科学総合学術院教授。
主　著　『男女機会均等社会への挑戦――おんなたちのスウェーデン 新版』彩流社，2014年。
　　　　『少子化政策の新しい挑戦』（共編）中央法規出版，2010年。
　　　　『スウェーデンの政治――実験国家の合意形成型政治の理論と構造』東京大学出版会，2009年。
　　　　『比較・政治参加』（共著）ミネルヴァ書房，2009年。
　　　　『スウェーデン議会史』（監訳）早稲田大学出版部，2008年。
　　　　『福祉ガバナンス宣言――市場と国家を超えて』（共編）日本経済評論社，2007年。
　　　　『スウェーデン――自律社会に生きる人びと』（共編）早稲田大学出版部，2006年。
　　　　『スウェーデンハンドブック 第2版』（共編）早稲田大学出版部，2004年。
　　　　『ノルウェーの政治――独自路線の選択』（共編）早稲田大学出版部，2004年。
　　　　『福祉資本主義の三つの世界』（共監訳）ミネルヴァ書房，2001年。
　　　　『スウェーデンの挑戦』岩波書店，1991年。
　　　　『政党』東京大学出版会，1988年。
　　　　『スウェーデン現代政治』東京大学出版会，1988年。

　　　　　　　比較政治学のフロンティア
　　　　　　――21世紀の政策課題と新しいリーダーシップ――

2015年1月31日　初版第1刷発行　　　　　　〈検印省略〉

定価はカバーに
表示しています

編著者　　岡　澤　憲　芙
発行者　　杉　田　啓　三
印刷者　　江　戸　宏　介

発行所　株式会社　ミネルヴァ書房
607-8494 京都市山科区日ノ岡堤谷町1
電話代表　(075)581-5191
振替口座　01020-0-8076

© 岡澤憲芙ほか，2015　　　共同印刷工業・新生製本

ISBN978-4-623-07201-9
Printed in Japan

実証政治学構築への道
猪口　孝著
四六判／272頁／本体2800円

社会的包摂の政治学
宮本太郎著
A5判／296頁／本体3800円

比較・政治参加
坪郷　實編著
A5判／304頁／本体3200円

現代民主主義の再検討
日本比較政治学会編
A5判／268頁／本体3000円

政治はどこまで社会保障を変えられるのか
山井和則著
A5判／228頁／本体1800円

公的ガバナンスの動態研究
新川達郎編著
A5判／278頁／本体5500円

―― ミネルヴァ書房 ――
http://www.minervashobo.co.jp/